Organisation et gestion de l'Éducation nationale

Collection
Guides pratiques Éducation

Jean Ferrez, Pierre Scalabre, *Le collège*, 1990.

Guy Delaire, *Le chef d'établissement*, 1993.

Jean Gavard, *La gestion financière des établissements scolaires locaux du second degré*, 6e éd., 1995.

Daniel Mallet, *Lycées et collèges – Recueil de textes de référence pour la direction d'un établissement*, 2e éd., 1996.

Étienne Lefebvre, Daniel Mallet, Pierre Vandevoorde, *Le nouveau chef d'établissement – Textes et pratiques pour la direction d'un collège ou d'un lycée aujourd'hui*, 2e éd., 1996.

René Périé - Jacky Simon

Organisation et gestion de l'Éducation nationale

À jour au 1er janvier 1997

Berger-Levrault

5, rue Auguste-Comte, 75006 Paris
ISBN : 2-7013-1188-8

Sommaire

Remerciements

Je souhaite remercier chaleureusement tous ceux qui m'ont facilité la tâche en me fournissant des éléments précis que, dans certains cas, je n'ai pas eu de difficultés à reproduire tels quels.

Sans prétendre les citer tous, mes remerciements vont particulièrement à Mmes Lorig et Mazodier, MM. Barrault, Bonhotal, Gazagne, Gravier, Gauthier, Fournier, Louis, Valli, Vimon, M. Royer et ses collaborateurs.

Mme Duret a facilité mes recherches et aidé à une relecture toujours délicate.

Avertissement

Cet ouvrage n'avait pas été mis à jour depuis 1993 ; la période écoulée a été riche en événements et textes éducatifs.

En acceptant de prendre le relais de René Périé, j'ai répondu à la fois à une demande amicale et à la nécessité d'agir rapidement.

Cette tâche qui a consisté en une mise à jour, excluant une refonte d'ensemble, est un exercice délicat.

Le lecteur constatera que j'ai conservé le plan et l'esprit des ouvrages précédents et que je me suis limité à ajuster, compléter et actualiser les développements antérieurs. Dans le délai très bref qui m'était imparti, j'ai essayé d'aller à l'essentiel, ce qui n'exclut pas des lacunes que je souhaite les plus limitées possible.

Jacky SIMON

Avant-propos

Cet ouvrage s'intitule « Organisation et gestion de l'Éducation nationale », il convient de conserver ce titre qui ne fait que développer le sens du mot « administration », un terme à double sens ; l'un, assez statique, correspond aux organigrammes, aux textes applicables et procédures, l'autre, plus dynamique et fonctionnel, recouvre le concept de gestion au sens large.

Ces deux aspects sont donc abordés, sans oublier toutefois qu'un glissement s'opère progressivement vers le management public, démarche associant l'institutionnel et les objectifs par le biais des responsables.

Plus modestement, ce travail est conçu essentiellement comme une photographie des organes qui concourent à faire fonctionner le système éducatif, sans oublier le lien étroit qui doit exister entre l'administration et sa finalité : former les jeunes et les adultes. En ce sens, il tente d'éviter de renforcer la distinction brutale et dommageable entre l'administrateur et le pédagogue.

Lors d'un colloque récent[1], un intervenant affirmait : « L'innovation n'est pas née du pédagogue, même si c'est lui qui la met en œuvre. C'est l'administrateur qui en est à l'origine. »

Aussi tous les débats et pratiques tendant à opposer administration et pédagogie paraissent-ils dangereux et stériles, alors même que travailler ensemble est une nécessité, même si les structures ne facilitent pas toujours cette symbiose.

Faut-il rappeler qu'« administration » vient du latin « administrare » : « servir, aider, s'occuper de... » ?

Modeste dans ses ambitions, cet ouvrage peut servir à chacun pour mieux comprendre la raison et l'organisation de telle ou telle structure. Il doit aussi inciter à une plus grande curiosité quant aux résultats d'un système éducatif qui a ses ombres et ses couleurs, mais qui est parmi les plus performants dans les pays de même développement[2]. Mais aborder ces questions essentielles nécessiterait un autre livre...

On trouvera en annexe une bibliographie sommaire, non exhaustive, ainsi qu'au fil du texte quelques renvois à des ouvrages ou articles permettant de préciser et d'approfondir des développements volontairement limités.

Comme dans les éditions précédentes, le lecteur trouvera la description des différents organes de responsabilité et de gestion qui concourent à l'action éducatrice[3]. Cette approche synthétique est accompagnée des références du *RLR*, outil indispensable bien que foisonnant. La parution à venir du Code de l'éducation devrait clarifier, sinon simplifier, ce dispositif.

L'ouvrage comprend deux parties :

- la première est consacrée aux structures et aux fonctions des services de l'Éducation nationale – administration centrale et services déconcentrés ;
- la seconde met en évidence les compétences des différents niveaux tant pour l'enseignement scolaire que pour l'enseignement supérieur.

La conclusion de cet ouvrage, axée sur quelques éléments significatifs de la modernisation en cours, amorce ce qui pourrait devenir, dans une édition ultérieure, une troisième partie.

NOTES

1. Colloque : Les administrateurs et l'innovation dans le système éducatif, 12 décembre 1995, Association des anciens élèves de l'ENA du MENESR.

2. Voir *L'État de l'École*, DEP, 1996.

3. Terme retenu par les décrets n°s 82-389 et 82-390 du 10 mai 1982, modifiés.

Signification de quelques sigles en usage dans l'administration de l'Éducation nationale

AAC	attaché d'administration centrale
AASU	attaché d'administration scolaire et universitaire
ADEP	agence pour le développement de l'éducation permanente
AE	adjoint d'enseignement
AEFE	Agence pour l'enseignement français à l'étranger
AIS	adaptation intégration scolaire
ANS	agent non spécialiste
APAC	attaché principal d'administration centrale
APASU	attaché principal d'administration scolaire et universitaire
AS	agent spécialiste
ATB	agent technique de bureau
ATOS	administratifs, techniques, ouvriers, de service (personnels)
BAC PRO	Baccalauréat professionnel
BEP	brevet d'études professionnelles
BLT	bureau liaisons-traitements
BOEN	*Bulletin officiel de l'Éducation nationale*
BT	brevet de technicien
BTn	baccalauréat technologique
BTS	brevet de technicien supérieur
CAELP	certificat d'aptitude à l'enseignement dans les lycées professionnels
CAEN	Conseil académique de l'Éducation nationale
CAFA	centre académique de formation de l'administration
CAFOC	centre académique de formation continue
CAP	certificat d'aptitude professionnelle
CAP	commission administrative paritaire (nationale)
CAPA	commission administrative paritaire académique
CAPD	commission administrative paritaire départementale
CAPEGC	certificat d'aptitude au professorat d'enseignement général de collège
CAPES	certificat d'aptitude au professorat d'enseignement du second degré
CAPET	certificat d'aptitude au professorat d'enseignement technique
CAPLP	certificat d'aptitude au professorat de lycée professionnel

CASU	conseiller d'administration scolaire et universitaire
CATI	centre académique de traitement de l'information
CAVL	Conseil académique de la vie lycéenne
CCAFC	comité consultatif académique pour la formation continue
CDDP	centre départemental de documentation pédagogique
CDEN	Conseil départemental de l'Éducation nationale
CDES	commission départementale de l'enseignement spécial
CDFA	Centre de formation de l'administration
CDI	centre de documentation et d'information
CDOIA	commission départementale des opérations immobilières et de l'architecture
CE	conseiller d'éducation
CEFISEM	Centre de formation et d'information pour la scolarisation des enfants de migrants
CEREQ	centre d'études et de recherches sur les qualifications
CEVU	conseil des études et de la vie universitaire
CFA	centre de formation d'apprentis
CFC	conseiller en formation continue
CIA	Centre informatique académique
CIO	centre d'information et d'orientation
CNDP	Centre national de documentation pédagogique
CNED	Centre national d'enseignement à distance
CNESER	Conseil national de l'enseignement supérieur et de la recherche
CNOUS	Centre national des œuvres universitaires et scolaires
CNRS	Centre national de la recherche scientifique
CHS	Comité d'hyigène et sécurité
CNU	Conseil National des Universités
CPE	conseiller principal d'éducation
CPGE	classe préparatoire aux grandes écoles
CPR	centre pédagogique régional
CPU	Conférence des Présidents d'Université
CRDP	centre régional de documentation pédagogique
CREP	centre de recrutement des élèves professeurs (ex. IPES)
CROUS	centre régional des œuvres universitaires et scolaires
CSAIO	chef du service académique d'information et d'orientation
CTPM	comité technique paritaire ministériel
CTPA	comité technique paritaire académique
CTPD	centre technique paritaire départemental
DAET	délégué académique aux enseignements techniques
DAFCO	délégué académique à la formation continue
DEA	diplôme d'études approfondies
DEP	direction de l'évaluation et de la prospective
DESS	diplôme d'études supérieures spécialisées
DEUG	diplôme d'études universitaires générales

DEUST	diplôme d'études universitaires scientifiques et techniques
DUT	diplôme universitaire de technologie
DRJS	direction régionale de la Jeunesse et des Sports
DRONISEP	délégation régionale de l'Office national d'information sur les enseignements et les professions
EAVS	Équipe académique de la vie scolaire
EPP	Emplois/Postes/Personnels (système d'information et de gestion)
EPLE	Établissement public local d'enseignement
EREA	établissements régionaux d'enseignement adapté
ESPEMEN	École supérieure des personnels d'encadrement du ministère de l'Éducation nationale
FOS	fichier d'organisation du service
FSE	Foyer socio-éducatif
GERSEP	gestion rectorale des services d'enseignement et des postes
GIP	groupement d'intérêt public
GRETA	groupement d'établissements pour la formation continue
GTD	groupe technique disciplinaire
IADIDEN	inspecteur d'académie, directeur des services départementaux de l'Éducation nationale
IDEN	inspecteur départemental de l'Éducation nationale
IDEM	inspecteur départemental des écoles maternelles
IEN	inspecteur de l'Éducation nationale
IEN (IET)	inspecteur de l'Éducation nationale (enseignement technique)
IEN (IIO)	inspecteur de l'Éducation nationale (information)
IGAEN	inspecteur général de l'administration de l'Éducation nationale
IGEN	inspecteur général de l'Éducation nationale
INRP	Institut national de recherche pédagogique
INSA	Institut national des sciences appliquées
IPR IA	Inspecteur pédagogique régional – Inspecteur d'académie
IPES	institut de préparation aux enseignements du second degré
IPET	inspecteur principal de l'enseignement technique
IPJS	inspecteur principal de la Jeunesse et des Sports
IPR	inspecteur pédagogique régional
IU	intendant universitaire
IUFM	institut universitaire de formation des maîtres
IUP	institut universitaire professionnalisé
IUT	institut universitaire de technologie
JO	*Journal officiel*
LP	lycée professionnel
MA	maître auxiliaire
MAFPEN	mission académique à la formation des personnels de l'Éducation nationale
MENESR	ministère de l'Éducation nationale de l'enseignement supérieur de la recherche

OMEGA	organisation par métier des effectifs pour la gestion des ATOS
ONISEP	Office national d'information sur les enseignements et les professions
PAE	projet d'action éducative
PEGC	professeur d'enseignement général de collège
PEP	professeur d'enseignement professionnel (pratique ou théorique)
PEPT	professeur d'enseignement professionnel théorique
PLP	professeur de lycée professionnel
PTA	professeur technique adjoint
PTEP	professeur technique d'enseignement professionnel
RLR	*Recueil des lois et règlements*
SAAC	secrétaire administratif d'administration centrale
SASU	secrétaire d'administration scolaire et universitaire
SE	surveillant d'externat
SEGPA	Section d'enseignement général et professionnel adapté
SGA	Secrétaire général d'académie
SES	section d'éducation spécialisée
SSR	service statistique rectoral
STS	section de techniciens supérieurs
UER	unité d'enseignement et de recherche
UFR	unité de formation et de recherche (nouvelle appellation des UER)
UGAP	Union des groupements d'achats publics
VS	vie scolaire
ZEP	zone d'éducation prioritaire

Première partie

STRUCTURES ET FONCTIONS DES SERVICES CENTRAUX ET DES SERVICES DÉCONCENTRÉS

Chapitre 1
Les organes centraux

1. Le ministère de l'Éducation nationale.

Les origines.

0001. La création d'une administration centrale de l'enseignement, que beaucoup de pays ne possèdent pas, résulte de la conception française du service public de l'éducation, qui doit, pour l'essentiel, relever de l'État. Au cours de la Révolution, divers projets d'un service de l'Instruction publique furent envisagés et on peut voir une amorce de ce service dans la commission exécutive installée par la Convention pour surveiller les écoles et leur enseignement.

Mais c'est l'organisation de l'Université impériale, par le décret du 17 mars 1808, qui a donné naissance à une véritable administration de l'enseignement. En effet, à la tête de l'université sont placés trois hauts fonctionnaires : d'abord le grand maître qui nomme à tous les emplois, accorde les bourses, autorise l'ouverture des écoles, contrôle l'enseignement grâce à des « inspecteurs généraux des universités », nommés par lui, et peut infliger des sanctions disciplinaires aux professeurs.

Auprès du grand maître, le chancelier est chargé de tâches administratives et le trésorier est responsable du budget de l'université. Il faut remarquer que si le grand maître dépend du ministre de l'Intérieur, l'université bénéficie d'une certaine autonomie, grâce à son budget propre, alimenté par des revenus importants. Le trésorier rend compte de la gestion financière au grand maître et non au ministre de rattachement.

Par ailleurs, le grand maître préside un conseil de l'université ayant des attributions consultatives sur les affaires administratives et pédagogiques, et pouvant infliger des peines disciplinaires. En même temps, l'administration régionale voit le jour avec les recteurs placés à la tête des académies ; ils sont assistés par des inspecteurs d'académie chargés d'inspecter tous les établissements.

0002. Pendant les premières années de la Restauration, l'université ne fut plus dirigée par un grand maître, mais intégrée complètement au ministère de l'Intérieur. En 1824 était créé un ministère des Affaires ecclésiastiques et de l'Instruction publique dont le titulaire était également grand maître de l'Université de France et recteur de l'académie de Paris.

Enfin, le 1er février 1828, le nouveau grand maître de l'université était nommé ministre d'État, membre du Conseil des ministres. On peut considérer qu'il fut le premier ministre de l'Instruction publique.

0003. Par la suite, à travers différents régimes, le ministère de l'Instruction publique se développe avec des attributions de plus en plus nombreuses. Il perd l'administration des affaires ecclésiastiques lors de la séparation de l'Église et de l'État, mais pendant la IIIe République lui sont réunis les beaux-arts, la recherche scientifique, la jeunesse et les sports et l'enseignement technique (sauf pendant les brèves périodes où furent constitués des ministères des Beaux-Arts et de la Jeunesse).

Une date marquante dans l'histoire du ministère est celle de son changement d'appellation : le 3 juin 1932, le ministre De Monzie remplaçait « Instruction publique » par « éducation nationale », voulant exprimer par là que la mission du ministère était non seulement d'assurer l'instruction des jeunes, mais de promouvoir l'éducation et la formation de tous.

L'évolution depuis la Libération.

De 1944 à 1981.

0004. Le ministère de l'Éducation nationale (qui, pendant sept ans, a perdu le qualificatif de « nationale ») a été amputé progressivement d'une partie de ses attributions. Depuis le grand ministère constitué à la Libération et dont la mission, loin d'être limitée à l'enseignement scolaire et universitaire, était d'assurer l'éducation, d'aider la recherche et de diffuser la culture, jusqu'au ministère de 1981 qui n'avait en charge que les enseignements scolaires (avec la formation continue) et qui se trouvait coupé de l'enseignement supérieur, on a pu assister à un appauvrissement de la notion d'« éducation nationale ».

Les principales étapes de cette évolution furent les suivantes :

- en 1944, le ministère Capitant assume la totalité des activités éducatives et culturelles puisqu'il est responsable de l'enseignement scolaire et universitaire, de la recherche scientifique, de l'éducation physique et sportive, des arts et des lettres. Il peut intervenir dans tous les domaines de la formation et de la culture : son action s'étend des établissements d'enseignement et de recherche jusqu'aux mouvements de jeunesse et d'éducation populaire. Elle intéresse aussi les bibliothèques, les musées, les archives, les spectacles, l'architecture, etc. ;
- en 1959, la création d'un ministère des Affaires culturelles fait perdre au ministère de l'Éducation nationale les directions des archives, des arts et des lettres, des musées et de l'architecture. Cependant la direction des bibliothèques et de la lecture publique reste placée sous son autorité ;
- en 1964, la direction de l'hygiène sociale et universitaire est supprimée au ministère de l'Éducation nationale et les fonctions correspondantes sont transférées au ministère de la Santé publique ;

- en 1966, la création d'un ministère de la Jeunesse et des Sports est l'aboutissement d'un processus de séparation commencé en 1954 avec un secrétariat d'État à la Jeunesse placé auprès du président du Conseil, et poursuivi en 1963 par la transformation du haut-commissariat à la Jeunesse et aux Sports en secrétariat d'État ne relevant pas du ministère de l'Éducation nationale ;
- en 1974, le ministère de l'Éducation se voit retirer l'administration de l'enseignement supérieur, confiée à un secrétariat d'État autonome. Celui-ci devient ensuite ministère des Universités.

0005. Pendant la même période, les structures du ministère ont été, à plusieurs reprises, profondément remaniées.

L'organisation mise en place par René Capitant, par l'ordonnance du 20 novembre 1944 et les décrets du 18 août 1945, se caractérise par la prédominance des services verticaux qui assument à la fois des fonctions de commandement et des fonctions de gestion dans leur domaine propre. Chaque direction générale est habilitée à concevoir sa politique et elle dispose des moyens de la mettre en œuvre.

Les servies horizontaux – ou fonctionnels – sont limités à une direction de l'administration générale et à deux services.

À noter l'effort de coordination des différentes directions d'enseignement – dont certaines ont toujours montré une nette tendance à l'autonomie. Ces directions sont placées sous l'autorité d'un directeur général. Toutefois, celui-ci n'était pas toujours en mesure d'intervenir dans tous les secteurs de l'enseignement.

La structure de 1945, qui correspond aux attributions les plus étendues qui aient été confiées au ministère de l'Éducation nationale, établit, en fait, quatre administrations centrales compétentes pour : l'enseignement, l'éducation physique et les sports, les arts et les lettres, l'architecture.

0006. En 1960, une réforme de l'administration centrale est entreprise par le ministre Joxe. Le décret du 1er juin 1960 fixe les nouvelles structures ; deux nouveautés marquantes apparaissent dans l'organigramme. La première : une direction générale de l'organisation et des programmes scolaires regroupe les trois directions d'enseignement du premier degré, du second degré et de l'enseignement technique (la direction de l'enseignement supérieur gardant son autonomie). La seconde : une direction générale de l'éducation postscolaire, de la jeunesse et des sports prend en charge les activités éducatives qui prolongent et complètent les activités proprement scolaires. Cette direction est placée sous l'autorité d'un haut commissaire à la jeunesse et aux sports.

L'organisation de 1960 disparaît quatre ans plus tard avec le ministre Fouchet. Un décret du 14 mars 1964 détermine de nouvelles structures qui sont, pour une large part, la conséquence de deux faits : l'institution d'un secrétariat d'État à la Jeunesse et aux Sports (placé auprès du ministre de

Organigramme du ministère en 1945
(ministre : M. Capitant)

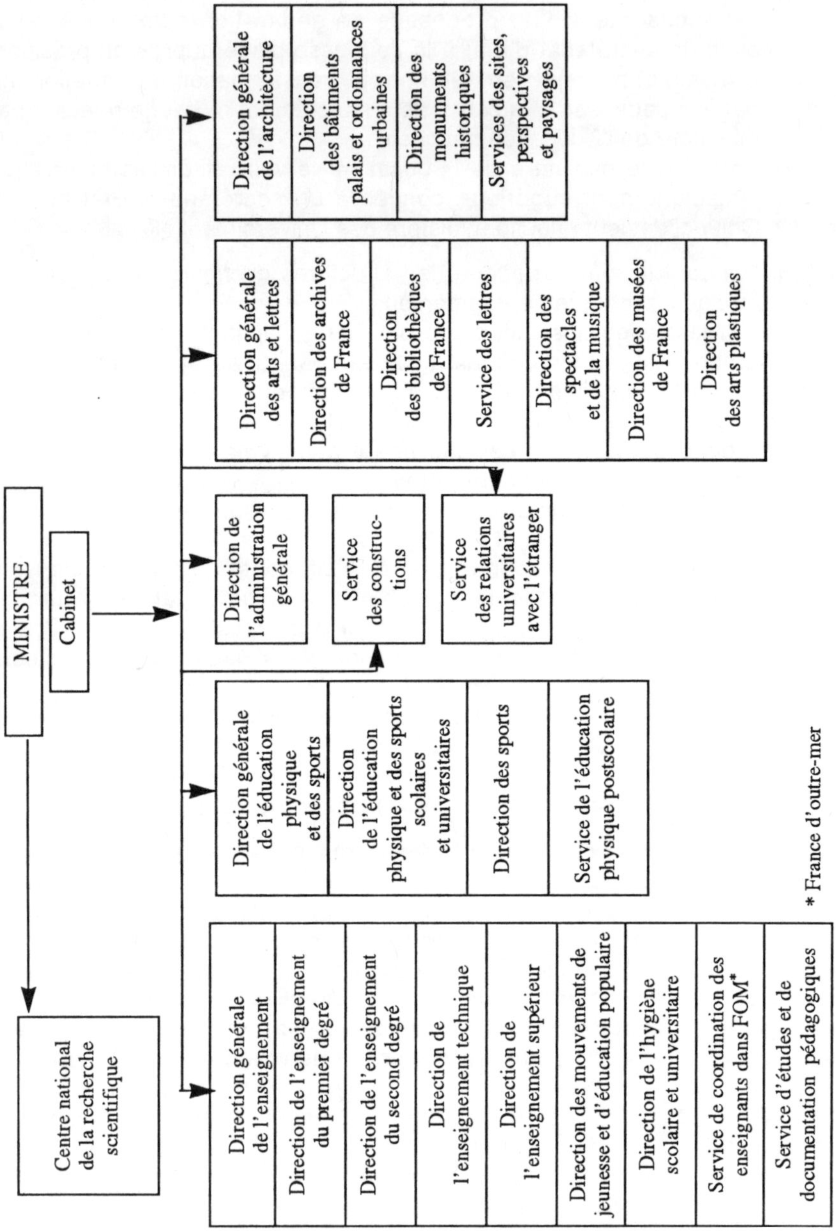

* France d'outre-mer

Organigramme du ministère en 1960
(ministre : M. Joxe)

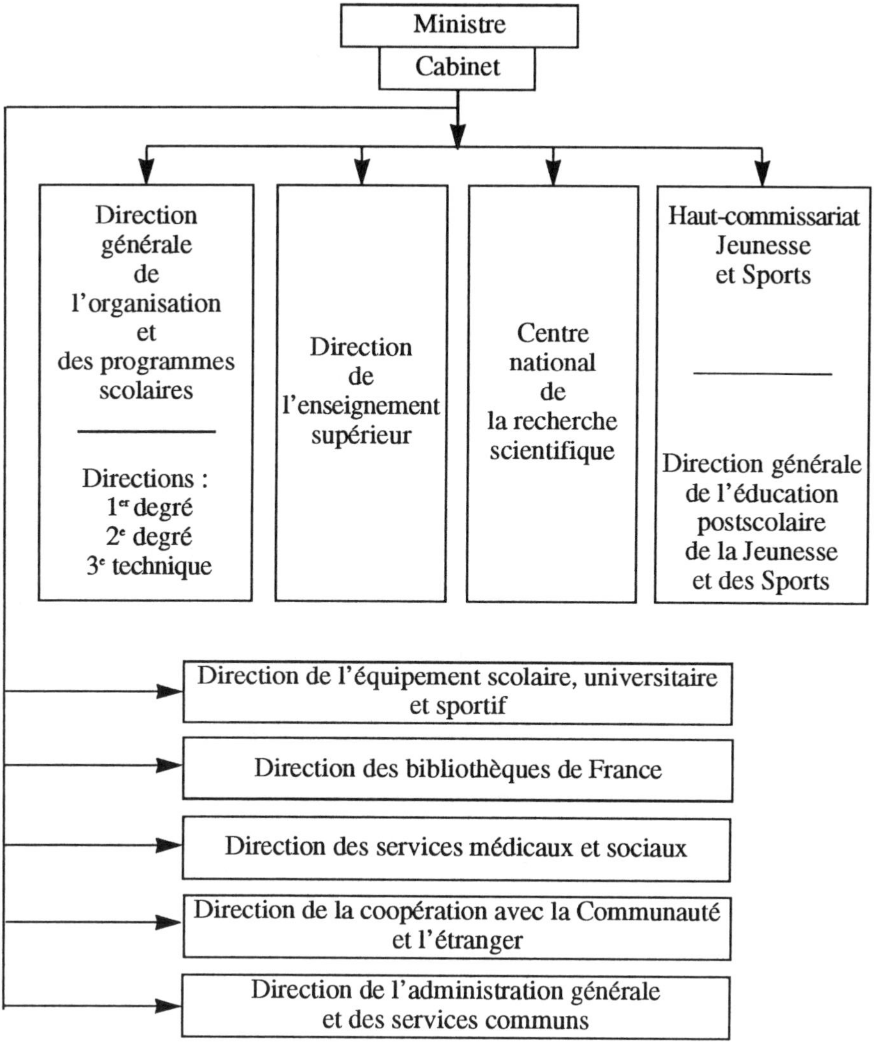

Organigramme du ministère en 1964
(ministre : M. Fouchet)

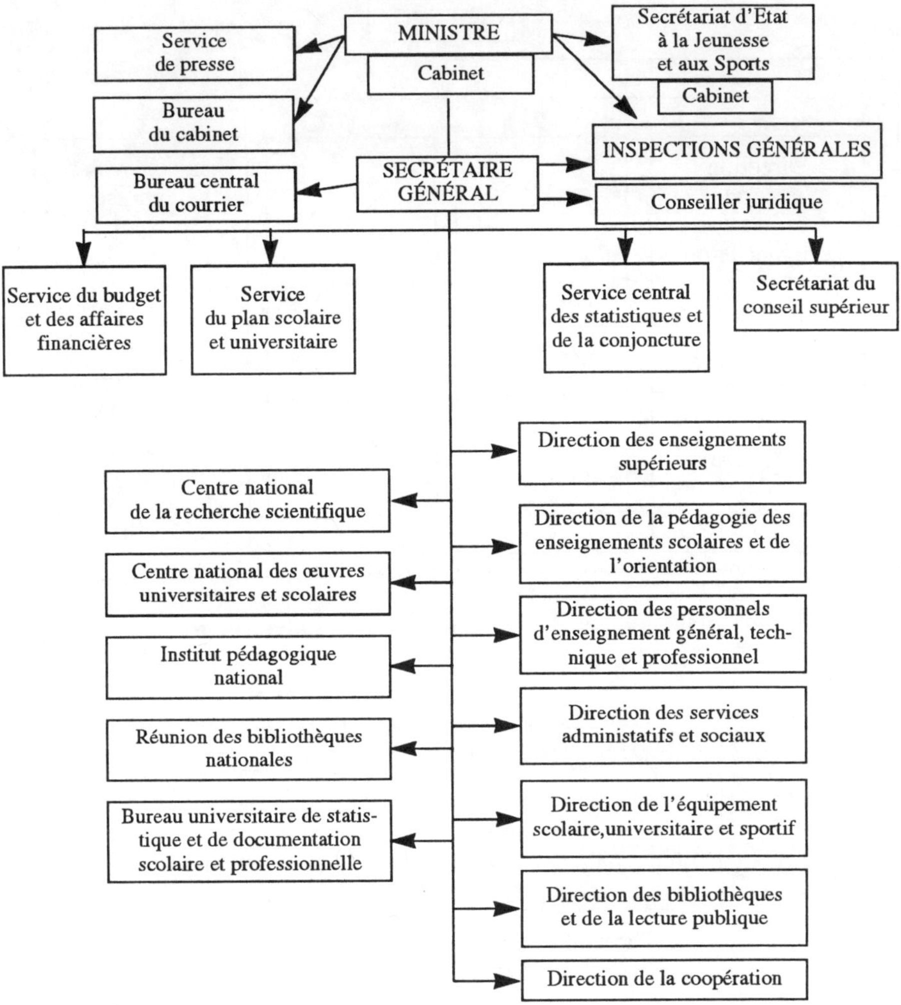

Organigramme du ministère en 1970
(ministre : M. Guichard)

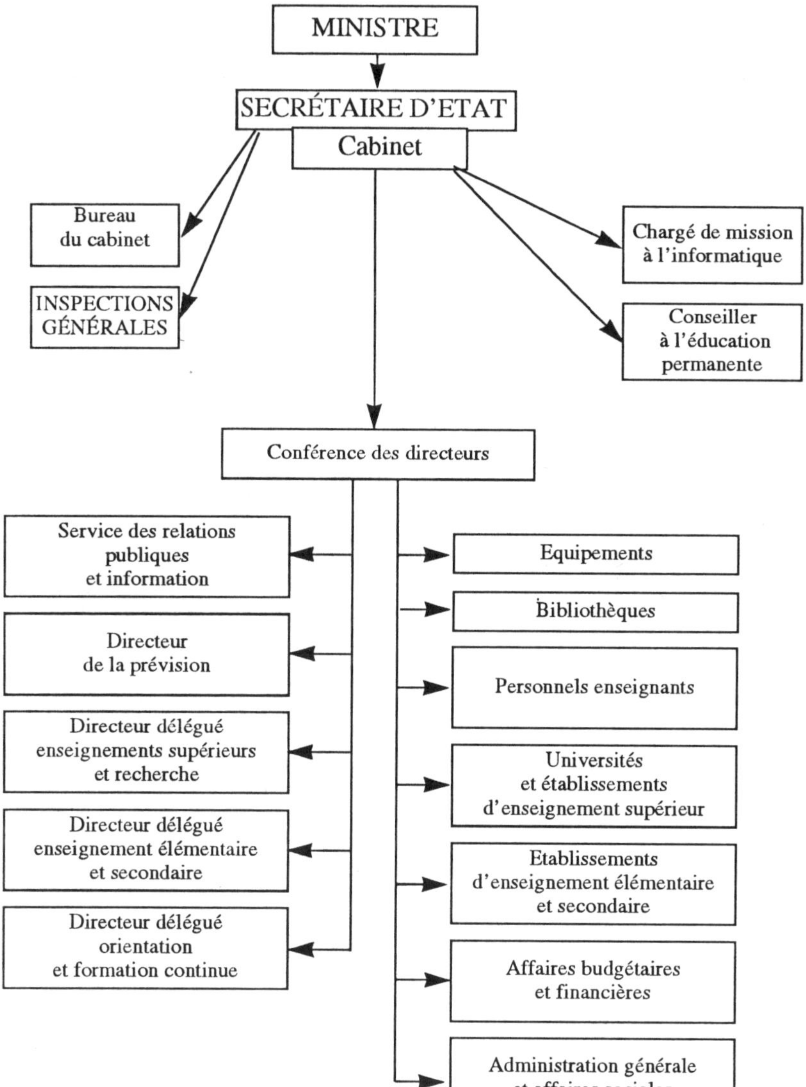

l'Éducation nationale) et surtout la création, intervenue dès le 15 octobre 1963, d'un poste de secrétaire général ; son titulaire dispose directement des services les plus importants pour le pilotage du système éducatif et détient les plus larges pouvoirs de direction et de coordination sur l'ensemble de l'administration centrale (y compris les inspections générales).

Dans la nouvelle organisation, les directions et services ministériels sont pratiquement dépouillés de tout pouvoir de décision. Ils deviennent, pour l'essentiel, des services de gestion. Ils exécutent, en effet, la politique conçue par l'« état-major » réuni autour du secrétaire général. Il faut noter également la disparition des trois directions compétentes pour chaque ordre d'enseignement (de ce fait, la direction de l'enseignement technique devient un service).

0007. En juillet 1968, le secrétaire général du ministère offre sa démission au nouveau ministre M. Edgar Faure. Les services qui relevaient directement du secrétaire général sont alors rattachés au cabinet et le ministre charge une commission d'étudier les nouvelles structures de l'administration centrale. Mais M. Edgar Faure ne reste pas assez longtemps rue de Grenelle pour prendre des décisions dans ce domaine. C'est son successeur, M. Olivier Guichard, qui va procéder à la réorganisation du ministère.

L'organigramme qui en résulte (décret du 19 mars 1970) présente une structure entièrement différente et répartit les attributions suivant le principe d'une séparation complète entre les objectifs et les moyens : certaines directions sont chargées de gérer les personnels, les équipements, les finances, les établissements scolaires et universitaires ; elles reçoivent des instructions des directeurs d'objectifs (ils portent le titre de directeurs délégués), ceux-ci ont la responsabilité de la conception, de la définition et de la programmation de la politique éducative, avec l'assistance d'une direction de la prévision. Par ailleurs, le poste de secrétaire général n'étant pas rétabli, la coordination entre les directions d'objectifs et les directions de moyens est assurée par la conférence des directeurs.

M. Fontanet, devenu ministre de l'Éducation nationale après M. Guichard, ne change pas profondément les structures de l'administration centrale. Toutefois, il confie à un seul directeur des responsabilités exercées précédemment par les divers directeurs d'objectifs. Quant aux directeurs de moyens, qui prennent le titre de directeurs « de projets et de moyens », ils obtiennent de plus larges pouvoirs de décision.

Dans cette structure réapparaissent les problèmes permanents de l'administration centrale : ceux de la coordination entre la politique éducative et la gestion prévisionnelle de ses moyens et ceux de la cohérence entre les objectifs, les contenus et les plans de développement des divers types d'enseignements aux différents degrés. Les réunions de directeurs ne permettant généralement pas de régler ces problèmes, certains parlent alors de rétablir le poste de secrétaire général.

0008. En 1974, avec le nouveau septennat présidentiel, on assiste à une réorganisation complète des services ministériels : il y a désormais deux administrations séparées, l'une pour les enseignements donnés dans le cadre scolaire ; l'autre pour les enseignements supérieurs et la recherche. L'éducation perd le qualificatif de « nationale » et le secrétariat d'État aux Universités s'organise et se développe progressivement en attendant d'être transformé en ministère en 1979.

M. Haby, ministre de l'Éducation, a pour souci de donner aux services chargés d'appliquer sa réforme une grande autonomie. Tout en conservant des directions « horizontales » qui gèrent les moyens administratifs, les affaires financières et les équipements, M. Haby crée trois directions d'enseignement : écoles, collèges, lycées, qui ont à la fois la responsabilité des objectifs et des moyens dans leur secteur de compétence.

Ce retour au « verticalisme » est atténué par le rôle attribué à la direction générale de la « programmation et de la coordination » qui doit exercer la coordination de l'ensemble des directions et des services. Mais les directions « pédagogiques » peuvent dans une large mesure échapper à sa tutelle, car le même texte fixant les attributions de la direction générale précise que :

> la direction des écoles, la direction des collèges et la direction des lycées sont chargées chacune en ce qui la concerne d'élaborer et de mettre en œuvre la politique de l'éducation : elles disposent chacune des moyens nécessaires à leur mission.

Plusieurs aménagements sont apportés dans les structures de l'administration centrale de 1975 à 1981 par M. Haby d'abord, par M. Beullac ensuite. Mais les principes ayant inspiré l'organisation de 1974 restent les mêmes jusqu'en 1981 (*cf.* décret n° 74-610 du 27 juin 1974, modifié par les décrets des 23 juillet 1975, 28 décembre 1979 et 2 février 1981).

Le secrétariat d'État aux Universités, constitué pour fonctionner de manière autonome par rapport au ministère de l'Éducation, a bénéficié du transfert des directions et services correspondant à ses attributions et qui appartenaient à l'administration centrale de l'Éducation nationale. Une direction reste commune aux deux ministères : la direction de l'administration générale et des personnels administratifs.

Cependant, de 1974 à 1981, des services nouveaux sont créés au secrétariat d'État, tel celui de l'information scientifique et technique.

Pendant cette période, les difficultés de coordination au sein du ministère de l'Éducation n'ont pas disparu entre les ordres d'enseignement et plus encore entre les directions « pédagogiques » et les directions gestionnaires. Mais plus grave de conséquences a été la double politique des enseignements scolaires et des enseignements supérieurs, aucune collaboration réelle n'ayant pu s'instituer entre les deux ministères.

De 1981 à 1986.

0009. L'élection présidentielle du 10 mai 1981, suivie des élections législatives qui donnèrent la majorité aux partis de la gauche, a eu d'importantes conséquences pour l'Éducation nationale ; en effet, le nouveau gouvernement ne comprend plus de ministre des Universités, l'enseignement supérieur étant réintégré au sein d'un ministère unique, qui retrouve le qualificatif de « nationale ». De même pour l'éducation physique et sportive, le ministère reprend ses anciennes compétences. Par contre, la formation professionnelle échappe à l'Éducation nationale par la création d'un ministère qui en est chargé spécialement. En outre, le Centre national de la recherche scientifique, précédemment placé sous la tutelle du ministre des Universités, est rattaché au ministère de la Recherche et de la Technologie.

Les attributions du nouveau ministre de l'Éducation nationale ont été fixées par décret n° 81-634 du 28 mai 1981 qui dispose :

> Le ministre de l'Éducation nationale exerce les attributions antérieurement dévolues au ministre de l'Éducation et au ministre des Universités ainsi que celles qui étaient dévolues au ministre de la Jeunesse, des Sports et des Loisirs pour ce qui concerne l'éducation physique et sportive.

La réorganisation de l'administration centrale est intervenue par le décret n° 82-217 du 2 mars 1982 (complété par l'arrêté du 2 avril 1982). L'examen de l'organigramme du ministère fait apparaître quatre « blocs » de directions et de services :

- celui des enseignements supérieurs et de la recherche qui constitue à lui seul une administration centrale, grâce à son unité et à sa spécificité ;
- celui des directions chargées des enseignements scolaires qui élaborent, chacune en ce qui concerne son domaine de compétence, la politique éducative, à un niveau d'enseignement ; ces directions disposent, en outre de la plupart des moyens nécessaires à leur politique ;
- celui des directions traitant des affaires communes à l'ensemble du ministère (même lorsque ces affaires sont déjà en partie gérées par les autres directions) ;
- celui des « missions » dont la place et les compétences restent assez imprécises. Conçues primitivement pour être des organes d'impulsion et de coordination, elles peuvent également gérer certains moyens « en accord avec les directions » (*cf.* arrêté du 2 avril 1982).

0010. En 1984, M. Chevènement reprend les attributions de son prédécesseur ; il dispose pour les assurer de deux secrétaires d'État, un pour l'enseignement supérieur et un pour l'enseignement technique et technologique. Le secrétaire d'État chargé de l'enseignement supérieur a tous les services concernés sous son autorité. Il dispose donc de sa propre administration avec la direction générale de l'enseignement supérieur et les directions et services qui lui sont rattachés. M. Chevènement apporte plusieurs modifications aux structures en place. Ainsi est créée une direction générale des enseignements scolaires chargée de coordonner les directions des lycées, des collèges et

La coupure du ministère de l'Éducation nationale de 1974 à 1981

Les deux administrations centrales
du ministère de l'Éducation en 1975
(ministre : M. Haby)
Organigramme

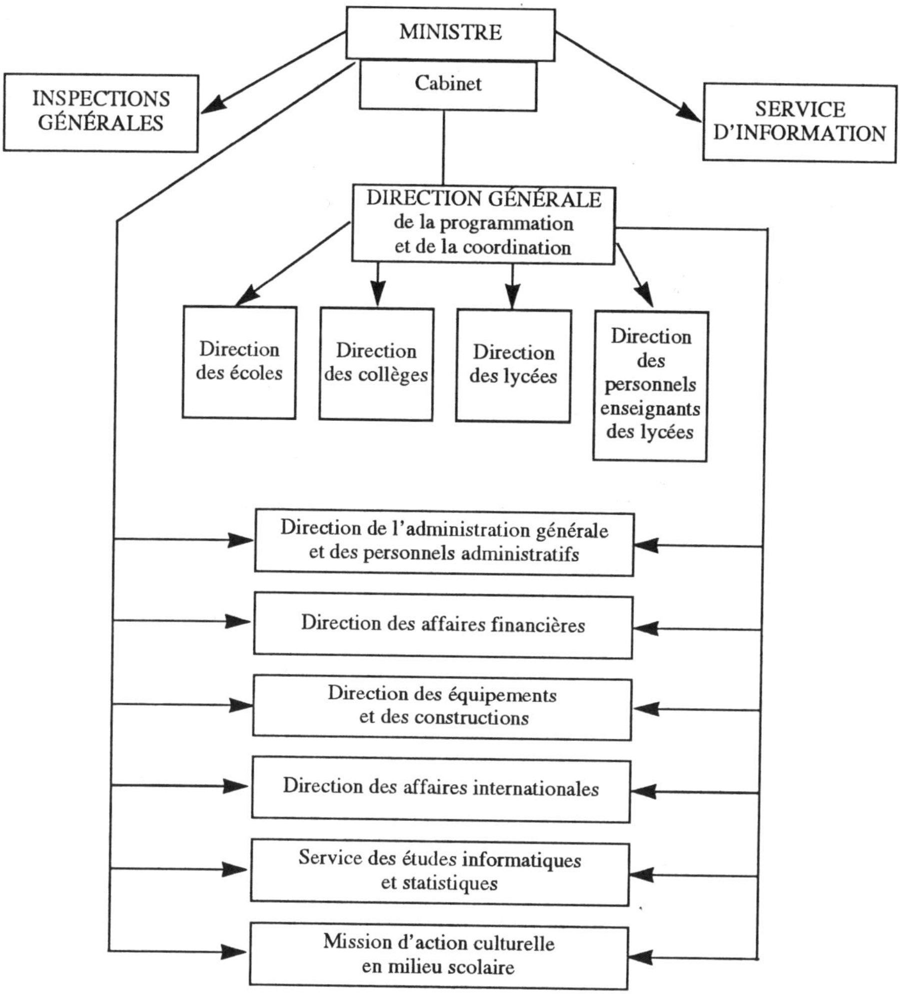

Organigramme du ministère des Universités en 1980

(Mme Saunier-Seïté)

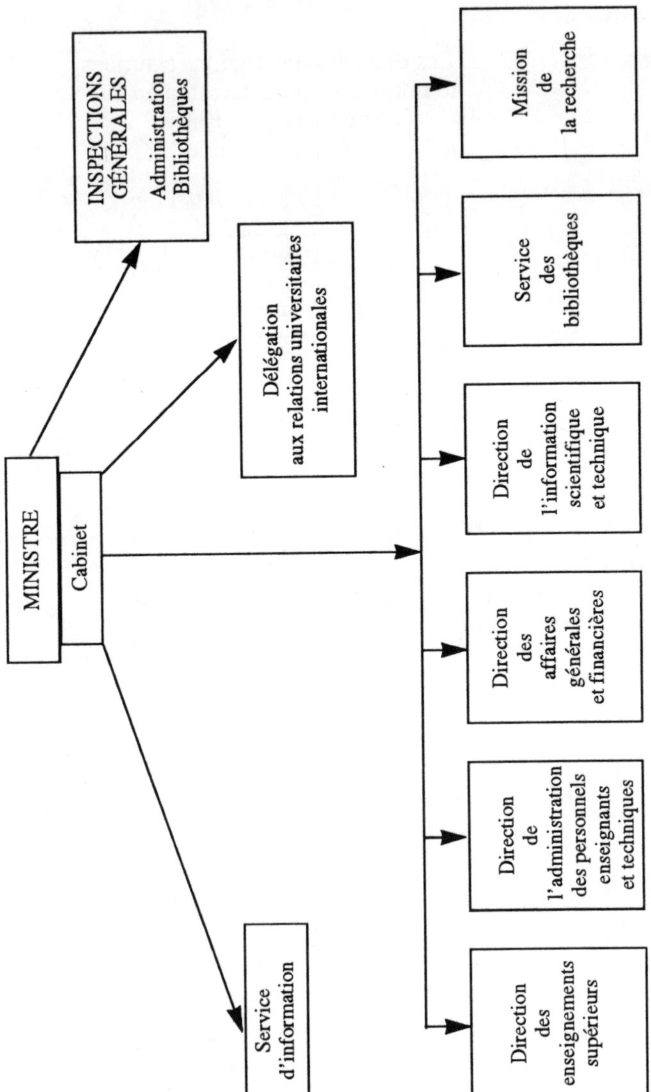

Reconstitution du ministère de l'Éducation nationale en 1982
(Éducation et universités)

Organigramme de l'administration centrale du ministère de l'Éducation nationale
(ministre : M. Savary)

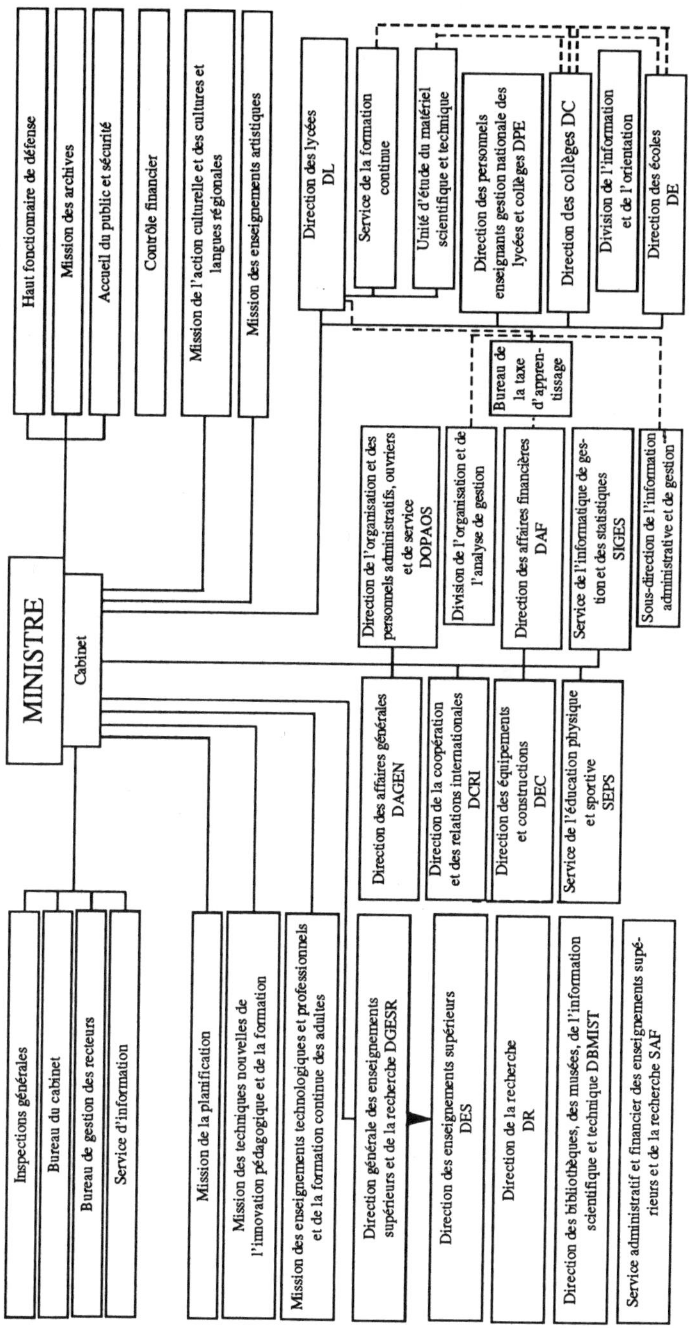

des écoles, le service de l'éducation physique et sportive, la mission d'action culturelle et la mission des technologies nouvelles. Le ministre décide aussi l'intégration à la direction des personnels enseignants des lycées et collèges du service chargé de la gestion des PEGC (jusqu'alors, ces professeurs étaient gérés par la direction des collèges).

0011. En 1986, le changement de majorité politique et de structure gouvernementale devait entraîner plusieurs modifications notables dans les attributions du ministre et dans l'organisation de l'administration centrale.

Le ministre, dont les attributions ont été définies par le décret 86-714 du 17 avril 1986 (*JO* du 18 avril 1986), obtient non seulement les compétences précédemment dévolues à ses prédécesseurs, J.-P. Chevènement et A. Savary, mais récupère les responsabilités qu'ont longtemps exercées les ministres de l'Éducation nationale en matière de recherche. L'article 2 du décret dispose :

> Le ministre de l'Éducation nationale exerce les attributions antérieurement dévolues au ministre de la Recherche et de la Technologie.

Un ministre délégué pour la recherche et l'enseignement supérieur est nommé auprès du ministre de l'Éducation nationale ainsi que deux secrétaires d'État, un pour l'enseignement et l'autre pour la formation professionnelle. Ainsi revient à l'Éducation nationale la responsabilité de la formation professionnelle, confiée précédemment à un autre ministère. En outre, le secrétaire d'État

> suit les affaires concernant l'apprentissage et la formation technique et technologique initiale dispensée aux jeunes au sein de l'Éducation nationale.

À noter que l'enseignement supérieur étant administré par un ministre délégué, on peut considérer qu'il y a reconstitution du ministère des Universités, car les attributions exercées par ce ministre sont telles qu'il bénéficie en fait d'une large autonomie. Son ministère comprend deux branches, une avec la direction générale de l'enseignement supérieur et de la recherche relevant précédemment du secrétaire d'État, et l'autre avec la direction générale de la recherche et de la technologie issue du ministère de la Recherche.

Par rapport au précédent, l'organigramme présente quelques changements importants :

- suppression de la direction générale des enseignements scolaires et des missions, mais une direction des lycées et des collèges réunit l'administration de tous les établissements d'enseignement du second degré ;
- création de trois directions nouvelles, une chargée de la gestion de tous les personnels d'inspection et de direction, une autre chargée de l'information et de la communication ; la dernière « de l'évaluation et de la prospective » remplace le service de la prévision, des statistiques et de l'évaluation ;

- fusion de la direction des affaires générales avec la direction de la coopération et des relations internationales pour constituer une direction des affaires générales, internationales et de la coopération, exerçant les attributions des deux précédentes directions : affaires juridiques et contentieuses, enseignement privé d'une part, affaires relatives aux relations internationales universitaires, à la coopération scolaire et universitaire, à l'enseignement français à l'étranger, d'autre part.

0012. En 1988, dans le gouvernement issu d'une nouvelle majorité politique, est nommé un ministre d'État, ministre de l'Éducation nationale, de la Jeunesse et des Sports. Il est assisté de deux secrétaires d'État, un chargé de l'enseignement technique et l'autre de la jeunesse et des sports, mais aucun membre du gouvernement n'est chargé de l'enseignement supérieur.

Les attributions du ministre d'État comprennent l'enseignement supérieur, avec la recherche universitaire, les enseignements scolaires, la jeunesse et les sports.

La structure existant précédemment n'est pas profondément modifiée, sauf en ce qui concerne l'enseignement supérieur. En effet, en 1989, la direction générale chargée de cet ordre d'enseignement a été supprimée ; quatre directions sont constituées : la direction des enseignements supérieurs a la responsabilité des contenus et des programmes d'enseignement, la direction de la programmation et du développement universitaire a pour mission de définir la carte universitaire – y compris pour les bibliothèques – et de répartir les moyens de l'État entre les établissements, la direction des personnels d'enseignement supérieur gère l'ensemble de ces personnels, la direction de la recherche et des études doctorales « prépare la répartition des moyens de recherche entre les établissements d'enseignement supérieur dont elle évalue les programmes et les réalisations » (décret n° 89-289 du 26 avril 1989 modifiant le décret n° 84-1128 du 17 décembre 1984).

En mai 1991, le secrétariat d'État à la Jeunesse et aux Sports est remplacé par un ministère exerçant les mêmes attributions. Les compétences dans ce domaine sont donc enlevées au ministre de l'Éducation nationale (décret du 3 juin 1991).

En avril 1992, M. J. Lang, ministre de la Culture et de la Communication succède à M. L. Jospin et devient ministre d'État, ministre de l'Éducation nationale et de la Culture (2 avril 1992 – 29 mars 1993). Il est assisté d'un secrétaire d'État à l'Enseignement technique.

Enfin, après les élections législatives de mars 1993, dans le gouvernement dirigé par M. Balladur, l'administration centrale de l'Éducation nationale est à nouveau scindée en deux, avec d'une part, le ministère de l'Éducation nationale, d'autre part, le ministère de l'Enseignement supérieur et de la Recherche. Les attributions sont réparties entre les deux administrations par les décrets n°s 93-795 et 93-796 du 16 avril 1993 (*JO* du 17 avril 1993).

Organigramme de l'administration centrale du ministère de l'Éducation nationale de la Jeunesse et des Sports en avril 1989
(ministre : M. Jospin)

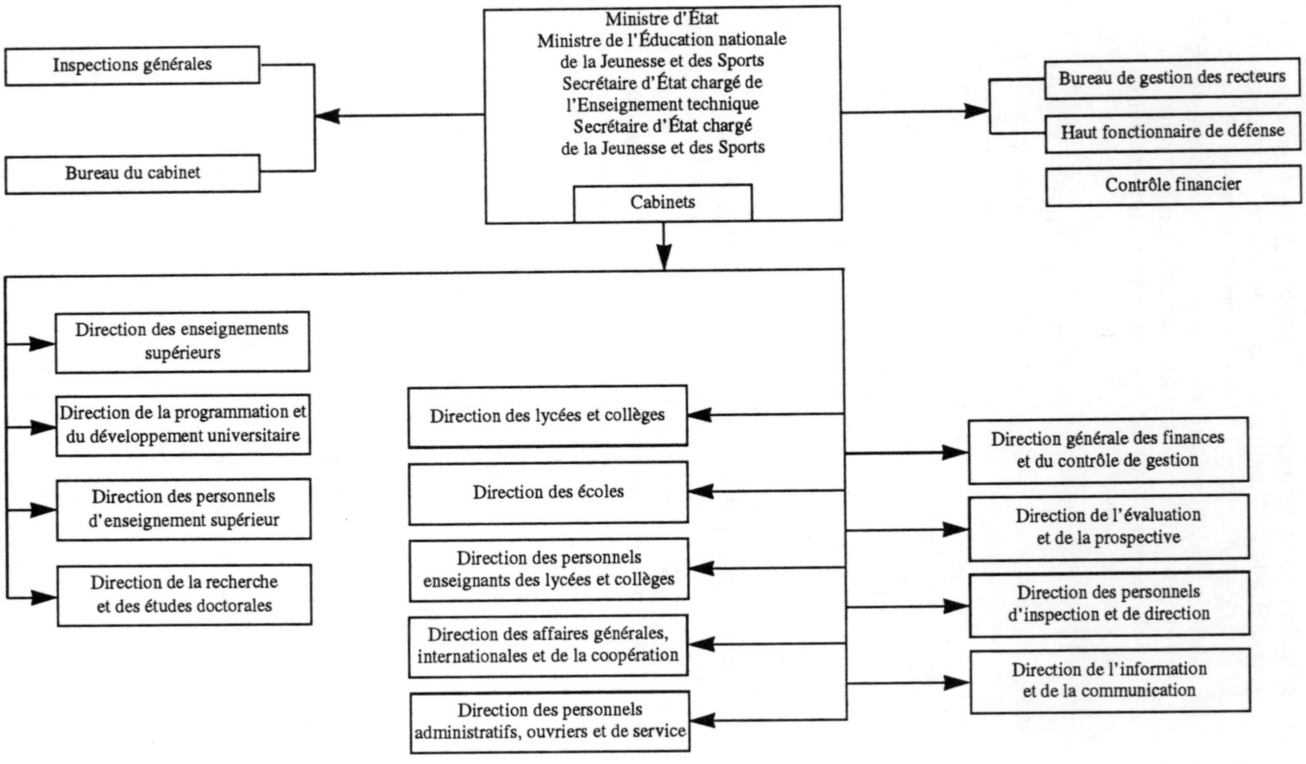

Le ministre de l'Enseignement supérieur reprend des attributions confiées précédemment au ministre de la Recherche.

À l'issue des élections présidentielles de 1995, le gouvernement (décret du 18 mai 1995) comprend un grand ministère intitulé : ministère de l'Éducation nationale, de l'Enseignement supérieur, de la Recherche et de l'Insertion professionnelle.

Le ministre, M. Bayrou, exerce les attributions dévolues précédemment au ministre de l'Éducation nationale et au ministre de l'Enseignement supérieur et de la Recherche (décret de 1993). Par ailleurs, le décret d'attribution (n° 95-767 du 8 juin 1995) précise qu'il

> détermine conjointement avec le ministre du Travail, du Dialogue social et de la Participation, la politique conduite en matière d'insertion professionnelle initiale des jeunes et qu'il participe à la mise en œuvre de cette politique.

Le ministre est assisté de trois secrétaires d'État : un secrétaire d'État à l'Enseignement supérieur (décret n° 95-791 du 19 juin 1995), un secrétaire d'État à la Recherche (décret n° 95-792 du 19 juin 1995), un secrétaire d'État à l'Enseignement scolaire (décret n° 95-793 du 19 juin 1995). Si les attributions des deux secrétaires d'État précités correspondent à un domaine assez bien circonscrit, les termes du troisième décret traduisent le caractère vague du champ concerné.

Les réflexions tendant à une meilleure organisation des structures n'aboutissent pas avant le remaniement du 7 novembre 1995.

Les attributions ministérielles en 1996.

0013. Le ministre de l'Éducation nationale, de l'Enseignement supérieur et de la Recherche (décret n° 95-1210 du 16 novembre 1995) qui perd ses attributions dans le domaine de l'insertion professionnelle n'est plus assisté que d'un secrétaire d'État à la Recherche (décret n° 95-1244 du 28 novembre 1995).

Ce dernier, en application de l'article 1er du décret,

> ...exerce par délégation du ministre [...] les attributions dévolues à ce dernier dans le domaine de la recherche par le décret du 15 novembre 1995 [...] notamment pour la préparation du budget civil de recherche et du développement technologique.

Au plan des structures, la tâche s'avère difficile compte tenu des orientations strictes du gouvernement, relayées en particulier par le commissariat à la modernisation de l'État. Deux comités techniques paritaires centraux sont consultés successivement le 27 juillet 1995 et le 6 novembre 1995 pour aboutir à la publication du décret n° 96-16 du 10 janvier 1996 (*JO*, 11 janvier 1996) qui fixe l'organisation générale en quinze pôles, résultat assez éloigné au demeurant des propositions figurant dans un rapport de l'IGAEN intitulé « Centrale 2000 » remis au ministre en 1993.

Il reste que la nouvelle organisation, relativement neutre quant au nombre des structures (stabilité du nombre des directions, suppression de 3 sous-directions sur 45 et 6 bureaux sur 163), met en harmonie les structures administratives avec les structures ministérielles et tend à une certaine rationalisation et clarification.

Le décret regroupe les fonctions transversales des anciennes structures dans des directions uniques :

- la direction des affaires juridiques est compétente pour l'ensemble des domaines et se sépare du secteur international, regroupement conjoncturel ;
- la direction générale des finances et du contrôle de gestion exerce sa compétence sur le budget de l'enseignement supérieur, de la recherche civile et du secteur scolaire ;
- la direction de l'administration et du personnel reprend l'ensemble des attributions concernant l'administration centrale du secteur universitaire et de la recherche ;
- une direction des personnels de l'enseignement supérieur est créée.

Des redécoupages interviennent, outre en ce qui concerne les questions juridiques, dans les secteurs suivants :

- la direction de la communication remplace la direction de l'information et des technologies nouvelles, les technologies nouvelles étant rattachées à la direction de l'information scientifique et des bibliothèques ;
- la délégation aux relations internationales et à la coopération (DRIC) exerce l'ensemble des attributions du ministère dans le domaine international.

Enfin, la délégation aux relations européennes, internationales et à la francophonie ainsi que la délégation à la modernisation et à la déconcentration sont supprimées.

Le décret, réécrit dans sa totalité, est plus clair et, au-delà de recouvrements entre structures, tend vers une meilleure lisibilité : un article est consacré à chaque direction ou unité et définit ses attributions.

Par ailleurs, un arrêté interministériel du 10 janvier 1996 (*JO*, 11 janvier 1996) détaille les structures par sous-direction et un arrêté ministériel de la même date précise la composition des sous-directions.

Le décret dispose :

Art. 1er. – L'administration centrale du ministère de l'Éducation nationale, de l'Enseignement supérieur et de la Recherche comprend, outre les inspections générales, le bureau du cabinet et les hauts fonctionnaires de défense, qui sont directement rattachés au ministre :
– la direction des écoles ;
– la direction des lycées et collèges ;
– la direction générale des enseignements supérieurs ;
– la direction générale de la recherche et de la technologie à laquelle est rattachée la direction de l'innovation, de la technologie et de l'action régionale ;

– la direction des personnels enseignants des lycées et collèges ;
– la direction des personnels de l'enseignement supérieur et de la recherche ;
– la direction des personnels de l'encadrement ;
– la direction de l'administration et du personnel ;
– la direction générale des finances et du contrôle de gestion ;
– la direction de l'évaluation et de la prospective ;
– la direction des affaires juridiques ;
– la direction de la communication ;
– la direction de l'information scientifique, des technologies nouvelles et des bibliothèques ;
– la délégation aux relations internationales et à la coopération ;
– la mission scientifique et technique.

Art. 2. – La direction des écoles est chargée d'élaborer et de mettre en œuvre la politique du ministère en ce qui concerne l'enseignement primaire, maternel, élémentaire et spécialisé.
Elle assure la gestion et le contrôle des moyens en emplois et en crédits destinés aux écoles, dans la limite des compétences de l'État.
Elle définit la politique nationale de recrutement et de formation continue des enseignants du premier degré. Elle conduit des actions spécifiques dans le cadre de l'aménagement du territoire et des départements et territoires d'outre-mer.

Art. 3. – La direction des lycées et collèges est chargée d'élaborer et de mettre en œuvre la politique du ministère en ce qui concerne les collèges, les lycées, les lycées professionnels et les sections de techniciens supérieurs. Pour l'exercice de ses attributions, elle peut faire appel à la mission de la carte des formations supérieures.
Elle alloue aux autorités académiques, dans la limite des compétences de l'État, les moyens en emplois et en crédits de fonctionnement et d'équipement destinés aux établissements. Elle assure le contrôle de la gestion de ces moyens.
Elle encadre les activités de formation continue des adultes développées par les établissements du second degré, élabore les orientations générales de la politique de recherche en éducation et de formation continue des professeurs dans les collèges et les lycées.
En outre, elle définit la politique d'action sanitaire et sociale en faveur des élèves, d'action culturelle en milieu scolaire, de soutien et de régulation de la vie scolaire, ainsi que les modalités d'introduction des technologies nouvelles dans l'enseignement.

Art. 4. – La direction générale des enseignements supérieurs arrête les contenus et les programmes d'enseignement supérieur ainsi que l'organisation pédagogique des cycles d'enseignement.
Elle a en charge la formation initiale des enseignants. Elle prépare et met en œuvre les mesures propres à améliorer les conditions de la vie des étudiants et à faciliter leur insertion professionnelle.
Elle détermine le cadre juridique du fonctionnement des établissements d'enseignement supérieur et coordonne leur développement dans le cadre d'une politique contractuelle pluriannuelle. Elle répartit les moyens de l'État entre les établissements d'enseignement supérieur et procède à l'étude des questions budgétaires, financières et de gestion relatives à ces établissements.
Elle assure la programmation et la coordination des opérations de construction de locaux universitaires et veille au respect de la carte universitaire nationale.
Elle est chargée des relations avec les collectivités territoriales.
Pour l'ensemble de ses attributions, elle peut faire appel à la mission scientifique et technique.

Art. 5. – La direction générale de la recherche et de la technologie élabore la politique de la recherche et du développement technologique et veille à sa mise en œuvre. Elle prend en compte les éléments scientifiques et techniques fournis par la mission scientifique et technique et les conditions administratives et financières d'application de cette politique.
Elle prépare la répartition des moyens de la recherche entre les établissements d'enseignement supérieur, dans le cadre de la politique contractuelle menée avec ces établissements. Elle assure la responsabilité de l'organisation et du financement des études doctorales. Elle exerce la tutelle sur les organismes de recherche.
Elle instruit les propositions relatives au budget civil de recherche et de développement technologique ainsi que l'engagement des crédits incitatifs, et notamment ceux du fonds de la recherche et de la technologie.
Elle prépare les textes législatifs et réglementaires intéressant les institutions ou les procédures propres à la recherche et au développement technologique. Elle veille à l'élaboration des statistiques concernant l'effort national de recherche et définit les orientations et les équilibres de la programmation pluriannuelle. Elle prépare les décisions budgétaires relatives à l'attribution des crédits alloués par l'État dans le cadre du budget civil de recherche et de développement technologique. Elle assure la gestion administrative et financière des crédits incitatifs et le contrôle de leur utilisation ainsi que la gestion comptable des crédits de recherche.
Pour l'ensemble de ses attributions, la direction générale de la recherche et de la technologie peut faire appel à la mission scientifique et technique.

Art. 6. – La direction de l'innovation, de la technologie et de l'action régionale est rattachée à la direction générale de la recherche et de la technologie. En liaison notamment avec les services des ministères chargés de l'industrie, de l'espace et des entreprises, elle favorise le développement de la recherche industrielle et met en œuvre les moyens nécessaires pour mettre en valeur et diffuser les résultats de la recherche publique dans les entreprises afin de faciliter l'innovation.
Elle détermine, en liaison avec les ministères chargés de l'économie et du budget, les procédures et les méthodes de financement de la recherche industrielle.
Elle propose au ministre des orientations pour la politique régionale de recherche, le développement technologique et l'innovation ; elle veille à la mise en œuvre de cette politique en faisant appel aux directions régionales de l'industrie, de la recherche et de l'environnement et aux délégués régionaux à la recherche et à la technologie.
Elle assure, dans les domaines aéronautique, spatial et nucléaire, la cohérence des actions du ministère avec celles des autres ministères.

Art. 7. – La direction des personnels enseignants des lycées et collèges est chargée d'élaborer et de mettre en œuvre la politique de recrutement et de gestion des personnels enseignants du second degré, d'éducation et d'orientation. En particulier, elle effectue les études et établit les prévisions relatives aux recrutements, à la gestion des carrières et à l'évolution de ces professions ; elle organise les concours de recrutement et accomplit les actes de gestion relevant de l'échelon national ; elle coordonne les actes de gestion relevant des échelons déconcentrés.

Art. 8. – La direction des personnels de l'enseignement supérieur et de la recherche, en liaison avec la direction des affaires juridiques, prépare les statuts des personnels d'enseignement supérieur, de recherche, des bibliothèques et des musées ainsi que les mesures réglementaires d'application de ces statuts. Elle effectue les études et établit les prévisions relatives aux recrutements, à la gestion des carrières et à l'évolution des professions qui concourent à l'enseignement et à la recherche. Elle assure le recrutement et la gestion de l'ensemble des personnels d'enseignement supérieur et des personnels des bibliothèques et des musées.

Art. 9. – La direction des personnels de l'encadrement est chargée de la gestion des recteurs et des personnels d'encadrement du service public de l'enseignement : personnels d'inspection et de direction, responsables administratifs des structures académiques. Elle contribue, en liaison avec la direction des affaires juridiques, à l'élaboration des projets de réforme statutaire et met en œuvre les opérations de recrutement et de formation de ces personnels.

Art. 10. – La direction de l'administration et du personnel élabore et met en œuvre la politique relative à l'organisation des services centraux et déconcentrés, à la modernisation du fonctionnement administratif et à l'informatique de gestion du ministère. Elle assure la gestion des crédits de fonctionnement et d'équipement de ces services et conduit les opérations immobilières qui relèvent de la responsabilité de l'État.
Elle assure la responsabilité de la gestion et de la formation continue des personnels administratifs, techniques, ouvriers, sociaux et de santé. Elle élabore et conduit la politique sanitaire et sociale pour l'ensemble des personnels enseignants et non enseignants du ministère.
Elle est chargée de la gestion des emplois des personnels des services centraux et des personnels administratifs, techniques, ouvriers, sociaux et de santé des services déconcentrés et des établissements scolaires.

Art. 11. – La direction générale des finances et du contrôle de gestion prépare le budget de l'éducation nationale et de l'enseignement supérieur, en suit l'exécution et tient la comptabilité centrale. Elle assure la tutelle financière des établissements publics nationaux de l'éducation nationale et de l'enseignement supérieur. Elle évalue l'incidence financière des projets et des actions menées par le ministère. Elle suit, en liaison avec la direction des affaires juridiques, le développement des affaires statutaires et indemnitaires pour les personnels de l'éducation nationale et traite les problèmes relatifs aux pensions pour l'ensemble des personnels de l'éducation nationale, de l'enseignement supérieur et de la jeunesse et des sports.
Elle gère les crédits de personnels de l'enseignement scolaire et de l'enseignement supérieur et définit les procédures de liquidation des rémunérations de ces personnels. Elle assure le contrôle budgétaire des emplois du ministère.
Elle est chargée des questions relatives aux contrats avec les établissements d'enseignement privés et leurs personnels.

Art. 12. – La direction de l'évaluation et de la prospective est chargée de la conception, de la gestion et de la mise à disposition du système d'information statistique et de pilotage relatif au système éducatif. Elle réalise des études et synthèses permettant de connaître l'état du système éducatif.
Elle est chargée de l'évaluation du système éducatif. À cet effet, elle conçoit, réalise et analyse les évaluations portant sur les acquis des élèves et des étudiants, les unités d'enseignement et les politiques et innovations éducatives.
Elle élabore des prévisions et scénarios d'évolution du système éducatif et conduit des travaux de prospective à long terme.
Elle conçoit et gère un système de publications assurant la diffusion de ces différents travaux.

Art. 13. – La direction des affaires juridiques exerce, dans le domaine du droit, une fonction de conseil et d'assistance auprès de l'administration centrale du ministère, des services académiques et des établissements. Elle assure la représentation du ministère devant les juridictions des ordres administratif et judiciaire, dans les instances ne relevant pas du contentieux des pensions ou de la compétence des services déconcentrés. Elle gère les dossiers d'accidents professionnels des personnels en fonctions à l'administration centrale, des chefs des services déconcentrés et de certains personnels placés en position de détachement. Elle attribue les aides auxquelles peuvent prétendre les partenaires sociaux du ministère, notamment les organisations syndicales et les associations éducatives complémentaires de l'enseignement. Elle est chargée du secrétariat et de l'organisation des travaux du Conseil supérieur de l'éducation et du Conseil national de l'enseignement supérieur et de la recherche.

Art. 14. – La direction de la communication élabore la politique d'information et de communication interne et externe du ministère et veille à sa mise en œuvre ; elle est chargée des relations permanentes avec l'ensemble des médias. Elle conçoit et conduit la politique éditoriale des publications écrites, télématiques et audiovisuelles du ministère.

Art. 15. – La direction de l'information scientifique, des technologies nouvelles et des bibliothèques propose et met en œuvre la politique d'information scientifique et technique ainsi que les actions de diffusion de la culture scientifique et technique. Elle élabore et conduit la politique audiovisuelle en matière pédagogique et définit, au sein du ministère, les conditions d'utilisation des technologies nouvelles dans les domaines de la pédagogie et de l'information.
Elle assure la tutelle scientifique des musées scientifiques et techniques relevant de sa compétence et met en œuvre la politique de développement et de modernisation des bibliothèques universitaires.

Art. 16. – La délégation aux relations internationales et à la coopération assure, en liaison avec les services du ministère des Affaires étrangères, le développement des échanges et de la coopération avec les institutions scolaires, universitaires et de recherche étrangères. Elle exerce ses compétences par des actions bilatérales ou multilatérales, en particulier avec les pays membres de la Communauté européenne et les pays francophones.
À cet effet, elle contribue à la diffusion des connaissances et des méthodes éducatives à l'étranger; elle est chargée de la définition et de la mise en œuvre des procédures d'homologation, de l'encadrement pédagogique et de l'évaluation des établissements scolaires français à l'étranger; elle coordonne les actions menées dans le système éducatif français en faveur de l'enseignement international.
Elle traite des questions concernant les rapports entre le système éducatif français et celui des autres pays. Elle contribue à la définition et à la conduite de la politique de coopération scientifique, technique et universitaire internationale. Elle est responsable de la coordination et de la mise en œuvre des activités internationales des établissements d'enseignement supérieur et de recherche. Elle suit l'exécution des grands programmes scientifiques internationaux, et notamment communautaires.

Art. 17. – La mission scientifique et technique conseille le ministre sur les aspects scientifiques, techniques et pédagogiques des affaires relevant de sa compétence dans les domaines de l'enseignement supérieur et de la recherche; elle fournit aux directions et services du ministère les éléments d'information scientifiques, techniques et pédagogiques nécessaires à l'exécution de leurs missions.

Observations générales.

0014. L'examen des diverses transformations de l'administration centrale depuis la Libération conduit à formuler un certain nombre d'observations.

Au niveau politique.

La conception du rôle et des missions du ministre de l'Éducation nationale a varié avec les gouvernements et, avec elle, les structures et les fonctions de l'administration centrale.

En ce qui concerne la culture et les activités qui lui sont traditionnellement rattachées, il semble bien que l'Éducation nationale sera définitivement déchargée de ce grand secteur de la formation, dont elle avait la responsabilité en 1945. Culture et enseignement sont institutionnellement séparés et la juxtaposition récente des deux ministères de l'Éducation et de la Culture a été trop brève pour être significative (avril 1992-mai 1993).

En revanche, la santé scolaire (qui est une activité de médecine préventive à l'école), après avoir été confiée au ministère de la Santé publique pendant de longues années en raison de ses responsabilités globales en matière de santé, a été rendue à l'Éducation nationale.

Plus importants encore sont les changements qui avaient abouti à diviser le ministère de l'Éducation nationale en administrations relevant de ministres différents ; il est probable qu'il y a eu, plus que la volonté d'alléger les tâches du ministère, deux objectifs : d'abord réduire sa puissance en le limitant à la seule administration de l'enseignement scolaire, ensuite créer pour les universités un autre système de relations avec l'État, tandis que la recherche était elle-même séparée de l'enseignement supérieur pour avoir des rapports plus étroits avec l'industrie.

La création d'un secrétariat d'État, souvent prônée pour valoriser un domaine (enseignement technique, professionnel par exemple) rend le management difficile pour le ministre en charge d'un département trop lourd et dont les domaines sont très liés.

La continuité pédagogique entre l'enseignement supérieur et l'enseignement scolaire, la formation des maîtres dans les IUFM, les nouveaux développements à tous les niveaux de l'apprentissage, des formations en alternance imposent une vision d'ensemble qui ne doit pas conduire cependant à un certain impérialisme, même si le fait que 21 % des crédits du budget de l'État sont réservés à l'éducation et que plus de 1 300 000 personnes relèvent directement ou indirectement du ministère expliquent son poids politique, social et économique.

Au sein de l'administration centrale

À travers l'évolution des attributions exercées, on relève particulièrement :

- une multiplication incessante depuis la Libération des réformes de structures qui traduisent souvent soit des effets de mode (directions par objectifs) soit la volonté de marquer son passage (par exemple des structures verticales qui renforcent la nécessité d'un pouvoir plus grand du cabinet), mais qui consomment beaucoup d'énergie, cristallisent les oppositions et rendent blasés « ceux qui en bénéficient ». Certes, certaines réformes globales sont nécessaires, mais la « réformite » est source de difficultés et d'illisibilité notamment de la part des services déconcentrés et des usagers ;

- un certain flottement dans la répartition, entre les services, des fonctions d'état-major, des fonctions opérationnelles et des fonctions auxiliaires. Diverses solutions furent adoptées depuis celle qui consiste à séparer complètement ces fonctions qui sont confiées chacune à des services différents jusqu'à celle qui tend à les donner en totalité à une même direction ministérielle compétente pour tout un secteur du système éducatif ;
- une coordination toujours insuffisante entre des directions et des services évidemment trop nombreux, qui peuvent se doubler et se concurrencer, en tout cas développer des politiques qui manquent de cohérence. Dans le domaine de la scolarité obligatoire notamment, il a toujours été difficile de définir et d'appliquer une action globale et suivie, malgré la création à plusieurs reprises d'une direction générale « coiffant » les divers ordres d'enseignement, y compris l'enseignement technique (souvent administré par des services jouissant d'une réelle autonomie). La plus grande coordination, étendue à tout le ministère, fut l'apanage d'un secrétaire général qui disposait d'une telle autorité que le poste n'a jamais été rétabli ;
- une idée encore répandue est que toutes les améliorations qu'il faut apporter au système éducatif doivent être conçues, organisées et impulsées par l'administration centrale. En réalité, très occupés à gérer le quotidien mais toujours persuadés que les réformes doivent être téléguidées, les services ministériels en sont réduits à écrire des instructions, des circulaires et des notes de service. L'inefficacité à faire changer le système avait incité le ministre Savary à créer des « missions » dont le rôle devait être de coordination et aussi d'innovation et d'animation. C'était instituer une administration de mission face à une administration de gestion. Ces « missions », qui ont parfois eu la tentation de gérer, parce qu'on leur avait donné la disposition de quelques crédits, ont finalement été supprimées en 1986 ;
- une volonté nouvelle de connaissance des résultats et de meilleure appréciation du fonctionnement administratif qui s'est manifestée, depuis quelques années, par la mise en place d'un contrôle de gestion ; mais il ne s'exerce pas à tous les niveaux de la hiérarchie et dans tous les domaines ;
- le développement d'un appareil statistique de qualité (notamment dans le secteur scolaire) et l'émergence d'une culture de l'évaluation (*cf.* n° 0304) ;

- la mise en place de procédures de suivi, de relations de type contractuel ;
- le maintien d'une impression d'administration centrale massive, démesurée[1] alors même que la réalité est autre. L'administration centrale ne représente que 0,3 % de l'effectif budgétaire total[2] (contre 4,5 % au ministère de l'Économie et des Finances). Une décroissance significative a été constatée depuis 1984, même si ceci n'a pas été simultané avec les mesures de décentralisation et de déconcentration (voir n° 0161). En effet, alors même que la demande d'éducation croissait de 11 % pour les élèves et de 8 % pour les effectifs d'enseignants entre 1984 et 1994, les effectifs de l'administration centrale diminuaient de plus 16 %, accompagnés d'une requalification.

Il faut rappeler enfin deux éléments :

- les personnels administratifs techniques, ouvriers, sociaux et de service, tant à l'administration centrale que dans les services déconcentrés et établissements, sont souvent appelés, au nom de la solidarité interministérielle et aussi compte tenu de gains de productivité incontestables, à subir des réductions d'effectifs alors même qu'on assiste à une croissance des effectifs d'enseignants ;
- le transfert de compétence (*cf.* n° 0153) n'ayant pas touché les domaines pédagogiques et la gestion des personnels n'a pu avoir d'incidence au niveau central que sur le domaine des investissements. À cet égard, une direction a d'ailleurs été supprimée (direction des équipements et des constructions).

Les fonctions actuelles de l'administration centrale.

0015. Une littérature relativement abondante, sur le plan administratif en particulier, aborde le fonctionnement de l'administration centrale[3].

Comme on l'a vu précédemment, l'administration centrale évolue lentement vers la constitution d'un pôle stratégique apte à définir une politique globale.

Cette démarche est lente, réelle mais inachevée.

L'architecture reste complexe, notamment en ce qui concerne le volet gestion des personnels ; pas moins de cinq directions gèrent du personnel :

- la DPELC (directeur des personnels enseignants de lycées et collèges) ;
- la DAP (direction de l'administration et des personnels) ;
- la DPES (direction des personnels de l'enseignement supérieur) ;
- la DE (direction des écoles) ;
- la DGF (pour les enseignants du privé) (direction générale des finances).

Selon une étude menée par l'inspection générale de l'administration de l'Éducation nationale en 1989 et qui reste globalement valable, l'essentiel des

Organisation de l'administration centrale du ministère de l'Enseignement supérieur et de la Recherche en janvier 1996
(ministre : M. Bayrou)

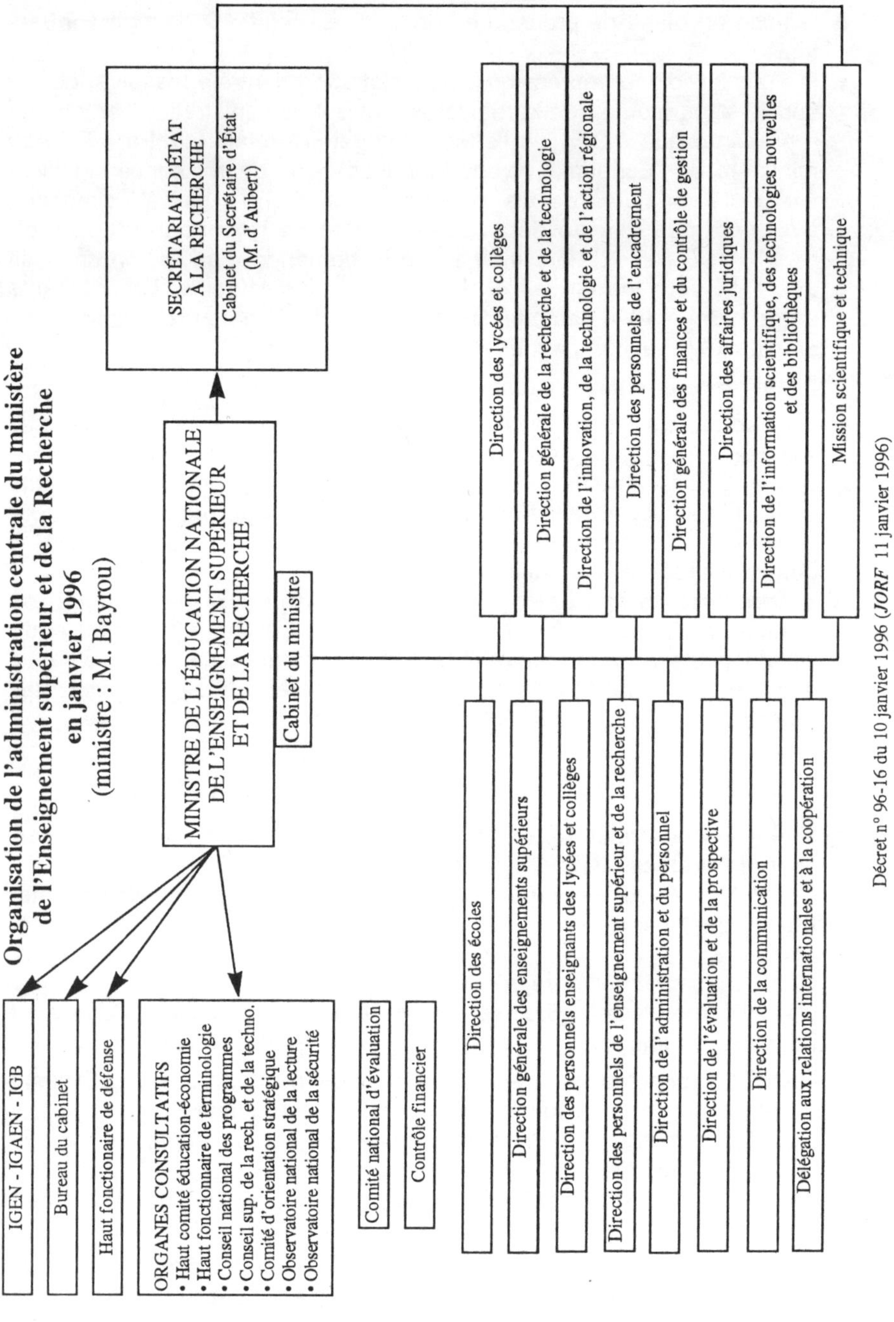

Décret n° 96-16 du 10 janvier 1996 (*JORF* 11 janvier 1996)

actions du ministère (près de 30 %) relève de la fonction personnelle contre 10 % environ pour le secteur études et moins de 4 % pour le pilotage.

Sans doute la déconcentration du recrutement et de la gestion des enseignants des lycées et collèges ouvrirait-elle des perspectives importantes et permettrait de développer des fonctions stratégiques, d'une façon plus ample, tout en conservant une approche au niveau national (comme c'est le cas pour les enseignants du privé par exemple). Il s'agit d'un sujet délicat qui fait l'objet régulièrement de propositions sans qu'aucune suite ne soit donnée. Mais depuis quelques années, au-delà des ajustements de structure, une véritable révolution est intervenue dans la culture de l'institution. Il s'agit de l'irruption, sur des bases précises et rigoureuses, de l'évaluation et, dans une certaine mesure, de la prospective.

La création de la direction de l'évaluation et de la prospective en 1987, la qualité des travaux réalisés tant dans les domaines statistiques et prévisionnels qu'évaluatifs, travaux reconnus au niveau mondial, dote le ministère d'un instrument potentiel de pilotage de grande qualité.

Le développement de l'informatique de gestion et la diffusion d'instruments de suivi et d'aide à la décision constituent sans doute le deuxième élément significatif, avec l'émergence, lente mais décidée, d'une politique de la communication tant interne qu'externe.

Il reste deux domaines essentiels qui évoluent avec une certaine lenteur mais dont les progrès sont notables :

- les pôles pédagogiques : le regroupement lycée-collège a permis de donner une plus grande cohérence, même si les articulations entre l'IGEN, le Conseil national des programmes et les directions restent difficiles. Les liens avec les structures extérieures tels l'INRP et le milieu scientifique et universitaire mériteraient sans aucun doute d'être mieux exploités ;
- la gestion des ressources humaines : dispersée entre plusieurs directions, l'unité générale de démarche souhaitée au niveau académique (voir n°s 0082 et 0261) est loin d'être réalisée au niveau central.

Des avancées certaines sont cependant notables en ce qui concerne le début d'une gestion individualisée, notamment avec la création en 1986 de la DPID devenue en 1995 direction des personnels de l'encadrement. Il en est de même avec une meilleure prise en compte de l'encadrement à l'administration centrale par la DAP.

Il reste que l'implication du ministère dans la recherche de procédures d'évaluation est soit quasi inexistante (exemple : les enseignants), soit en régression, comme on a pu le constater avec la mise en question des tentatives d'évaluation individuelle des personnels de direction.

Pour diverses raisons historiques et culturelles, le poids de l'ancienneté reste un élément fort dans la gestion des personnels, même si quelques avancées sont perceptibles (voir n° 0261 mouvements spécifiques).

Le management du système éducatif passe par la mise en place d'une administration centrale plus légère, axée sur la stratégie intégrant de nouvelles données, notamment européennes.

Pointe d'un service public national mais non uniforme, l'administration centrale pourrait voir ses structures regroupées en un petit nombre d'unités[4]. Le rapport de l'IGAEN de 1993 dit « Centrale 2000 » préconisait cinq structures, trois services annexes ainsi qu'un cabinet allégé (voir avant-projet d'organigramme ci-après).

Le rapport de la commission Fauroux, avec des nuances, va dans la même direction.

La commission de modernisation de l'État (commission Silicani) préconise la mise en œuvre du rapport « Centrale 2000 ».

Au moment où ces lignes sont écrites, une opération intitulée « Missions-Activités-Moyens-MAM » visant à identifier les activités (près de 1 100 dossiers concernés) est en cours sous la responsabilité de la direction de l'administration et du personnel. L'objectif semble vouloir aboutir à une structure légère, resserrée, plus efficace, conformément aux orientations sur la modernisation de l'État.

Les personnels à l'administration centrale.

0016. Les personnels en fonction à l'administration centrale appartiennent aux catégories les plus variées. Les différences que l'on constate entre eux sont dues non seulement à leur position dans la hiérarchie et à leur situation administrative évidemment inégale suivant qu'ils sont titulaires, contractuels ou simples vacataires, mais plus encore à leur formation, à leur origine et à leur expérience passée. Le ministère, en effet, compte d'une part des personnels de direction, des personnels administratifs, des personnels de service et ouvriers qui relèvent de statuts et d'emplois spécifiques à une administration centrale, d'autre part des personnels enseignants, des personnels de l'administration scolaire et universitaire, des personnels de service et des personnels de divers corps techniques qui ont vocation à exercer dans les services extérieurs ou les établissements. Il s'y ajoute des fonctionnaires détachés des autres administrations de l'État et des contractuels (administratifs et techniques).

<u>Les personnels peuvent être classés en quatre groupes principaux.</u>

Administration centrale – services déconcentrés – autres administrations – contractuels. À l'intérieur de chaque groupe, on distingue plusieurs catégories :

- ■ les personnels d'administration centrale qui comprennent :
- □ le personnel exerçant des fonctions de direction : directeurs, chefs de service, directeurs adjoints, sous-directeurs, chefs de bureau,
- □ le personnel administratif de catégorie A et B,

Organigramme cible
(extrait du rapport de la mission « Centrale 2000 ») - 1993 -
IGAEN

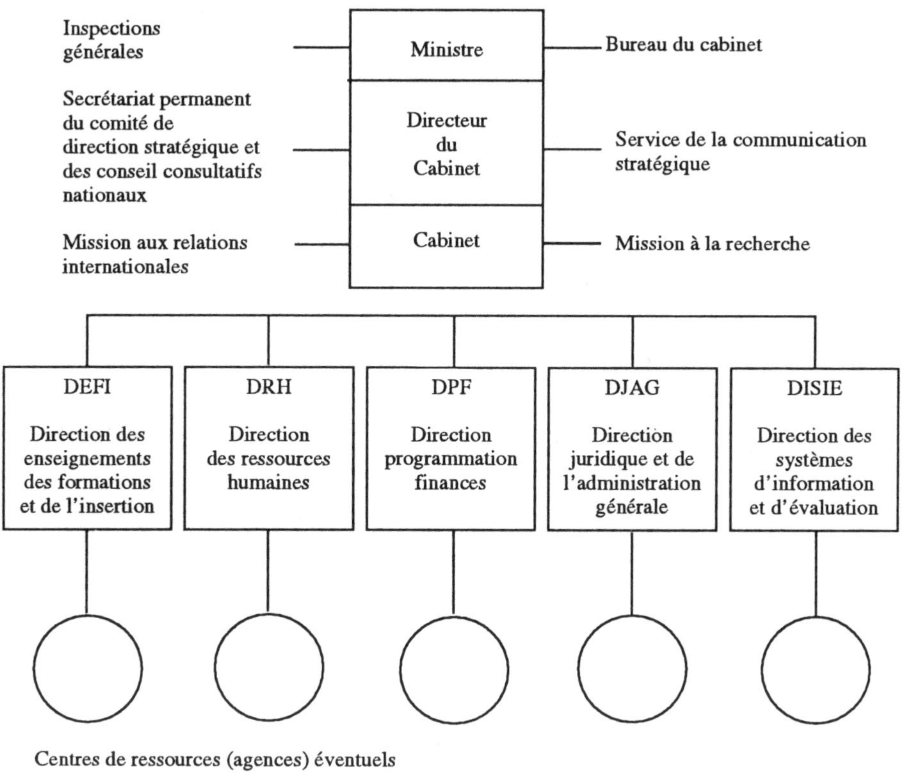

- □ le personnel administratif d'exécution,
- □ le personnel du service intérieur,
- □ le personnel ouvrier,
- ■ les personnels des services déconcentrés qui comprennent :
- □ les personnels enseignants (de tous niveaux, du professeur d'université à l'instituteur ou professeur des écoles),
- □ les personnels de l'administration scolaire et universitaire de catégorie A et B,
- □ divers personnels (des corps d'inspection, de l'orientation, des bibliothèques, du service social, de la santé),
- ■ les personnels des autres administrations sont des ingénieurs, des architectes urbanistes, des attachés de l'INSEE et divers techniciens;
- ■ les personnels contractuels qui comprennent :
- □ des personnels techniques (informaticiens, ingénieurs, architectes, vérificateurs),
- □ des personnels administratifs et des chargés de mission.

Statuts des personnels d'administration centrale.

0017. Il s'agit de ceux compris dans le premier groupe. Les personnels des services déconcentrés sont traités aux n°s 0083 et suivants.

Les directeurs généraux et les directeurs sont nommés par décret du président de la République pris en Conseil des ministres. Les directeurs de l'administration centrale du ministère sont soit des fonctionnaires appartenant aux cadres administratifs, essentiellement des administrateurs civils, soit des enseignants ayant exercé des responsabilités administratives importantes (recteurs ou inspecteurs d'académie), soit des professeurs d'université, soit des techniciens (ingénieurs des Ponts et Chaussées).

La situation évolue avec le temps; actuellement (au 15 septembre 1996), six IGEN occupent ces fonctions contre seulement un administrateur civil.

Les chefs de service, directeurs adjoints et sous-directeurs, sont des fonctionnaires nommés sur des emplois. Ils ne sont pas titulaires d'un grade et peuvent être déchargés de leurs fonctions dans l'intérêt du service, cas de figure exceptionnel. Ils sont nommés par arrêté conjoint du Premier ministre et du ministre de l'Éducation nationale. Les emplois de chef de service, directeur adjoint et sous-directeur sont réservés aux administrateurs civils mais non exclusivement : des membres du corps des administrateurs de l'INSEE, des ingénieurs des Ponts et Chaussées, des IPR-IA remplissant certaines conditions et des fonctionnaires du corps des conservateurs des bibliothèques peuvent être détachés dans ces emplois (décret n° 90-674 du 18 juillet 1990).

Les administrateurs civils, en application du décret n° 72-556 du 30 juin 1972 portant statut particulier du corps, « sont chargés sous l'autorité des directeurs [...] de mettre en œuvre, dans la conduite des affaires administratives, les directives générales du gouvernement, de préparer les projets de loi, de règlements et de décisions ministériels [...]. Ils peuvent assurer la coordination des travaux [...] et l'encadrement du personnel [...]. »

Au ministère de l'Éducation nationale, ils dirigent un bureau ou un groupe de bureaux, sont éventuellement chargés d'une sous-direction ou d'un service ; quelques-uns sont en fonction dans les services déconcentrés en qualité de secrétaire général d'académie, d'université, voire d'IA-DSDEN.

Les administrateurs civils, qui « constituent un corps unique à vocation interministérielle relevant du Premier ministre », sont recrutés parmi les anciens élèves de l'École nationale d'administration. En outre, pour neuf administrateurs civils nommés parmi les anciens élèves de l'ENA, sont prononcées chaque année quatre nominations au bénéfice des attachés principaux d'administration centrale et deux nominations au bénéfice d'autres fonctionnaires de catégorie A remplissant certaines conditions d'âge et de services.

Les attachés d'administration centrale, dont le statut est fixé par le décret n° 95-888 du 7 août 1995, participent sous l'autorité des administrateurs civils à la mise en œuvre des directives générales du gouvernement. Ils peuvent être chargés de tâches d'encadrement.

Certains d'entre eux dirigent un bureau de l'administration centrale. Les attachés sont recrutés par concours interministériel par la voie des instituts régionaux d'administration (IRA) : il y a deux concours différents, l'un ouvert aux candidats titulaires d'un des diplômes exigés pour le concours d'entrée à l'École nationale d'administration, l'autre ouvert aux fonctionnaires et agents de l'État remplissant certaines conditions (les fonctionnaires de catégorie B inscrits sur une liste d'aptitude peuvent être nommés au tour extérieur). Par ailleurs, le corps comporte un grade d'attaché principal auquel les attachés peuvent accéder à la suite d'un examen professionnel.

Les secrétaires administratifs d'administration centrale assurent les tâches administratives d'application (décrets n° 94-1016 et n° 94-1017 du 18 novembre 1994). Ils sont recrutés par concours interne ou externe. Par ailleurs, des fonctionnaires de catégorie C inscrits sur une liste d'aptitude peuvent être nommés au tour extérieur.

Les adjoints administratifs qui sont recrutés par concours sont chargés des tâches administratives d'exécution comportant la connaissance et l'application des règlements administratifs (*cf.* décret n° 90-713 du 1er août 1990).

Les adjoints administratifs ont la possibilité d'accéder aux grades d'adjoint principal de 1re et 2e classe.

D'autres corps de fonctionnaires appartenant à la catégorie C exercent à l'administration centrale :

- agents administratifs ;
- agents des services techniques ;
- conducteurs automobiles ;
- ouvriers professionnels.

La gestion des personnels à l'administration centrale.

0018. Depuis quelques années, une gestion plus rigoureuse et de meilleure qualité a été progressivement mise en place. Une meilleure connaissance des effectifs se traduisant notamment par la fixation d'effectifs de référence par direction, l'invitation à une mobilité plus organisée et plus transparente, la recherche d'un certain équilibre entre les nécessaires responsabilités des directeurs et celles de la DAP sont des évolutions constatables.

De grandes disparités entre directions subsistent, notamment en ce qui concerne les qualifications : les directions à fort effectif ont les agents les moins qualifiés[5] (DAP : 26 % de l'effectif total – 26 % catégorie A; DPE : 11 % de l'effectif total – 30 % catégorie A) alors que pour les plus petites structures, on constate le phénomène inverse (DEP : 6 % – 54 % A; DE : 4 % – 43 % A; DLC : 9 % – 52 % A; DGES : 8 % – 12 % A...). Ces distinctions reflètent les mutations en cours.

Par ailleurs, la grande diversité de statuts (*cf.* n° 017) s'accompagne aussi de différences dans le régime indemnitaire individuel constaté, même si les éléments de souplesse existent et ne sont pas tous utilisés (modulation...). Ainsi, au traitement de base d'un directeur s'ajoute plus de 50 % de prime, ce pourcentage est respectivement de 40 % pour un administrateur civil, 24 % pour un AAC, 18 % pour un SAAC chef de section et 16 % pour un agent de catégorie C.

Tous ces chiffres sont désormais publics et communiqués aux représentants des personnels depuis 1982 dans le rapport annuel sur l'état de l'administration centrale[6].

La formation des personnels à l'administration centrale.

0019. La diversité des personnels et les mutations profondes ou souhaitables du niveau central ont conduit le ministère à se doter progressivement d'un instrument de formation de plus en plus performant.

En 1962, dans un contexte de crise de recrutement, est créé l'Institut national d'administration scolaire (INAS), transformé par l'arrêté du 21 octobre 1975 en service de formation de l'administration centrale (SFA) articulé avec des centres académiques (CAFA).

La création en 1986 de la direction des personnels d'inspection et de direction (DPID) entraîne une scission du SFA et l'arrêté du 10 juillet 1986 crée deux structures distinctes : le centre de formation de l'administration (CDFA) et la sous-direction de la formation au sein de la DPID qui deviendra, en 1992, le centre Condorcet, « service extérieur à compétence nationale ».

Le CDFA.

Il a un double rôle : mettre en place les formations destinées aux personnels de l'administration centrale en établissant des liens forts avec le deuxième centre, notamment pour l'encadrement; piloter la formation qui se construit au niveau académique.

Au niveau central, les résultats sont significatifs[6] :

- entre 1988 et 1994 le nombre des personnes formées a progressé de 33 %, le nombre de journées de 30 % ;
- progressivement on note le passage d'une logique de l'offre de formation à une logique de la demande.

L'École supérieure des personnels d'encadrement du ministère de l'Éducation nationale (ESPEMEN).

Son transfert au Futuroscope à Poitiers est prévu à la rentrée 1997, et a succédé en 1994 au centre Condorcet.

- Sa mission est orientée vers la formation initiale et continue des responsables du système éducatif (1 380 CASU – 2 104 IEN – 1 130 IPR-IA – 12 816 personnels de direction) ;
- il impulse et coordonne la formation des personnels de direction qui se réalise au niveau académique (EAVS – MAFPEN) ;
- il assure des actions de formation pour de hauts responsables tant français qu'étrangers. On a déjà signalé l'intérêt à établir une cohérence avec le CDFA, en particulier en direction de l'encadrement de l'administration centrale.

Remarque. La création d'un institut des hautes études de l'Éducation nationale, structure destinée à informer et perfectionner des responsables de haut niveau d'origine diverse, est en projet.

Textes de référence.

- Administration centrale : *RLR* 120.0-120.1 ;
- Administrateurs civils : *RLR* 621.3 ;
- Attachés d'administration centrale : *RLR* 621.5 ;
- Secrétaires administratifs : *RLR* 621.6 ;
- Personnel d'exécution : *RLR* 623.

2. Les organes consultatifs au niveau ministériel.

Le Conseil supérieur de l'Éducation.

0020. Il se distingue de tous les autres organes consultatifs par l'importance et la nature de ses attributions.

L'origine du Conseil.

Elle remonte à l'Université impériale. En effet, Napoléon Ier est le créateur du Conseil de l'université qui était à la fois une juridiction et un organe consultatif et qui participait également à l'administration des divers ordres d'enseignement : le Conseil de l'université traitait des affaires contentieuses et disciplinaires, examinait les projets de règlement et possédait certains pouvoirs de contrôle et de décision (les inspecteurs généraux lui remettaient leurs rapports).

Ce Conseil a été maintenu sous les différents régimes pendant tout le XIXe siècle, mais il a pris des appellations diverses. En outre, ses attributions ont varié avec le degré d'indépendance qui était consenti à l'université. C'est ainsi qu'en 1852, le Conseil supérieur de l'Instruction publique n'est qu'un organe consultatif : il a perdu le pouvoir juridictionnel. Après avoir retrouvé cette compétence sous la IIIe République, il devient Conseil supérieur de l'Éducation nationale après la Libération.

La composition du Conseil.

Elle a été fréquemment modifiée depuis son origine. Toutefois, la transformation la plus significative est intervenue par la loi du 26 décembre 1964. Précédemment, le Conseil ne comprenait que des universitaires et des hauts fonctionnaires (à l'exemple du Conseil supérieur de l'Instruction publique institué en 1880 par Jules Ferry). La loi du 26 décembre 1964 introduit des personnes extérieures à l'université : les représentants de plusieurs administrations concernées par les problèmes d'enseignement, des parents d'élèves, des étudiants, des organisations d'employeurs et de salariés, ce qui manifeste une réelle volonté d'ouverture.

Appelé Conseil supérieur de l'Éducation nationale, ses attributions étaient à la fois consultatives et juridictionnelles. Suivant l'article 2 de la loi du 26 décembre 1964 :

> Le Conseil supérieur de l'Éducation nationale est obligatoirement consulté et peut donner son avis sur toutes les questions d'intérêt national concernant l'enseignement ou l'éducation, quel que soit le département ministériel intéressé...

De son côté, le décret du 19 novembre 1965 disposait que :

> Outre les attributions consultatives prévues par la loi susvisée du 26 décembre 1964, le Conseil supérieur de l'Éducation nationale donne son avis sur toutes les questions dont il est saisi par le ministère.

Par ailleurs, le Conseil supérieur de l'Éducation nationale avait des attributions en matière contentieuse et disciplinaire résultant notamment de la loi n° 85-1469 du 31 décembre 1985.

Le Conseil actuel.

0021. La loi d'orientation sur l'éducation (n° 89-486 du 10 juillet 1989, *JO* du 14 juillet 1989) a institué un Conseil supérieur de l'Éducation, qui a remplacé à la fois le Conseil supérieur de l'Éducation nationale (maintenu en fonction jusqu'à l'installation du nouveau Conseil) et le Conseil de l'enseignement général et technique dont les attributions, fixées notamment par le décret du

19 novembre 1965, étaient de donner un avis « sur les règlements relatifs aux examens, à la délivrance des diplômes, à la scolarité et sur les questions intéressant l'enseignement privé primaire, secondaire et technique ».

Aux termes de l'article 22 de la loi précitée :

Il est créé un Conseil supérieur de l'Éducation.
Ce Conseil exerce les attributions dévolues antérieurement au Conseil supérieur de l'Éducation nationale et au Conseil de l'enseignement général et technique, à l'exclusion des attributions transférées au Conseil national de l'enseignement supérieur et de la recherche par l'article 23 de la présente loi. Il donne des avis sur les objectifs et le fonctionnement du service public de l'éducation.

Le décret n° 90-468 du 7 juin 1990 (*JO* du 9 juin 1990) a précisé les attributions du nouveau Conseil supérieur.

Attributions consultatives.

Le Conseil supérieur de l'Éducation donne des avis :
1° sur les objectifs et le fonctionnement du service public de l'éducation ;
2° sur les règlements relatifs aux programmes, aux examens, à la délivrance des diplômes et à la scolarité ;
3° sur les questions intéressant les établissements privés d'enseignement primaire, secondaire et technique ;
4° sur les questions d'ordre statutaire intéressant les personnels des établissements d'enseignement privés sous contrat ;
5° sur toutes les questions d'intérêt national concernant l'enseignement ou l'éducation, quel que soit le département ministériel intéressé ;
6° sur toutes questions dont il est saisi par le ministre chargé de l'éducation.

Composition.

Décret n° 90-468 du 7 juin 1990 modifié par le décret n° 92-128 du 7 février 1992, le décret n° 93-828 du 28 mai 1993 et le décret n° 94-727 du 25 août 1994). Présidé par le ministre de l'Éducation nationale ou son représentant, le Conseil est composé des représentants des enseignants, des enseignants-chercheurs, des autres personnels, des parents d'élèves, des étudiants, des élèves, des collectivités territoriales, des associations périscolaires et familiales, des grands intérêts éducatifs, économiques, sociaux et culturels.

Les représentants des enseignants-chercheurs sont élus par les représentants des mêmes catégories élus au Conseil national de l'enseignement supérieur et de la recherche.

Les représentants des enseignants et des autres personnels sont désignés par le ministre de l'Éducation nationale proportionnellement aux résultats des élections professionnelles[7] sur proposition des organisations syndicales les plus représentatives du personnel ayant présenté des candidats à ces élections.

Les représentants des parents d'élèves sont désignés par le ministre de l'Éducation nationale, sur proposition des associations de parents d'élèves, proportionnellement aux résultats des élections aux conseils d'administration et aux conseils d'école.

Les représentants des étudiants sont désignés par le ministre de l'Éducation nationale, sur proposition des associations d'étudiants, proportionnellement aux résultats des élections au Conseil national de l'enseignement supérieur et de la recherche.

Les représentants des élèves sont élus pour un an par les représentants des délégués des élèves des lycées et des établissements régionaux d'enseignement adapté. Il faut noter que ces trois représentants sont aussi membres du Conseil national de la vie lycéenne créé par le décret n° 95-1293 du 18 décembre 1995.

Sur les quatre-vingt-dix-sept membres composant le Conseil supérieur, quarante-huit représentent les différents personnels (dont sept pour l'enseignement privé), dix-neuf représentent les usagers, trente représentent les collectivités territoriales, les associations périscolaires et les grands intérêts culturels, éducatifs, sociaux et économiques (dont huit représentent les organisations syndicales de salariés et six les organisations syndicales d'employeurs et les chambres consulaires). La répartition des sièges entre organisations est fonction des résultats aux élections et fait l'objet de décisions ministérielles en conséquence (décret du 30 mars 1994 – *BO* du 7 avril 1994 ; décret du 22 août 1994 – *BO* du 1er septembre 1994 ; décret du 7 décembre 1994 – *BO* du 22 décembre 1994).

Organisation.

Le Conseil supérieur comprend une section permanente et trois commissions spécialisées : une pour les écoles, une pour les collèges, une pour les lycées, qui préparent les avis du Conseil sur les textes relatifs aux programmes, aux horaires et à l'organisation des enseignements.

Attributions en matière contentieuse et disciplinaire.

Le Conseil supérieur statue en appel et en dernier ressort :

1° sur les décisions rendues en matière contentieuse et en matière disciplinaire par les conseils institués par la loi du 31 décembre 1985 susvisée (il s'agit des conseils de l'Éducation nationale créés dans chaque académie) ;
2° sur les décisions de révocation des maîtres d'internat et des surveillants d'externat des établissements publics d'enseignement prononcées par les conseils de discipline institués par l'article 7 du décret du 11 mai 1937 susvisé et par l'article 6 du décret du 27 octobre 1938 susvisé ;
3° sur les décisions disciplinaires et contentieuses rendues par les comités départementaux de la formation professionnelle, de la promotion sociale et de l'emploi ;
4° sur les décisions prises par la commission des titres d'ingénieur relativement aux écoles privées légalement ouvertes qui demandent à délivrer des diplômes d'ingénieur.

Les conditions dans lesquelles le Conseil exerce ses attributions sont fixées par le décret du 7 juin 1990 susvisé, ainsi que le mode d'élection des douze membres du Conseil statuant en matière contentieuse et disciplinaire.

Remarque. Le nouveau Conseil supérieur n'a pas dans ses attributions la possibilité de statuer en appel sur les décisions d'ordre disciplinaire émanant des instances universitaires.

Cette attribution a été dévolue au Conseil national de l'enseignement supérieur et de la recherche.

Activité du Conseil.

De la rentrée 1994 à juillet 1996, le CSE s'est réuni vingt fois et a examiné près de deux cent cinquante textes ayant donné lieu à un quart d'avis négatifs.

La section permanente ne s'est réunie qu'une fois.

Le Conseil national de l'enseignement supérieur et de la recherche

0022. Ce conseil a été institué par la loi n° 84-52 du 26 janvier 1984, qui a fixé ses attributions. Le décret n° 89-1 du 2 janvier 1989 détermine sa composition et son fonctionnement.

Composition.

Le Conseil comprend soixante et un membres, soit quarante représentants des personnels et des étudiants; vingt et une personnalités, représentants des grands intérêts nationaux, notamment éducatifs, culturels, scientifiques, économiques et sociaux.

Les premiers sont élus par les différentes catégories de personnels : onze pour les professeurs et personnels de niveau équivalent, onze pour les autres enseignants-chercheurs, enseignants et chercheurs, un pour le corps scientifique des bibliothèques, six pour les personnels administratifs, techniques, ouvriers et de service; onze sont élus par les étudiants.

Les représentants des grands intérêts nationaux sont nommés par arrêté du ministre de l'Éducation nationale.

Au sein du Conseil national existe une commission scientifique de vingt-trois membres chargée de préparer les travaux du Conseil.

En outre, le Conseil national comporte une section permanente de vingt membres élus par le Conseil.

Les attributions consultatives.

Elles ont été fixées par la loi du 26 janvier 1984, notamment l'article 64 dispose que :

> Le Conseil donne son avis sur les questions relatives aux missions confiées aux établissements publics à caractère scientifique, culturel et professionnel dans les cas prévus par la présente loi et les textes pris pour son application. Il est obligatoirement consulté sur :
> – la politique proposée par les pouvoirs publics pour assurer la cohésion des formations supérieures dépendant du ministère de l'Éducation nationale;

– les orientations générales des contrats d'établissement pluriannuels prévus à l'article 20 ;
– la répartition des dotations d'équipement et de fonctionnement entre les différents établissements.
Il fait toutes propositions sur les mesures à prendre pour améliorer le fonctionnement des établissements à caractère scientifique, culturel et professionnel.
Il peut être enfin saisi de toutes questions à l'initiative du ministre de l'Éducation nationale.

Le décret du 2 janvier 1989 précise que le Conseil est saisi pour avis des programmes et des demandes de crédits des établissements publics à caractère scientifique, culturel et professionnel. Il est saisi aussi pour avis dans les cas prévus par le Code de l'enseignement technique.

Le Conseil national de l'enseignement supérieur et de la recherche a reçu par la loi du 10 juillet 1989 des attributions disciplinaires.

En effet, le Conseil peut statuer en appel et en premier ressort sur les décisions disciplinaires prises par les instances universitaires compétentes à l'égard des enseignants-chercheurs, enseignants et usagers. Il exerce à leur égard les compétences définies par la loi du 17 juillet 1908 sur le relèvement des interdictions, exclusions ou suspensions prononcées par les juridictions disciplinaires de l'Éducation nationale.

Le décret n° 90-1011 du 14 novembre 1990 (*JO* du 16 novembre 1990) détermine la composition du Conseil et les procédures suivies en matière disciplinaire et pour le relèvement des exclusions, déchéances et incapacités.

Le Conseil se compose de quatorze conseillers titulaires et quatorze suppléants (dix enseignants et quatre étudiants élus). Lorsqu'il statue à l'égard des enseignants, la formation ne comprend que des enseignants d'un rang égal ou supérieur à celui de la personne déférée devant elle. La composition est modifiée lorsqu'il statue à l'égard des usagers. Toutefois, le nombre de représentants des usagers ne peut être supérieur à celui des enseignants-chercheurs.

La procédure disciplinaire prévoit les conditions dans lesquelles les poursuites sont assurées, le fonctionnement de la commission d'instruction et des formations de jugement.

Les commissions administratives paritaires et les comités techniques paritaires.

0023. En application du statut général des fonctionnaires établi par l'ordonnance du 4 février 1959, le décret n° 59-307 du 14 février 1959 avait institué des commissions administratives paritaires et des comités techniques paritaires aux attributions nettement différenciées, les commissions administratives étant consultées pour la gestion des personnels, les comités techniques paritaires pour l'organisation et le fonctionnement des services et établissements. Le décret du 14 février 1959 a été en grande partie abrogé et remplacé par le décret n° 82-451 du 28 mai 1982 relatif aux commissions paritaires et le décret n° 82-452, daté du même jour, relatif aux comités techniques paritaires. Par ailleurs, le décret n° 82-453 prévoit la création de comités d'hygiène et de sécurité.

Les commissions administratives paritaires et les comités techniques paritaires peuvent exister à plusieurs niveaux de la hiérarchie : ministre, recteur, inspecteur d'académie. Seuls sont évoqués dans ce chapitre ceux qui siègent au niveau ministériel.

Les commissions administratives paritaires (CAP).

0024. Suivant les dispositions du décret du 28 mai 1982, il est créé une CAP par corps de fonctionnaires (exceptionnellement, une commission commune à plusieurs corps, lorsque les effectifs de l'un de ces corps sont insuffisants).

Les représentants du personnel – en nombre égal à ceux de l'administration – sont élus pour une période de trois ans. Les commissions sont présidées par le directeur ou le chef du service auprès duquel elles sont placées ou un représentant du directeur ou du chef de service (la présidence des commissions locales appartient au chef de la circonscription locale correspondante), respectivement le recteur ou l'inspecteur d'académie, directeur des services de l'Éducation nationale.

Les CAP sont compétentes en matière de titularisation, avancement, mutation, détachement, disponibilité, démission, etc. et elles peuvent siéger en formation disciplinaire.

Auprès des directeurs de l'administration centrale, qui ont la responsabilité de gérer des personnels, siège une CAP compétente pour chaque corps ; ainsi pour les personnels enseignants et d'éducation, il existe une CAP des professeurs agrégés, des professeurs certifiés...

Il en existe aussi pour des corps d'inspection (IEN ; IPR-IA).

Toutefois, il n'y a pas de CAP pour les personnels enseignants universitaires.

Pour les personnels non enseignants fonctionnent les CAP des administrateurs civils, des attachés d'administration centrale, des secrétaires administratifs d'administration centrale, des adjoints administratifs, des agents administratifs (personnels de l'administration centrale) et des CAP de conseillers d'administration scolaire et universitaire, d'attachés d'administration scolaire et universitaire, des secrétaires d'administration scolaire et universitaire, d'infirmières, d'assistantes sociales, de secrétaires de documentation, de chargés d'études documentaires, de documentalistes.

Dans l'enseignement supérieur, on trouve une situation particulière, un Conseil supérieur des corps universitaires ayant été créé en 1979 pour exercer des attributions analogues à celles d'une commission administrative paritaire.

Ce Conseil a été remplacé en 1982 par le Conseil supérieur provisoire des universités, puis en 1983 par le Conseil supérieur des universités. Enfin, un Conseil national des universités a été institué par le décret n° 87-31 du 20 janvier 1987.

Ce décret a été remplacé par le décret n° 92-70 du 16 janvier 1992 qui dispose (pour les disciplines autres que les disciplines médicales et odontologiques) :

> Art. 1er. – Le Conseil national des universités se prononce, dans les conditions prévues par les dispositions des statuts particuliers et du présent décret, sur les mesures individuelles relatives à la qualification, au recrutement et à la carrière des professeurs des universités et des maîtres de conférences. Il se prononce, dans les mêmes conditions, sur les mesures individuelles relatives à la carrière des maîtres-assistants et des chefs de travaux des disciplines scientifiques et pharmaceutiques.
> Il exerce notamment les compétences dévolues aux commissions administratives paritaires par les articles 26 et 58 de la loi du 11 janvier 1984 susvisée.
> [...]
>
> Art. 2. – Le Conseil national des universités est composé de groupes de disciplines.
> Chaque groupe de disciplines comprend, d'une part, une commission de groupe, d'autre part, des secteurs correspondant chacune à une discipline. [...]
>
> Art. 3. – Chaque commission de groupe et chaque section comprennent, en nombre égal, d'une part, des représentants des professeurs des universités et des personnels assimilés, d'autre part, des représentants des maîtres de conférences et des personnels assimilés [...].

Les comités techniques paritaires (CTP).

0025. Le décret du 28 mai 1982, déjà cité, dispose que

> dans chaque département ministériel, un comité technique ministériel est créé auprès du ministre.

En outre, sont créés des comités techniques paritaires auprès du directeur du personnel de chaque direction d'administration comportant des services centraux et des services extérieurs ainsi qu'auprès de chaque directeur d'établissement public d'État dépendant du département ministériel intéressé.

Au ministère de l'Éducation nationale existent un CTP ministériel compétent pour l'ensemble des services relevant de l'autorité du ministre, un CTP central compétent pour les personnels de l'administration centrale, un CTP central compétent à l'égard des personnels des services extérieurs ; un CTP central compétent à l'égard des personnels enseignants de statut universitaire ; les représentants du personnel à ce dernier CTP, par exception à la règle, sont élus par leurs pairs, faute de pouvoir se référer à des CAP des corps correspondants pour la répartition des sièges entre les organisations syndicales (art. 4 du décret n° 83-1253 du 30 décembre 1983).

Pour les autres comités techniques paritaires, les représentants des personnels ne sont pas élus mais

> désignés librement par les organisations syndicales de fonctionnaires remplissant les conditions exigées par l'article 14 de l'ordonnance du 4 février 1959 et

> regardées comme les plus représentatives du personnel intéressé au moment où se fait la désignation.
> ... un arrêté du ministre... établit la liste des organisations aptes à désigner les représentants et fixe le nombre des sièges de titulaires et de suppléants attribués à chacune d'elles (article 8 du décret du 28 mai 1982).

Les attributions des comités techniques paritaires sont fixées par l'article 12 du décret : les CTP connaissent des questions et des projets de textes relatifs aux problèmes généraux d'organisation des administrations, établissements et services, aux conditions générales de leur fonctionnement, aux programmes de modernisation des méthodes et techniques de travail, aux règles statutaires, aux problèmes d'hygiène et de sécurité, aux critères de répartition des primes de rendement.

Cependant, il est prévu une répartition des compétences entre le comité technique ministériel, le comité technique paritaire central institué auprès du directeur du personnel de l'administration centrale et les comités techniques paritaires centraux autres que celui institué auprès du directeur du personnel de l'administration centrale et les comités techniques paritaires régionaux, départementaux ou locaux (article 13). En ce qui concerne le comité technique paritaire ministériel, il est précisé qu'il est

> seul compétent pour connaître de toutes les questions relatives à l'élaboration ou à la modification des règles statutaires régissant les personnels affectés dans les services placés sous l'autorité du ministre auprès duquel il est institué ainsi que des problèmes généraux de formation de ces personnels (article 14).

Il convient de préciser que le nouveau comité technique paritaire ministériel du ministère de l'Éducation nationale a été institué par le décret n° 82-988 du 22 novembre 1982 et sa composition fixée par des arrêtés du même jour. Suivant le décret précité, ce comité technique paritaire peut comprendre quarante membres (vingt représentant l'administration et vingt délégués des organisations syndicales) par dérogation aux dispositions du décret du 28 mai 1982.

Les compétences de ce CTP sont celles de tous les CTP ministériels

> à l'exception de celles attribuées par le décret du 5 février 1982 au comité technique paritaire central des personnels enseignants titulaires de statut universitaire.

Il faut relever que, si un seul CTP existe auprès du directeur de l'administration du personnel (DAP) prenant en considération l'unification des structures, il en est différemment pour les CTPM puisque deux structures subsistent.

Les comités d'hygiène et de sécurité.

0026. Le décret 82-453 du 28 mai 1982 dispose que les CTP exercent leurs attributions relatives à l'hygiène et à la sécurité « lorsqu'ils ne sont pas assistés de comités d'hygiène et de sécurité ». Cependant, le décret prévoit la création de ces comités, d'abord au niveau ministériel :

> Dans chaque département ministériel... il est créé un comité central d'hygiène et de sécurité chargé d'assister le comité technique paritaire central placé auprès du directeur du personnel de l'administration centrale. Ensuite lorsque l'importance des effectifs le justifie – ou la nature des risques professionnels [...], des comités locaux ou spéciaux peuvent être créés dans les services territoriaux, établissements publics, bâtiments ou groupes de bâtiments.

Au ministère de l'Éducation nationale a été créé un comité central d'hygiène et de sécurité (arrêté du 18 avril 1984 modifié).

Les autres conseils et commissions du ministère.

Le Conseil national des associations éducatives complémentaires de l'enseignement public.

0027. Il a été créé par le décret n° 90-620 du 13 juillet 1990 pour donner un agrément aux associations qui organisent des activités destinées aux élèves en dehors du temps scolaire, en complément de l'enseignement, mais sans se substituer aux activités d'enseignement et de formation assurées par l'État.

Le Conseil se prononce sur les demandes présentées par ces associations. Le décret instaure la procédure prévue en la matière.

Il existe également une procédure d'habilitation confiée au recteur (*cf.* circulaire n° 91-063 du 11 mars 1991, *BO* du 14 mars 1991). L'habilitation concerne les associations qui interviennent pendant le temps scolaire.

Le Conseil national des programmes.

0028. Créé par la loi du 10 juillet 1989 précitée, il est composé de vingt-deux membres nommés par le ministre chargé de l'éducation.

Suivant le décret n° 90-179 du 23 février 1990 :

> Le Conseil national des programmes donne des avis et adresse des propositions au ministre de l'Éducation nationale sur la conception générale des enseignements, les grands objectifs à atteindre, l'adéquation des programmes et des champs disciplinaires à ces objectifs et leur adaptation au développement des connaissances. Il exerce ces attributions pour l'enseignement scolaire et supérieur. Il veille à la continuité éducative entre l'enseignement scolaire et supérieur et concourt à l'harmonisation des formations.
> Il peut se saisir de tout problème de sa compétence ou être saisi par le ministre.
> [...] Sur la base des orientations retenues par le ministre, des projets de programme portant sur les contenus et les méthodes sont élaborés dans le cadre de groupes disciplinaires, interdisciplinaires, ou par niveaux d'enseignement, comportant des représentants des divers ordres d'enseignement, mis en place après avis du Conseil national des programmes et placés auprès des directions compétentes.

Les commissions professionnelles consultatives, placées auprès de la direction des lycées et collèges, assurent les fonctions assignées à ces groupes pour l'enseignement professionnel et technologique (*cf. infra* n° 0030).

0029. Au fil des années, de nombreux conseils, comités et commissions ont été créés, dont beaucoup n'ont plus qu'une activité réduite ou sont laissés en sommeil par les ministres.

Parmi les organes consultatifs qui peuvent encore être réunis à l'occasion de la préparation d'une décision ministérielle :

- le conseil de la recherche pédagogique créé par arrêté du 11 septembre 1961 ;
- le Comité national de conciliation prévu par la loi du 31 décembre 1959, dite loi Debré, sur les rapports entre l'État et les établissements d'enseignement privés ;
- l'assemblée générale des responsables d'établissements délivrant les diplômes d'ingénieurs, instituée par le décret du 15 janvier 1976 ;
- le conseil pour la diffusion des langues étrangères créé par le décret du 11 mars 1980 ;
- le comité du développement de l'informatique, de la bureautique et des réseaux de communication créé par l'arrêté du 6 août 1987 (*JO* du 15 août 1987).

Plusieurs organes consultatifs jouent actuellement un rôle important.

0030. Dans l'administration de l'enseignement scolaire ou dans celle de l'enseignement supérieur :

- la conférence des présidents d'université, créée par le décret du 24 février 1971 ;
- les commissions professionnelles consultatives, créées par le décret du 4 juillet 1972 ;
- le haut comité éducation-économie, créé par arrêté du 7 mars 1986 ;
- la commission nationale éducation-professions, créée par décret du 31 mars 1992 ;
- la commission centrale des œuvres sociales en faveur des personnels de l'Éducation nationale, créée par arrêté du 29 novembre 1963 et reconstituée par arrêté du 4 octobre 1991 ;
- la commission nationale des instituts universitaires professionnalisés, créée par décret du 23 janvier 1993 ;
- le conseil supérieur de la recherche et de la technologie créé par le décret n° 82-1012 du 30 novembre 1982 (*JO*, 1er décembre 1982) ;
- le conseil d'orientation stratégique créé par le décret n° 95-7 du 3 janvier 1995 (*JO*, 5 janvier 1995) ;
- l'observatoire national de la lecture créé par l'arrêté du 7 juin 1996 (*JO*, 18 juin 1996) ;
- l'observatoire national de la sécurité des établissements scolaires et d'enseignement supérieur créé par le décret n° 95-591 du 6 mai 1995 modifié par le décret n° 96-690 du 5 août 1996 (*JO*, 7 août 1996).

L'observatoire national de la lecture.

0031. Il s'inscrit dans un ensemble de mesures destinées à favoriser la maîtrise de la langue française afin de lutter contre l'échec scolaire.

L'observatoire, qui comprend une quinzaine de membres (enseignants, spécialistes...), a pour mission de diffuser les pratiques efficaces et les outils, d'organiser des échanges et de promouvoir des travaux et recherches.

L'observatoire national de la sécurité des établissements scolaires et d'enseignement supérieur.

0032. Il a pour mission d'étudier les conditions d'application des règles de sécurité, l'état de tous les établissements scolaires du premier et du second degré, publics et privés, et des établissements d'enseignement supérieur. Composé d'élus, de gestionnaires, de représentants des personnels et des usagers de l'État et de personnalités qualifiées, l'observatoire a axé sa démarche en priorité dans les domaines suivants : l'amiante, les ateliers[8], les équipements sportifs, la sécurité contre l'incendie dans les écoles, la sécurité dans l'enseignement supérieur.

La conférence des présidents d'université.

0033. La conférence qui groupe tous les présidents des universités et des établissements publics à caractère scientifique, culturel et professionnel relevant du ministre chargé de l'enseignement supérieur est présidée de droit par le ministre ; elle élit chaque année dans son sein des vice-présidents. La conférence étudie toutes questions intéressant les universités et les établissements d'enseignement supérieur, présente des vœux et des projets au ministre. Elle donne également son avis sur les questions qui lui sont soumises par le ministre. Ainsi la conférence a-t-elle fait des propositions structurées dans le cadre de la consultation nationale sur les universités en 1996. La conférence est présidée par l'un des vice-présidents, sauf lorsqu'elle est appelée par le ministre à donner son avis sur une question et qu'il l'a convoquée à cet effet. La conférence siège normalement en séance plénière, mais elle peut créer en son sein des commissions chargées de préparer les débats.

Les commissions professionnelles consultatives (CPC).

0034. Chaque ministre responsable d'activités de formation professionnelle continue ou d'enseignement technologique peut créer des commissions professionnelles consultatives. Auprès du ministre de l'Éducation nationale, ces commissions sont chargées de formuler des avis et des propositions concernant :

- la définition des formations destinées à préparer aux fonctions et aux emplois des diverses branches d'activités quelle que soit la nature de ces formations : scolaire, professionnelle continue, d'apprentissage ;
- la détermination des besoins de formation aux différents niveaux, et la révision permanente de ces besoins ;

- la cohérence des programmes de formation avec les objectifs de qualification. En outre, les commissions peuvent être saisies par le ministre de toute question générale ou particulière touchant à l'enseignement technique et à la formation professionnelle.

Les commissions travaillent en liaison avec l'Agence nationale pour l'emploi et les comités régionaux de la formation professionnelle de la promotion sociale et de l'emploi.

Chaque commission professionnelle consultative comprend :

- dix représentants (au maximum) des pouvoirs publics désignés par les ministres intéressés ;
- dix représentants des employeurs et des artisans proposés par les organisations syndicales les plus représentatives ;
- dix représentants des salariés proposés par les organisations syndicales les plus représentatives ;
- dix personnes qualifiées par leurs activités professionnelles ou par leurs travaux.

Il existe par ailleurs un comité interprofessionnel consultatif chargé de traiter des questions qui intéressent l'ensemble des commissions professionnelles consultatives et qui coordonne leurs activités. Ce comité est constitué par la réunion des présidents et des vice-présidents des commissions, cinq représentants du ministre de l'Éducation nationale, des représentants d'autres départements ministériels concernés, des personnalités qualifiées (parmi lesquelles des représentants des chambres de commerce et d'industrie, des métiers, d'agriculture), des représentants des organisations professionnelles d'employeurs et des représentants des salariés.

Le haut comité éducation-économie.

0035. Il comprend vingt-quatre membres nommés par le ministre : douze personnalités qualifiées pour leur compétence en matière d'éducation et de formation et douze représentants des organisations professionnelles d'employeurs et de salariés et des chambres consulaires. Le président est nommé parmi les personnalités qualifiées. Le haut comité propose au ministre « les mesures propres à rapprocher le système éducatif et le monde de l'économie ». Le comité peut prendre toutes initiatives et faire toutes études et propositions relatives aux formations générales, technologiques et professionnelles ainsi qu'à la recherche en éducation et formation.

La Commission nationale éducation-professions.

0036. Elle traite « de l'ensemble des questions d'intérêt commun pour l'Éducation nationale et les professions ». Elle est compétente pour les enseignements secondaires et supérieurs.

Elle est consultée notamment sur les politiques relatives à la définition des formations et à la conception des diplômes à finalité professionnelle, à l'information sur les métiers et les emplois et à l'orientation des élèves et des étudiants, aux formations continues mises en œuvre par l'Éducation nationale.

La commission, présidée par le ministre ou son représentant, est composée de quinze membres : cinq représentant les organisations professionnelles d'employeurs, cinq les organisations syndicales de salariés, cinq personnalités qualifiées.

Une réflexion est en cours tendant à mieux définir le rôle des instances consultatives dans le domaine professionnel. Une simplification et des fusions sont envisagées (mesure n° 86 du nouveau contrat pour l'école). Un comité consultatif de l'enseignement professionnel et un haut comité de la formation professionnelle pourraient être créés.

La commission centrale des œuvres sociales.

0037. La commission

> donne un avis au ministre sur les projets de modifications portant sur les instances de concertation d'action sociale du ministère de l'Éducation nationale ;
> donne un avis au ministre sur les orientations de la politique d'action sociale, étudie et propose toutes mesures destinées à la développer, étudie le bilan des actions et des politiques menées au niveau académique présenté par l'administration.

Elle est composée de huit représentants de l'administration, de huit représentants des fédérations de fonctionnaires de l'Éducation nationale, de huit représentants de la mutuelle générale de l'Éducation nationale.

Une section permanente de douze membres peut se réunir entre les sessions de la commission. Par ailleurs, sont institués des comités académiques et des comités départementaux des œuvres sociales auprès de chaque recteur d'académie et de chaque inspecteur d'académie, directeur des services départementaux de l'Éducation nationale.

La commission nationale des instituts universitaires professionnalisés (IUP).

0038. Placée auprès du ministre chargé de l'enseignement supérieur, cette commission « formule à la demande du ministre des avis sur les questions d'intérêt général relatives aux instituts universitaires professionnalisés » et notamment les habilitations à délivrer le titre d'ingénieur-maître ; les orientations pédagogiques et l'organisation des études conduisant à la délivrance de ce diplôme...

La commission nationale comprend, sous la présidence du ministre ou de son représentant, six enseignants-chercheurs ou enseignants, six représentants des employeurs, six représentants des salariés, neuf personnalités qualifiées, trois représentants des usagers (étudiants).

Auprès de la commission nationale ont été instituées des commissions pédagogiques nationales par groupes de spécialités (*cf.* arrêté du 16 mars 1993, *JO* du 27 mars 1993).

Textes de référence.

- Conseil supérieur : *RLR* 121.0-142.1 ;
- Conseil national de l'enseignement supérieur et de la recherche : *RLR* 121.0 ;
- Commission administrative paritaire : *RLR* 610.3 ;
- Comité technique paritaire ; *RLR* 610.3-710.3 ;
- Conseil national des universités : *RLR* 710.3 ;
- Conférence des présidents d'université : *RLR* 121.0 ;
- Haut comité éducation-économie : *RLR* 122.0 ;
- Commissions consultatives professionnelles : *RLR* 123.0 ;
- Commission nationale éducation-professions : *RLR* 122.0 ;
- Commission centrale des œuvres sociales : *RLR* 122.0-142.4 ;
- Commission nationale des instituts universitaires professionnalisés : *RLR* 425.8 ;
- Observatoire national de lecture : *RLR* 122.0 ;
- Observatoire national de la sécurité des établissements scolaires et d'enseignement supérieur : *RLR* 123.0b.

3. Les inspections générales.

L'Inspection générale de l'Éducation nationale (IGEN).

Origine.

0039. On peut faire remonter son origine au Consulat. Exposant le projet de loi sur l'instruction publique du 11 floréal an X, Talleyrand annonce au Corps législatif la nomination par le Premier Consul de trois inspecteurs généraux qui

> parcourront les lycées, les visiteront avec beaucoup de soin et éclaireront le gouvernement dont ils seront en quelque sorte l'œil ouvert sur les écoles, sur leur état, leurs succès ou leurs défauts.

Cependant, l'institution se développe sous l'Empire : des inspecteurs généraux visitent les facultés, les lycées et les collèges, dont ils contrôlent à la fois l'enseignement et l'administration.

Napoléon III crée, par un décret de 1852, le corps de l'inspection générale de l'Instruction publique, dont est directement issue l'actuelle inspection générale de l'Éducation nationale. Le décret de création dispose que huit inspecteurs généraux seront affectés à l'enseignement supérieur, que six seront chargés de l'inspection des lycées nationaux, des collèges communaux et de l'enseignement secondaire libre, deux de l'inspection de l'enseignement primaire. Alors que les inspecteurs généraux de l'enseignement supérieur sont supprimés en 1888, ceux de l'enseignement secondaire sont de plus en plus nombreux en raison de l'extension de cet ordre d'enseignement. Par ailleurs, en 1886, est créée une inspection générale des écoles maternelles et, en 1921, une inspection générale de l'enseignement technique.

Statut.

0040. Ces diverses inspections générales constituent actuellement un seul corps : l'inspection générale de l'Éducation nationale dont l'organisation, jusqu'à une date récente, a été réglée par arrêté ou simple circulaire.

Bénéficiant désormais d'un décret statutaire (n° 89-833 du 9 novembre 1989), les inspecteurs généraux sont recrutés après appel de candidatures et définition du profil des postes à pourvoir. Les nominations – par décret du président de la République sur proposition du ministre – interviennent après avis d'une commission consultative présidée par le doyen et comprenant sept inspecteurs généraux, sept directeurs d'administration centrale et sept professeurs des universités.

Sont applicables à l'IGEN, comme aux autres corps d'inspection générale, les dispositions de l'article 8 de la loi du 13 septembre 1984 modifiée, qui permettent des nominations par décret pris en Conseil des ministres, sans autre condition que l'âge : quarante-cinq ans accomplis.

Organisation.

0041. L'IGEN est réorganisée « pour associer la logique du fonctionnement disciplinaire et la logique du fonctionnement territorial ». Ainsi des groupes spécialisés d'inspecteurs généraux assument leur mission dans le cadre de chaque discipline : biologie-géologie, économie et gestion, éducation physique et sportive, enseignements artistiques, enseignement primaire, établissements et vie scolaire, histoire et géographie, langues vivantes, lettres, mathématiques, philosophie, physique-chimie, sciences sociales, sciences et techniques industrielles (arrêté du 1er décembre 1989).

Mais, en même temps, les inspecteurs généraux des différentes disciplines exercent leurs missions dans le cadre académique et régional. Une coordination à ce niveau pourra s'effectuer par l'intervention d'un inspecteur général « correspondant académique » (il n'est pas résident dans l'académie).

De leur côté, les groupes permanents et spécialisés de chaque discipline conservent leurs doyens de groupe, l'ensemble de l'inspection générale ayant toujours à sa tête un doyen nommé par le ministre pour une durée de cinq ans renouvelable.

Enfin, il est institué un conseil de l'inspection générale qui comprend, outre le doyen du corps et ses assesseurs, les doyens des groupes spécialisés, les correspondants académiques.

Une disposition tendant à ouvrir le corps n'a pas été concrétisée. Elle concerne la nomination pour une durée de deux ans renouvelable de membres associés, personnalités françaises ou étrangères, en raison de leurs compétences en matière d'enseignement et de formation.

Missions. IGEN

0042. Les inspecteurs généraux de l'Éducation nationale exercent toujours les missions de conseil et de proposition, qui leur étaient reconnues précédemment. Mais en ce qui concerne l'élaboration des programmes scolaires, la création d'un Conseil national des programmes (voir n° 0028) s'est traduite dans un premier temps par une moindre implication directe afin de bien distinguer les fonctions de concepteurs des programmes et d'évaluateurs de leur mise en œuvre. Toutefois, dans la période récente, les IGEN ont repris un rôle actif dans ce domaine, en particulier au sein des groupes techniques disciplinaires (GTD)...

Par ailleurs, l'inspection générale est appelée à contribuer au recrutement et à la formation des personnels, sans préjudice du rôle dévolue à l'université et aux instituts universitaires de formation des maîtres, créés par la loi du 10 juillet 1989.

Cependant, la mission traditionnelle de contrôle des personnels a évolué. Ce contrôle qui doit être davantage un contrôle supérieur ou « un contrôle des contrôles » consiste d'abord à coordonner, en liaison avec les recteurs d'académie, les corps d'inspection pédagogique régionale (IPR), ceux-ci étant chargés d'inspecter et de noter les professeurs de collèges et de lycées.

Désormais, les inspecteurs généraux ne procèdent qu'exceptionnellement à des inspections individuelles, essentiellement des professeurs des classes préparatoires.

S'ils continuent à visiter les classes, c'est moins pour effectuer des inspections-notations que pour y faire des observations plus générales qui serviront à des évaluations régionales et nationales du fonctionnement du système éducatif, généralement rendues publiques (rapport général).

En effet, la mission d'évaluation doit être au premier rang des tâches d'une inspection générale d'un type particulier qui a de fortes traditions, mais qui tend progressivement, dans certaines de ses activités, à se rapprocher des inspections générales de droit commun.

Au 1er décembre 1996, l'IGEN est composée de 202 membres ainsi répartis :

- 156 inspecteurs généraux[9];
- 2 chargés de mission d'inspection générale;
- 45 chargés d'une mission d'inspection générale, en principe renouvelable.

Il faut noter qu'en application d'un texte du 16 mars 1810[10], neuf inspecteurs de l'académie de Paris (sans lien d'ailleurs avec l'académie de Paris...) sont rattachés de fait en majorité à l'IGEN et participent à ses travaux.

L'Inspection générale de l'administration de l'Éducation nationale (IGAEN)

Origine.

0043. Cette inspection générale est de création relativement récente. C'est un décret du 14 avril 1965 qui a donné naissance à ce corps et lui a conféré un statut particulier.

Il existait précédemment au ministère de l'Éducation nationale des inspecteurs généraux des services administratifs dont la mission était, pour l'essentiel, de contrôler les établissements relevant de chaque direction ministérielle. Leur action était limitée à un ordre d'enseignement ou à un secteur particulier de l'Éducation nationale. Le décret de 1965 a marqué une novation importante en instituant un corps de contrôle supérieur, compétent de l'école maternelle à l'enseignement supérieur.

L'IGAEN est pour le système éducatif dans son ensemble, ainsi que la recherche, l'équivalent des inspections générales existant dans les autres départements ministériels (IGA, pour le ministère de l'Intérieur – IGAS, pour le ministère du Travail, des Affaires sociales – IGF, pour le ministère des Finances) avec lesquelles d'ailleurs elle peut effectuer des missions conjointes.

Il en est de même avec l'inspection générale de la jeunesse et des sports dépendant du ministre délégué à la Jeunesse et aux Sports.

Mission.

0044. Si le statut initial (décret n° 65-299 du 14 avril 1965) mettait l'accent sur les missions de contrôle et d'inspection, le décret n° 88-444 du 22 avril 1988 a redéfini les missions de l'IGAEN pour prendre en compte d'une part la nouvelle répartition des compétences entre l'État et les collectivités territoriales, et d'autre part, la nécessité pour l'autorité ministérielle non seulement de contrôler, mais aussi d'évaluer les résultats et le « rendement » du système éducatif.

> Art. 1er. – Les membres de ce corps sont chargés, dans le domaine administratif, financier, comptable et économique, du contrôle et de l'inspection des personnels, services centraux et académiques, établissements publics et tous organismes relevant ou bénéficiant d'un concours du ministère de l'Éducation nationale. Ils effectuent également toutes missions d'études et d'évaluation sur le système éducatif et participent à des activités de formation confiées par le ministre.
> Ils peuvent, en outre, être chargés par le ministre de l'Éducation nationale, à la demande d'une collectivité territoriale, d'effectuer des enquêtes sur le fonctionnement des établissements publics locaux d'enseignement.

D'ailleurs, la loi d'orientation sur l'éducation (n° 89-486 du 10 juillet 1989, *JO* du 14 juillet 1989) assigne dans ce domaine aux deux inspections générales une mission commune – qu'elles peuvent, dans certains cas, assumer conjointement.

Suivant l'article 25 de la loi :

L'inspection générale de l'Éducation nationale et l'inspection générale de l'administration de l'Éducation nationale procèdent, en liaison avec les services administratifs compétents, à des évaluations départementales, académiques, régionales et nationales qui sont transmises aux présidents et aux rapporteurs des commissions chargées des affaires culturelles du Parlement. Les évaluations prennent en compte les expériences pédagogiques afin de faire connaître les pratiques innovantes.

Dans les faits, la tendance à un travail en commun IGAEN-IGEN est à développer même si des missions conjointes existent soit ponctuellement soit sur thèmes (voir le programme de travail des deux inspections générales du 12 juillet 1996 et du 27 août 1996 publié aux *BO* n° 30, 25 juillet 1996 et n° 31, 5 septembre 1996) – deux ans d'éducation prioritaire.

Organisation.

0045. Les activités du corps sont coordonnées par un IGAEN nommé par le ministre.

Art. 2 *bis* du décret de 1965 – modifié 1988 : Un inspecteur général, nommé par arrêté du ministre de l'Éducation nationale pour une durée de cinq années renouvelable, exerce les fonctions de chef du service de l'inspection.

Il dirige le service, anime et coordonne les activités du corps et centralise les conclusions de tous ses travaux.

Les membres de l'inspection générale de l'administration sont répartis actuellement en sept groupes territoriaux pour assumer leurs missions de contrôle et pour effectuer les études thématiques qui résultent chaque année du programme de travail arrêté par le ministre.

Chaque groupe est animé par un inspecteur général qui n'a aucun rôle hiérarchique, ni pouvoir de contrôle sur le contenu des travaux qui engagent la responsabilité de chaque auteur.

Au 1er décembre 1996, l'IGAEN comprend 87 membres se répartissant ainsi :

- 42 inspecteurs généraux ;
- 35 inspecteurs généraux adjoints ;
- 17 chargés de mission.

Recrutement.

0046. Aux termes du statut de l'IGAEN (décret n° 65-299 du 14 avril 1965 modifié à plusieurs reprises) :

Art. 3. – Les nominations aux grades d'inspecteur général, d'inspecteur général adjoint et d'inspecteur sont prononcées par décret pris sur proposition du ministre de l'Éducation nationale.
Les nominations au grade d'inspecteur général prononcées en application du II de l'article 4 ci-après sont prononcées par décret en Conseil des ministres.

Art. 4. – Les inspecteurs généraux sont choisis parmi :
– les inspecteurs généraux adjoints inscrits au tableau d'avancement et ayant atteint au moins le quatrième échelon de leur grade sans que le nombre des nominations prononcées à ce titre puisse excéder la moitié du nombre des emplois d'inspecteur général ;
– les directeurs, chefs de service, directeurs adjoints et sous-directeurs d'administration centrale.

En outre, un emploi vacant sur cinq dans le grade d'inspecteur général peut être pourvu dans les conditions fixées par l'article 8 de la loi du 13 septembre 1984 modifiée, par décret en Conseil des ministres. Nul ne peut être nommé inspecteur général à ce titre s'il n'est âgé de quarante-cinq ans accomplis.

Les emplois vacants pourvus par la réintégration d'inspecteurs généraux dans leur corps ne sont pas pris en compte pour l'application de l'alinéa précédent. À l'intérieur de chaque cycle de cinq nominations, les quatre premières interviennent en application du I du présent article.

Art. 4 *bis*. – Peuvent être promus ou nommés inspecteurs généraux adjoints :
– les inspecteurs ayant atteint au moins le troisième échelon de leur grade inscrits au tableau d'avancement et qui justifient de deux ans de services effectifs en cette qualité ;
– après inscription sur une liste d'aptitude établie par la commission mentionnée à l'article 5 ci-après, les secrétaires généraux d'administration universitaire justifiant d'au moins deux ans d'ancienneté de services effectifs en cette qualité, les administrateurs civils hors classe et, dans la limite de deux emplois du corps, les fonctionnaires internationaux en fonctions dans une organisation internationale intergouvernementale chargés de fonctions équivalentes à celles d'un administrateur civil hors classe.

Les dispositions des articles 5 et 6 prévoient un recrutement au niveau d'inspecteurs, recrutement abandonné dans les faits depuis plusieurs années. Un projet d'aménagement du statut est en attente.

Ce projet, s'il aboutit, devrait prendre acte des évolutions et de la réalité des missions effectuées, du niveau de recrutement (bien qu'il n'y ait pas de recrutement direct à la sortie de l'ENA, l'IGAEN comprend vingt-huit anciens élèves)[11] et de l'intérêt d'une plus grande diversité et ouverture dans le recrutement de compétences (recteurs, SGA, IA-DSDEN...).

Des questions permanentes communes aux deux inspections.

Les deux inspections générales, comme tous les corps de contrôle travaillant dans le domaine de l'évaluation, sont confrontées à des questions de méthodologie (rigueur, caractère contradictoire, référentiel...) et à la nécessité d'établir des liens avec d'une part leurs homologues et d'autre part les organismes ou structures travaillant sur des domaines voisins ou identiques (universités, direction de l'évaluation et de la prospective...).

Par ailleurs subsiste en permanence la question des suites données aux travaux.

La loi d'orientation du 14 juillet 1989 prévoit la publication de rapports annuels :

> Art. 25. – L'inspection générale de l'Éducation nationale et l'inspection générale de l'administration de l'Éducation nationale établissent un rapport annuel qui est rendu public.

En application de cette disposition l'IGEN a publié en 1996 son sixième rapport annuel. L'IGAEN avait anticipé puisqu'en 1996 est intervenue la publication de son onzième rapport annuel[12].

Si cette publicité est un progrès, il reste à reprendre, selon une démarche pragmatique, moins la mise en œuvre des propositions, question relevant du ministre, que leur prise en considération (positive, négative, nuancée...).

Une réponse satisfaisante à cette question qui touche tous les corps de contrôle est essentielle pour l'efficacité et la motivation de leurs membres.

L'Inspection générale des bibliothèques (IGB).

0047. L'inspection générale des bibliothèques a été créée en 1822 pour contrôler l'organisation et le fonctionnement des bibliothèques. Les principales compétences de cette inspection sont le contrôle des services de documentation des établissements d'enseignement supérieur (décret n° 85-694 du 4 juillet 1985 modifié) et le contrôle technique des bibliothèques des collectivités territoriales (décret n° 88-1037 du 9 novembre 1988). Cette inspection est rattachée au ministre de l'Éducation nationale, de l'Enseignement supérieur et de la Recherche. Elle est mise à la disposition du ministre de la Culture, pour les bibliothèques qui relèvent de sa compétence (décret n° 75-1003 du 29 octobre 1975).

L'inspection de la Bibliothèque nationale de France peut être sollicitée par le ministre de la Culture.

Les membres de l'inspection générale sont actuellement au nombre de huit : deux inspecteurs généraux des bibliothèques (corps en extinction, régi par le décret n° 69-1265 du 31 décembre 1969), six conservateurs généraux des bibliothèques chargés de missions d'inspection générale, dont trois sont mis à disposition par le ministère de la Culture. Suivant le décret n° 92-26 du 9 janvier 1992 (art. 3 et 23), peuvent être chargés de missions d'inspection générale les conservateurs en chef et les conservateurs généraux des bibliothèques.

Textes de référence.

- Inspection générale de l'Éducation nationale : *RLR* 630.1 ;
- Inspection générale de l'administration de l'éducation nationale : *RLR* 630.2 ;
- Inspection générale des bibliothèques : *RLR* 626.1 ;
- Inspection générale de la Jeunesse et des Sports : *RLR* 903.1.

4. Les grands établissements publics.

L'Office national d'information sur les enseignements et les professions (ONISEP).

0048. L'Office est un établissement public à caractère administratif.

Il a été institué par deux décrets : 70-238 et 70-239 du 19 mars 1970. Il succédait au bureau universitaire des statistiques et d'information scolaires et professionnelles (BUS) qui avait été érigé en établissement public par la loi du 8 avril 1954.

Mission

L'article 1 du décret 70-239 du 19 mars 1970 dispose :

En liaison avec l'Université, les administrations, les professions et organismes intéressés, l'Office national d'information sur les enseignements et les professions (ONISEP) est chargé :
– d'élaborer et de mettre à la disposition des utilisateurs la documentation nécessaire à l'information et à l'orientation par une meilleure connaissance des moyens d'éducation et des activités professionnelles ;
– de contribuer aux études et recherches relatives aux méthodes et aux moyens propres à développer cette documentation et à faciliter l'information et l'orientation ;
– de faire des études et de susciter des recherches tendant à améliorer la connaissance des activités professionnelles et de leur évolution ;
– de contribuer à la définition des orientations générales de la politique de formation du personnel chargé de l'information sur les enseignements et les professions et de participer à son perfectionnement.

Dans ce cadre, l'ONISEP peut passer des conventions avec tous les organismes intéressés notamment avec l'Agence nationale pour l'emploi et les universités.

Il est également chargé d'apporter sa collaboration aux administrations et aux organismes intéressés qui relèvent de sa compétence et notamment au comité interministériel et au groupe permanent institué à l'article 3 de la loi susvisée du 3 décembre 1966 en vue de l'élaboration et de la mise en œuvre de la politique cordonnée de formation professionnelle et de promotion sociale.

Organisation.

0049. L'Office national est dirigé par un directeur nommé par décret et un conseil d'administration qui fait une large place aux départements ministériels et aux organismes socioprofessionnels intéressés par ses activités.

Le directeur de l'Office dirige l'établissement en vertu des dispositions des décrets susvisés du 10 décembre 1953 et du décret du 29 décembre 1962, relatifs à la réglementation comptable des établissements publics nationaux à caractère administratif et en application des délibérations du conseil d'administration.

Il représente l'établissement en justice et dans tous les actes de la vie civile.

Il est ordonnateur des recettes et des dépenses de l'établissement dans les conditions prévues par les décrets susvisés du 10 décembre 1953 et du 29 décembre 1962.

Le conseil d'administration.

Il comprend cinquante-trois membres dont dix-sept membres de droit appartenant à diverses administrations :

- trois représentants du ministère de l'Éducation nationale ;
- le commissaire général du Plan (ministère de l'Économie et des Finances) ;
- le directeur général de l'administration et de la fonction publique (ministère de la Fonction publique, de la Réforme de l'État et de la Décentralisation) ;
- le directeur général de l'Institut national de la statistique et des études économiques (ministère de l'Économie et des Finances) ;
- le délégué à l'emploi (ministère du Travail et des Affaires sociales) ;
- le directeur général de l'enseignement et de la recherche (ministère de l'Agriculture, de la Pêche et de l'Alimentation) ;
- le directeur du budget (ministère de l'Économie et des Finances) ;
- le directeur général de la concurrence, de la consommation et de la répression des fraudes (ministère de l'Économie et des Finances) ;
- le directeur de la jeunesse et de la vie associative (ministère de la Jeunesse et des Sports) ;
- le directeur général de l'Agence nationale pour l'emploi (ministère du Travail et des Affaires sociales) ;
- le directeur de l'artisanat (ministère des Petites et Moyennes Entreprises, du Commerce et de l'Artisanat) ;
- le sous-directeur de la formation et de la qualification pour les entreprises (ministère de l'Industrie, de la Poste et des Télécommunications) ;
- le délégué à l'aménagement du territoire et à l'action régionale (ministère de l'Aménagement du territoire, de la Ville et de l'Intégration) ;
- le délégué à la formation professionnelle (ministère du Travail et des Affaires sociales) ;
- le service des droits des femmes (ministère du Travail et des Affaires sociales) ;
- quatre représentants des organisations professionnelles d'employeurs les plus représentatives ;
- un représentant des chambres de commerce et d'industrie ;
- un représentant des chambres de métiers ;
- six représentants d'organisations syndicales de salariés représentatives ;
- un représentant des chambres d'agriculture et un représentant des organisations d'exploitants agricoles ;

- un représentant de l'Union nationale des associations familiales ;
- cinq représentants des associations de parents d'élèves dont un de l'enseignement libre sous contrat ;
- deux représentants des étudiants, désignés sur proposition du Conseil national de l'enseignement supérieur et de la recherche ;
- sept représentants des enseignants dont un de l'enseignement libre sous contrat et un président d'établissement public à caractère culturel et scientifique sur proposition du Conseil national de l'enseignement supérieur et de la recherche ;
- un directeur d'institut de formation du personnel de services d'observation, d'information et d'orientation ;
- un directeur de centre d'information et d'orientation ;
- trois représentants du personnel de l'Office ;
- trois membres choisis parmi les personnalités particulièrement compétentes dans les domaines qui intéressent l'Office.

Le conseil d'administration délibère sur les questions qui relèvent de sa compétence aux termes des décrets susvisés des 10 décembre 1953 et 29 décembre 1962.

Le conseil d'administration désigne en son sein une délégation permanente chargée de suivre, en liaison avec le directeur, les questions qui sont de la compétence du conseil.

Le président du conseil d'administration est choisi parmi les membres du conseil d'administration. Il est élu par le conseil d'administration pour une durée de trois ans.

Services centraux.

Un arrêté du 22 juillet 1996, abrogeant l'arrêté du 18 mars 1971, est consacré à l'organisation des services de l'Office national d'information sur les enseignements et les professions (ONISEP).

L'Office national d'information sur les enseignements et les professions (ONISEP) comporte des services centraux et vingt-huit délégations régionales.

Les services centraux de l'ONISEP comportent un secrétariat général et cinq départements. Les départements sont chargés respectivement : de la documentation et de l'ingénierie documentaire, des éditions, de la recherche et du développement, de la communication, de la diffusion et de la commercialisation.

Le secrétariat général.

Il est chargé :

- de la coordination administrative des départements, missions et cellules de l'Office ;
- de la gestion des ressources humaines et en particulier de l'administration du recrutement et de la formation des personnels de l'Office ;

- de la gestion financière de l'Office, de la préparation et de l'exécution du budget ainsi que du suivi du contrôle de gestion et des conventions;
- de la passation et du suivi des marchés préparés au sein des départements, chacun en ce qui concerne son domaine de compétence.

Il a, en outre, la responsabilité du service de l'informatique et de la modernisation.

Le département de la documentation et de l'ingénierie documentaire.

Il est chargé de rechercher, de collecter et de traiter l'ensemble des informations nécessaires à l'Office.

Le département des éditions.

Il a la responsabilité des productions écrites, audiovisuelles et sur supports multimédias de l'Office autres que les notes et produits documentaires élaborés par le département documentation.

Le département de la recherche et du développement.

Il est chargé d'assurer des fonctions de prospective, d'ingénierie, d'innovation et d'évaluation en matière d'information scolaire et professionnelle.

Le département de la communication.

Il élabore et met en œuvre en liaison directe avec le directeur ou son adjoint la politique de communication interne et externe de l'Office. Il est chargé de développer la notoriété de l'établissement et de ses productions et d'en promouvoir l'image auprès des différents publics et de tous les partenaires.

Le département de la diffusion et de la commercialisation.

Il est chargé de mettre à la disposition des utilisateurs les divers documents publiés par l'Office.

Il conçoit et exécute la politique de distribution, de commercialisation et de diffusion des produits de l'Office.

Activités.

0050. Pour mener à bien ses missions d'information, l'ONISEP recueille et traite toutes les données nécessaires dans les domaines de la formation et des activités professionnelles.

Il s'appuie sur une documentation informatisée constituée en relation active avec les établissements de formation initiale ou continue, les branches professionnelles et les collectivités territoriales. Cette documentation couvre tous les niveaux et tous les secteurs professionnels.

L'ONISEP produit et diffuse de nombreux documents d'information sur les études aux différents niveaux, sur les conditions d'obtention de diplômes et d'accès aux emplois, sur les métiers et les professions.

Ces documents destinés aux élèves, aux étudiants et à leurs familles sont adressés gratuitement aux centres d'information et d'orientation et aux établissements d'enseignement. Certains sont distribués gratuitement (les miniguides) à tous les élèves concernés, les autres peuvent être vendus (dossiers, cahiers, revue *Avenirs*).

L'ONISEP réalise et diffuse des documents pour les professeurs principaux et les conseillers d'orientation-psychologues : bulletins d'information, mémentos, lettres aux conseillers d'orientation psychologues.

Il élabore des produits multimédia (cédéroms d'information sur les métiers et vidéodisques, bases de données concernant principalement le monde éducatif et professionnel).

Par ailleurs, l'ONISEP contribue aux études et recherches sur les activités professionnelles et sur les besoins de formation au niveau régional. Dans ce domaine comme dans tous les autres, son action est relayée par celle de ses vingt-huit délégations régionales (*cf.* n° 0102 et suivants).

Le centre d'études et de recherches sur les qualifications (CEREQ).

0051. Le CEREQ, précédemment intégré au sein de l'ONISEP, a été érigé en établissement public national à caractère administratif par le décret n° 85-634 du 25 juin 1985.

Mission.

Le CEREQ est chargé de procéder aux études et recherches sur les qualifications et les conditions de leur acquisition, sur l'évolution des qualifications liées aux transformations des technologies, de l'organisation du travail et de l'emploi et sur les conditions d'accès aux emplois.

Organisation.

0052. Le CEREQ est administré par un conseil d'administration composé de douze membres de droit (représentants des administrations et organismes publics), douze membres désignés sur proposition des organisations d'employeurs et de salariés et des chambres consulaires, cinq membres choisis en raison de leurs compétences, le président du conseil scientifique du CEREQ, six représentants élus du personnel du centre.

Le président du conseil d'administration est élu par le conseil qui délibère sur le budget et le compte financier, sur le programme annuel d'activité et sur le rapport d'activité ainsi que sur les mesures générales relatives à l'organisation et au fonctionnement du centre.

Le CEREQ est dirigé par un directeur nommé par décret qui représente l'établissement et assure l'exécution des délibérations du conseil.

Le directeur du CEREQ est assisté d'un conseil scientifique de quatorze membres, qui est consulté sur le programme d'études et de recherches du centre.

Activités.

0053. Le CEREQ poursuit et développe les activités qu'il a entreprises depuis la création de l'ONISEP. Il s'agit de recherches que l'établissement conduit lui-même ou qu'il suscite auprès d'organismes qualifiés. À cet effet, il peut passer des conventions avec ces organismes.

En outre, le CEREQ a constitué des centres associés qui poursuivent des études et recherches sur les qualifications professionnelles et l'emploi dans plusieurs régions. Ces centres qui ne disposent pas de la personnalité morale sont institués par convention passée avec des universités ou des établissements d'enseignement supérieur.

Par ailleurs, les informations recueillies par le CEREQ, en particulier sur les métiers et leur évolution, sont mises à la disposition de l'ONISEP pour l'exécution de ses missions.

Les travaux du CEREQ donnent lieu à des publications que l'on trouve dans les centres régionaux de documentation et dans les centres d'information et d'orientation les plus importants.

L'Institut national de recherche pédagogique (INRP).

L'INRP a été créé par le décret n° 76-744 du 3 août 1976 modifiant celui de l'INRDP, créé en 1970.

Ses missions et son organisation ont été redéfinies par le décret n° 93-268 du 5 mars 1993 (*JO* du 7 mars 1993).

L'INRP, qui conserve son statut d'établissement public national à caractère administratif, doté de la personnalité morale et de l'autonomie financière, est placé sous la tutelle du ministre chargé de l'enseignement supérieur.

À noter qu'un projet de fusion INRP-CNDP est actuellement à l'étude (situation au 1er janvier 1997).

Les missions.

0054. Aux termes du décret précité :

> Art. 2. – L'Institut national de recherche pédagogique est chargé d'une mission de recherche en éducation concernant tous les niveaux des enseignements scolaire et supérieur en formation initiale et continue. Il assure ou soutient les travaux concourant à cette mission, en association avec les personnels participant à l'éducation et à la formation et en partenariat avec d'autres établissements ou organismes de recherche au plan national et international [...].
> L'Institut national de recherche pédagogique poursuit également une mission de formation initiale et continue, notamment des formateurs, en liaison avec les instituts universitaires de formation des maîtres [...].
> Il peut être investi de missions d'études, notamment à la demande du ministre chargé de l'enseignement supérieur [...].
> Il est, en tant que centre de ressources, chargé de réunir, de gérer et de tenir à disposition les acquis de la recherche en éducation [...].
> Il assure la conservation et le développement des collections muséographiques et bibliographiques en matière de recherche en éducation [...].

Il met ses collections à la disposition du public, notamment par l'intermédiaire de sa bibliothèque et du Musée national de l'éducation installé à Rouen. Il coordonne les initiatives prises dans ce domaine par les établissements de l'Éducation nationale...

L'organisation.

0055. Dirigé par un directeur nommé pour trois ans, assisté d'un secrétaire général, l'établissement est administré par un conseil d'administration, assisté d'un conseil scientifique.

Le conseil d'administration comprend trente membres : neuf de droit, six personnalités nommées en raison de leurs compétences, quinze élus parmi les personnels de l'établissement; le président est élu par les membres du conseil parmi les personnalités nommés.

Le conseil scientifique comprend vingt et un membres dont douze personnalités extérieures, dont quatre exerçant dans des organismes étrangers.

Le conseil d'administration délibère sur les orientations générales de l'Institut, les programmes d'activités, le budget, les acquisitions, les emprunts et toutes décisions de la compétence d'un établissement public disposant de l'autonomie financière.

Le conseil scientifique est consulté sur les programmes de recherche et de formation, dont il assure le suivi.

Les services de l'établissement comprennent, outre le secrétariat général chargé de l'administration, plusieurs départements : Mémoire de l'éducation – Ressources et communication – Didactique des disciplines – Technologies nouvelles et éducation – Politiques, pratiques et acteurs de l'éducation.

Les activités.

0056. Les recherches de l'INRP étudient les problèmes liés à la définition et à la transmission des contenus d'enseignement, aux politiques et pratiques éducatives, à l'établissement scolaire, à la formation des enseignants, aux rôles et utilisations des technologies nouvelles dans l'enseignement, etc.

La mise en œuvre d'approches des phénomènes d'éducation très largement diversifiées (historique, didactique, psychologique, sociologique, pédagogique) favorise des projets interdisciplinaires sur des objets complexes pour lesquels la multiréférentialité est essentielle : les « savoirs scolaires », la lecture et l'écriture, l'alternance, l'insertion des jeunes, l'autoformation, l'éducation à la santé, les manuels scolaires... Par ses centres de ressources spécialisés (centre A. Savary sur les pratiques éducatives et sociales en milieux difficiles, centre P. Lapie sur les établissements scolaires), l'INRP développe une politique de service à la communauté.

Il travaille avec le concours d'enseignants associés appartenant pour la plupart à des établissements du second degré ou à des IUFM (environ 1 200 enseignants en 1995-1996), et avec la participation d'équipes universitaires.

L'établissement édite de nombreux ouvrages et des revues, dont la *Revue française de pédagogie* et *Recherche et formation.*

Le Centre international d'études pédagogiques (CIEP).

0057. Jusqu'en 1987, le CIEP était une section de l'INRP, tout en bénéficiant d'une autonomie de fait dans sa gestion et ses activités. Érigé en établissement public doté de la personnalité civile et de l'autonomie financière par décret n° 87-325 du 12 mai 1987, le CIEP dispose d'un conseil d'administration comprenant huit représentants de l'État dont six désignés par le ministre de l'Éducation nationale, un par le ministre des Affaires étrangères, un par le ministre de la Coopération; quatre personnalités désignées par le ministre de l'Éducation nationale et quatre représentants élus du personnel.

Le directeur de l'établissement est un inspecteur général de l'Éducation nationale nommé par le ministre.

Missions du Centre.

Elles sont les suivantes :

- contribuer à la mise en œuvre des programmes de coopération en éducation organisés dans un cadre bilatéral ou multilatéral;
- assurer la formation et le perfectionnement des spécialistes de l'enseignement du français langue étrangère en liaison avec les institutions françaises et étrangères spécialisées;
- favoriser le développement des échanges pédagogiques internationaux;
- concourir au développement de l'enseignement à caractère international en France et à l'étranger;
- favoriser la promotion et la valorisation des actions conduites par les associations qui œuvrent en faveur de la coopération internationale en éducation.

Le Centre international d'études pédagogiques organise des stages destinés :

- à des responsables français et étrangers des systèmes éducatifs;
- à des formateurs, des enseignants et étudiants français et étrangers.

Il dispose à cet effet d'un service d'hébergement et d'un centre de documentation de qualité.

Le Centre national de documentation pédagogique (CNDP).

Institué par la loi du 10 avril 1954, le CNDP a été organisé par le décret n° 76-745 du 3 août 1976 modifiant le décret n° 70-799 du 9 septembre 1970.

Établissement public national à caractère administratif disposant de l'autonomie financière, le CNDP est placé sous la tutelle du ministre de l'Éducation nationale.

Ses missions et son organisation ont été redéfinies par le décret n° 92-56 du 17 janvier 1992 (*JO* du 19 janvier 1992).

Les missions.

0058. Aux termes de ce décret :

> Art. 1er. – Le Centre national de documentation pédagogique, institué par l'article 12 de la loi du 10 avril 1954 susvisée, exerce auprès des établissements d'enseignement supérieur, des lycées, des collèges, des écoles et des communautés universitaires et éducatives une mission de documentation, d'édition et d'ingénierie éducative; il coordonne l'activité des centres régionaux de documentation pédagogique.
>
> Art. 2. – Le Centre national de documentation pédagogique est chargé :
> 1° d'effectuer ou de faire effectuer toutes études concernant les besoins en documentation pédagogique;
> 2° d'organiser, par la constitution de réseaux appropriés, la collecte, le traitement et la diffusion de l'information et de la documentation pédagogique, dans les centres régionaux, en faveur des établissements d'enseignement supérieur, des lycées, des collèges, des écoles et des communautés universitaires et éducatives. Il peut, en outre, être chargé de la production et de la diffusion du *Bulletin officiel* du ministère de l'Éducation nationale et de ses publications annexes ;
> 3° d'orienter l'activité d'édition des centres régionaux en fonction des priorités éducatives définies par le ministre chargé de l'éducation et, compte tenu des avis formulés par le Comité national de l'édition, institué par le décret du 17 janvier 1992 susvisé;
> 4° de produire, seul ou en collaboration avec d'autres personnes tous documents écrits, audiovisuels ou informatiques concernant l'éducation; [...]
> 5° de procéder ou de faire procéder à l'expertise des matériels d'enseignement en vue de les signaler aux communautés universitaires ou éducatives, en leur en facilitant l'emploi;
> 6° d'animer et de coordonner la distribution et la vente des produits documentaires d'intérêt national; [...]
> 7° de participer aux réunions internationales d'organismes dont les activités sont comparables aux siennes et d'y représenter l'ensemble des centres de documentation pédagogique;
> 8° de s'associer aux initiatives et à l'action des organismes qui s'assignent un but analogue ou complémentaire au sien; [...]
> 9° de coordonner et d'évaluer la gestion des centres régionaux [...].

L'organisation.

0059. Dirigé par un directeur général, le CNDP est administré par un conseil d'administration, présidé par un conseiller d'État ou un conseiller-maître à la Cour des comptes et qui comprend dix-sept membres, dont quatre représentants de l'État, trois membres nommés représentant le système éducatif, quatre personnalités compétentes désignées par le ministre, trois représentants du personnel désignés par le ministre sur proposition des organisations syndicales.

Le conseil délibère sur les questions qui lui sont soumises, dont le budget de l'établissement. Il arrête l'organisation des services, sur proposition du directeur général, après avis du comité technique paritaire.

Les services comprennent actuellement, outre le secrétariat général, chargé de l'administration de l'établissement et les secrétaires des différentes instances nationales de coordination du réseau (conférence des directeurs de CRDP, comité national de l'édition, observatoire des produits, observatoire des actions) :

- une direction de la documentation avec trois services ;
- une direction de l'édition avec deux services, l'un chargé de la programmation, l'autre de la production des programmes audiovisuels (émissions pour l'antenne, vidéos) et écrits (collections pour les enseignants, revues, etc.) ;
- une direction de l'ingénierie éducative avec un service des technologies de l'audiovisuel et de la communication éducative qui assure une veille technologique, un service de l'informatique éducative qui produit des logiciels et des multimédias, un service des exploitations éducatives ;
- une direction commerciale ;
- trois délégations : communication, relations internationales, affaires parisiennes (les services parisiens du CNDP qui ont pris le relais des activités de proximité de l'ancien CRDP de Paris).

Par ailleurs, deux services ayant une activité spécifique sont rattachés à l'établissement : le centre de liaison de l'enseignement et des moyens d'information (CLEMI) et le service du film de recherche scientifique (SFRS).

Les activités.

0060. Le CNDP est l'héritier de l'Institut pédagogique national qui fut lui-même créé par transformation du Musée pédagogique, organisme né sous la IIIe République pour diffuser la documentation et les moyens pédagogiques.

Le CNDP reste, depuis ses origines, un service d'aide à l'enseignement. Néanmoins, ses activités ont évolué au cours des dernières années. Il est toujours un centre de documentation qui met à la disposition des personnels les ressources documentaires utiles à leur information et à leur perfectionnement, mais il est un organe de production et d'édition de plus en plus important en ce qui concerne les outils de toute nature pouvant être utilisés pour l'enseignement en classe.

L'ensemble de ses activités comprend les publications administratives, dont le *Bulletin officiel de l'Éducation nationale* (*BOEN*) et le *Recueil des lois et règlements*, les productions audiovisuelles, les revues et publications destinées aux enseignants des différentes disciplines, les logiciels et multimédias éducatifs, les publications pour la formation professionnelle et continue, etc.

L'établissement a constamment participé à la promotion des méthodes modernes d'enseignement : la radio et la télévision scolaires, le cinéma, le disque et les vidéocassettes, l'enseignement programmé, l'informatique pédagogique.

Ces activités contribuent aux actions de formation initiale et continue des enseignants et soutiennent les efforts de la politique ministérielle dans ce domaine.

Enfin, le CNDP a une activité internationale pour la diffusion des techniques nouvelles et la formation de leurs utilisateurs; certaines de ses productions sont d'ailleurs vendues à l'étranger.

Le CNDP a donc joué, depuis sa création, un rôle actif dans tout le mouvement de réforme et d'amélioration du système éducatif; sans en être toujours l'initiateur, il a été et il continue d'être son indispensable auxiliaire.

Le Centre national d'enseignement à distance (CNED).

Créé en 1939, le CNED est un établissement public à caractère administratif du ministère de l'Éducation nationale, de l'Enseignement supérieur et de la Recherche. (Décret créateur n° 79-1228 du 31 décembre 1979 modifié par les décrets n° 86-254 du 25 février 1986 et n° 88-649 du 7 mai 1988).

Organisation.

0061. Installée sur le site du Futuroscope près de Poitiers depuis sa délocalisation en 1993, la direction générale du CNED est au cœur des technologies du futur. Dirigé par un recteur d'académie, le CNED est doté d'un important réseau pédagogique constitué de huit instituts d'enseignement répartis en pôles de compétences, mais aussi d'antennes et de délégations en France et à l'étranger.

Missions.

0062. Le CNED dispense et assure la promotion de l'enseignement à distance, notamment en faisant appel aux techniques les plus récentes de l'information et de la communication. Celles-ci réduisent le temps et l'éloignement entre les usagers et permettent une personnalisation de chacun de leur parcours. Les 2 750 modules de formation du CNED concernent tous les niveaux, de la formation initiale à la formation continue, en passant par des formations personnelles et les préparations aux concours de la fonction publique. 360 000 inscrits, dont 80 % d'adultes, répartis dans 176 pays suivent les enseignements et l'effectif de l'établissement est en constante progression.

Fidèle à sa volonté d'accueillir son public dans les meilleures conditions en les faisant profiter au maximum de l'innovation, le CNED a développé deux services communs qui complètent l'activité pédagogique de l'établissement : le télé-accueil est le premier maillon d'un dispositif d'accueil à distance des usagers. Jusqu'à 90 téléacteurs répondent aux demandes d'information, d'orientation ou d'inscription provenant du monde entier. Le service audiovisuel, deuxième maillon, produit des émissions de télévision éducatives interactives. Diffusées par satellite à un réseau de près de 600 établissements scolaires et de formation en France mais aussi vers des publics divers à l'étranger, elles permettent aux usagers de suivre des conférences où interviennent les meilleurs experts et des personnalités du monde scientifique et enseignant.

Enfin, l'établissement ouvrira en 1977 son « campus électronique » sur les réseaux informatiques et télématiques mais aussi sur Internet. Véritable lieu d'échanges virtuels, il offrira l'ensemble des services en ligne : accueil, orientation, services administratifs, forum, boîte à lettres. Résolument tourné vers les nouvelles technologies, le CNED préfigure ce que sera l'enseignement à distance du futur.

Le Centre national des œuvres universitaires et scolaires (CNOUS).

0063. Le Centre national des œuvres universitaires et scolaires est le successeur du comité des œuvres en faveur des étudiants créé par le ministre Jean Zay en 1936; ce comité fut transformé en 1946 en comité supérieur en faveur de la jeunesse scolaire et universitaire.

Placé sous la tutelle du ministre chargé de l'enseignement supérieur, le Centre national est né de la loi du 16 avril 1955 portant réorganisation des services sociaux en faveur des étudiants qui a prévu :

- un Centre national des œuvres universitaires et scolaires (CNOUS) de compétence nationale;
- des centres régionaux des œuvres universitaires et scolaires (CROUS) au niveau académique;
- douze centres locaux des œuvres universitaires et scolaires (CLOUS).

Le Centre national et les centres régionaux ont le statut d'établissement public à caractère administratif.

Le décret n° 87-155 du 5 mars 1987 constitue le fondement actuel des missions et de l'organisation des œuvres universitaires en ce qui concerne les missions, l'organisation administrative et financière du CNOUS et des CROUS, l'organisation territoriale (centres régionaux et centres locaux), le statut du personnel tant administratif (directeurs, directeurs adjoints, directeurs d'unités de gestion), qu'ouvrier, dont le caractère de contractuels de droit public posé par le décret a été reconnu par une décision de principe du tribunal des conflits du 25 mars 1996 (préfet du Rhône, préfet de la région Rhône-Alpes contre conseil de prudhommes de Lyon) [13].

Ce décret a été modifié à plusieurs reprises :

- décret n° 92-668 du 13 juillet 1992;
- décret n° 93-1250 du 19 novembre 1993;
- décret n° 96-68 du 29 janvier 1996.

Cet ensemble réglementaire a été complété par :

- un arrêté du 6 mars 1987 modifié le 12 février 1996 relatif à l'élection des représentants des étudiants aux conseils d'administration du Centre national et des centres régionaux des œuvres universitaires et scolaires;
- un arrêté du 25 juin 1996 fixant la liste des centres locaux des œuvres universitaires et scolaires.

En outre, un arrêté du 14 février 1989 a créé un observatoire de la vie étudiante auprès du CNOUS, composé d'un conseil de vingt et un membres et d'un comité scientifique de douze membres, destiné à apprécier les besoins et aspirations de la population étudiante tant sur le plan des études que de la vie matérielle et sociale; il doit proposer au ministre de tutelle les thèmes d'études et de recherche à mener prioritairement; il a un budget propre, intégré à celui du CNOUS où il figure en ressources affectées.

Les missions.

0064. Le CNOUS a pour mission « d'aider les centres régionaux » et de « favoriser... l'amélioration des conditions de vie et de travail des étudiants ».

Il est chargé :

- d'effectuer ou de faire effectuer toutes études sur les besoins des étudiants, de provoquer la création des services propres à satisfaire ces besoins;
- de contrôler la gestion des centres régionaux;
- de seconder les initiatives et l'action des organismes qui poursuivent un but analogue ou complémentaire;
- de s'associer aux travaux des réunions internationales auxquelles les pouvoirs publics l'inviteront à collaborer;
- de proposer au ministre de tutelle, par un rapport annuel, les mesures administratives et financières destinées à améliorer la qualité des prestations fournies par les CROUS;
- d'organiser l'accueil et le séjour en France des étudiants étrangers boursiers du gouvernement français ou d'organismes internationaux;
- de déterminer les catégories de personnes autres que les étudiants français et étrangers pouvant bénéficier des prestations et services fournis par les centres régionaux;
- de traiter le dossier social étudiant (DSE), décision issue de l'adoption en 1991 du plan social étudiant. Ce dossier est destiné à simplifier l'accès des étudiants aux aides que l'État apporte (logement et bourses) par la mise en place d'une procédure d'accès unique et une harmonisation des critères d'éligibilité;
- de gérer financièrement pour le compte de l'Union européenne le transfert des aides communautaires concernant les programmes européens : Socrates, Leonardo et Tempus II qui font suite à Erasmus, Lingua et Tempus (adoption le 14 mars 1995, sous présidence française, du programme d'action de l'Union européenne pour la coopération transnationale éducative).

L'organisation et le fonctionnement.

0065. Le conseil d'administration constitue l'organe délibérant de l'établissement. Il est présidé par une personnalité qualifiée, nommée par le ministre chargé de l'enseignement supérieur.

Il comprend, outre son président, vingt-six membres :

- huit représentants de l'État dont le directeur des enseignements supérieurs, le vice-président, ou leurs suppléants ;
- huit représentants des étudiants élus à la représentation proportionnelle, ou leurs suppléants ;
- trois représentants des personnels du CNOUS, dont deux représentants nommés par le ministre sur proposition des organisations syndicales représentatives ;
- trois présidents ou directeurs d'établissements d'enseignement supérieur désignés par le ministre de tutelle ou leurs suppléants ;
- quatre personnalités désignées par le ministre.

Le conseil d'administration, pour suivre l'activité du CNOUS dans l'intervalle des sessions, désigne en son sein une section permanente composée, outre le président, de cinq membres.

Le CNOUS est dirigé par un directeur nommé par le Premier ministre pour une période de trois ans sur proposition du ministre chargé de l'enseignement supérieur. Il est notamment chargé de préparer et d'exécuter les délibérations du conseil d'administration et d'assurer le fonctionnement des services.

Le directeur dispose de services administratifs articulés autour de trois sous-directions :

- de la vie étudiante et de la contractualisation ;
- des ressources humaines et de la programmation ;
- des boursiers étrangers et des affaires internationales.

L'agence comptable dirigée par un trésorier-payeur général est chargée en outre des affaires financières.

Un service de l'informatique, une mission à la communication et les programmes européens relèvent de l'autorité directe du directeur.

Le budget du Centre national englobe les opérations financières propres à l'établissement ainsi que les subventions accordées aux centres régionaux, à l'observatoire de la vie étudiante et celles que l'Union européenne accorde aux programmes européens. Il est soumis à l'approbation des ministres chargé de l'enseignement supérieur et chargé du budget après vote du conseil d'administration.

Les activités.

0066. Le CNOUS n'a pas d'activité de gestion directe au profit des étudiants sauf en matière d'accueil et de prise en charge des boursiers du gouvernement français et des gouvernements étrangers. Il en est de même vis-à-vis des CROUS sauf en matière de gestion des personnels administratifs, gérés directement par le Centre national.

Ses activités reflètent la nature des missions statutaires. Elles s'exercent essentiellement sous forme :

■ d'intermédiaire obligé entre les CROUS et le ministère :
□ par le budget, il négocie avec le ministère le montant des moyens dévolus aux CROUS et en assure la répartition entre eux,
□ par la proposition de textes réglementaires au ministère susceptibles d'améliorer leur fonctionnement,
□ par l'appui argumenté des propositions conventionnelles soumises à approbation ministérielle,

■ d'aide directe apportée aux CROUS :
□ par des circulaires réglementaires interprétatives,
□ par des conseils juridiques pratiques,
□ par des analyses de gestion notamment en matière de restauration et d'hébergement,
□ par la mise en place de groupes de travail, de réflexion par secteur d'activités des CROUS,
□ par des conseils techniques en matière informatique, en matière de prise en charge des bourses par les CROUS, et en matière de gestion de leurs personnels ouvriers,

■ d'impulsion pour valoriser l'image des œuvres :
□ par le développement de la communication interne et surtout externe,
□ par le développement des relations internationales, notamment lors des colloques annuels franco-allemands,
□ par des contacts inter-CROUS institutionnalisés, destinés à assurer la cohésion du réseau des œuvres,
□ par l'intervention dans de nouveaux domaines. Le directeur du CNOUS est président de l'Organisation du tourisme universitaire (OTU), association exploitant la marque OTU-Voyage et confiant à une société anonyme, la Société pour le développement du voyage universitaire (SDVU), la gestion du tourisme universitaire.

L'Union des groupements d'achats publics (UGAP).

Précédemment service interministériel, l'Union des groupements d'achats publics est devenue un établissement public industriel et commercial par le décret n° 85-801 du 30 juillet 1985. L'établissement est placé sous la double tutelle du ministre de l'Économie et des Finances et du ministre de l'Éducation nationale.

Missions.

0067. L'établissement a pour objet d'acheter et de céder des produits et services destinés aux personnes publiques et aux organismes de statut privé assurant une mission de service public, d'apporter à ces personnes et organismes l'assistance technique dont ils peuvent avoir besoin en matière d'équipement et d'approvisionnement, et d'apporter son concours à des opérations d'exportation d'intérêt général.

Organisation.

0068. L'établissement est administré par un conseil d'administration de dix-huit membres : six représentants de l'État, six personnalités qualifiées (dont deux représentants des collectivités locales) et six représentants élus des salariés.

Le conseil d'administration délibère sur les prévisions de recettes et de dépenses, le compte financier, la politique générale de l'établissement, les modalités de passation des conventions, les conditions générales de recrutement et d'emploi des personnels, etc.

Le président du conseil d'administration assure lui-même la direction générale de l'établissement. Il exerce donc toutes les attributions attachées à la fonction de directeur : ordonnancement des dépenses et des recettes et engagement du personnel, notamment.

Activités.

0069. L'UGAP approvisionne les services publics et les organismes ayant une mission de service public. Elle leur apporte l'assistance nécessaire en vue de résoudre leurs problèmes d'équipement. Elle peut intervenir quelle que soit leur implantation géographique, à n'importe quel moment de l'opération et sans limitation de montant.

Peuvent faire appel à ses services :

- les administrations civiles et militaires de l'État;
- les établissements publics nationaux, quel que soit leur caractère;
- les collectivités locales et leurs établissements publics;
- les entreprises publiques, quel que soit leur caractère;
- les organismes de statut privé assurant un service public.

L'article 34 du code des marchés publics et son instruction d'application du 29 décembre 1972 rappellent que les régions, les départements, les communes et leurs établissements sont libres de s'adresser à l'UGAP mais qu'il est de leur intérêt de recourir à cet organisme et que les autorités de tutelle doivent veiller à ce que les prix des matériels achetés ne soient pas supérieurs à ceux proposés par l'UGAP.

L'UGAP a vocation d'approvisionner en matériels de toutes catégories les services publics pour ce qui concerne leurs besoins d'équipement et de fonctionnement. Les véhicules destinés aux services civils de l'État et aux établissements publics de l'État autres que ceux ayant le caractère industriel et commercial doivent, en application de l'alinéa 3 de l'article 34 du Code des marchés publics, être achetés par l'intermédiaire de l'UGAP.

Les matériels apparaissent soit au catalogue que chaque année l'UGAP édite et diffuse gratuitement auprès des utilisateurs, soit au catalogue des fournisseurs titulaires d'un marché public avec l'UGAP. En dehors de ces deux catégories, l'UGAP peut prendre en charge la négociation et la passation de marchés particuliers. La circulaire du ministre de l'Économie et des Finances L/C 94 M du 17 janvier 1968 définit le cadre général de l'intervention de l'UGAP.

Il est à noter que les marchés de fournitures conclus par l'UGAP sont soumis au Code des marchés publics.

La circulaire du Premier ministre n° 4.109/SG du 5 mars 1968, d'une part, invite les administrations à se rapprocher de l'UGAP en vue de passer une convention avec celle-ci. Celle n° 3216/SG du 20 mars 1987, d'autre part, confirme la mission confiée à l'UGAP, le caractère facultatif du recours à elle et les conventions pour organiser les rapports avec elle.

L'UGAP dispose d'une direction des grands comptes, chargée des relations avec les services centraux de l'État, et de directions régionales implantées dans chaque région. Une direction de l'outre-mer est installée à Rouen.

Textes de référence.

- L'ONISEP : *RLR* 152.0 ;
- Le CEREQ : *RLR* 152.0 ;
- L'INRP : *RLR* 150.0 ;
- Le CIEP : *RLR* 150.1 ;
- Le CNED : *RLR* 151.1 ;
- Le CNOUS : *RLR* 451.4 ;
- L'UGAP : *RLR* 355.0 – 364.5.

NOTES

1. Voir B. Toulemonde, *Petite histoire d'un grand ministère, l'Éducation nationale*, Albin Michel, 1988.

2. 3 291 personnes travaillaient au sein de l'administration centrale au 1er octobre 1996.

3. Voir notamment B. Toulemonde, (*op. cit.*) et M. Crozier, *La Crise de l'intelligence – Essai sur l'impuissance des élites à se réformer*, Interéditions, 1995, Rapports IGAEN.

4. Voir *in AJDA* n° 11-1966, « 110, rue de Grenelle », C. Wiener. Malgré une rénovation de qualité, le *BOEN* reste toujours très volumineux. Le nombre des interventions, majoritairement dans le domaine de la gestion des personnels, ne fléchit pas (11 000 en 1994 dont plus de 6 000 d'origine parlementaire, près de 12 000 en 1995 dont près de 8 000 d'origine parlementaire).

5. Sur 3 291 personnes, 37 % appartiennent à la catégorie A.

6. Voir « Rapport sur l'état de l'administration centrale », DAP, 1995.

7. Voir résultats des élections professionnelles du 12 décembre 1996.

8. La circulaire n° 96-294 du 13 décembre 1996 (*BO* n° 47, 27 décembre 1996) traitant de la sécurité des équipements des ateliers des établissements dispensant un enseignement technique ou professionnel se réfère expressément aux travaux de l'Observatoire.

9. Dont sept anciens recteurs.

10. Aucune condition n'est prévue pour être nommé. Actuellement, l'origine des IA de l'académie de Paris est la suivante : trois IPR.IA – deux personnels de direction – un professeur certifié, un professeur agrégé, un professeur d'université, un assistant d'université.

11. Dont vingt-cinq inspecteurs généraux (IGAEN) sur un total de quarante-trois du sein duquel on relève notamment treize anciens directeurs d'administration centrale et un ancien recteur.

12. Documentation française.

13. Le TC a considéré que le recours d'un aide-cuisinier du CROUS de Lyon contre son licenciement ne pouvait être déféré au conseil de prudhommes « considérant que les personnels non statutaires des services publics à caractère administratif sont des personnels contractuels de droit public, quel que soit leur emploi ».

Chapitre 2
L'administration de l'académie

1. L'académie, circonscription administrative de l'Éducation nationale.

0070. Napoléon Ier a divisé l'Université impériale en circonscriptions qui ont donné naissance aux académies. À l'origine, on comptait vingt-neuf académies ; les chefs-lieux des académies étant les villes sièges des cours d'appel.

Au cours du XIXe siècle, le nombre des académies a sensiblement varié. En 1848, il est réduit à dix-neuf, mais en 1850 en application de la loi Falloux est créée une académie par département : quatre-vingt-six au total ; en 1854 sont reconstituées de « grandes académies » au nombre de seize. Ensuite, le nombre des académies augmente progressivement sans coïncider à nouveau avec toutes les circonscriptions judiciaires. En outre, les disparités qui existent entre elles conduisent à plusieurs reprises à remodeler la carte des académies. C'est ainsi qu'une réforme importante est entreprise en 1961 pour réduire le poids des académies de Lille et de Paris. À partir de 1962, on s'efforce d'harmoniser les limites des académies avec celles des circonscriptions d'action régionale. Plusieurs modifications sont intervenues depuis cette date, se traduisant par la création d'académies nouvelles, la dernière étant celle de l'académie de la Réunion, jusqu'à la fin de l'année 1996.

Malgré le rapprochement opéré avec la région, l'académie reste une circonscription administrative propre à l'Éducation nationale.

Au 1er janvier 1997, il y a trente académies ; vingt-six métropolitaines et quatre d'outre-mer (*cf.* ci-après, liste et carte des académies).

Presque toutes les académies correspondent à une région. Les exceptions sont les suivantes :

- la région Île-de-France recouvre trois académies : Paris, Créteil et Versailles ;
- la région Rhône-Alpes recouvre deux académies : Lyon et Grenoble ;
- la région Provence-Alpes-Côte d'Azur recouvre deux académies : Aix-Marseille et Nice.

Les Antilles-Guyane constituaient trois régions distinctes : Guyane, Guadeloupe, Martinique et, jusqu'au 31 décembre 1996, il n'existait qu'une seule académie dont le siège était fixé à Fort-de-France (Martinique), la chancellerie de l'université étant fixée à Pointe-à-Pitre (Guadeloupe). Le décret n° 96-1147 du 26 décembre 1996 a créé, à compter du 1er janvier 1997, une académie de la Guyane, une académie de la Guadeloupe et une académie de la Martinique.

0071. La situation des académies présente toujours de grandes différences, d'abord par leur étendue et le nombre de départements qui les composent, ensuite par leurs caractéristiques naturelles, leur histoire, leur développement, par leur taux de scolarisation dans le second degré, par les effectifs d'étudiants, etc. Ces différences ne font que traduire les inégalités sociales, économiques, culturelles qui existent entre les régions.

En ce qui concerne l'administration de l'Éducation nationale, il faut souligner quelques données essentielles.

L'étendue des académies n'est pas sans influence sur leur mode de gestion. Or l'académie de Toulouse compte huit départements, celle d'Orléans-Tours six, celles de Bordeaux et de Grenoble cinq alors que, par exemple, l'académie de Paris et celle de la Réunion, sont réduites à un seul département (ce qui fait coïncider deux niveaux d'administration : le niveau académique et le niveau départemental). Il en est de même dorénavant dans les trois académies des Antilles-Guyane.

Les effectifs scolaires et universitaires sont extrêmement variables d'une académie à l'autre.

Les disparités entre les académies sont également très accusées pour les effectifs d'étudiants (voir tableau en annexe n° 3).

Ces données expliquent que l'administration de chaque académie ait ses caractéristiques propres. Le fait que les effectifs scolaires soient huit fois plus élevés dans l'académie de Versailles que dans l'académie de Limoges modifie non seulement le volume mais aussi la nature des tâches administratives et l'organisation, les attributions et les fonctions des services, notamment en ce qui concerne les inspections académiques.

Texte de référence.

- *RLR* : 140.0

2. Le recteur.

Origines et évolution de la fonction rectorale[2].

0072. Le décret impérial du 17 mars 1808 a créé la fonction : « chaque académie sera gouvernée par un recteur ». Un règlement du 10 octobre 1809 précise :

Organisation administrative du système éducatif – décembre 1996

Académies	Départements	Régions
Aix-Marseille	Alpes-de-Haute-Provence, Hautes-Alpes, Bouches-du-Rhône, Vaucluse	Provence-Alpes-Côte d'Azur
Amiens	Aisne, Oise, Somme	Picardie
Antilles et Guyane[1]	Guadeloupe, Guyane, Martinique	Guadeloupe, Guyane, Martinique
Besançon	Doubs, Jura, Haute-Saône, Belfort	Franche-Comté
Bordeaux	Dordogne, Gironde, Landes Lot-et-Garonne, Pyrénées-Atlantiques	Aquitaine
Caen	Calvados, Manche, Orne	Basse-Normandie
Clermont-Ferrand	Allier, Cantal, Haute-Loire, Puy-de-Dôme	Auvergne
Corse	Corse-du-Sud, Haute-Corse	Corse
Créteil	Seine-et-Marne, Seine-Saint-Denis, Val-de-Marne	Île-de-France
Dijon	Côte-d'Or, Nièvre, Saône-et-Loire, Yonne	Bourgogne
Grenoble	Ardèche, Drôme, Isère, Savoie, Haute-Savoie	Rhône-Alpes
Lille	Nord-Pas-de-Calais	Nord-Pas-de-Calais
Limoges	Corrèze, Creuse, Haute-Vienne	Limousin
Lyon	Ain, Loire, Rhône	Rhône-Alpes
Montpellier	Aude, Gard, Hérault, Lozère Pyrénées-Orientales	Languedoc-Roussillon

Académies	Départements	Régions
Nancy-Metz	Meurthe-et-Moselle, Meuse, Moselle, Vosges	Lorraine
Nantes	Loire-Atlantique, Maine-et-Loire, Mayenne, Sarthe, Vienne	Pays-de-la-Loire
Nice	Alpes-Maritimes, Var	Provence-Alpes-Côte-d'Azur
Orléans - Tours	Cher, Eure-et-Loir, Indre, Indre-et-Loire, Loir-et-Cher, Loiret	Centre
Paris	Paris	Île-de-France
Poitiers	Charente, Charente-Maritime Deux-Sèvres, Vienne	Poitou-Charentes
Reims	Ardennes, Aube, Marne, Haute-Marne	Champagne-Ardenne
Rennes	Côtes-d'Armor, Finistère, Île-et-Vilaine, Morbihan	Bretagne
La Réunion	La Réunion	La Réunion
Rouen	Eure, Seine-Maritime	Haute-Normandie
Strasbourg	Bas-Rhin, Haut-Rhin	Alsace
Toulouse	Ariège, Aveyron, Haute-Garonne, Gers, Lot, Hautes-Pyrénées, Tarn, Tan-et-Garonne	Midi-Pyrénées
Versailles	Essonne, Hauts-de-Seine, Val-d'Oise, Yvelines	Île-de-France

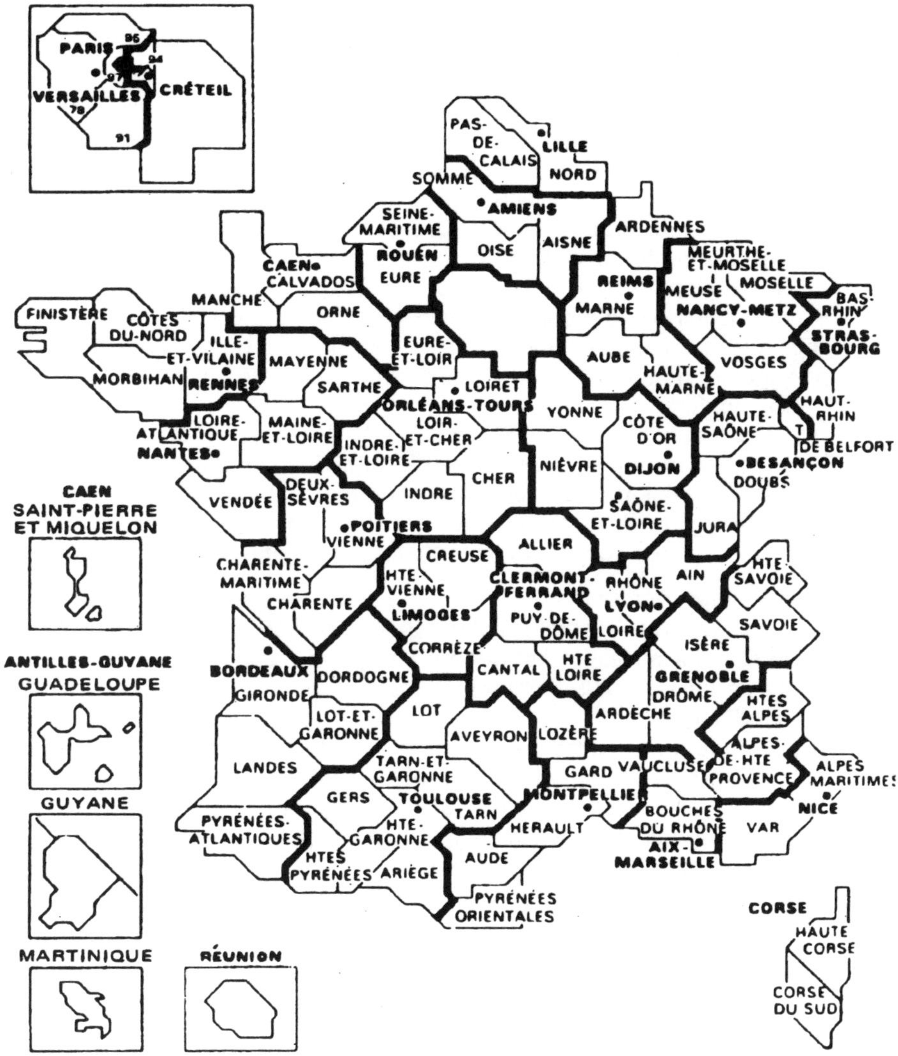

Source : L'organisation administrative du système éducatif français
Ministère de l'Éducation nationale, situation au 31 décembre 1996

> Le recteur reçoit des ordres du ministre, les transmet aux établissements de son ressort et rend compte de leur exécution. Il correspond avec le ministre pour lui faire connaître les besoins des établissements de son ressort et tout ce qui a rapport au bon ordre et au bien de l'enseignement.

En dehors de la brève période pendant laquelle les académies coïncidaient avec les départements et où les pouvoirs réels des recteurs étaient réduits, ceux-ci ont vu grandir leur rôle avec le développement de l'enseignement public au cours du XIXe siècle. En 1854, la reconstitution des « grandes académies » a été accompagnée d'un décret qui déterminait les conditions de recrutement des recteurs et leur conférait de larges attributions (décret du 22 août 1854). Depuis cette date, aucun texte législatif ou réglementaire n'a été pris pour définir d'une manière globale la fonction rectorale.

On relève seulement une circulaire ministérielle du 24 avril 1946 qui, tout en rappelant notamment le décret de 1854, énumère les principales attributions des recteurs.

Mais la fonction rectorale a beaucoup évolué depuis trente ans en raison des diverses réformes qui ont affecté l'organisation générale de l'enseignement ainsi que les rapports de l'Éducation nationale avec les autorités de l'État dans la région et le département, à quoi s'est ajoutée l'intervention accrue des partenaires sociaux dans le système éducatif.

0073. Quatre faits marquants ont contribué à modifier le rôle des recteurs :

- la déconcentration administrative opérée au sein de l'Éducation nationale et qui a eu pour effet de leur transférer à partir de 1962 des pouvoirs de plus en plus nombreux dans la gestion de l'enseignement du second degré ;
- les compétences attribuées aux préfets de région et aux préfets de département, notamment par les décrets de 1964 et 1970, en matière d'aménagement du territoire et d'investissements publics (la carte scolaire et l'organisation de l'accueil des élèves relevant des recteurs, mais la construction des établissements d'enseignement leur échappant en partie) et par la loi du 11 juillet 1971 et les décrets relatifs à la formation professionnelle et à l'apprentissage, ainsi que la loi du 20 décembre 1993 ;
- la loi du 12 novembre 1968 d'orientation de l'enseignement supérieur qui en accordant une plus large autonomie aux universités faisait du recteur un chancelier de l'Université alors que les attributions qu'il exerçait précédemment étaient confiées à des présidents élus ;
- les lois de 1983 et 1985 sur le transfert de compétences dans le domaine éducatif.

L'administration de l'enseignement du second degré est devenue progressivement la grande préoccupation des recteurs d'académie : non seulement la préparation de chaque rentrée, particulièrement difficile à l'époque de l'« explosion scolaire » et toujours délicate en raison d'une inadéquation trop fréquente entre les moyens et les besoins à satisfaire, mais aussi la tutelle administrative et financière des lycées et collèges, le déroulement des examens, la gestion des différentes catégories de personnels (gestion en partie déconcentrée), l'ordonnancement des dépenses, l'enseignement privé, la scolarité et la vie scolaire, etc.

La responsabilité des recteurs dans tous ces domaines est bien réelle : certains d'ailleurs ont été sanctionnés pour n'avoir pas su les assumer. Cependant, depuis le 1er septembre 1987, l'administration des collèges, pour lesquels la collectivité de rattachement est le département, a été largement déconcentrée en faveur des inspecteurs d'académie, sans dessaisir cependant les recteurs de leur responsabilité globale.

Ainsi les recteurs qui, dans le passé, jouaient essentiellement un rôle représentatif et qui exerçaient surtout une magistrature morale, se sont peu à peu transformés en managers éducatifs.

À noter que beaucoup se refusent à limiter leur rôle et affirment leur volonté d'exercer une « magistrature d'influence » et d'être des « médiateurs » de l'action pédagogique.

En fait, le poids des tâches administratives, de plus en plus lourd dans les grandes académies, oblige les recteurs à consacrer plus de temps à la gestion des moyens qu'à l'animation, en prenant eux-mêmes nombre des décisions nécessaires au fonctionnement du système éducatif dans leur circonscription.

Par ailleurs, l'aspect politique de la fonction s'est accentué depuis une quinzaine d'années. Les retraits d'emplois et les mutations donnent à la fonction une certaine précarité, mais surtout rendent difficile la mise en œuvre d'une politique éducative qui nécessite une certaine continuité. La durée d'exercice dans une académie est de l'ordre de trois ans, mais quelques académies ont vu se succéder dix recteurs en dix ans...

Dans un contexte qui fait du niveau académique le pivot géographique du système éducatif, le rôle du recteur a profondément évolué.

> De dignitaire du début du siècle, doté de peu de pouvoirs effectifs, mais d'une autorité morale indiscutable, le recteur est devenu le chef de l'administration la plus importante de sa région et il doit démontrer ses capacités de gestionnaire[3].

Conditions de nomination des recteurs.

0074. Les recteurs sont nommés par décret du président de la République pris en Conseil des ministres. Les recteurs en effet appartiennent à cette catégorie de hauts fonctionnaires – comme les préfets et les ambassadeurs – pour lesquels la Constitution a prévu cette procédure.

En dehors de la période qui a suivi la loi Falloux, pendant laquelle les recteurs pouvaient être choisis parmi les inspecteurs d'académie, les enseignants et même les personnes étrangères à l'enseignement, ils sont recrutés, dans la majorité des cas parmi les professeurs de l'enseignement supérieur.

Depuis le décret du 22 août 1854, la possession du doctorat étant la seule condition exigée pour pouvoir être nommé recteur, un certain nombre de maîtres de conférence ont exercé cette fonction, parfois avec une très grande efficacité.

D'ailleurs, sur vingt-neuf recteurs (vingt-huit + CNED), on comptait au 1er juin 1996 vingt-sept professeurs d'université, un directeur de recherche au CNRS et un IGEN.

Plusieurs ministres ont semblé vouloir modifier les conditions de recrutement des recteurs pour tenir compte en particulier de l'évolution de la fonction rectorale et, dans le cadre de la modernisation de l'État, donner un exemple intéressant de décloisonnement et d'élargissement d'un vivier assez étroit, mais aucune suite n'a été donnée.

À noter que les critères de choix sont peu explicites, mais contrebalancés par le caractère révocable à tout moment du titulaire. Une tentative de sélection avec l'aide d'un cabinet-conseil en 1994 n'a pas donné les résultats escomptés.

Le professeur d'université qui devient recteur est placé en position de détachement et continue à appartenir à son corps d'origine où il bénéficie de promotions au choix, automatiquement et en dehors des contingents imposés. Lorsque le recteur quitte ses fonctions sans être admis à faire valoir ses droits à la retraite, il est réintégré dans le corps auquel il appartient et cette réintégration peut être effectuée en surnombre.

À noter qu'un certain nombre de recteurs ont été intégrés à l'Inspection générale sept IGEN, un IGAEN depuis quelques années. Il s'agit d'un phénomène nouveau.

Attributions et pouvoirs du recteur d'académie.

0075. Il s'agit des attributions et des compétences du recteur, à l'exclusion de celles qu'il exerce au titre de chancelier de l'Université et d'administrateur de l'enseignement supérieur.

Le recteur est un fonctionnaire d'autorité, un agent du pouvoir central et le représentant du ministre de l'Éducation nationale dans l'académie. Il est responsable de la totalité du service public de l'éducation dans sa circonscription et il a aussi des compétences en matière d'enseignement privé.

Après le décret impérial de 1809 qui définit les principales fonctions du recteur, de nombreux textes sont intervenus : les décrets du 22 août 1854 et du 28 décembre 1855, la loi du 10 juillet 1896, le décret du 21 juillet 1897, la loi du 20 juin 1920, les décrets du 31 juillet 1920 et du 17 novembre 1933, l'ordonnance du 20 novembre 1944.

Une circulaire ministérielle du 24 avril 1946 a rappelé l'existence de tous ces textes, mais plusieurs d'entre eux ne correspondent actuellement ni au droit ni à la pratique (par exemple des dispositions relatives à l'enseignement supérieur du décret de 1854).

La circulaire de 1946 a cependant le mérite de souligner les prérogatives essentielles du recteur, qui sont classées sous trois rubriques :

- l'inspection de tous les fonctionnaires de l'académie qui dépendent du ministre de l'Éducation nationale ; le recteur note les personnels administratifs et les personnels enseignants, il peut les proposer pour les nominations qui sont de la compétence du ministre ou les nommer lui-même à certains emplois ;
- le contrôle de la vie matérielle et morale de « tous les établissements et organismes universitaires », l'envoi de directives, la surveillance de la gestion financière des établissements, la négociation avec les pouvoirs locaux ;
- l'action sur l'enseignement par l'inspection des établissements pour y assurer l'application des programmes et des méthodes, l'approbation des emplois du temps, l'organisation des stages pédagogiques et celle des examens et concours.

Par ailleurs, l'article 58 du décret du 6 janvier 1959 dispose :

> Le recteur assure, sous sa responsabilité personnelle, la coordination de toutes les mesures propres à réaliser le plein emploi des locaux et des moyens d'enseignement de l'académie. Il prend à cet effet toutes décisions utiles.

Ainsi les attributions du recteur sont de direction, de gestion et de contrôle. Il détient un pouvoir hiérarchique étendu, il peut inspecter les personnels et les établissements, il veille aux activités d'enseignement, et il doit organiser et faire fonctionner le système éducatif dans sa circonscription.

Aux textes de portée générale et parfois fort anciens se sont ajoutés depuis une vingtaine d'années de nombreux textes particuliers aux divers domaines de la gestion, qui attribuent au recteur de véritables pouvoirs de décision. Par l'effet de la déconcentration, ses responsabilités administratives ont considérablement augmenté[4]. Pour plus de clarté, les attributions actuelles du recteur sont résumées ci-dessous en deux parties : les attributions générales et les attributions particulières.

Attributions générales.

0076. Représentant du ministre de l'Éducation nationale, le recteur doit d'abord exécuter les directives ministérielles. Il lui appartient non seulement de transmettre les ordres qu'il reçoit, mais aussi d'en assurer l'exécution. Il se doit, plus généralement, de veiller à l'application de toutes les dispositions législatives et réglementaires se rapportant à l'Éducation nationale.

De cette première mission découle son rôle d'administrateur de l'éducation dans l'académie. Indépendamment des pouvoirs propres de décision qui lui ont été délégués, le recteur est chargé d'administrer, c'est-à-dire de diriger, d'organiser, de contrôler. Il prend les mesures nécessaires au fonctionnement du système éducatif, il donne l'impulsion, il exerce la coordination indispensable des services et celle des activités administratives et de l'action éducative. Il vérifie que ses directives ont été appliquées, il apprécie les résultats qui ont été obtenus.

De manière permanente, le recteur doit s'assurer des conditions de fonctionnement des établissements scolaires et universitaires et de tous les services et organismes de l'Éducation nationale.

Il exerce le contrôle hiérarchique sur les fonctionnaires et la tutelle administrative et financière sur les lycées et établissements assimilés qui bénéficient de l'autonomie (tutelle partagée avec la région et le préfet). Son pouvoir de contrôle sur les fonctionnaires comporte le pouvoir de notation (sauf pour les professeurs de l'enseignement supérieur).

Une des tâches essentielles du recteur, et qui n'est pas la moins importante, consiste à informer le ministre et à lui rendre compte. Le recteur lui apporte également des avis et des propositions pour tout ce qui concerne la mise en œuvre de la politique éducative.

Enfin, il faut souligner que la fonction de représentant du ministre conduit le recteur à assumer des tâches de plus en plus nombreuses de relation et de concertation avec tous les partenaires de l'Éducation nationale dans l'académie : partenaires politiques, économiques et socioprofessionnels.

Attributions particulières.

0077. Mis à part celles qui concernent l'enseignement supérieur, le recteur bénéficie d'attributions nombreuses – comportant le plus souvent des pouvoirs de décision – en matière d'enseignement du premier degré, d'enseignement du second degré, de formation continue, d'enseignement privé, de gestion des personnels enseignants et non enseignants. Il faut relever plus particulièrement :

- pour l'organisation de l'enseignement du premier degré : la répartition des emplois entre les départements ;
- pour l'organisation de l'enseignement du second degré, l'étude du schéma prévisionnel des formations (sous la responsabilité de la région) et celle des programmes prévisionnels des investissements (en liaison avec la région et avec les départements), la détermination de la structure pédagogique générale des lycées et établissements assimilés et la répartition des emplois ou des dotations globalisées d'heures d'enseignement entre les lycées et les établissements assimilés, la tutelle pédagogique des établissements et la tutelle administrative et financière des lycées et établissements assimilés (en liaison avec la région), le contrôle administratif et pédagogique de leur fonctionnement ; l'approbation des programmes pédagogiques de construction, l'attribution de certains matériels pédagogiques, les mesures de sécurité, etc. ;
- pour la scolarité : l'admission et l'exclusion des élèves, l'orientation, l'animation de la vie scolaire, l'organisation des examens, l'attribution des bourses, etc. ;

- pour la formation continue – au titre des compétences de l'État ou de la région – : la définition et l'exécution de la politique académique de formation continue, l'organisation et le contrôle des groupements d'établissements (GRETA) ;
- pour l'enseignement privé : l'agrément et la passation des contrats des enseignants, la gestion des personnels des établissements sous contrat, le contrôle pédagogique (délégation fréquente aux inspecteurs d'académie) ;
- pour l'ordonnancement secondaire des dépenses par délégation du préfet (délégation de signature)[5] ;
- pour les personnels : gestion complète de plusieurs corps : des PEGC, des maîtres auxiliaires, des maîtres d'internat et surveillants d'externat, des personnels B, C et ex. D ; gestion largement déconcentrée de certains corps : professeurs de lycée d'enseignement professionnel, adjoints d'enseignement ; gestion déconcentrée de certains actes des professeurs agrégés et certifiés, des personnels administratifs de catégorie A.

Dans l'ancienne Alsace-Lorraine, le recteur de l'académie de Strasbourg (qui comprend les départements du Bas-Rhin et du Haut-Rhin) et le recteur de l'académie de Nancy-Metz (pour le département de la Moselle) détiennent des attributions résultant du statut local.

Si pour l'enseignement public, la réglementation française est normalement appliquée – tout en instituant un régime spécial pour l'enseignement religieux – par contre, pour les écoles privées, il existe un certain nombre de dispositions particulières résultant des lois de 1871 et 1873 toujours en vigueur. Ainsi les recteurs de Strasbourg et de Nancy-Metz ont un droit de contrôle plus étendu sur l'enseignement secondaire privé que leurs collègues des autres académies (il en est de même des préfets pour l'enseignement primaire et technique privé).

Enfin, le recteur de l'académie de Paris bénéficie de certaines attributions propres qui sont indiquées au chapitre consacré à l'organisation de cette académie.

Attributions et pouvoirs du recteur dans l'enseignement supérieur.

> Médiateur, négociateur, avocat, animateur, ambassadeur actif, un peu prestidigitateur, plus modestement « catalyseur », parfois arbitre, le recteur-chancelier ne puise pas sa force et son autorité uniquement dans les textes, mais avant tout dans son autorité morale et dans l'image qu'il sait donner aux yeux de tous des fonctions qu'il exerce[6].

0078. Les attributions du recteur à l'égard de l'enseignement supérieur se répartissent en deux grandes catégories : d'une part, le recteur est, pour cet ordre d'enseignement comme pour les autres, le représentant du ministre de l'Éducation nationale dans l'académie et il remplit dans divers domaines des fonctions de direction et d'animation, de gestion et de coordination ; d'autre part, en qualité de chancelier des Universités, il assume une mission spécifique déterminée par la loi, vis-à-vis des établissements autonomes.

Les fonctions hiérarchiques et administratives.

0079. Représentant du ministre, le recteur exerce des attributions générales de direction et d'animation. Pour l'ensemble des établissements, y compris les universités, le recteur doit jouer un rôle de guide et de conseiller. Il a plus particulièrement à transmettre aux instances universitaires toutes informations utiles sur la politique ministérielle et à expliquer les orientations et les décisions qui intéressent l'enseignement supérieur et les autres enseignements.

Le recteur participe également à l'information « montante ». Il doit être en mesure de renseigner le ministre sur le fonctionnement des établissements d'enseignement supérieur, sur les délibérations des conseils, sur les vœux exprimés par le monde universitaire.

La fonction de coordination du recteur n'est pas la moins importante. Elle s'exerce d'abord dans l'enseignement supérieur, lorsqu'il existe plusieurs universités dans la même académie, ensuite entre l'enseignement supérieur et les autres enseignements.

Lorsque la coupure entre les deux administrations centrales existe, le rôle du recteur est encore plus essentiel. La loi du 12 novembre 1968 a chargé expressément le recteur de cette mission et la loi du 26 janvier 1984, relative à l'enseignement supérieur, l'a renouvelée.

Par ailleurs, la loi n° 95-115 du 21 février 1995 d'orientation pour l'aménagement et le développement du territoire, suivie d'une note de cadrage des schémas régionaux de l'enseignement supérieur et de la recherche met en lumière le rôle du recteur.

Dans de nombreux cas, la nécessité est évidente. Par exemple pour les formations de techniciens supérieurs dispensées dans les lycées et les formations organisées par les IUT ; également pour assurer le passage des élèves issus des classes terminales des lycées vers l'université. Ainsi des cellules d'information et d'orientation créées dans les universités travaillent en liaison avec les services académiques concernés. Par ailleurs, les recteurs ont à mettre en œuvre dans chaque académie le plan ministériel de formation des maîtres qui exige une étroite collaboration entre tous les ordres d'enseignement.

Le recteur préside le conseil d'administration de l'IUFM (n° 0270).

Enfin, le recteur dispose d'un certain nombre de pouvoirs propres et il exerce des fonctions administratives :

- la gestion totale des personnels des catégories B, C et ex. D des établissements d'enseignement supérieur, des assistants et des lecteurs étrangers, la gestion partielle des autres enseignants et des personnels administratifs de catégorie A ;

- la réalisation des investissements financés sur crédits d'État; le recteur est chargé de préparer la programmation des opérations, de signer les marchés et d'ordonnancer les dépenses relatives à ces travaux, dont il contrôle l'exécution (un ingénieur régional de l'équipement est placé auprès du recteur);
- l'aide aux étudiants est une des compétences les plus anciennes du recteur; le décret du 26 mai 1954 lui a confié l'attribution des bourses d'enseignement supérieur et le décret du 1er septembre 1934 celle des prêts d'honneur. En outre, il préside le conseil d'administration du centre régional des œuvres universitaires (CROUS) et désigne une partie des membres de ce conseil. Il doit également maintenir l'ordre dans les restaurants et les cités universitaires;
- en ce qui concerne l'enseignement supérieur privé, le recteur enregistre les déclarations d'ouverture des cours ou des établissements (loi du 12 juillet 1875). Pour les étudiants des établissements privés qui n'ont pas conclu de convention avec une université, il fixe les conditions d'inscription et de scolarité des candidats à un diplôme faisant l'objet d'une réglementation nationale (arrêté du 22 janvier 1973);
- jusqu'à l'intervention des décrets du 10 mai 1982, le recteur bénéficiait des compétences d'ordonnateur secondaire pour les dépenses de personnel, de fonctionnement, d'aide sociale de l'enseignement supérieur, à la charge de l'État. Actuellement, il exerce ses compétences, non par délégation directe du ministre, mais par délégation de signature du préfet.

Les fonctions de chancelier.

0080. Avant la loi du 12 novembre 1968, le recteur était président du conseil de l'université de son académie et il exerçait alors une double fonction : celle de représentant du ministre et dirigeant de tout le service public d'éducation d'une part; celle d'organe exécutif de l'université, établissement public d'autre part.

La volonté du législateur de donner une pleine autonomie aux universités a conduit à séparer les deux fonctions. Ainsi le président du conseil de l'université est élu et il y a incompatibilité entre la fonction de président et celle de recteur. Mais la loi du 12 novembre 1968 avait confié au recteur l'exercice d'une tutelle que divers textes réglementaires ont précisé.

La loi n° 84-52 du 26 janvier 1984 attribue encore au recteur des pouvoirs d'intervention et de contrôle.

Le recteur, qui assiste ou se fait représenter au conseil d'administration des établissements, reçoit communication de leurs délibérations ainsi que des décisions des présidents et des directeurs d'établissements lorsque ces délibérations ou ces décisions ont un caractère réglementaire (article 23).

Certes, les délibérations et les décisions entrent en vigueur dès leur transmission au chancelier, sans approbation préalable, mais le recteur-chancelier :

peut saisir le tribunal administratif d'une demande tendant à l'annulation des décisions ou délibérations des autorités de ces établissements qui lui paraissent entachées d'illégalité (article 64).

Par ailleurs :

En cas de difficulté grave de fonctionnement des organes statutaires ou de défaut d'exercice de leurs responsabilités, le ministre de l'Éducation nationale peut prendre, à titre exceptionnel, toutes dispositions imposées par les circonstances... Dans ces mêmes cas, le recteur a qualité pour prendre, à titre provisoire, les mesures conservatoires nécessaires après avoir consulté le président ou le directeur (article 47).

Divers textes d'application ont précisé le rôle du recteur dans l'enseignement supérieur.

Enfin, dans chaque académie, le recteur est le président d'un établissement public national à caractère administratif : la chancellerie. Cet établissement est chargé de gérer les biens et charges indivis entre plusieurs établissements d'enseignement supérieur, de gérer les biens que certains établissements lui confient ainsi que d'exécuter un certain nombre de dépenses résultant des missions du recteur-chancelier.

Celui-ci est ordonnateur des dépenses et des recettes de la chancellerie, établissement qu'il représente dans tous les actes de la vie civile.

Textes de référence.

- Recteur : *RLR* 140.2 ;
- Enseignement supérieur : *RLR* 420.0 ;
- Chancellerie : *RLR* 420.1.

3. Les services rectoraux.

L'état-major du recteur et les inspections régionales.

Le recteur est assisté par différents fonctionnaires qui assurent l'encadrement des services ou le contrôle du système scolaire. Certains participent à la direction et à l'administration de la circonscription académique, d'autres ont essentiellement des fonctions de conseil, d'animation et d'inspection. Il faut insister sur le lien étroit qui doit exister entre le recteur et les IA-DSDEN.

L'état-major du recteur.

0081. Les deux collaborateurs les plus proches du recteur sont le secrétaire général d'académie et le directeur de cabinet.

Le secrétaire général.

Il peut être soit un administrateur civil, soit un inspecteur général adjoint de l'administration de l'Éducation nationale, soit un conseiller d'administration scolaire et universitaire détaché dans l'emploi de secrétaire général d'académie.

En application de l'article 1er du décret n° 86-970 du 19 août 1986 :

> Sous l'autorité du recteur, le secrétaire général d'académie est chargé de l'administration de l'académie. En cas d'absence ou d'empêchement, il supplée le recteur dont il peut recevoir délégation de signature.

Numéro deux de l'académie, le secrétaire général d'académie a pu assurer l'intérim des fonctions de recteur, à plusieurs reprises, notamment en 1993 (arrêté interministériel du ministre de l'Éducation et du ministre de l'Enseignement supérieur du 23 avril 1993, académie de Clermont-Ferrand).

Il est chargé d'animer et de coordonner les services rectoraux (appelés divisions).

Dans quelques rectorats, cependant, les affaires relevant de l'enseignement supérieur, ainsi que la chancellerie, sont confiées à un chargé de mission placé auprès du recteur.

Le directeur du cabinet.

C'est fréquemment un fonctionnaire de l'administration scolaire et universitaire : un conseiller ou exceptionnellement un attaché principal. Le cabinet d'un recteur est chargé des affaires dites réservées, du suivi du courrier parlementaire et des relations avec les élus, des audiences, des distinctions honorifiques et des relations extérieures, y compris avec les médias. Il est éventuellement chargé des relations avec les organisations syndicales et les associations de parents d'élèves.

L'état-major du recteur comprend, en outre, divers conseillers et inspecteurs dont plusieurs, tels le délégué académique aux enseignements techniques, le chef du service d'information et d'orientation, le délégué académique à la formation continue, assument des fonctions administratives, tout en ayant un rôle d'animation, de coordination ou de contrôle dans l'ensemble de l'académie.

Inspecteurs et conseillers.

0082. Un corps unique de fonctionnaires pour l'inspection régionale a été créé par le décret n° 90-675 du 18 juillet 1990 qui a fixé le statut particulier de ce corps, dénommé « inspecteurs pédagogiques régionaux – inspecteurs d'académie ».

Ceux-ci sont recrutés par concours ou par liste d'aptitude (dans la limite du quart des nominations). Le concours est ouvert par spécialité aux professeurs d'université de 2e classe, maîtres de conférences hors classe et 1re classe, maîtres-assistants de 1re classe, professeurs de chaire supérieure, professeurs agrégés, personnels de direction de 1re et 2e catégorie et inspecteurs de l'Éducation nationale.

Les inspecteurs pédagogiques régionaux peuvent être détachés dans l'emploi d'inspecteur d'académie, directeur des services départementaux de l'Éducation nationale. Ils peuvent assumer les fonctions de délégué académique à la formation continue, de directeur de centre régional de documentation pédagogique, de chef du service académique d'information et d'orientation, de délégué académique aux enseignements techniques.

En majorité, les inspecteurs pédagogiques régionaux du nouveau statut seront chargés des fonctions de contrôle et d'animation pédagogiques, assumées par les inspecteurs pédagogiques régionaux relevant du précédent statut.

Le décret précise :

Dans le cadre du programme de travail académique arrêté conjointement par l'inspecteur général de l'Éducation nationale correspondant académique et le recteur de l'académie, ils ont vocation à exercer sous l'autorité de ce dernier les missions ci-après :

Ils évaluent dans l'exercice de leur compétence pédagogique le travail individuel et le travail en équipe des personnels enseignants, d'éducation et d'orientation des écoles, des collèges et des lycées et concourent à l'évaluation de l'enseignement des disciplines, des unités d'enseignement, des procédures et des résultats de la politique éducative. Ils procèdent, notamment, à l'observation directe des actes pédagogiques.

Ils inspectent, selon les spécialités qui sont les leurs, les personnels enseignants, d'éducation et d'orientation des écoles, des collèges et des lycées et s'assurent du respect des objectifs et des programmes nationaux de formation, dans le cadre des cycles d'enseignement ; ils sont chargés des missions d'inspection prévues par l'article L. 119-1 du Code du travail.

Ils participent à l'animation pédagogique dans les formations initiales, continues et par alternance, prêtent leur concours à l'élaboration des projets d'établissement et collaborent avec l'inspection générale de l'Éducation nationale pour l'évaluation des expériences pédagogiques et leur généralisation. Ils ont vocation à participer au recrutement et à la formation des personnels de l'Éducation nationale et à l'organisation des examens.

Ils assurent des missions d'expertise dans ces différents domaines ainsi que pour l'orientation des élèves, les examens, la gestion des personnels éducatifs et dans le choix des équipements pédagogiques.

En outre, le recteur de l'académie peut confier à des inspecteurs de l'Éducation nationale et à des inspecteurs pédagogiques régionaux-inspecteurs d'académie, pour une durée déterminée, dans le cadre départemental ou académique, des missions particulières.

Les conseillers du recteur.

Des fonctions assumées jusqu'à présent au niveau rectoral par des fonctionnaires appartenant à divers corps sont confiées aux inspecteurs pédagogiques régionaux.

Le délégué académique aux enseignements techniques (DAET).

C'est le conseiller du recteur pour toutes les questions relatives à l'enseignement technique public et privé : le fonctionnement général des établissements, la préparation du schéma prévisionnel des formations techniques (dans le cadre du schéma prévisionnel arrêté par le conseil régional), la coordination de l'inspection des personnels de l'enseignement technique, l'organisation des examens, les questions relatives à la taxe d'apprentissage, les relations avec les organismes professionnels (syndicats, chambres consulaires, etc.).

Il est autant un administrateur qu'un inspecteur, mais l'inspection des établissements d'enseignement technique est également assurée par des inspecteurs de l'Éducation nationale (IEN-IET).

Par ailleurs, le DAET est souvent responsable du service de l'inspection de l'apprentissage et peut contrôler, à ce titre, avec l'aide d'inspecteurs de l'apprentissage, la formation donnée aux apprentis.

Le chef des services académiques d'information et d'orientation (CSAIO).

Il appartient aussi au corps des inspecteurs pédagogiques régionaux-inspecteurs d'académie, il est chargé de concevoir, d'animer et de coordonner les actions d'information et d'orientation entreprises dans l'académie. Il est aidé par des inspecteurs de l'information et de l'orientation, placés auprès de l'inspecteur d'académie, directeur du service départemental de l'Éducation nationale.

Le CSAIO, qui est également le délégué régional de l'ONISEP, doit assurer la diffusion de l'information élaborée par cet établissement, tout en suscitant la production d'une information régionale sur les études, les carrières et les professions.

Par ailleurs, il harmonise les actions d'orientation et d'affectation des élèves. Dans certains rectorats, le CSAIO joue plus qu'un rôle de conseiller, étant le véritable responsable du service chargé de l'orientation.

Le délégué académique à la formation continue (DAFCO).

Il peut être choisi parmi les administrateurs civils, les membres des différents corps d'inspection, les enseignants du second degré ou de l'enseignement supérieur, ainsi que d'autres fonctionnaires du cadre A, éventuellement des personnalités du secteur privé titulaires d'un des diplômes requis pour l'entrée à l'École nationale d'administration (circulaire du 29 juillet 1983).

Le DAFCO est le conseiller du recteur pour tout ce qui concerne la formation continue. Il a notamment à concevoir la politique académique et à contrôler sa mise en œuvre dans les groupements d'établissements (GRETA). Il répartit les subventions, veille à la formation des formateurs, assure les liaisons nécessaires avec les autorités administratives et les divers organismes concernés par la formation continue notamment la région qui a reçu compétence dans ce domaine.

Le DAFCO assume ses fonctions avec l'aide des conseillers en formation continue (CFC).

L'ingénieur régional de l'équipement.

C'est généralement un ingénieur divisionnaire détaché du ministère de l'Équipement, qui assure auprès du recteur une fonction de conseil et de contrôle des investissements réalisés pour les besoins du service public de l'Éducation nationale. En ce qui concerne les constructions des établissements scolaires de la compétence des collectivités territoriales, l'ingénieur peut jouer un rôle de conseil. Pour les constructions de l'enseignement supérieur et des services administratifs, le recteur a des responsabilités propres qu'il assume avec l'aide de l'ingénieur régional.

Le médecin conseiller.

Il est placé auprès du recteur pour l'organisation et le contrôle de la médecine de soins dans les établissements scolaires, le fonctionnement de la médecine préventive dans l'enseignement supérieur et l'enseignement du second degré. Le médecin conseiller fait également procéder à des études et recherches médico-sociopédagogiques et il établit des liaisons avec le médecin chef du service régional d'action sanitaire et sociale.

L'assistante sociale conseillère.

Elle est chargée de coordonner l'action des assistantes sociales placées dans le cadre du service social du personnel de l'Éducation nationale et de maintenir les liaisons avec les différents organismes et services sociaux agissant dans l'enseignement supérieur, les CROUS et les établissements scolaires.

L'infirmière conseillère.

Elle participe avec le médecin, à l'élaboration des mesures nécessaires au fonctionnement de la médecine de soins, apporte ses conseils aux infirmières d'établissement, diffuse la documentation relative à leurs activités.

N.B. : Sur les missions et les fonctions du médecin conseiller et de l'infirmière conseillère : *cf.* circulaire n° 91-148 du 24 juin 1991 (*BO* du 4 juillet 1991) et la circulaire n° 93-082 du 19 janvier 1993 (*BO* du 4 février 1993).

Le proviseur chargé de la cellule « vie scolaire ».

C'est le conseiller du recteur pour les questions relatives à l'action éducative et aux conditions générales de fonctionnement des établissements. La cellule sert de « support logistique » à l'équipe académique de vie scolaire qui assure la formation initiale et continue des chefs d'établissement et de leurs adjoints dans le cadre du programme académique de formation (*cf. infra*).

Le chef de la mission académique à la formation des personnels.

Il a pour tâche l'élaboration du programme académique de formation de l'ensemble des personnels de l'Éducation nationale (*cf.* arrêté du 11 juin 1982). La mission, dirigée par un universitaire, n'est pas un service administratif mais un organe de conception, d'impulsion et de coordination. Son responsable est devenu un des principaux collaborateurs du recteur.

Cependant, les instituts universitaires de formation des maîtres, créés par la loi du 10 juillet 1989, devraient prendre en charge progressivement la formation initiale et continue des enseignants.

Le directeur des ressources humaines.

C'est un personnage important et appelé à le devenir, placé en position soit de chargé de mission, soit de responsable ou coordonnateur de division(s).

D'autres conseillers ou chargés de mission peuvent assister le recteur dans un secteur particulier de l'administration ou de l'action pédagogique. Leur nombre et leurs attributions varient suivant les académies. Certains d'entre eux n'exercent leurs fonctions qu'à temps partiel.

On peut trouver notamment :

- le conseiller pour les enseignements technologiques supérieurs ;
- le chargé de mission pour les zones d'éducation prioritaires ;
- le chargé de mission à l'action culturelle.

La liste n'est pas exhaustive. Il faut noter que la position et le rôle de certains collaborateurs des recteurs ont été précisés par la circulaire n° 91-058 du 7 mars 1991 (*BO* du 4 avril 1991).

Les personnels des rectorats.

0083. En dehors des personnels d'inspection et des conseillers qui constituent l'état-major du recteur, divers personnels accomplissent des tâches administratives de responsabilité, d'application ou d'exécution. Ils relèvent, pour la plupart, des statuts de l'administration scolaire et universitaire ou de ceux des agents d'exécution. Cependant des non-fonctionnaires peuvent être employés en qualité d'auxiliaires, de vacataires ou de contractuels.

Enfin, il arrive que des enseignants soient chargés, à titre temporaire, de fonctions administratives dans un des services du rectorat.

Les personnels de l'administration scolaire et universitaire.

Ils sont répartis en trois corps :

- le corps des SASU, qui est régi par le décret n° 94-1016 du 18 novembre 1994 fixant les dispositions statutaires communes applicables à divers corps de fonctionnaires de la catégorie B et le décret n° 94-1017 du 18 novembre 1994 fixant les dispositions statutaires communes applicables aux corps des secrétaires administratifs des administrations de l'État et à certains corps analogues ;
- le corps des AASU (catégorie A) et celui des CASU (catégorie A), qui sont régis par le décret n° 83-1033 du 3 décembre 1983 modifié notamment par le décret n° 96-586 du 25 juin 1996 (*JO* du 2 juillet 1996) por-

tant statuts particuliers des corps de l'administration scolaire et universitaire et fixant les dispositions applicables à l'emploi de secrétaire général d'administration scolaire et universitaire.

Les secrétaires d'administration scolaire et universitaire (SASU).

Ils appartiennent à un corps comprenant trois grades : secrétaire administratif de classe normale, secrétaire administratif de classe supérieure, secrétaire administratif de classe exceptionnelle.

Les fonctions des secrétaires administratifs du 1er grade sont définies à l'article 2 du décret n° 94-1017 du 18 novembre 1994 précité qui dispose que :

> les secrétaires administratifs assurent des tâches administratives d'application et peuvent exercer des tâches de rédaction, de comptabilité, de contrôle et d'analyse.

Dans les établissements, ils peuvent en outre se voir confier la responsabilité du service intérieur.

Véritable articulation entre les personnels d'encadrement – les attachés d'administration – et les personnels d'exécution, les SASU participent par ailleurs à cet encadrement. Chargés outre de tâches de rédaction, de tâches d'application des décisions qu'ils sont appelés à faire entrer dans les faits, leurs fonctions mettent les SASU au cœur du processus d'administration et de gestion.

Les fonctions de secrétaire administratif de classe supérieure sont davantage des fonctions d'encadrement dans les services déconcentrés, rectorat d'académie, inspection académique ; ils coordonnent souvent l'action de plusieurs secrétaires et agents d'exécution.

Les fonctions de secrétaire administratif de classe supérieure ne diffèrent pas notablement dans les principes de celles de secrétaires administratifs de classe exceptionnelle.

Le recrutement des SASU s'effectue par la voie de concours externe ou interne et par la voie du « tour extérieur ».

L'avancement des SASU peut être soit un avancement d'échelon à l'intérieur du grade, soit un avancement de grade. L'avancement d'échelon est subordonné à l'accomplissement d'une durée déterminée de service dans l'échelon inférieur ; elle est variable.

Les durées moyennes et minimales du temps passé dans les différents échelons sont fixées à l'article 9 du décret n° 94-1016 du 18 novembre 1994 précité.

Peuvent être promus à la classe supérieure, au choix, les secrétaires administratifs ayant atteint le 7e échelon de la classe normale depuis au moins deux ans et justifiant de cinq ans de service public en catégorie B.

Peuvent être promus au grade de secrétaire administratif de classe exceptionnelle :

- par la voie d'un examen professionnel, les secrétaires administratifs de classe normale ayant atteint au moins le 7e échelon, ainsi que les secrétaires administratifs de classe supérieure ;

- au choix, les secrétaires administratifs de classe supérieure ayant atteint au moins le 4e échelon de leur grade.

Ces promotions s'effectuent pour les deux tiers par la voie de l'examen professionnel et pour un tiers au choix.

Les attachés d'administration scolaire et universitaire (AASU).

Le corps des attachés d'administration scolaire et universitaire constitue le deuxième niveau de l'administration scolaire et universitaire. Il comprend le grade d'attaché et le grade d'attaché principal (APASU) qui comporte deux classes. L'effectif des APASU de 1re classe ne peut excéder 35 % de l'effectif du grade d'attaché principal.

- Les attachés sont principalement chargés de la préparation et de l'application des décisions administratives en qualité de chef de bureau dans les services académiques;
- les attachés principaux sont chargés de fonctions d'encadrement des services déconcentrés;
- le recrutement des AASU s'effectue par trois voies :
  - la voie normale : celle des instituts régionaux d'administration (IRA de Bastia, Lille, Lyon, Nantes, Metz) dans les conditions fixées par le décret n° 84-588 du 10 juillet 1984;
  - des concours directs (externe et interne);
  - au choix après inscription sur une liste d'aptitude.

L'avancement d'échelon est conditionné par l'accomplissement d'une durée déterminée de service dans l'échelon précédent.

Peuvent être promus au grade d'APASU de 2e classe :

- par la voie d'un examen professionnel, les attachés ayant accompli huit ans de service effectif en catégorie A et comptant au moins un an et six mois d'ancienneté dans le 6e échelon;
- au choix, les attachés comptant au moins un an dans le 10e échelon et justifiant d'au moins dix ans de service effectif en catégorie A.

Ces promotions s'effectuent pour les cinq sixièmes par la voie de l'examen professionnel et pour un sixième au choix.

Peuvent être promus au grade d'APASU de 1re classe, au choix, les attachés principaux de 2e classe ayant accompli au moins deux ans de service effectif au 6e échelon.

Dans tous les cas, l'avancement de grade est subordonné à l'inscription à un tableau annuel d'avancement établi après consultation de la commission administrative paritaire compétente.

Les conseillers d'administration scolaire et universitaire (CASU).

Le corps des CASU représente, sous réserve de ce qui est dit *infra* pour les emplois de secrétaire général, le sommet de la hiérarchie des personnels de l'administration scolaire et universitaire. Le corps des CASU comprend trois grades : CASU de deuxième classe, de première classe et hors classe.

Alors que les SASU et les AASU peuvent, en principe, se voir confier indifféremment des fonctions d'administration générale ou de gestion économique et comptable, sans qu'il soit distingué entre les intéressés dès leur recrutement, les postes budgétaires de CASU et les emplois correspondants étaient répartis en deux branches : la « branche d'administration générale » et la « branche d'administration financière ».

Cette distinction vient d'être supprimée par le décret n° 96-586 du 25 juin 1996.

Les CASU peuvent se voir confier la responsabilité d'une division dans un rectorat, des services administratifs d'une inspection académique ou d'un service déconcentré du ministère de la Jeunesse et des Sports, d'un établissement public, de la gestion financière et comptable de certains groupements d'EPLE, d'agent comptable de certains établissements.

Le recrutement des CASU obéit aux mêmes règles générales que celui des autres personnels de l'administration scolaire et universitaire. Deux concours sont organisés : externe et interne.

Il faut noter que, s'adressant à des candidats appartenant déjà à la fonction publique, le premier concours, considéré comme « externe » est cependant ouvert à tous les fonctionnaires de catégorie A remplissant par ailleurs les autres conditions, sans qu'il soit nécessaire qu'ils relèvent ou aient relevé pendant une durée déterminée d'un corps de l'Éducation nationale.

L'avancement d'échelon, qui s'effectue à l'intérieur de chaque grade, nécessite une durée de service déterminée dans l'échelon le moins élevé.

L'avancement de grade de la 2e à la 1re classe et de celle-ci à la hors classe implique l'inscription au tableau d'avancement correspondant.

Le secrétaire général d'administration scolaire et universitaire et le secrétaire général d'académie.

0084. Les emplois de secrétaire général d'administration scolaire et universitaire sont implantés dans certains services déconcentrés : rectorats, inspections académiques et certains grands établissements (décret du 3 décembre 1983 modifié par le décret n° 90-970 du 26 octobre 1990, *JO* du 1er novembre 1990 et le décret n° 96-586 du 25 juin 1996).

Les personnels affectés sur ces emplois ne changent ni de corps ni de grade, mais se trouvent simplement chargés, pour une durée déterminée, d'une fonction ; ils sont placés en position de détachement.

Le secrétaire général est chargé des fonctions de direction, de coordination et de contrôle des services placés sous son autorité.

La fonction de secrétaire général d'académie est plus ample ; elle s'étend à l'administration de l'académie (voir n° 81).

Les emplois de secrétaire général d'académie sont répartis en trois groupes, la hiérarchie des groupes correspondant à l'importance des académies. Pour les emplois du groupe 1, peuvent être nommés les administrateurs civils, les inspecteurs généraux adjoints de l'administration, les secrétaires généraux d'académie ayant exercé leurs fonctions depuis deux ans au moins. Pour les groupes 2 et 3, outre les fonctionnaires du groupe précédent, les inspecteurs de l'administration, les secrétaires généraux d'administration scolaire et universitaire et les CASU remplissant certaines conditions.

L'emploi de secrétaire général d'académie comporte six échelons. À noter que le décret n° 90-970 du 26 octobre 1990 (*JO* du 1er novembre 1990) prévoit la possibilité pour certains fonctionnaires, nommés dans l'emploi de secrétaire général d'administration scolaire et universitaire, d'exercer les fonctions, dans un rectorat, d'adjoint au secrétaire général d'académie.

0085. Le suivi des carrières des personnels de l'administration scolaire et universitaire est assuré au ministère de l'Éducation nationale par la direction des personnels de l'encadrement pour les secrétaires généraux et les CASU et par la direction de l'administration et du personnel pour les autres. Cependant, pour les SASU, la gestion a été déconcentrée auprès des recteurs (arrêté du 28 janvier 1988 modifiant l'arrêté du 7 novembre 1985 – circulaire n° 88-029 du 28 janvier 1988). Pour les CASU et les AASU elle est partiellement déconcentrée (*cf. infra* n° 0161).

Pour les fonctionnaires de catégorie A, seules les commissions paritaires nationales sont compétentes pour donner tout avis sur les différents aspects de la gestion de ces carrières : discipline, mutation...

Mais cette compétence exclusive en denier ressort des commissions nationales n'exclut pas l'intervention des commissions académiques lorsque les recteurs d'académie établissent les différentes propositions d'avancement.

La formation des CASU nouvellement recrutés est obligatoire et dure une année. Elle est fondée sur le principe de l'alternance de différentes actions de formation correspondant à une formation théorique, pratique et une « mise en situation » sous la responsabilité de l'ESP-EMEN (n° 019).

La formation des attachés recrutés par les IRA est assurée par ces instituts (un an). Elle est complétée par une formation spécifique durant l'année de prise de fonction.

En revanche la formation des autres attachés et des secrétaires d'administration scolaire et universitaire n'a pas le caractère obligatoire de celle des CASU. Elle est donnée dans les stages qui sont généralement organisés par les centres académiques de formation administrative (CAFA).

Les personnels administratifs d'exécution et les personnels de service.

0086. Les personnels administratifs d'exécution. Ils sont classés dans la catégorie C. Les dispositions statutaires les concernant sont fixées par le décret n° 90-712 du 1er août 1990 pour les agents administratifs des services déconcentrés et le décret n° 90-713 pour les adjoints administratifs des services déconcentrés.

- Les agents administratifs. Ils sont chargés de tâches administratives d'exécution. Ils sont recrutés par voie de concours.

Le corps des agents administratifs des services déconcentrés comprend le grade d'agent administratif de 2e classe et le grade d'agent administratif de 1re classe dont l'effectif ne peut excéder 25 % de l'effectif du corps.

Peuvent être promus au grade d'agent administratif de 1re classe, au choix, par inscription à un tableau annuel d'avancement établi après avis de la commission administrative paritaire, les agents administratifs de 2e classe ayant atteint au moins le 6e échelon de leur grade.

- Les adjoints administratifs. Ils sont chargés de tâches administratives d'exécution comportant la connaissance et l'application de règlements administratifs.

  Ils sont recrutés par voie de concours externe et interne et, pour un cinquième, au choix parmi les fonctionnaires appartenant à un corps classé en catégorie C et comportant l'exercice de fonctions de bureau, les intéressés devant en outre justifier de dix ans de service public et être inscrits sur une liste d'aptitude établie après avis de la commission administrative paritaire.

  Le corps des adjoints administratifs des services déconcentrés comprend le grade d'adjoint administratif, le grade d'adjoint administratif principal de 2e classe et le grade d'adjoint administratif principal de 1re classe.
- Les personnels de service.

Le corps des agents des services techniques des services déconcentrés, classé dans la catégorie C, est régi par les dispositions du décret n° 90-715 du 1er août 1990. Il comprend le grade d'AST de 2e classe et le grade d'AST de 1re classe. Ces personnels concourent à l'exécution des tâches de service intérieur et peuvent être chargés des fonctions d'huissier.

Les personnels non titulaires.

0087. Un certain nombre d'agents de différents niveaux sont en fonction dans les services académiques en qualité de contractuels.

La loi n° 83-481 du 11 juin 1983 « définissant les conditions dans lesquelles doivent être pourvus les emplois civils permanents de l'État et de ses établissements publics » a permis la titularisation progressive de nombreux contractuels.

Les conditions de recrutement de nouveaux personnels contractuels sont désormais fixées par les articles 4 et 6 de la loi n° 84-16 du 11 janvier 1984 portant dispositions statutaires relatives à la fonction publique de l'État. Le recours aux agents contractuels est possible :

- lorsqu'il n'existe pas de corps de fonctionnaires susceptibles d'assurer les fonctions correspondantes ;
- pour les emplois du niveau de la catégorie A lorsque la nature des fonctions ou les besoins des services le justifient ;

- pour exercer des fonctions qui, correspondant à un besoin permanent, impliquent un service à temps incomplet;
- pour exercer des fonctions correspondant à un besoin saisonnier ou occasionnel lorsque ces fonctions ne peuvent être assurées par des titulaires.

Ces personnels relèvent, en termes de protection sociale, du décret n° 86-83 du 17 janvier 1986 modifié par le décret n° 88-585 du 6 mai 1988.

Un protocole d'accord « en vue de la résorption de l'emploi précaire dans la fonction publique » a été signé le 14 mai 1996. Il vise essentiellement les agents du niveau de la catégorie C.

Les structures du rectorat.

0088. Il n'existe pas d'organigramme type d'un rectorat et le ministère n'a jamais adressé à ses services extérieurs des instructions précises concernant leur mode d'organisation.

La situation très différente des académies justifie, pour partie, la diversité des structures mises en place. Mais cette diversité résulte aussi de la personnalité du recteur et de ses principaux collaborateurs, de leur conception personnelle de l'action administrative et de la qualification des fonctionnaires dont ils disposent.

On trouve généralement dans les rectorats deux types de service : ceux qui assurent des fonctions logistiques et qui participent aux tâches des divers services et ceux qui assument des fonctions de gestion dans un secteur déterminé de l'administration de l'éducation.

Les services ayant des fonctions logistiques.

0089. Ce sont :

- le service statistique rectoral chargé de la collecte et de l'exploitation de l'information statistique pour les besoins de l'administration centrale et les besoins propres de l'académie. Il est chargé aussi de procéder à des études statistiques, de coordonner les travaux statistiques accomplis à tous les niveaux dans l'académie et d'amorcer des approches prospectives;
- le centre académique de traitement de l'information (CATI);
- le service du chargé d'études pour les analyses de gestion, l'élaboration et l'exploitation des tableaux de bord. Il a en charge la bureautique et la mise en place des applications nationales (EPP, AGORA...);
- le service d'information et documentation, parfois jumelé avec un service d'accueil et de renseignements destiné aux visiteurs;
- le centre académique de formation administrative (CAFA) qui n'est pas une entité administrative distincte mais un service du rectorat, parfois intégré dans un dispositif plus large (MAFPEN...);
- le bureau du courrier;

- le service intérieur qui regroupe les services techniques du rectorat, le parc automobile, l'imprimerie, et qui est chargé de l'entretien et de l'équipement des locaux.

Les divisions opérationnelles.

0090. Les services assurant des fonctions de gestion – et que l'on peut qualifier d'opérationnels – portent le titre de divisions. Leurs fonctions dans la plupart des cas, sont les suivantes :

- enseignement supérieur et chancellerie : tutelle administrative et financière des universités, contrôle des emplois, gestion partielle des personnels enseignants et techniques de l'enseignement supérieur, action sociale en faveur des étudiants (bourses, prêts d'honneur, relations avec le centre régional des œuvres dont le conseil d'administration est présidé par le recteur), administration de la chancellerie, affaires relatives à l'enseignement supérieur privé ;
- organisation scolaire du second degré : schéma prévisionnel des formations et programmes prévisionnels des investissements (en liaison avec les collectivités territoriales), élaboration ou approbation des programmes pédagogiques de construction. Préparation et exécution de chaque rentrée scolaire : structures internes des établissements, répartition des dotations en heures d'enseignement et implantation des postes de personnels enseignants et non enseignants, régulation et comptabilité des emplois et des moyens en personnel ;
- constructions des établissements du second degré : propositions pour la liste annuelle des opérations (établie par le préfet), suivi des travaux de construction, d'aménagement, d'extension, de sécurité dans les établissements du second degré et d'installation des classes mobiles (en liaison avec les collectivités territoriales), la même division peut jouer le rôle de service constructeur pour les constructions universitaires ;
- scolarité et vie scolaire : admission des élèves dans les classes de l'enseignement du second degré, orientation et affectation, dérogations, accidents scolaires, tutelle administrative et pédagogique des lycées (fonctionnement des conseils, contentieux électoral, règlements intérieurs), activités socio-éducatives et programmes d'actions éducatives, voyages scolaires, expériences pédagogiques, discipline des élèves, etc. ;
- formation continue et apprentissage : gestion et contrôle des actions de formation, conventions ; GRETA (sous le contrôle ou l'autorité du DAFCO) ; service de l'apprentissage. Le service, déjà en relation étroite avec le préfet de région, peut être mis partiellement à la disposition du président du conseil régional, depuis que la région a reçu des compétences dans les domaines ci-dessus indiqués ;
- examens et concours : organisation des examens d'enseignement général et technique, du baccalauréat, des concours de recrutement ;

- enseignement privé : gestion des personnels et contrôle des établissements privés du second degré sous contrat;
- personnels : gestion administrative (plus ou moins complète suivant le degré de déconcentration) des personnels d'inspection, de direction, d'enseignement, d'orientation, d'éducation, des personnels de documentation, médico-sociaux, et des personnels administratifs techniques, ouvriers et de service, la gestion des instituteurs étant confiée aux inspecteurs académiques. La division chargée du personnel n'assure pas toujours la totalité de la gestion, d'autres services spécialisés peuvent avoir en charge les accidents du travail, les retraites et les validations de services, ou la gestion des stages de formation continue et de perfectionnement ou encore l'action sociale en faveur des personnels. Enfin, la gestion financière des personnels : la liquidation des traitements et indemnités diverses est souvent assurée par un autre service, le bureau liaison-traitements (BLT). Des évolutions dans ce domaine sont en cours (intégration...). En application de la mesure n° 131 du nouveau contrat pour l'école, les recteurs ont nommé auprès d'eux un directeur des ressources humaines destiné à faciliter le travail en synergie des nombreux services concernés par la gestion des ressources humaines. Le dispositif est variable selon les académies et en cours de stabilisation;
- les affaires financières, regroupées dans la même division, ont deux aspects différents : d'une part, la gestion des crédits et l'ordonnancement des dépenses relatives au fonctionnement, à l'aide sociale, aux personnels, aux équipements; d'autre part, la tutelle économique et financière des établissements du second degré en liaison avec les collectivités territoriales : les budgets, décisions modificatives, comptes financiers, les conventions, les groupements d'achats et les marchés, les économies d'énergie, le regroupement des comptabilités des établissements, les concessions de logement, l'organisation des équipes mobiles d'ouvriers, etc. (Dans plusieurs rectorats, c'est la même division qui assure la tutelle financière des universités et celle des établissements d'enseignement du second degré.)

N.B. : Les recteurs ont compétence pour nommer les agents comptables (arrêté du 29 juin 1987).

Textes de référence.

- Personnels de l'administration scolaire et universitaire : *RLR* 621.7, 622.4, 622.5;
- Personnels administratifs d'exécution : *RLR* 623.0;
- Personnels de service : *RLR* 623.0 – 623.1;
- Personnels non titulaires : *RLR* 622.8;
- Secrétaire général : *RLR* 622.5 a;

Organisation d'un rectorat

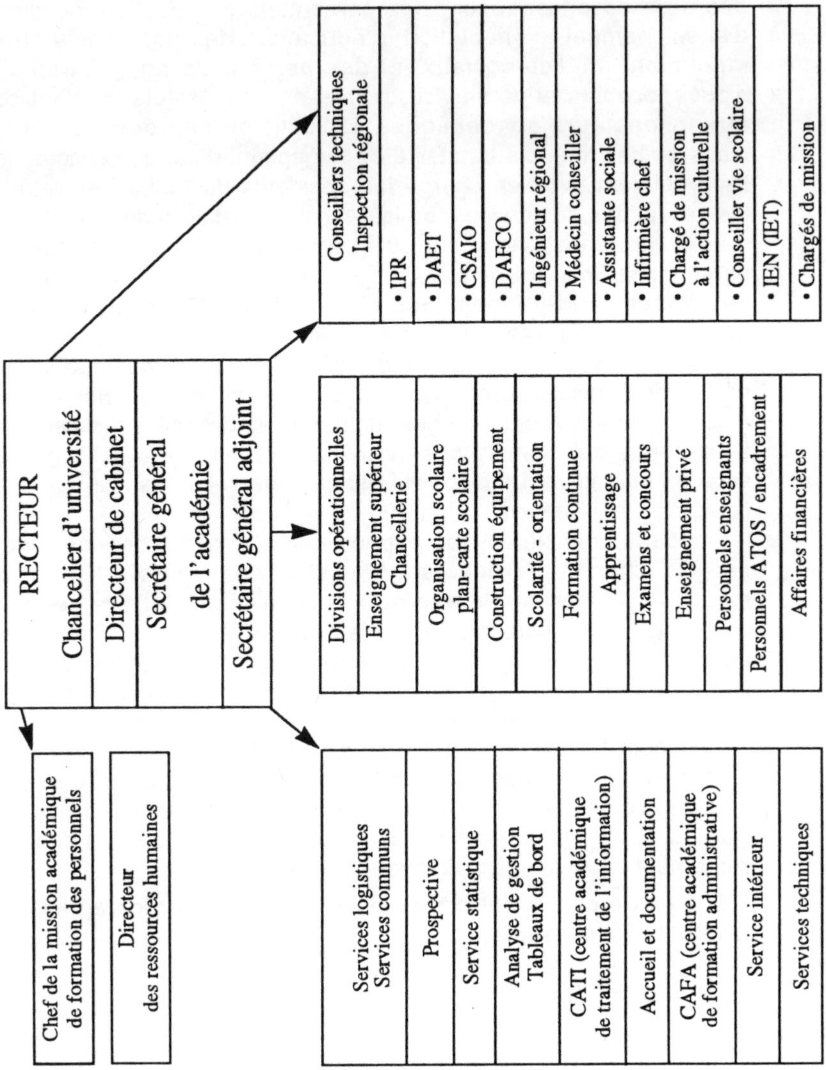

- DAET : *RLR* 631.2 – 140.0 – 141.0 ;
- CSAIO : *RLR* 504.1 ;
- DAFCO : *RLR* 112.0 – 141.2 ;
- IPR : *RLR* 630.1 ;
- Médecin : *RLR* 141.4 ;
- Ingénieur : *RLR* 140.2 ;
- Infirmière : *RLR* 141.6 ;
- Assistante sociale : *RLR* 141.5 ;
- Inspecteur apprentissage : *RLR* 631.4 – 527.2 ;
- Chef de la mission académique : *RLR* 142.6 – 613.1 ;

4. Les organes consultatifs au niveau de la région et de l'académie.

Plusieurs organes consultatifs sont habilités à donner un avis sur différents aspects de l'organisation et du fonctionnement du système éducatif. Ils exercent leurs compétences soit dans le cadre de l'académie, soit dans celui de la région.

Dans la région.

La conférence administrative régionale (CAR) (référence : décret n° 82-390 du 10 mai 1982).

0091. La conférence peut notamment donner un avis sur la liste annuelle des opérations de construction et d'extension concernant les collèges, les lycées et les établissements assimilés (liste établie par le préfet de région sur proposition du recteur). D'une manière générale, elle connaît les incidences des investissements publics sur la vie économique et sociale de la région et elle est tenue régulièrement informée des mesures relevant de sa compétence.

Cette conférence, présidée par le préfet de région, comprend :

- les préfets des départements ;
- le secrétaire général placé auprès du préfet du département où est situé le chef-lieu de la région ;
- le trésorier-payeur général de région ;
- pour les affaires de leur compétence, des chefs ou des responsables des services extérieurs de l'État dans la région ; à ce titre le recteur d'académie (ou les recteurs lorsque la région regroupe plusieurs académies) y est invité.

La commission régionale des opérations immobilières de l'architecture et des espaces protégés (CROIA) (référence : décret n° 69-825 du 28 août 1969 modifié).

0092. La commission donne son avis sur les projets d'opérations immobilières et de construction poursuivis par les services publics ou d'intérêt public ; notamment les opérations qui concernent l'Éducation nationale peuvent lui être soumises.

La compétence de la commission est déterminée par le lieu de situation des immeubles ou sites et concerne les opérations suivantes :

- baux, accords amiables et conventions de location ;
- acquisitions d'immeubles, de droits immobiliers, de fonds de commerce, etc. ;
- projets de construction, de transformation et de restauration générale exécutés pour le compte de l'État ou avec des subventions d'État.

Sont de la compétence de la CROIA les opérations qui atteignent un montant total égal ou supérieur à une somme fixée par arrêté du ministre de l'Économie et des Finances, cette somme pouvant être différente suivant la nature des travaux et les secteurs d'équipement.

Le comité régional de la formation professionnelle, de la promotion sociale et de l'emploi (référence : décret n° 70-827 du 16 septembre 1970 modifié).

0093. Actuellement présidé par le préfet, le comité doit contribuer à l'élaboration et à la mise en œuvre de la politique régionale de la formation professionnelle, de la promotion sociale et de l'emploi :

- en examinant la situation et les perspectives de l'emploi ainsi que l'organisation et l'orientation des structures permanentes de formation ;
- en coordonnant les études et recherches sur les conditions de l'emploi pour définir une politique de formation professionnelle ;
- en suggérant, en liaison avec les échelons régionaux de l'ANPE et de l'ONISEP, les mesures utiles au règlement des problèmes d'information, d'orientation et de conseil professionnel, de formation professionnelle et d'emploi.

Le comité est saisi par le préfet pour donner son avis sur :

- les programmes régionaux d'action pour le développement de la politique de formation professionnelle et de promotion sociale ;
- les projets d'études et de recherches financés sur fonds publics ;
- les projets d'équipement des établissements et centres d'enseignement technique ou professionnel publics ou bénéficiaires d'un concours de l'État ;
- les projets de convention.

La composition du comité est arrêtée par le préfet. Il comprend :

- des représentants, en nombre égal, des employeurs et des travailleurs ;
- des personnalités qualifiées ;
- des représentants des administrations concernées, dont l'Éducation nationale.

La commission de concertation pour l'enseignement privé.

0094. La loi du 22 juillet 1983 (article 27-8) modifiée a prévu la création dans chaque académie d'une commission de concertation présidée par le préfet de région et composée de représentants des collectivités territoriales et des établissements d'enseignement privé.

Cette commission est consultée notamment sur la passation et l'exécution des contrats d'association et sur l'élaboration du schéma prévisionnel des formations qui est de la compétence de la région (*cf. infra* n° 0255 et suivants).

Le comité consultatif régional des établissements d'enseignement supérieur.

0095. L'article 63 de la loi n° 84-52 du 26 janvier 1984 sur l'enseignement supérieur dispose que :

> chaque région se dote d'un comité consultatif régional des établissements d'enseignement supérieur. Ce comité est constitué de représentants des établissements publics d'enseignement supérieur d'une part, et des représentants de l'État, de la région, des collectivités locales ainsi que des activités éducatives, culturelles, scientifiques, économiques et sociales d'autre part.
> Le comité donne aux autorités administratives toutes informations sur le développement des qualifications et sur l'évolution des besoins dans les divers secteurs de l'activité nationale. Il est consulté sur les aspects régionaux de la carte des formations supérieures et de la recherche, sur les projets de formation initiale et continue, de coopération internationale et d'information scientifique et technique qui présentent un intérêt régional.
> Il donne un avis sur les programmes de recherche proposés par les établissements au titre de la politique régionale de recherche et sur les appels d'offres lancés par les collectivités locales auprès des établissements de la région…

Toutefois, le décret en Conseil d'État qui doit fixer les attributions, la composition et les règles de fonctionnement du comité n'a pas été pris. Le comité consultatif régional n'a donc pas été mis en place.

Dans l'académie.

Le conseil de l'Éducation nationale (CAEN).

0096. La loi n° 83-663 du 22 juillet 1983 modifiée a institué dans chaque académie un conseil de l'Éducation nationale.

Le conseil a un rôle consultatif très important et aussi des compétences en matière contentieuse et disciplinaire. Cette instance nouvelle remplace le conseil académique dont l'origine remonte à l'Université impériale ainsi que la commission académique de la carte scolaire instituée par le décret 80-11 du 3 janvier 1980.

Jusqu'en 1991.

Le conseil était composé de dix-sept représentants des collectivités locales (huit conseillers régionaux, un conseiller général par département, les autres sièges pouvant être attribués aux maires), dix-sept représentants des personnels titulaires de l'État (des services et des établissements du premier et du second degré), dix-sept représentants des usagers (six parents d'élèves, cinq représentants des organisations syndicales de salariés, cinq représentants des organisations syndicales d'employeurs, un représentant des exploitants agricoles).

Présidence.

Pour les affaires de la compétence de l'État, le conseil est présidé par le préfet de région qui est suppléé, le cas échéant, par le recteur, vice-président du conseil. Pour les affaires de la compétence de la région, il est présidé par le président du conseil régional qui est suppléé, le cas échéant, par un conseiller régional vice-président.

Fonctions consultatives.

Le conseil peut être consulté et peut émettre des vœux sur toute question relative à l'organisation et au fonctionnement du service public d'enseignement dans l'académie (*cf.* décret n° 85-895 du 21 août 1985). Il donne un avis :

- au titre des compétences de l'État, sur la structure pédagogique générale des lycées, établissements d'éducation spéciale, agricoles, maritimes, sur la liste annuelle des opérations de construction et d'extension de ces établissements, sur les modalités générales d'attribution des moyens en emplois et des dotations en crédits ou en nature au titre des dépenses pédagogiques, sur les orientations du programme académique de formation continue des adultes ;
- au titre des compétences de la région, sur le schéma prévisionnel des formations, sur le programme prévisionnel des investissements pour les établissements de sa compétence, sur les modalités générales d'attribution des subventions allouées aux établissements de sa compétence.

La loi d'orientation sur l'éducation n° 89-486 du 10 juillet 1989 a donné une importance accrue au conseil de l'Éducation nationale en élargissant son domaine d'intervention à l'enseignement supérieur. Aux termes de cette loi (article 24) :

> La composition et les attributions du conseil de l'Éducation nationale institué dans chaque académie... sont étendues à l'enseignement supérieur, sous réserve des dispositions du titre premier de la loi n° 85-1469 du 31 décembre 1985 rela-

tive à la composition et aux attributions des conseils de l'Éducation nationale siégeant en formation contentieuse et disciplinaire et modifiant les lois n° 46-1084 du 18 mai 1946 et n° 64-1325 du 26 décembre 1964 relatives au Conseil supérieur de l'Éducation nationale.
Lorsque les questions soumises aux délibérations des conseils relèvent de l'enseignement supérieur, le recteur, chancelier des universités, est rapporteur.
En ce qui concerne l'Île-de-France, il est institué un seul conseil académique pour les trois académies concernées.

Le décret n° 91-106 du 25 janvier 1991 (JO *du 29 janvier 1991).*

Il détermine la nouvelle composition des conseils de l'Éducation nationale dans les académies et définit leurs attributions en matière d'enseignement supérieur.

Le décret précise :

Le conseil est consulté sur les aspects régionaux de la carte des formations supérieures et de la recherche.

Il est également consulté

sur le plan régional de développement des formations de l'enseignement supérieur et sur les aspects universitaires des programmes pluriannuels d'intérêt régional en matière de recherche.

La composition tripartite des conseils a été maintenue : vingt-quatre représentants des collectivités, vingt-quatre représentants des personnels – dont ceux de l'enseignement supérieur –, vingt-quatre représentants des usagers : parents d'élèves, étudiants et membres des organisations syndicales de salariés et d'employeurs.

La circulaire n° 91-089 du 12 avril 1991 apporte un certain nombre de précisions sur l'extension des compétences, la mise en place et les modalités pratiques de fonctionnement des conseils (*BO* du 2 mai 1991).

Des dispositions particulières ont été prises concernant la région Île-de-France et les régions d'outre-mer (*cf. infra* n°s 0115 et 0118).

La formation contentieuse et disciplinaire.

Le conseil de l'Éducation nationale comprend, sous la présidence du recteur, un président d'université, un inspecteur d'académie, un inspecteur principal de l'enseignement technique et un inspecteur départemental de l'enseignement primaire nommés par le recteur, quatre représentants des personnels de l'enseignement public du premier et du second degré élus en son sein par le conseil, trois représentants des personnels enseignants des établissements privés sous contrat, nommés par le recteur sur proposition des organisations syndicales les plus représentatives (*cf.* circulaire n° 86-176 du 26 mai 1986 – *BO* du 5 juin 1986).

Le conseil est compétent notamment pour se prononcer sur l'interdiction de diriger ou d'enseigner à titre temporaire ou définitif, sur les sanctions prévues par les textes relatifs au contrôle de la fréquentation et de l'assiduité scolaire, sur l'opposition à l'ouverture des établissements d'enseignement privé.

Les décisions prises par le conseil sont susceptibles de recours devant le Conseil supérieur de l'Éducation (*cf.* loi n° 85-1469 du 31 décembre 1985 et décret n° 86-642 du 19 mars 1986).

Par ailleurs, le conseil académique siégeant en formation contentieuse et disciplinaire est appelé à donner son avis dans un certain nombre de matières. Suivant les matières concernées, le recteur a reçu délégation de pouvoir pour prendre les décisions après l'avis du conseil (*cf.* circulaire n° 86-176 du 26 mai 1986 précitée).

Le comité académique des œuvres sociales.

0097. Il a été créé par l'arrêté instituant la commission centrale des œuvres sociales (arrêté du 4 octobre 1991, *BO* du 10 octobre 1991). Présidé par le recteur, il comprend un président d'université, le secrétaire général de l'académie, un inspecteur pédagogique régional, un inspecteur d'académie, six représentants des fédérations de fonctionnaires, six représentants de la Mutuelle générale de l'Éducation nationale.

Le comité a pour attributions de faire connaître les besoins des personnels dans le domaine social, de rechercher les moyens de développer l'action sociale, d'étudier les mesures prises pour informer le personnel des dispositions d'ordre social et de proposer les mesures nécessaires à la coordination de l'action sociale dans l'académie.

Les commissions régionales des bourses.

0098. Plusieurs commissions ont été instituées pour les bourses des élèves de l'enseignement du second degré (bourses nationales dans les classes secondaires et terminales et bourses des élèves de l'enseignement technique), pour les bourses nationales d'apprentissage et pour les bourses d'enseignement supérieur. La composition des commissions régionales varie suivant la nature des bourses.

La commission régionale pour les bourses d'enseignement du second degré (y compris l'enseignement technique) est présidée par le recteur. Elle comprend :

- neuf représentants des personnels enseignants ;
- six représentants des associations de parents d'élèves ;
- deux représentants des établissements d'enseignement privés ;
- deux représentants des établissements techniques privés ;
- un représentant des parents d'élèves des établissements d'enseignement privés ;
- un représentant des offices départementaux des anciens combattants ;
- deux conseillers généraux ;
- deux maires désignés par le préfet de région ;

- avec voix consultative : les inspecteurs d'académie de chaque département, le directeur départemental (du siège du rectorat) des contributions directes, de la population et des services agricoles.

Pour les bourses nationales d'apprentissage.

La composition de la commission est moins importante. Il y est fait place, principalement, aux représentants des personnels et des parents d'élèves des établissements d'enseignement technique (du niveau lycée d'enseignement professionnel). Cette commission est présidée par l'inspecteur principal de l'enseignement technique.

Ces deux commissions ont pour attributions de statuer sur les demandes de bourses, lorsque celles-ci ont fait l'objet d'un premier refus et que les représentants des candidats boursiers font appel. En effet, ce sont les commissions départementales qui statuent en premier ressort. Le recteur, sur rapport de l'inspecteur d'académie et avis de la commission départementale, prend la décision d'acceptation ou de refus de la demande de bourse. Cette décision est notifiée aux représentants des candidats dans les trois jours et ceux-ci disposent d'un délai de huit jours pour faire appel. C'est alors que le recteur saisit la commission régionale. Après avis de cette commission, le recteur décide de faire droit ou non aux requêtes qui ont été présentées en appel.

La commission régionale des bourses d'enseignement supérieur.

Présidée par le recteur, elle est composée de membres de l'administration, dont le directeur du centre régional des œuvres scolaires et universitaires, des chefs d'établissements du second degré, des représentants des universités et des représentants des associations d'étudiants. Y assistent également le directeur des services agricoles et le directeur des contributions directes.

Contrairement aux autres commissions régionales des bourses, elle n'est pas une instance d'appel. Elle statue sur les premières demandes et les renouvellements de bourses d'enseignement supérieur présentés par les étudiants. Elle examine également les demandes de prêts d'honneur.

<u>Le conseil académique consultatif de la formation continue.</u>

0099. Créé par l'arrêté du 18 juin 1980, il est présidé par le recteur; il est composé de représentants de l'administration, dont le délégué académique à la formation continue et le délégué académique aux enseignements techniques, ainsi que des représentants des organisations syndicales des personnels les plus représentatives.

Le conseil étudie les mesures destinées à favoriser le développement de la formation continue et notamment la prise en charge par l'ensemble des personnels de l'Éducation nationale des missions leur incombant dans la formation continue des adultes.

Les comités techniques paritaires et les commissions administratives paritaires académiques.

0100. Le décret n° 82-452 du 28 mai 1982 relatif aux comités techniques paritaires prévoit dans son article 4 :

> la création de comités techniques régionaux ou départementaux dans les circonscriptions territoriales du département ministériel intéressé ainsi que celle de comités techniques locaux où l'organisation des services le justifie.

Au niveau académique, il n'existait jusqu'à une date récente qu'un seul comité technique paritaire (compétent pour les personnels administratifs, médico-sociaux, techniques, ouvriers et de service).

Depuis l'arrêté du 13 juin 1983 (*JO* du 18 juin), il a été institué auprès de chaque recteur d'académie un comité technique paritaire académique compétent pour les questions intéressant l'organisation des services administratifs et des établissements d'enseignement et de formation des premier et second degrés... (Le même arrêté crée les CTP départementaux.)

Chaque comité technique paritaire académique est composé de dix membres titulaires et dix membres suppléants représentant l'administration, nommés par le recteur et de dix membres titulaires et dix membres suppléants représentant les personnels et nommés par arrêté rectoral sur proposition des organisations syndicales de fonctionnaires remplissant les conditions exigées à l'article 14 de l'ordonnance n° 59-244 du 4 février 1959 et regardées comme représentatives des personnels.

L'article 5 de l'arrêté dispose :

> Les compétences des CTP académiques et départementaux s'exercent dans le cadre des domaines respectifs d'attributions conférées par la réglementation aux recteurs d'académie et aux inspecteurs d'académie, directeurs des services départementaux de l'Éducation nationale.

La création de groupes de travail paritaires auprès des CTP académiques était prévue par l'article 6 de l'arrêté du 13 juin 1983 et une note de service du 7 juillet 1983 a précisé les modalités de constitution de ces groupes. Mais le Conseil d'État, saisi d'un recours des organisations syndicales, a annulé cette disposition et les groupes paritaires ne peuvent plus être réunis (note de service 86-239 du 25 août 1986).

Un comité d'hygiène et de sécurité spécial a été créé auprès d'un certain nombre de recteurs et d'inspecteurs d'académie par arrêté du 14 octobre 1996 (*BO* du 13 novembre 1996).

Ce comité assiste le CTP académique ou départemental (la liste est fixée en annexe de l'arrêté) et traite dans les conditions fixées à l'article 32-2 du décret n° 82-453 du 28 mai 1982 des questions relatives à l'hygiène, à la sécurité et aux méthodes et techniques de travail.

Les commissions administratives paritaires académiques (CAPA).

Elles sont nombreuses : en principe une par corps de personnel enseignant et non enseignant. Le décret n° 82-451 du 28 mai 1982 prévoit la création des CAP locales auprès des chefs de circonscription territoriale du département ministériel intéressé quand l'importance des effectifs de fonctionnaires en activité le justifie (article 4).

Cette disposition explique que certaines catégories de personnels n'aient pas de CAP académique (il en était ainsi jusqu'à une date récente des conseillers d'administration scolaire et universitaire).

Les CAPA comprennent en nombre égal des représentants de l'administration désignés par le recteur et des représentants des personnels élus dans les conditions fixées pour les CAP ministérielles par le décret du 28 mai 1982.

En ce qui concerne leurs attributions, le même décret dispose que :

> les commissions locales préparent les travaux des commissions ministérielles...
> les arrêtés constitutifs peuvent toutefois leur attribuer une compétence propre.

L'ensemble des CAP académiques joue un rôle important dans la gestion des différents personnels, que cette gestion soit déconcentrée et réglée au niveau académique (comme pour les PEGC) ou ministérielle et soumise à l'examen d'une CAP nationale. Les CAPA donnent leur avis sur presque tous les actes de gestion : notations, promotions, mutations, titularisations, sanctions disciplinaires...

Autres conseils ou commissions.

0101. Ce sont :

- le conseil académique de la vie lycéenne (CAVL) : le décret n° 91-916 du 16 septembre 1991 (circulaire d'application du 9 octobre 1991) institue dans chaque académie un conseil académique de la vie lycéenne (CAVL). L'élection des délégués des élèves au CAVL, au nombre de vingt et pour un mandat de un an, se fait à partir de la première séance du conseil des délégués des élèves institué dans les établissements par la loi du 10 juillet 1989 où sont élus deux grands électeurs chargés, dans le cadre des circonscriptions arrêtées par le recteur d'académie, de désigner les représentants au CAVL.
  Le CAVL présidé par le recteur associe des membres adultes de la communauté éducative ainsi que des représentants des conseils régionaux (vingt au total).
  Le CAVL formule des avis sur les questions relatives à la vie scolaire et au travail scolaire dans les lycées et les établissements régionaux d'enseignement adapté (EREA) ;
- la commission rectorale d'action culturelle examine les déclarations de spectacles professionnels joués devant un public scolaire ;
- le conseil académique des associations éducatives complémentaires de l'enseignement public (décret n° 92-1200 du 6 novembre 1992, *RLR* 160.3).

Textes de référence :

- Conférence administrative régionale : *RLR* 101.0 ;
- Commission régionale des opérations immobilières et de l'architecture : *RLR* 171.1 b ;
- Comité régional de la formation professionnelle, de la promotion sociale et de l'emploi : *RLR* 111.1 ;
- Comité régional de conciliation : *RLR* 531.0 ;
- Comité consultatif régional des établissements d'enseignement supérieur : *RLR* 420.0 ;
- Conseil de l'Éducation nationale : *RLR* 142.0 et 145.0 ;
- Comité académique des œuvres sociales : *RLR* 142.4 ;
- Commissions régionales des bourses : *RLR* 573.0 ;
- Conseil académique consultatif de la formation continue : *RLR* 112.0 ;
- Diverses commissions académiques : *RLR* 142.5 ;
- Commissions administratives paritaires académiques : *RLR* 610.3 ;
- Comités techniques paritaires académiques : *RLR* 610.3 ;
- Conseil académique de la vie lycéenne : *RLR* 142.1 ;
- Conseil académique des associations éducatives complémentaires : *RLR* 160.3.

5. Les établissements publics dans l'académie.

Les délégations régionales de l'ONISEP.

Organisation.

0102. Les délégations régionales ne sont pas des établissements publics autonomes, mais des services déconcentrés de l'ONISEP.

Placée sous la tutelle du recteur, la délégation régionale est dirigée par le chef du service académique d'information et d'orientation.

Ce fonctionnaire qui appartient souvent au corps des inspecteurs d'académie ou des inspecteurs pédagogiques régionaux-inspecteurs d'académie exerce deux types de responsabilités :

- d'une part, il est le conseiller technique du recteur pour l'information scolaire et professionnelle et l'orientation. Il joue pour l'ensemble de l'académie un rôle d'animation, de direction technique et de coordination dans son domaine de compétence ;
- d'autre part, il est le délégué régional d'un établissement public administratif assurant dans l'académie des activités de production et de diffusion de documentation concernant l'information et l'orientation des élèves.

Auprès de chaque responsable de la délégation est institué un comité technique chargé de l'assister dans la préparation du programme d'activité, notamment pour l'élaboration de la documentation de caractère académique. Chaque délégation régionale dispose d'un budget.

Le chef du service d'information et d'orientation est ordonnateur secondaire pour le budget de la délégation régionale. L'exécution comptable est assurée par un comptable secondaire et le compte financier de la délégation régionale est repris dans les écritures de l'agent comptable de l'Office.

Missions.

0103. Défini par l'article 9 du décret n° 70-239 du 19 mars 1970, le rôle de la délégation régionale est de diffuser l'information sur les enseignements et les professions et d'élaborer la documentation propre à l'académie.

La délégation se consacre notamment à la collecte d'informations sur le plan académique et élabore des publications à caractère régional.

Elle doit notamment mettre à la disposition des centres d'information et d'orientation les moyens de documentation et d'information nécessaires à leur action. Elle participe aux études menées ou suscitées par l'Office.

La délégation régionale passe des conventions de coopération avec les régions, les universités et les autres établissements à caractère scientifique et culturel.

Elle a pour rôle fondamental de favoriser dans chaque académie l'information en vue de l'orientation des élèves, des étudiants et des adultes afin de contribuer, dans la perspective de l'éducation et de la formation tout au long de la vie, à leur insertion ou à leur réinsertion socioprofessionnelle aux différents niveaux de formation.

La délégation régionale collecte les informations en effectuant des études et des recherches en coordination avec les différents services académiques de l'Éducation nationale, les délégations régionales de l'Agence nationale pour l'emploi, les directions régionales du travail et de la formation professionnelle, les directions régionales de l'INSEE, les entreprises, les organismes professionnels et les assemblées consulaires.

Activités.

0104. La délégation régionale de l'ONISEP traite et diffuse les informations :

- ■ en constituant un fonds documentaire en collaboration avec les services centraux de l'Office en tenant compte de l'automatisation des informations. Le classement du fonds documentaire est réalisé en utilisant le classement national établi par les services centraux de l'ONISEP (DOC 2000). Le fonds documentaire est exploité par des moyens informatiques et à l'aide de trois fichiers de base :
- □ fichier des métiers,
- □ fichier des diplômes et filières,
- □ fichier des établissements d'enseignement,
- ■ en élaborant une documentation régionale ;

- en diffusant auprès des utilisateurs de l'Éducation nationale, centres d'information et d'orientation et établissements d'enseignement, ainsi qu'auprès de tous les organismes publics et privés intéressés, des informations de caractère national et régional sur les filières, les études et les diplômes, les établissements scolaires et d'enseignement supérieur, les professions et les métiers.

Ainsi, les délégations régionales produisent des publications à l'intention des élèves des collèges et des lycées, des candidats aux concours et des organismes ayant besoin d'informations sur les enseignements et les professions dans la région.

Les centres régionaux de documentation pédagogique (CRDP).

Par le décret n° 92-56 du 17 janvier 1992 (*JO* du 19 janvier 1992), les centres régionaux de documentation pédagogique (CRDP) sont devenus des établissements publics nationaux à caractère administratif, placés sous la tutelle du ministre de l'Éducation nationale.

Missions.

0105. Aux termes du décret précité :

> Art. 16. – Les centres régionaux de documentation pédagogique fournissent aux établissements d'enseignement supérieur, aux lycées, aux collèges et aux écoles, aux communautés universitaires et éducatives, ainsi qu'aux instituts universitaires de formation des maîtres, définis par la loi susvisée du 10 juillet 1989, les prestations et services de documentation, d'édition et d'ingénierie éducative propres à favoriser leur mission et susceptibles d'améliorer les conditions de travail des enseignants, des étudiants et des élèves. Leur activité concourt à la réalisation des objectifs académiques définis par le recteur.
> À cette fin, ils peuvent passer des conventions avec les collectivités territoriales et tout organisme de droit public ou privé pouvant apporter sa collaboration à l'accomplissement de leurs missions.

Organisation.

0106. Chaque CRDP est administré par un conseil d'administration présidé par le recteur. Le conseil comprend vingt membres dont trois représentants de l'État nommés par le préfet de région, quatre représentants des collectivités territoriales, un directeur d'IUFM, six représentants des communautés éducatives, trois membres nommés par le ministre en raison de leur compétence, trois représentants des personnels du centre désignés par le ministre.

Le conseil d'administration arrête l'organisation des services du centre et décide de la création des centres départementaux et locaux de documentation pédagogique.

Le CRDP est dirigé par un directeur nommé par le ministre de l'Éducation nationale.

Activités.

0107. Ayant un caractère à la fois académique et national, elles ont été redéfinies par le décret du 17 janvier 1992 :

En matière de documentation, les CRDP mettent à la disposition des communautés universitaires et éducatives, et notamment des centres de documentation et d'information des établissements du second degré, y compris ceux relevant du ministre chargé de l'agriculture, des bibliothèques et des centres documentaires des écoles, les textes et documents pédagogiques de nature administrative ou technique, ainsi que les produits et services documentaires qui leur sont nécessaires.
En matière d'édition, ils apportent leur contribution à l'édition nationale écrite, audiovisuelle ou informatique, selon les modalités définies par le Centre national de documentation pédagogique ; en outre, ils éditent sur tout support des documents correspondant aux objectifs académiques définis par le recteur.
En matière d'ingénierie éducative, ils tiennent informés les usagers et les enseignants, notamment ceux qui sont en cours de formation dans les instituts universitaires de formation des maîtres, des possibilités offertes à l'enseignement par les techniques modernes de la communication et leur apportent, dans ces domaines, aide, assistance et conseil.

Pour l'ensemble de ces activités, les CRDP disposent pour la plupart de locaux adaptés, ouverts au public, et notamment : bibliothèques, salles d'exposition de matériel et des moyens d'enseignement, laboratoires de langues vivantes, salles d'expérimentation des appareils audiovisuels, salles de conférences et de cinéma, à quoi s'ajoutent des locaux techniques : ateliers d'entretien et de réparation des matériels audiovisuels, ateliers d'imprimerie, etc.

Les centres régionaux des œuvres universitaires et scolaires (CROUS).

0108. Les centres régionaux des œuvres universitaires et scolaires sont des établissements publics à caractère administratif. Les CROUS sont placés sous la tutelle du ministre chargé de l'enseignement supérieur et fonctionnent au siège de chaque académie. Dans douze villes universitaires, des centres locaux qui sont des sections du centre régional ont été créés.

Missions.

Les CROUS ont pour mission essentielle d'améliorer les conditions de vie et de travail des étudiants en leur versant les bourses d'enseignement supérieur et en leur apportant une aide matérielle dans les domaines de la restauration et de l'hébergement ainsi que des aides diversifiées répondant à leurs besoins par l'accueil, l'information et l'action culturelle.

Organisation.

0109. Placé sous la tutelle du ministre, chaque CROUS est dirigé par un directeur nommé par le ministre chargé de l'enseignement supérieur et administré par un conseil d'administration que préside le recteur, et qui comprend :

- sept représentants de l'État choisis par le préfet au sein des administrations régionales intéressées;
- sept représentants élus des étudiants;
- trois représentants des personnels du centre;
- deux présidents ou directeurs d'établissements d'enseignement supérieur;
- quatre personnalités choisies par le recteur en raison de leur compétence;
- un représentant de la région.

Les CROUS assurent les prestations et les services propres à améliorer les conditions de vie et de travail des étudiants, créent dans ce but des structures leur permettant d'adapter et de diversifier les prestations qu'ils proposent et peuvent passer des conventions avec des organismes extérieurs de droit public ou privé pouvant apporter leur collaboration au fonctionnement des services et des établissements.

Outre les étudiants français et étrangers, d'autres catégories de personnes, définies par le CA du CNOUS, peuvent bénéficier de ces prestations.

Activités.

0110. Aux deux activités essentielles traditionnelles, l'hébergement et la restauration des étudiants, s'est ajoutée en 1995 l'attribution des bourses d'enseignement supérieur précédemment gérée par les rectorats. D'autres services, de dimension plus réduite, permettent aux CROUS de couvrir l'essentiel des besoins à caractère social des étudiants.

L'hébergement.

150 000 chambres sont proposées dans les résidences universitaires (cités traditionnelles, studios des nouvelles résidences), réservations HLM ou foyers agréés. Accordées sur critères sociaux, elles sont éligibles à l'ALS (allocation de logement à caractère social) ou à l'APL (aide personnalisée au logement) selon les types de logement et permettent une offre sociale d'un prix inférieur à celui pratiqué par le secteur privé.

La restauration.

800 restaurants (dont la moitié gérés directement par les CROUS, les autres bénéficiant d'un agrément) offrent 180 000 places et servent annuellement 73 millions de repas (63 millions pour les restaurants des CROUS). Tous les étudiants y ont accès quel que soit le montant de leurs ressources au prix de 13,70 F pour un repas complet (pour l'année universitaire 1996-1997).

Les bourses.

Cette tâche nouvelle imposée aux CROUS les amène à distribuer près de 400 000 bourses pour un montant de 6,3 milliards de francs en 1996. Le support administratif de leur attribution est le dossier social étudiant (DSE), document unique qui regroupe les demandes de bourses et de logement.

Les activités complémentaires.

- l'information et l'accueil ;
- le service culturel qui assure l'animation culturelle dans les résidences universitaires et les centres d'activités culturelles ou maisons de l'étudiant ainsi que diverses prestations : organisation de concours, passeports culturels ou facilités pour assister à des spectacles, aide aux projets Culture-Action (projets d'initiative étudiante cofinancés), etc. L'action culturelle est généralement menée en partenariat avec les universités ;
- le service social qui joue un rôle d'aide sur le plan matériel (attributions de secours) et sur le plan moral et psychologique ; 120 assistantes sociales avec lesquelles collaborent celles de la médecine préventive gèrent le Fonds de solidarité universitaire (FSU) au profit de 20 000 à 25 000 bénéficiaires chaque année ;
- le service des emplois temporaires (jobs et stages) qui favorise l'insertion professionnelle des étudiants et leur procure des emplois temporaires rémunérés ;
- le service de tourisme avec l'offre de transport et/ou séjours aux meilleures conditions, spécialement adaptées aux étudiants (carte ISIC) et aux personnels des CROUS dans quarante-huit agences professionnelles.

Textes de référence.

- Délégations régionales de l'ONISEP : *RLR* 152.0 ;
- CRDP : *RLR* 151.0 ;
- CROUS : *RLR* 451.4.

6. L'organisation de l'académie de Paris.

0111. Depuis 1961, la grande académie de Paris a été progressivement amputée pour ne conserver qu'un seul département : la ville de Paris. Cependant cette académie reste la première par le nombre de ses étudiants et elle se situe dans la deuxième moitié des académies par les effectifs scolaires. En outre, malgré la création, par le décret du 22 décembre 1971, de trois académies distinctes : Paris, Créteil, Versailles, qui sont autonomes dans leur gestion, il faut tenir compte d'un certain nombre de réalités : d'abord l'unité de la région parisienne (région Île-de-France) et l'interdépendance des départements qui la composent, notamment ceux de la « petite couronne » dont les liens avec la capitale restent étroits, ensuite le poids considérable et le prestige des universités implantées à Paris, le rôle international qu'elles ont toujours joué. Le recteur de Paris a donc des charges et des responsabilités qui s'ajoutent à celles qu'assument normalement les autres recteurs.

Le recteur de l'académie de Paris et ses adjoints.

0112. Le décret précité du 22 décembre 1971 qui a créé l'académie de Paris dans sa forme actuelle (avec effet juridique du 1er février 1972) confie au recteur de Paris des attributions importantes.

Non seulement il exerce les compétences reconnues aux recteurs par les textes en vigueur pour l'administration des enseignements supérieurs et des enseignements scolaires, mais il préside un comité des recteurs de la région parisienne et il assure la coordination indispensable pour les affaires de l'Éducation nationale qui concernent l'ensemble de la région ; certaines d'entre elles entrent d'ailleurs dans les attributions des autorités régionales (déconcentrées ou décentralisées).

L'article 3 du décret dispose :

> Il est institué un comité des recteurs de la région parisienne présidé par le recteur de l'académie de Paris.
> Le comité est chargé de coordonner les travaux de prévision et d'étude relatifs à la planification des investissements relevant de l'Éducation nationale ainsi qu'aux équipements scolaires et universitaires de la région. Il examine et arrête les propositions faites à cet égard au préfet de région.
> Dans les autres domaines, le comité assure les liaisons et la coordination nécessaires entre les trois académies, particulièrement pendant la période de leur mise en place ; il instruit les affaires qui sont de la compétence d'organismes régionaux.
> Le ministre consulte le comité en cas de création de services techniques communs aux trois académies.

Le recteur de Paris ne peut remplir la totalité de ses fonctions – y compris les fonctions de représentation et de relation plus lourdes à Paris que dans les autres académies – sans l'assistance d'un certain nombre de fonctionnaires d'un niveau élevé.

Pendant plusieurs années, le recteur a même bénéficié du concours d'un ou deux recteurs d'académie, qui lui étaient adjoints pour l'enseignement supérieur et pour l'administration des lycées de la capitale.

Depuis le décret 76-876 du 17 septembre 1976 (modifiant le décret du 24 novembre 1971 relatif à l'inspection académique de Paris), le recteur était assisté seulement de deux adjoints :

- le directeur des services académiques de l'Éducation nationale, chargé de toutes les questions relatives aux écoles, aux collèges et aux lycées ; dans ce domaine, le recteur lui délègue sa signature ;
- le vice-chancelier des universités de Paris, qui est chargé des questions relatives aux enseignements supérieurs et des questions communes aux enseignements supérieurs et aux enseignements secondaires. Pour ces questions, le recteur peut lui déléguer sa signature.

Après une période de rodage, pendant laquelle la répartition des responsabilités s'est peu à peu précisée, l'organisation des services académiques – qui, par la coïncidence de l'académie avec le département, exercent les missions dévolues à un rectorat et à une inspection académique – a été fixée par le décret n° 79-605 du 11 juillet 1979 modifiant et complétant les textes antérieurs.

Cependant, dans cette situation, le directeur des services académiques, qui était chargé de tout le secteur scolaire, ne bénéficiait pas de compétences directes du ministre et restait subordonné au recteur de Paris qui ne pouvait lui accorder que des délégations de signature.

Il est finalement apparu nécessaire de clarifier les responsabilités respectives de ces deux fonctionnaires et le décret n° 93-63 du 15 janvier 1993 (*JO* du 19 janvier 1993) remplace l'emploi d'inspecteur d'académie de Paris, directeur des services académiques, par un emploi de directeur de l'académie de Paris.

Aux termes de ce décret :

> Art. 1er. – Le directeur de l'académie de Paris est nommé par décret du président de la République.
> Le directeur de l'académie de Paris reçoit délégation de compétence dans les domaines suivants :
> 1° La formation et la gestion des personnels affectés aux enseignements dispensés dans les écoles, les collèges, les lycées et les établissements d'éducation spéciale de l'académie.
> 2° L'organisation des classes et des filières dans ces établissements, ainsi que l'affectation des élèves.
> 3° La mise en œuvre de l'action éducatrice dans ces mêmes établissements.
> 4° La formation continue des adultes qui y est dispensée.
> Le directeur dirige les services de l'académie de Paris relevant de ses attributions.
>
> Art. 2. – Sous l'autorité du directeur de l'académie de Paris, le secrétaire général d'académie est chargé des services de l'académie mentionnés à l'article premier.
> En cas d'absence ou d'empêchement, il supplée le directeur de l'académie de Paris, dont il peut recevoir délégation de signature.
>
> Art. 3. – Le directeur de l'académie de Paris est assisté d'inspecteurs d'académie, directeurs des services départementaux de l'Éducation nationale, qui, pour les affaires relevant de leurs compétences, peuvent recevoir de lui délégation de signature.

L'organisation des services académiques.

0113. Les services administratifs comprennent :

Le cabinet du recteur.

Dirigé par un directeur de cabinet, il est chargé des affaires réservées, du protocole, des distinctions honorifiques et du service de presse et d'information.

En outre, est directement rattaché au cabinet le service des vigiles universitaires.

La direction de l'académie.

Elle est dirigée par un directeur (qui n'est pas obligatoirement un inspecteur général de l'Éducation nationale) assisté d'un secrétaire général, d'un secrétaire général adjoint, de deux inspecteurs d'académie, directeurs des services départementaux de l'Éducation nationale (un pour les enseignements préélémentaire et élémentaire et un pour les enseignements secondaires) et d'un inspecteur de l'Éducation nationale, adjoint au directeur de l'académie de Paris (enseignements préélémentaire et élémentaire).

Par ailleurs, le directeur de l'académie dispose des IPR-IA, des IEN (premier degré, IEN-IET et IEN-IIO de l'académie) puisqu'il exerce les compétences d'un recteur et d'un inspecteur d'académie, pour les collèges, écoles et lycées.

Enfin, plusieurs conseillers au niveau académique sont placés auprès du directeur :

- le chef de la mission académique à la formation des personnels de l'Éducation nationale (MAFPEN) ;
- le directeur des ressources humaines (DRH) ;
- le chef du service académique d'information et d'orientation (CSAIO). Il est aussi délégué régional de l'ONISEP (DRONISEP) ;
- le délégué académique aux enseignements techniques (DAET) ;
- le délégué académique à la formation continue (DAFCO) ;
- le proviseur « vie scolaire » (PVS) ;
- le médecin, conseiller technique ;
- l'assistante sociale chef, conseiller technique ;
- l'infirmière chef, conseiller technique.

Les services de la direction de l'académie de Paris sont les suivants :

- délégation vie scolaire ;
- division des affaires financières et du contrôle de gestion[7] ;
- division des affaires juridiques, des instances et du contentieux ;
- division des écoles ;
- division des établissements privés[7] ;
- division des rémunérations[7] ;
- division des élèves ;
- division de l'organisation et de la programmation scolaires ;
- division des personnels administratifs, ouvriers, sociaux, de santé, de service[7] ;
- division des personnels enseignants (du second degré) ;
- centre académique parisien de télématique et informatique ;
- service des affaires générales ;
- service académique de l'inspection de l'apprentissage ;

- service statistique rectoral[7] ;
- centre de formation et d'information pour la scolarisation des enfants migrants ;
- délégation académique à la formation continue ;
- mission académique à la formation des personnels de l'Éducation nationale ;
- service académique des formations administratives.

Le cabinet du directeur de l'académie de Paris comprend une cellule de traitement des affaires réservées et un service de communication « académie de Paris-Communication ».

Les services de la chancellerie.

Le vice-chancelier est assisté d'un chef de cabinet et d'un secrétaire général. Ses services comprennent :

- le service de l'administration de la chancellerie (pour l'administration de l'établissement public et du patrimoine qu'il gère) ;
- la division des établissements et de la vie universitaire ;
- la division des personnels de l'enseignement supérieur ;
- le service constructeur qui peut aussi intervenir comme conseiller du directeur de l'académie.

Les services interacadémiques.

0114. Plusieurs services sont placés sous l'autorité conjointe des recteurs des académies de Paris, Créteil et Versailles (leur gestion administrative pouvant être assurée par l'un des recteurs).

Le service constructeur des académies d'Île-de-France.

Commun aux trois académies, il a été supprimé par arrêté du 26 mars 1993 (*JO* du 1er avril 1993). La convention constitutive d'un groupement d'intérêt public dénommé Agence pour les constructions, les réhabilitations et l'architecture universitaires a été approuvée par un arrêté du même jour.

Le service académique des examens et concours.

Il a été créé par un texte particulier, le décret n° 82-245 du 15 mars 1982, qui dispose :

> Art. 3. – Le directeur du service interacadémique exerce, en ce qui concerne les huit départements de la région d'Île-de-France, les compétences propres des recteurs telles qu'elles sont définies par les textes susvisés relatifs à l'organisation des concours et examens sous réserve des dispositions de l'alinéa suivant.
> À titre transitoire, les dispositions de l'alinéa précédent ne sont applicables en ce qui concerne le baccalauréat de l'enseignement du second degré que pour les départements de Paris, des Hauts-de-Seine, de la Seine-Saint-Denis et du Val-de-Marne. Elles seront étendues à l'ensemble des départements de la région

d'Île-de-France par décision conjointe des recteurs des académies de Créteil, Paris et Versailles.
Les pouvoirs propres du recteur de l'académie de Paris pour les centres français d'examens ouverts à l'étranger sont également exercés par le directeur du service interacadémique.

Art. 4. – Toutefois, les recteurs des académies de Créteil, Paris et Versailles conservent, outre les compétences qu'ils tiennent de délégations ministérielles, les compétences suivantes :
– la désignation des présidents de commissions de choix des sujets et des présidents de jury ;
– l'approbation des sujets d'examen pour le baccalauréat de l'enseignement du second degré, le baccalauréat de technicien ainsi que des sujets des épreuves d'enseignement général (français, mathématiques, législation pour tous les autres examens de l'enseignement technologique).
Restent également soumis à leur approbation l'établissement définitif du calendrier des examens et concours relevant de leur autorité ainsi que le choix des centres d'examen.

Art. 5. – Les tâches incombant aux recteurs des académies de Créteil, Paris et Versailles, en ce qui concerne l'organisation des examens et concours nationaux ou académiques relevant du ministère de l'Éducation nationale à l'exception des concours académiques de recrutement des personnels administratifs, techniques et de service des académies de Créteil et Versailles, sont assurées par le service interacadémique des examens et concours.

Les organes consultatifs.

Le conseil interacadémique.

0115. La loi du 10 juillet 1989 a institué un conseil interacadémique d'Île-de-France qui se substitue aux trois conseils académiques de Paris, Créteil et Versailles créés en application du décret n° 85-895 du 21 août 1985. Ce conseil fait l'objet du décret n° 91-108 du 25 janvier 1991 (modifié par le décret n° 93-129 du 29 octobre 1993).

Composé de vingt-sept membres représentant la région, les départements et les communes (dont cinq conseillers de Paris), de vingt-sept membres représentant les personnels (dont six de l'enseignement supérieur), de huit parents d'élèves, de six étudiants, du président du comité économique et social de la région, de six représentants des organisations syndicales de salariés et de six des organisations syndicales d'employeurs, le conseil est présidé, selon que les questions soumises aux délibérations sont de la compétence de l'État ou de la région d'Île-de-France, par le préfet de région d'Île-de-France ou par le président du conseil régional.

En cas d'empêchement du préfet de région, le conseil est présidé par le recteur de l'académie de Paris ou, lorsque les questions soumises à délibération concernent exclusivement soit l'académie de Versailles, soit l'académie de Créteil, par le recteur de l'académie concernée. Lorsque les questions examinées concernent exclusivement l'enseignement agricole, le conseil est présidé, en cas d'empêchement du préfet de région, par le directeur régional de l'agriculture et de la forêt d'Île-de-France.

En cas d'empêchement du président du conseil régional, le conseil est présidé par le conseiller régional délégué à cet effet par celui-ci.

Le conseil interacadémique d'Île-de-France exerce les mêmes attributions que les autres conseils institués au niveau de chaque académie, y compris celles relatives à l'enseignement supérieur, qu'il s'agisse des compétences de l'État (les aspects régionaux de la carte des formations supérieures et de la recherche) ou des compétences de la région (le plan régional de développement des formations de l'enseignement supérieur) (*cf.* circulaire n° 91-089 du 12 avril 1991 – *BO* du 2 mai 1991).

Le conseil de l'Éducation nationale du département de Paris.

0116. Composé de trente membres : dix conseillers de Paris, dix représentants des personnels en fonction dans les services ou établissements du premier et du deuxième degré, sept parents d'élèves, deux personnalités et un représentant des associations complémentaires de l'enseignement, il est présidé, selon que les questions soumises sont de la compétence de l'État ou du département, par le préfet de Paris ou par le maire de Paris. En cas d'empêchement du préfet, il est présidé par le recteur ou, en cas d'empêchement de ce dernier, par le directeur de l'académie de Paris.

Le conseil a les mêmes attributions que celles exercées par les autres conseils de l'Éducation nationale institués dans les départements.

Les autres organes consultatifs institués dans les académies et les départements se retrouvent dans l'académie de Paris.

Textes de référence.

- *RLR* : 140.0 – 143.0 – 140.2 i.

7. Les dispositions concernant la Corse, les régions d'outre-mer et Andorre.

La région et l'académie de Corse.

Le statut de la région.

0117. Il a été établi par une loi particulière n° 82-214 du 2 mars 1982 et ses compétences ont été définies par la loi n° 82-659 du 30 juillet 1982 et la loi n° 91-428 du 13 mai 1991.

Ces lois ont confié à l'assemblée de Corse des pouvoirs plus étendus, en matière d'enseignement, que ceux qui ont été attribués aux conseils régionaux du continent. L'intervention des élus dans le fonctionnement et le financement du service public présente des particularités (voir n° 0176). C'est pourquoi le rôle du recteur peut être différent de celui des recteurs des autres académies.

La Corse a d'abord été un département dont les services de l'Éducation nationale, constitués en vice-rectorat, étaient rattachés au rectorat de Nice. La création d'une académie par décret du 6 novembre 1975 a été accompagnée de celle de deux inspections académiques à Ajaccio (Corse du Sud) et à Bastia (Haute-Corse). Toutefois, c'est très progressivement que le rectorat de Corse a pu obtenir les moyens d'exercer la totalité des compétences d'une administration académique.

Actuellement, le recteur de Corse exerce les mêmes attributions que les recteurs du continent, y compris celles de chancelier de l'université, implantée à Corte. Il a cependant des fonctions de relation et de concertation très importantes puisqu'il doit prendre en compte non seulement les décisions ou les propositions de l'assemblée régionale mais également les avis de deux autres instances (indépendamment de celles qui ont été maintenues dans toutes les académies).

Il s'agit d'une part du conseil de la culture, de l'éducation, du cadre de vie institué par la loi et qui, à côté du conseil économique et social, est obligatoirement consulté dans certains cas. En outre, ce conseil chargé de la sauvegarde et de la diffusion de la langue et de la culture corses émet un avis sur « toutes les décisions intéressant l'avenir culturel de la Corse ou emportant des conséquences en matière d'éducation » ; d'autre part, il existe, comme sur le continent, un conseil de l'Éducation nationale au niveau académique, mais ses compétences consultatives ont été élargies au détriment de celles des conseils de l'Éducation nationale institués pour la Haute-Corse et la Corse du Sud.

En effet, les compétences du conseil de l'académie de Corse s'exercent non seulement à l'égard des lycées, mais aussi à l'égard des collèges pour l'attribution des dotations relatives aux dépenses pédagogiques supportées par l'État et dans le cadre des pouvoirs dévolus à la région pour les modalités d'attribution des moyens en emplois et en crédits à tous les établissements : collèges, lycées et établissements assimilés. Par ailleurs, le programme prévisionnel des investissements intéressant les collèges est arrêté par le conseil du niveau académique et non par les conseils des départements. Ceux-ci exercent cependant les autres compétences consultatives qui reviennent au conseil de l'Éducation nationale au niveau départemental (*cf.* décret n° 85-895 du 21 août 1985 et circulaire du 21 août 1985).

Les départements d'outre-mer.

0118. La Guadeloupe, la Guyane, la Martinique et la Réunion sont dotées d'un statut administratif particulier ; elles sont à la fois :

- départements d'outre-mer depuis la loi de départementalisation du 19 mars 1946 ;

- et régions de plein exercice en application des dispositions de la loi n° 82-1171 du 31 décembre 1982, auxquelles les lois de décentralisation du 7 janvier et 22 juillet 1983[8] ont transféré, sous certaines conditions, les mêmes compétences que celles dévolues aux régions.

Il a été institué, dans chacune des quatre régions, un comité de la culture, de l'éducation et de l'environnement qui est obligatoirement et préalablement consulté lors de la préparation du plan de développement et d'équipement de la région et de l'élaboration du projet de budget de la région en ce qui concerne l'éducation, la culture, la protection des sites, de la faune, de la flore et du tourisme.

Par ailleurs, un conseil de l'Éducation nationale a été créé dans chaque région par le décret n° 85-1264 du 28 novembre 1985. Ce conseil exerce l'ensemble des attributions dévolues aux conseils institués dans les départements et les académies de la métropole.

Ainsi, il bénéficie des dispositions du décret n° 91-106 du 25 janvier 1991 par lesquelles le conseil de l'Éducation nationale exerce des attributions en matière d'enseignement supérieur.

En effet, il est consulté sur les aspects régionaux de la carte des formations supérieures et de la recherche et sur le plan régional de développement de l'enseignement supérieur.

Par le décret n° 91-107 du 25 janvier 1991 (*JO* du 29 janvier 1991), la composition du conseil des quatre régions a été modifiée pour prendre en compte l'extension de ses attributions à l'enseignement supérieur.

La composition tripartite du conseil a été maintenue entre les représentants des collectivités, des personnels et des usagers. Mais leur nombre a été augmenté pour faire place aux personnels de l'enseignement supérieur et aux étudiants.

Les modalités d'application des décrets précités ont été définies par la circulaire n° 91-089 du 12 avril 1991 (*BO* du 2 mai 1991).

La Guadeloupe, la Guyane et la Martinique étaient regroupées dans une seule académie des Antilles-Guyane. Le recteur était donc l'interlocuteur de trois assemblées régionales et de trois préfets de région. À la tête des services de l'éducation dans chaque département se trouve un inspecteur d'académie dont les pouvoirs de décision et de gestion, comme pour les inspecteurs d'académie de métropole, résultent des délégations ministérielles ou des délégations accordées par le recteur. La décision de créer un rectorat dans chaque département (décret n° 96-1147 du 26 décembre 1996) vient de modifier cette architecture administrative et de la rapprocher de celle de l'académie de la Réunion (voir n° 0071).

Dans la région de la Réunion, les services de l'Éducation nationale, jusqu'en 1984, étaient placés sous l'autorité d'un inspecteur d'académie ayant le titre de vice-recteur : celui-ci détenait un grand nombre de délégations de signature. Bien que partie intégrante de l'académie d'Aix-Marseille, le département de la Réunion, en raison de ces délégations (et de l'éloignement), bénéficiait d'une relative autonomie de gestion.

Par le décret n° 84-998 du 13 novembre 1984, l'académie de la Réunion a été créée. Le recteur eest également chancelier de l'université de Saint-Denis de la Réunion. Une particularité de cette académie est qu'elle comporte un seul département et par conséquence le recteur exerce non seulement les attributions d'un recteur d'académie mais aussi celles de directeur des services départementaux de l'Éducation nationale. Toutefois, il est assisté par un adjoint, inspecteur d'académie, « auquel il peut déléguer sa signature dans les domaines relatifs aux écoles, aux collèges et aux lycées ».

Les territoires d'outre-mer.

0119. Dans les territoires d'outre-mer, en application des dispositions du décret n° 70-47 du 15 janvier 1970 portant création et organisation des vice-rectorats dans les territoires d'outre-mer et délégation de pouvoirs aux vice-recteurs, les compétences détenues par l'État en matière d'enseignement du premier degré et du second degré sont exercées sous l'autorité du représentant de la République par un vice-recteur.

En Nouvelle-Calédonie, en Polynésie française et à Wallis-et-Futuna, ces compétences sont exercées par des IPR-IA; à Saint-Pierre-et-Miquelon, le chef du service de l'Éducation nationale est le proviseur du lycée d'État; à Mayotte, un IPR-IA exerce les fonctions de directeur de l'enseignement.

Nouvelle-Calédonie.

La loi n° 88-1028 du 9 novembre 1988 porte dispositions statutaires et préparatoires à l'autodétermination de la Nouvelle-Calédonie en 1998.

Les provinces de Nouvelle-Calédonie ont la responsabilité de l'enseignement primaire.

L'État est compétent dans la définition des programmes, le contenu de la formation des maîtres et le contrôle pédagogique de l'enseignement primaire, sauf dans l'adaptation des programmes en fonction des réalités culturelles et linguistiques.

L'État est compétent dans l'enseignement du second degré, sauf la réalisation et l'entretien des collèges du premier cycle du second degré; l'État arrête la liste annuelle des opérations de construction ou d'extension des collèges qu'il s'engage à pourvoir de postes nécessaires.

Polynésie française.

La loi n° 90-612 du 12 juillet 1990 modifiant la loi n° 84-820 du 6 juillet 1984 porte statut du territoire de la Polynésie française.

Le territoire a la responsabilité des enseignements du premier et du second degré.

La loi n° 87-556 du 16 juillet 1987 a décidé le transfert de la compétence du second cycle de l'enseignement du second degré au territoire de la Polynésie française.

La convention n° 88-003 du 31 mars 1988 sur l'éducation en Polynésie française a organisé le transfert des compétences prévu par les lois n° 84-820 du 6 septembre 1984 et n° 87-556 du 16 juillet 1987 selon deux principes :

- affirmation des compétences du territoire principalement dans l'organisation et le fonctionnement des établissements d'enseignement du second degré et dans les éventuels aménagements des enseignements et adaptations des formations;
- affirmation des compétences de l'État dans le domaine des enseignements et des diplômes, dans la gestion de la carrière des personnels.

Les enseignements post-baccalauréat assurés dans les lycées et leurs sanctions relèvent de la compétence du ministre de l'Éducation nationale.

La loi n° 94-99 du 5 février 1994 fixe pour dix ans les grands axes des priorités de l'État, notamment dans le domaine de l'éducation, de la formation et de la recherche (art. 2).

Wallis-et-Futuna.

La loi n° 61-814 du 29 juillet 1961 a conféré aux îles Wallis-et-Futuna le statut de territoire d'outre-mer.

L'enseignement primaire a été concédé par convention à la mission catholique en 1969.

La convention relative à l'enseignement du premier degré à Wallis-et-Futuna du 7 mars 1991 et son avenant du 24 février 1992 ont fixé les conditions dans lesquelles s'effectue la prise en charge par l'État des dépenses afférentes à l'ensemble des établissements scolaires préélémentaires et élémentaires relevant de la mission catholique du territoire.

L'enseignement du second degré relève de la compétence de l'État qui affecte des professeurs venus de métropole.

Saint-Pierre-et-Miquelon.

La loi n° 85-595 du 11 juin 1985 relative au statut de l'archipel de Saint-Pierre-et-Miquelon a érigé l'archipel en collectivité territoriale.

L'État a la responsabilité de l'enseignement du premier et du second degré.

Les attributions du chef du service de l'Éducation nationale de Saint-Pierre-et-Miquelon ont été précisées par le décret n° 78-514 du 31 mars 1978.

Mayotte.

La loi n° 76-1212 du 24 décembre 1976 relative à l'organisation de Mayotte est le dispositif législatif fondamental.

Dans le cadre des compétences respectives de l'État et de la collectivité territoriale de Mayotte, la convention État-Mayotte (1992-1996) a pour but de rapprocher Mayotte des objectifs nationaux du système éducatif définis par la loi d'orientation n° 89-486 du 10 juillet 1989.

La collectivité territoriale a en charge l'enseignement du premier degré, l'État l'enseignement du second degré.

Pour l'enseignement du premier degré, l'aide de l'État intervient sous la forme d'une subvention globale de fonctionnement et la délégation d'un certain nombre d'emplois d'instituteurs-maîtres formateurs.

L'enseignement français en Andorre.

0120. La principauté d'Andorre s'est dotée en mars 1993 d'une constitution adoptée à une très large majorité et est devenue un état souverain. La prise en compte de ses besoins a rendu nécessaire une adaptation de l'enseignement dispensé par les établissements du co-prince français en Andorre.

Une convention a été signée le 19 mars 1993 entre le gouvernement de la République française et le gouvernement de la principauté d'Andorre dans le domaine de l'enseignement[9].

Cette convention s'intègre dans le nouveau contexte institutionnel de la principauté d'Andorre. Elle prend en compte les besoins spécifiques de l'Andorre en adaptant l'enseignement dispensé dans les établissements français de la principauté.

Ces établissements sont placés sous l'autorité d'un délégué à l'enseignement relevant du ministre français de l'Éducation nationale, interlocuteur des autorités andorranes pour toutes les questions relatives au système éducatif.

Les grandes orientations de la politique d'enseignement des établissements français sont examinées par une commission mixte franco-andorrane pour l'enseignement de caractère intergouvernemental qui siège en formation plénière ou en formation spécialisée.

Deux décrets ont été pris en application de la convention du 19 mars 1993 :

- un décret n° 95-592 du 6 mai 1995 (modifié par le décret n° 96-219 du 15 mars 1996) prévoit les modalités d'organisation et de fonctionnement des établissements d'enseignement français de la principauté. S'agissant du premier degré, les dispositions du décret du 6 septembre 1990, modifié, relatif à l'organisation et au fonctionnement des écoles maternelles et élémentaires, ont été transposées avec quelques adaptations ;
- un décret n° 96-751 du 14 août 1996 précise les dispositions relatives à la nomination et à la gestion des personnels relevant du ministère français de l'Éducation nationale et exerçant leurs fonctions en principauté d'Andorre. Le territoire de la principauté d'Andorre est considéré du point de vue du mouvement et de la gestion des personnels de l'Éducation nationale comme une circonscription spécifique. Ce décret comporte également des dispositions relatives au fonctionnement du service de l'enseignement et notamment à la gestion des crédits budgétaires affectés à ce fonctionnement.

N.B. : Les établissements d'enseignement français en Allemagne ont été placés sous la tutelle du ministère de la Défense par les deux décrets n° 95-585 et 586 du 5 mai 1995.

Textes de référence.

- Corse : *RLR* 101-4b.
- DOM : *RLR* 142.7 :
- TOM : *RLR* 101-4 c; 101-4 d; 101-4 e, 120.0;
- Andorre : *RLR* 140.0.

NOTES

1. Trois académies à compter du 1er janvier 1997.

2. Voir notamment P. Gérard, « Le recteur d'académie », in *AJDA*, n° 11, 1996.

3. Séminaire de recteurs, « La conduite du changement dans les académies » (25-26 mai 1989), Rapport de commission.

4. Le décret n° 82-390 du 10 mai 1982 modifie fait du préfet le pivot de l'action gouvernementale mais « traite » d'une façon spécifique le recteur, responsable de l'action éducatrice.

5. Le préfet est « l'unique ordonnateur secondaire des services déconcentrés des administrations civiles de l'État dans la région » (art. 14, al. 1 du décret n° 82-390 du 10 mai 1982).

6. *In* compte rendu du séminaire des 25-26 mai 1989.

7. Ces unités sont chargées à la fois des affaires relatives aux enseignements scolaires et aux enseignements supérieurs.

8. Complétées par la loi n° 84-747 du 2 août 1984 réservant aux seules régions la mise en place d'activités éducatives complémentaires aux enseignements dispensés dans les établissements scolaires.

9. Voir Jacky Simon, « La Convention franco-andorrane dans le domaine de l'enseignement », in *Revue Savoir*, n° 3, 1994.

Chapitre 3
L'administration départementale

1. L'inspecteur d'académie, directeur des services départementaux de l'Éducation nationale.

Origine de la fonction et évolution[1].

0121. Le décret du 17 mars 1808 qui a créé l'Université impériale et institué la fonction de recteur a également prévu que celui-ci serait aidé par un adjoint : l'inspecteur d'académie. L'appellation donnée à ce fonctionnaire indique que la mission qu'on lui assigne est d'inspecter (il est donc itinérant) et que sa compétence s'étend à toute l'académie.

La fonction a sensiblement évolué au cours du XIXe siècle. La loi du 14 juin 1854 (art. 2) qui a posé le principe selon lequel :

> chacune des académies est administrée par un recteur assisté d'autant d'inspecteurs d'académie qu'il y a de départements dans la circonscription

a eu pour effet de fixer l'inspecteur d'académie dans le département où il est « en résidence ». La loi précitée précisait en outre :

> sous l'autorité du recteur, il dirige l'administration des collèges et des lycées et exerce en ce qui concerne l'enseignement secondaire libre les attributions déférées au recteur,

ajoutant :

> sous l'autorité du préfet, l'inspecteur d'académie instruit les affaires relatives à l'enseignement primaire du département.

La loi du 14 juin 1854 avait donc placé l'inspecteur d'académie sous la double subordination du recteur et du préfet.

Un arrêté du 30 mars 1863 (art. 12 à 14) précisait les attributions de l'inspecteur d'académie dans le contrôle des établissements secondaires, le chargeant de vérifier la comptabilité des lycées, de surveiller le service intérieur, de contrôler l'exécution des marchés.

Le développement de l'enseignement primaire pendant la IIIe République a donné à l'inspecteur d'académie des responsabilités accrues, bien que les collectivités locales aient conservé la charge des écoles.

Ainsi la loi organique du 30 octobre 1886 (art. 9) dispose :

> L'inspection des établissements d'instruction primaire publics ou privés est exercée par les recteurs et les inspecteurs d'académie

et le décret organique du 18 janvier 1887 :

> L'inspecteur d'académie et les inspecteurs primaires ont seuls qualité pour assurer l'exécution des arrêtés rectoraux en ce qui concerne les nominations, révocations et mutations des instituteurs et institutrices publics...

Une nouvelle étape est marquée, avant la Seconde guerre mondiale, par le décret du 7 mai 1938, qui fixe les conditions de recrutement et de nomination des inspecteurs d'académie. Après la guerre, le décret du 28 février 1947 confirme la position de l'inspecteur d'académie en stipulant :

> Sous l'autorité du recteur, l'inspecteur d'académie est le directeur départemental de tous les services de l'Éducation nationale.

Mais une circulaire du président du Conseil en date du 11 juillet 1952 rappelle les termes de la loi du 14 juin 1854 et précise le rôle du préfet dans l'administration de l'Éducation nationale :

> Si l'ordonnance du 20 novembre 1944 a confié au recteur le soin de procéder à la nomination des instituteurs, le préfet conserve la charge de présider le conseil départemental de l'enseignement primaire, le comité départemental de l'enseignement technique et le comité départemental des constructions scolaires.

Et la circulaire ajoute :

> Le préfet doit être appelé à renseigner périodiquement le ministre de l'Éducation nationale sur la manière de servir de l'inspecteur d'académie. L'avis du préfet complétera la notation du recteur...

Ainsi la situation de l'inspecteur d'académie est celle d'un chef de service départemental et il reste soumis à une double subordination.

Le décret du 14 mars 1964 relatif à l'organisation des services de l'État dans le département, tout en excluant de la compétence du préfet

> l'action éducative et les mesures concernant la scolarité, l'administration du personnel, l'organisation, la gestion intérieure et la tutelle des établissements d'enseignement

affirmait son rôle de chef de l'administration départementale, représentant de tous les ministres.

Le décret précisait que le préfet

> adresse chaque année aux ministres compétents une appréciation générale relative à la manière de servir des chefs de service départementaux.

Il est donc habilité à juger la manière de servir de l'inspecteur d'académie. Les nouveaux décrets du 10 mai 1982 relatifs aux commissaires de la République n'ont pas introduit de novation dans ce domaine.

Actuellement, les inspecteurs d'académie appartiennent à un corps de fonctionnaires qui sont chargés soit d'une mission d'inspection pédagogique régionale, soit de la direction d'un CRDP ou d'un service académique (orientation, formation continue), soit de la direction des services départementaux. Dans cette dernière fonction, ils sont placés sur un emploi IA-DSDEN ; leurs responsabilités administratives en font des fonctionnaires de responsabilité disposant de pouvoirs propres dans la gestion du service public de l'éducation.

Pendant longtemps, l'inspecteur d'académie n'a été que le représentant du recteur dans le département, il agissait en son nom dans le cadre d'attributions définies et celles-ci étaient souvent assez limitées pour l'enseignement du second degré. L'inspecteur d'académie apparaissait alors comme le « chef des instituteurs » ; son intervention dans les lycées se marquait par quelques visites et des contacts avec les chefs d'établissement : un proviseur pouvait qualifier l'inspection académique de simple « boîte à lettres ».

Or, depuis 1962, la déconcentration administrative opérée au profit des recteurs a été accompagnée de délégations de signature accordées aux inspecteurs d'académie pour administrer à la fois l'enseignement du premier degré et celui du second degré. C'est pourquoi le fait le plus remarquable dans l'évolution du rôle de l'inspecteur d'académie a été, depuis trente ans, l'accroissement continu de ses attributions et de ses compétences dans tous les ordres d'enseignement (sauf l'enseignement supérieur). D'ailleurs, depuis quelques années, des délégations de pouvoir directes du ministre de l'Éducation nationale lui ont été attribuées.

Néanmoins, la fonction peut être assumée de manière assez différente par les intéressés – et notamment dans l'administration de l'enseignement du second degré – suivant l'importance (effectifs scolaires et nombre d'établissements) de l'académie et des départements qui la composent, enfin suivant la nature des délégations de droit ou de fait qui ont été accordées par le recteur à l'inspecteur d'académie.

Conditions de recrutement et de nomination.

Actuellement, les inspecteurs d'académie, directeurs des services départementaux de l'Éducation nationale, bénéficient d'un statut d'emploi fixé par le décret n° 90-676 du 18 juillet 1990 (*JO* du 2 août 1990).

Aux termes de ce décret, les inspecteurs d'académie, directeurs des services départementaux, ainsi que les inspecteurs d'académie adjoints, sont nommés par décret du président de la République sur proposition du ministre de l'Éducation nationale. Peuvent être nommés à cet emploi les inspecteurs pédagogiques régionaux – inspecteurs d'académie titulaires, dont le statut particulier a été fixé par le décret n° 90-675 du 18 juillet 1990 (*JO* du 2 août

1990) et, dans la limite de 5 % de l'effectif budgétaire, les administrateurs civils[2] justifiant de huit années de service. (Il s'agit d'une disposition nouvelle déjà envisagée par différents ministres mais qui avait jusqu'ici été écartée en raison de réserves des corps d'inspection, de syndicats d'enseignants et des craintes de contagion en ce qui concerne le recrutement des recteurs...)

Le corps des inspecteurs pédagogiques régionaux-inspecteurs d'académie, dont est issu le plus grand nombre d'inspecteurs d'académie, directeurs des services départementaux et leurs adjoints, a un double recrutement, par concours et par liste d'aptitude (*cf. supra* n° 0082).

À noter que les emplois d'inspecteur d'académie, directeur des services départementaux de l'Éducation nationale, sont répartis en deux groupes selon l'importance des départements et que tout fonctionnaire nommé à cet emploi, ou à celui d'adjoint, peut se voir retirer l'emploi dans l'intérêt du service.

Attributions et compétences de l'inspecteur d'académie.

0122. Le décret n° 90-676 précise que les inspecteurs d'académie, directeurs des services départementaux de l'Éducation nationale

> sont chargés d'animer et de mettre en œuvre dans le département la politique éducative du ministre chargé de l'éducation.

Directeur du service départemental de l'éducation, l'inspecteur d'académie a vu croître ses attributions au cours des dernières années; en particulier son action à l'égard des établissements du second degré s'est affirmée et développée.

Par ailleurs, l'inspecteur d'académie a reçu du ministre de l'Éducation nationale un certain nombre de pouvoirs et il détient des compétences propres. De plus en plus souvent, les mesures de déconcentration sont prises en sa faveur. En même temps, il est le représentant du recteur auquel il est subordonné, il reçoit de lui toutes directives et instructions pour administrer l'enseignement dans le département. Il lui adresse en retour toute information utile et lui rend compte de son activité et de celle des écoles et établissements qu'il contrôle.

On notera qu'à la différence des autres directeurs des services déconcentrés de l'État, l'inspecteur d'académie est directeur des services départementaux de l'Éducation nationale et non directeur départemental. Ceci s'explique par sa dépendance hiérarchique vis-à-vis de l'échelon « régional/académique », le recteur, situation exceptionnelle dans l'administration française. Cette situation particulière est cependant rééquilibrée par l'émergence forte de politiques interministérielles se développant au niveau départemental et infra-départemental.

Échelon de proximité, l'IA-DSDEN peut développer tout son savoir-faire dans diverses directions : politique de la ville, politique d'aménagement rural du territoire...

Les attributions administratives.

Enseignement du premier degré.

0123. L'inspecteur d'académie a pouvoir de décision pour l'ouverture et la fermeture des classes et des écoles et pour l'implantation des emplois d'instituteurs (décret du 11 juillet 1979). Il a le même pouvoir concernant les emplois des professeurs des écoles (décret du 19 novembre 1990).

Il détient les compétences en matière de gestion des personnels des écoles (décret du 17 juillet 1987 et du 4 janvier 1988, arrêté du 12 avril 1988) et, notamment, pour les nominations, mutations, promotions, congés des instituteurs, l'établissement des listes d'aptitude aux fonctions de directeur, l'application de certaines sanctions disciplinaires. L'inspecteur d'académie exerce depuis la loi organique du 30 octobre 1886 le pouvoir d'inspection des écoles; il coordonne l'action des inspecteurs de l'Éducation nationale et il détermine les circonscriptions d'inspection des inspecteurs chargés du contrôle des écoles.

Il désigne pour quatre ans les délégués départementaux de l'Éducation nationale (DDEN – décret n° 86-42 du 10 janvier 1986 modifié).

Son rôle est particulièrement important pour la préparation de la rentrée dans l'enseignement du premier degré et la définition du réseau scolaire du département.

En outre, il approuve les programmes pédagogiques de construction des écoles et instruit un grand nombre d'affaires qui relèvent de la décision du préfet ou du conseil général : notamment les dossiers de constructions scolaires (et des transports scolaires dans de nombreux départements).

Autres domaines où l'inspecteur d'académie instruit les affaires soumises à la décision du préfet ou des collectivités locales :

- les mesures de protection sanitaire : en cas d'épidémie, la fermeture temporaire des écoles;
- la création des cours d'adultes.

Enfin l'inspecteur d'académie nomme les commissions d'examen, choisit les sujets et délivre les diplômes pour le certificat d'aptitude pédagogique.

S'agissant des IUFM, structure relevant de l'enseignement supérieur, sous la tutelle du recteur (voir n° 0270), l'inspecteur d'académie n'a plus le rôle central qu'il avait vis-à-vis des écoles normales d'instituteurs. Il est toutefois membre du conseil scientifique et pédagogique de l'IUFM (art. 8 du décret n° 90-867 du 28 septembre 1990), concourt à la mise en place de réseaux d'établissements, terrains de stage, participe en qualité de vice-président de concours de recrutement, propose la titularisation des professeurs des écoles...

Enseignement du second degré.

Depuis la loi du 14 juin 1854, l'inspecteur d'académie est chargé de « diriger l'administration des lycées et collèges ». Et l'arrêté du 30 mars 1863 lui attribue l'exercice sur le service intérieur et sur la comptabilité des lycées « d'une surveillance et d'un contrôle permanents ».

Bien que ces textes soient toujours en vigueur, l'inspecteur d'académie ne remplit pas toujours cette fonction et, dans les départements les plus importants, son inspection des établissements du second degré n'est pas systématique : il visite les lycées et collèges où se posent des problèmes particuliers d'organisation ou de vie scolaire et il n'opère que rarement des vérifications d'ordre administratif et financier.

Par ailleurs, son rôle dans l'enseignement du second degré est modifié depuis le transfert aux collectivités locales des compétences pour la planification et la prise en charge des établissements.

- Organisation scolaire : avis sur la définition du schéma prévisionnel des formations (de la compétence de la région), étude des mesures de préparation de la rentrée (structures pédagogiques et implantation des postes de personnels). Depuis le 1er septembre 1987, l'inspecteur d'académie est responsable de l'organisation interne des collèges. S'agissant des lycées et établissements assimilés, il donne un avis, fait des propositions et fournit tous éléments d'appréciation au recteur. Après la rentrée, il contrôle les emplois du temps des classes et les services des enseignants, il vérifie l'utilisation des heures supplémentaires.
- Constructions, extensions, aménagements des collèges et des lycées : avis sur les programmes prévisionnels des investissements (de la compétence du département), étude et arrêt des programmes pédagogiques de construction (au moins pour les collèges).
- Examens et concours : nomination des jurys, choix des sujets, délivrance des diplômes pour le brevet des collèges, organisation du baccalauréat par délégation du recteur; organisation des examens de l'enseignement technique et délivrance de certains diplômes (BEP, CAP) par délégation du préfet.
- Scolarité et vie scolaire : admission et exclusion des élèves, fréquentation scolaire, affectation après orientation, classes transplantées et voyages scolaires, accidents scolaires, expérimentations pédagogiques, projets d'établissements, activités éducatives et culturelles, etc.; organisation des cours professionnels et de l'apprentissage par délégation du recteur.
- Tutelle des établissements : participation à la tutelle pédagogique et administrative, contrôle général de leur fonctionnement, questions relatives à l'utilisation des locaux, relations avec les parents d'élèves et relations avec les partenaires socio-économiques, professionnels et culturels. Pour certains établissements, les rapports avec les professions se sont particulièrement développés (stages en entreprise). Pour les lycées, la tutelle financière est le plus souvent réduite à une transmission au recteur (avec un simple avis) des budgets, des demandes de crédits supplémentaires et des comptes financiers.

En revanche, pour les collèges, depuis le 1er décembre 1987, l'inspecteur d'académie a compétence pour exercer les attributions dévolues à « l'autorité académique » (*cf.* articles 15-9 et 15-12 de la loi 83-663 du 22 juillet 1983).

- Personnels enseignants et non enseignants : participation à la notation administrative, attribution des congés...

Gestion financière.

0124. L'inspecteur d'académie avait été institué ordonnateur secondaire de certaines dépenses, par arrêté du 8 décembre 1980. Ce pouvoir lui a été retiré par le décret du 10 mai 1982 instituant le préfet unique ordonnateur secondaire dans le département. Mais le préfet peut lui accorder une délégation de signature. En outre, l'inspection académique liquide les traitements des instituteurs et les bourses du second degré.

Enseignement privé.

0125. Chargé d'inspecter l'enseignement privé pour contrôler l'hygiène, la moralité et la salubrité, l'inspecteur reçoit les déclarations d'ouverture des écoles et si nécessaire peut s'y opposer. Il peut traduire tout instituteur privé devant le conseil de l'Éducation nationale pour faute grave. Il est chargé, depuis la loi Debré, d'exécuter les contrats d'association et les contrats simples et d'assurer la rémunération des maîtres. Par délégation du recteur, il exerce le contrôle administratif et pédagogique des établissements privés liés à l'État.

Les attributions pédagogiques.

0126. Choisi principalement parmi les membres du corps enseignant, l'inspecteur d'académie joue un rôle d'animation de l'enseignement du premier degré et de l'enseignement du second degré, soit par son action personnelle, soit par l'intermédiaire de ses adjoints : inspecteur d'académie adjoint et inspecteur adjoint, et de divers collaborateurs : inspecteur de l'information et de l'orientation, IEN-IET, inspecteurs chargés des écoles, etc.

Expériences et innovations pédagogiques sont souvent suscitées par l'inspecteur d'académie qui en contrôle le déroulement. Il organise des réunions d'information pédagogique, des stages et des conférences pour le perfectionnement des personnels. Parfois il dirige l'équipe académique d'animation de la vie scolaire, chargée principalement de la formation des personnels de direction.

D'une manière générale, il doit favoriser – et vérifier – l'application des instructions ministérielles données aux enseignants et aux chefs d'établissement pour la mise en œuvre des diverses réformes.

Au moment de la rentrée, il donne des consignes en vue de l'adaptation des emplois du temps des classes aux horaires et instructions réglementaires.

Responsable de proximité dans un dispositif complexe, l'IA-DSDEN illustre à la fois l'imbrication des responsabilités recteur/inspecteur d'académie et la nécessité d'une architecture à géométrie variable. La Lozère ne peut relever du même dispositif opérationnel que le Nord.

La mesure n° 1087 du nouveau contrat pour l'école vise cette clarification diversifiée en précisant que :

> Les missions et les compétences des inspections académiques et des rectorats sont redéfinies pour qu'il n'y ait qu'un seul échelon par domaine concerné entre l'établissement et l'administration centrale.

Il reste à mettre en œuvre patiemment ce principe...

Textes de référence.

- Statut et recrutement de l'inspecteur d'académie : *RLR* 622.2 a – 622.2 b;
- Attributions : *RLR* 140.2 b – 140.2 h – 143.2.

2. Les services départementaux de l'Éducation nationale.

L'état-major de l'inspecteur d'académie.

0127. L'inspecteur d'académie peut bénéficier du concours d'un ou plusieurs adjoints dans les départements les plus importants, le ou les adjoints étant eux-mêmes inspecteurs d'académie.

Dans tous les départements, les services administratifs de l'inspection académique sont placés sous la direction d'un fonctionnaire qui est le plus fréquemment un conseiller d'administration scolaire et universitaire (CASU) et parfois un attaché principal. En outre, l'inspecteur d'académie est assisté par divers fonctionnaires jouant auprès de lui le rôle de conseillers techniques. Ceux-ci assurent en même temps des fonctions d'inspection et d'animation.

L'inspecteur d'académie adjoint.

0128. Dans certains départements très peuplés : Nord, Bouches-du-Rhône, Pas-de-Calais, Seine-Maritime notamment, où ont été nommés plusieurs inspecteurs d'académie adjoints, ceux-ci sont « sectorisés », c'est-à-dire qu'ils ont en charge une partie du département, avec parfois une résidence assignée (par exemple, Dunkerque, Valenciennes).

Il s'agit d'une organisation propre à chaque département, décidée par l'inspecteur d'académie avec ses adjoints, en accord avec le recteur. Mais aucun texte réglementaire n'a modifié la structure départementale : celle-ci reste unifiée. D'ailleurs les inspecteurs d'académie adjoints sectorisés ne disposent pas d'un service administratif : au plus, ils ont un secrétariat plus ou moins étoffé.

La fonction d'inspecteur d'académie adjoint est très diversement assumée.

Certains ne sont pas suffisamment associés à l'ensemble des décisions prises par leur collègue, directeur des services départementaux, et leur fonction est limitée à un ordre d'enseignement ou un type d'activité (généralement le contrôle et l'animation de la vie scolaire).

D'autres peuvent être appelés à suppléer leur collègue directeur dans la totalité de ses tâches.

À cet égard, les recteurs et les inspecteurs d'académie ont longtemps été laissés sans directives précises du ministère depuis la création des postes d'inspecteurs d'académie adjoints. Une note de service n° 90-339 du 13 décembre 1990 (*BO* du 3 janvier 1991) a toutefois demandé aux recteurs de généraliser la sectorisation géographique des inspecteurs d'académie adjoints.

À noter, par ailleurs, que les inspecteurs d'académie adjoints relèvent d'un statut d'emploi par le décret n° 90-676 du 18 juillet 1990 (*JO* du 2 août 1990).

Le chef des services administratifs.

0129. Il est responsable du fonctionnement de tous les services de l'inspection académique, sur lesquels il a autorité. Il joue donc le rôle d'un secrétaire général (dans les départements les plus importants, le chef des services administratifs est un CASU voire un secrétaire général de l'administration scolaire et universitaire).

Dans quelques départements, le chef des services administratifs peut voir son action limitée à certains secteurs de l'action administrative, lorsque l'inspecteur d'académie se réserve anormalement des domaines pour lesquels il traite directement avec les bureaux.

La même situation peut se trouver pour l'administration de l'enseignement du premier degré lorsqu'il existe un inspecteur adjoint auquel des délégations de droit ou de fait ont été consenties. Dans ce cas, un partage des attributions au sein de l'inspection académique aboutit à un partage de l'autorité sur les services.

Néanmoins, la situation la plus fréquente, et qui correspond à la règle, est celle du chef des services administratifs sous l'autorité de l'inspecteur d'académie pour la direction de tous les services.

Les textes en vigueur concernant la délégation de signature donnent la possibilité d'accorder cette délégation au chef des services administratifs « en cas d'absence ou d'empêchement de l'inspecteur d'académie ».

Les inspecteurs de l'Éducation nationale.

0130. Les inspecteurs départementaux de l'Éducation nationale (IDEN) ont bénéficié d'un nouveau statut par le décret n° 90-675 du 18 juillet 1990 (*JO* du 2 août 1990). Ils ont été intégrés dans le corps des inspecteurs de l'Éducation nationale qui accueille également les inspecteurs de l'enseignement technique et les inspecteurs de l'information et de l'orientation.

Suivant le décret précité, les inspecteurs de l'Éducation nationale peuvent, notamment, être chargés d'une circonscription d'enseignement du premier degré, par décision du recteur d'académie, ou exercer des fonctions de conseil auprès de l'inspecteur d'académie, directeur des services départementaux de l'Éducation nationale.

L'IEN (1er degré).

Lorsqu'ils sont chargés d'une circonscription du premier degré, les inspecteurs, sous l'autorité de l'inspecteur d'académie, ont compétence sur les écoles publiques et privées sous contrat du premier degré et sur leurs personnels. Ils ont alors une fonction de contrôle et d'animation pédagogique. Ils proposent une note pour le personnel enseignant et font rapport à l'inspecteur d'académie sur le fonctionnement des écoles. En outre, les inspecteurs ont des tâches administratives (par exemple, pour le remplacement des maîtres absents et l'organisation de certains examens) et des tâches de relation et de concertation avec les autorités locales (notamment pour la préparation de la rentrée, les modifications du réseau scolaire, les constructions et l'équipement des écoles).

Enfin, certains inspecteurs sont spécialisés dans l'inspection des enseignements spéciaux.

Les inspecteurs sont recrutés par concours ou par liste d'aptitude (décret n° 90-675 du 18 juillet 1990).

L'IEN-IIO (orientation).

0131. C'est le conseiller technique de l'inspecteur d'académie pour tout ce qui concerne l'information scolaire et professionnelle des élèves et de leurs familles et pour toutes les questions relatives à l'orientation et à l'affectation des élèves dans les établissements. Il est aussi chargé de l'animation, de la coordination et du contrôle de l'activité des centres d'information et d'orientation. Il reçoit à cet effet des directives « techniques » du chef du service académique d'information et d'orientation du rectorat.

Les inspecteurs de l'information et de l'orientation sont recrutés par concours ou par liste d'aptitude (décret n° 90-675 du 18 juillet 1990).

L'IEN-IET (enseignement technique).

0132. Dans chaque département, un inspecteur de l'enseignement technique est désigné pour jouer le rôle de conseiller de l'inspecteur d'académie pour cet ordre d'enseignement, notamment en ce qui concerne la carte scolaire, la taxe d'apprentissage, l'organisation des examens...

Toutefois, l'inspecteur de l'enseignement technique n'est pas toujours « en résidence » dans le département. Il conserve une mission d'inspection des lycées professionnels et contrôle l'enseignement dans sa propre spécialité. (Plusieurs inspecteurs de l'enseignement technique peuvent exercer cette fonction dans le département. Leurs activités sont coordonnées par l'inspecteur principal de l'enseignement technique.)

Les inspecteurs de l'enseignement technique sont recrutés par concours ou par liste d'aptitude (décret n° 90-675 du 18 juillet 1990).

L'IEN (apprentissage).

Il est chargé du contrôle des centres d'apprentis dans le département.

Les personnels de l'inspection académique.

0133. Comme dans les rectorats, les personnels en fonction dans les inspections académiques appartiennent aux corps de l'administration scolaire et universitaire ou à ceux des personnels d'exécution et de service. Des contractuels peuvent aussi être employés.

On retrouve dans les inspections académiques les différentes catégories de fonctionnaires décrites aux n° 0083 et suivants.

Relevant du décret n° 83-1033 du 3 décembre 1983 portant statuts des personnels de l'administration scolaire et universitaire :

- secrétaire d'administration scolaire et universitaire (SASU) ;
- attaché d'administration scolaire et universitaire (AASU) et attaché principal (APASU) ;
- conseiller d'administration scolaire et universitaire (CASU). Dans la plupart des inspections académiques, un seul CASU est affecté. Il s'agit du chef des services administratifs, qui occupe éventuellement un emploi de secrétaire général de l'administration scolaire et universitaire.

Autres personnels.

Les agents administratifs, les adjoints administratifs (personnels administratifs d'exécution) et les agents des services techniques (personnels de service).

L'organisation des services départementaux.

0134. La structure des inspections académiques varie sensiblement suivant l'importance du département, c'est-à-dire le volume des affaires résultant des effectifs scolaires, du nombre des établissements et des écoles et des effectifs de personnels.

Elle varie également suivant le degré de déconcentration existant au niveau départemental. Elle est tributaire enfin du taux d'encadrement des personnels administratifs (nombre de fonctionnaires de catégories A) et de la conception que l'inspecteur d'académie se fait de ses responsabilités administratives.

On ne peut donc décrire l'organisation-type d'une inspection académique, mais énumérer simplement les services qui s'y trouvent le plus souvent :

■ le cabinet de l'inspecteur d'académie, de l'inspecteur d'académie adjoint (éventuellement) et le secrétariat du chef des services administratifs, qui sont parfois communs ; le secrétariat de l'inspecteur adjoint et des différents conseillers techniques, inspecteur de l'information et de l'orientation ; inspecteur de l'enseignement technique, médecin, assistante sociale...

■ les services ayant des fonctions logistiques :

□ les affaires générales : accueil et renseignement du public, documentation et accès aux documents administratifs, gestion des crédits de fonctionnement de l'inspection académique, courrier, standard, reprographie, pool dactylographique, agents de service et ouvriers, gardiennage, entretien,

□ le centre départemental de traitement de l'information (CDTI) (dans certains départements),

□ les statistiques et prévisions : tableaux de bord, etc.,

□ le service social,

■ les divisions « opérationnelles » :

□ l'organisation scolaire, une ou deux divisions premier et second degrés comprenant éventuellement plusieurs bureaux chargés de l'étude du schéma prévisionnel des formations et des programmes prévisionnels des investissements (en relation avec les collectivités concernées), des mesures de rentrée, de la gestion des postes du premier degré, des heures supplémentaires, du contrôle des emplois du temps (états VS), de la formation continue (GRETA),

□ la gestion des personnels titulaires et auxiliaires de l'enseignement public (une ou deux divisions) ; gestion totale et intégrée des personnels du premier degré, gestion partielle de tous les autres personnels ; personnels d'inspection, de direction, d'orientation, personnels enseignants du second degré et d'éducation, personnels administratifs, techniques ; ouvriers et de service. Éventuellement la gestion financière est incluse (BLT) ; très fréquemment, service commun pour les accidents du travail, les congés de longue durée, etc.,

□ la scolarité et la vie scolaire : un ou plusieurs bureaux pour la scolarité (information et orientation, affectation, fréquentation, accidents des élèves) ; la vie scolaire (expériences pédagogiques, séquences éducatives en entreprise, classes transplantées, projets d'action éducative, etc.),

Organisation d'une inspection académique

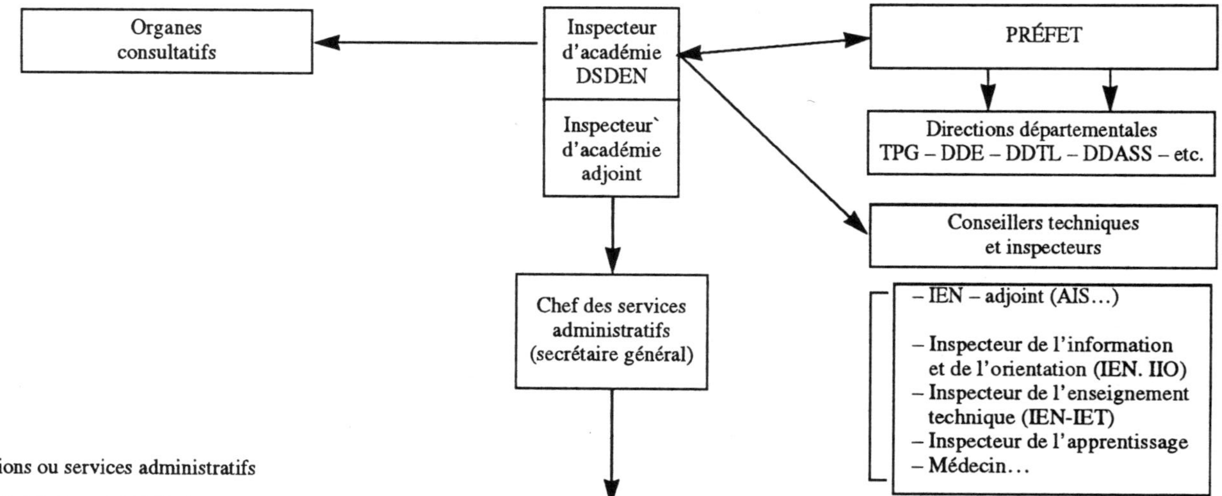

Divisions ou services administratifs

Services généraux et services logistiques	Organisation scolaire	Gestion des personnels	Gestion des élèves	Concours et examens	Enseignement privé	Service financier
Affaires générales Statistiques Accueil Documentation Reprographie Éventuellement CDTI (informatique)	– Réseau scolaire du 1er degré - gestion des emplois – Schéma prévisionnel – Programmes prévisionnels investissements – Organisation de la rentrée-BLT Structures- – Suivi des constructions	– 1er degré : gestion totale – autres personnels : gestion partielle-	– scolarité – vie scolaire – orientation – affectations – bourses – santé scolaire-	– organisation – liquidation des dépenses	– contrôle – gestion personnels contractuels	– mandatement – gestion des crédits – contrôle des budgets des collèges

- les examens et concours : organisation des examens et concours, liquidation des frais,
- l'enseignement privé (un ou deux bureaux), contrôle ou gestion des établissements et des personnels,
- le service financier : ordonnancement secondaire par délégation, mandatement et situations comptables périodiques.

Le centre départemental de documentation pédagogique (CDDP).

0135. Suivant les dispositions du décret n° 92-56 du 17 janvier 1992 (*JO* du 19 janvier 1992), le CDDP est créé par décision du centre régional de documentation pédagogique de l'académie, avec l'accord du Centre national; le CDDP met en œuvre les actions décidées par le centre régional dans le ressort qui lui est imparti.

Le CDDP est dirigé par un directeur nommé par le recteur sur proposition du directeur du centre régional, après avis de l'inspecteur d'académie du département et du directeur général du Centre national. Le directeur est assisté d'un comité consultatif, présidé par le recteur ou son représentant.

Textes de référence.

- Inspecteur de l'Éducation nationale, statut et recrutement : *RLR* 622.3 a – 622.3 b;
- Attributions : *RLR* 144.0;
- Inspecteur de l'information et de l'orientation : *RLR* 631.3 – 625.0 a – 141.1;
- Inspecteur de l'enseignement technique : *RLR* 631.2 – 141.0 – 144.1;
- Centre départemental de documentation pédagogique : *RLR* 151.0.

3. Les organes consultatifs au niveau du département.

Le conseil de l'Éducation nationale.

0136. Institué par la loi n° 83-663 du 22 juillet 1983 (comme le conseil qui siège au niveau de l'académie), ce conseil a remplacé notamment le conseil départemental de l'enseignement primaire dans ses attributions consultatives.

Composition :

Dix représentants des collectivités locales (cinq conseillers généraux, un conseiller régional, quatre maires), dix représentants des personnels des services et des établissements d'enseignement et de formation, dix représentants des usagers (sept parents d'élèves, un représentant des associations complémentaires de l'enseignement public, deux personnalités qualifiées, désignées l'une par le représentant de l'État, l'autre par la collectivité de rattachement). À titre consultatif, un délégué départemental de l'Éducation nationale.

Présidence :

Le conseil est présidé, selon que les questions examinées sont de la compétence de l'État ou du département, soit par le préfet, soit par le représentant de la collectivité locale concernée : le président du conseil général qui peut être suppléé par un conseiller. En cas d'empêchement du préfet, le conseil est présidé par l'inspecteur d'académie.

Attributions :

Le conseil peut être consulté et émettre des vœux sur toute question relative à l'organisation et au fonctionnement du service public d'enseignement dans le département (décret n° 85-895 du 21 août 1985).

Il est notamment consulté :

- pour les compétences de l'État : répartition entre les communes intéressées, à défaut d'accord entre elles, des charges des écoles maternelles et élémentaires ; les modalités de répartition des emplois d'instituteurs dans les écoles maternelles et élémentaires (compétences de l'inspecteur d'académie) ; règlement-type départemental des écoles ; structure pédagogique générale des collèges (compétence de l'autorité académique) ; modalités générales d'attribution des moyens en emplois et des dotations en crédits ou en nature au titre des dépenses pédagogiques (critères présentés par le préfet sur proposition de l'autorité académique) ; montant de l'indemnité de logement allouée dans chaque commune aux instituteurs ;
- pour les compétences du département : organisation et fonctionnement des transports scolaires, programme prévisionnel des investissements des collèges, modalités générales d'attribution des subventions allouées aux collèges.

Le comité départemental de la formation professionnelle, de la promotion sociale et de l'emploi.

0137. Créé par le décret du 12 avril 1972 modifié, il s'est substitué à plusieurs commissions et comités précédemment chargés des problèmes de la formation professionnelle et de l'enseignement technique, de l'emploi et de la formation continue.

Composé de cinquante-deux membres, il comprend, sous la présidence du préfet, dix représentants de l'administration dont l'inspecteur d'académie, neuf représentants du personnel enseignant, neuf responsables des établissements d'enseignement et de formation, douze représentants des professions industrielles, commerciales, artisanales et agricoles (six chefs d'entreprise, six salariés), douze représentants des institutions et organismes intéressés à l'emploi et à la formation professionnelle. Au sein du comité départemental sont constituées une délégation permanente, une commission pour l'apprentissage et une section spéciale pour la taxe d'apprentissage.

Le comité départemental est le correspondant du comité régional pour l'étude des actions de formation professionnelle dans le département. Son action essentielle est d'assurer la meilleure utilisation des moyens de formation professionnelle. Il donne un avis sur la création, la transformation et la suppression des établissements et des sections d'enseignement technique. Il est consulté sur la reconnaissance des enseignements techniques privés.

La commission départementale des opérations immobilières et de l'architecture (CDOIA).

0138. Créée par le décret n° 69-825 du 28 août 1969, plusieurs fois modifié, la CDOIA a remplacé diverses commissions chargées de donner un avis au niveau du département sur les opérations immobilières de l'État, des collectivités publiques et des établissements publics. Elle a des compétences analogues à celles de la commission régionale (CROIA).

La CDOIA comprend des membres de droit (le trésorier-payeur général et des représentants de diverses administrations) et des personnalités désignées, dont un conseiller général, le maire du chef-lieu du département et trois architectes.

L'inspecteur d'académie, qui n'est pas membre de la commission, y participe avec voix délibérative lorsque sont examinées des affaires intéressant l'Éducation nationale.

Sont soumis à la CDOIA les projets d'opérations immobilières et de constructions : locations, acquisitions d'immeubles, les projets de constructions, de transformations et de restaurations générales exécutées pour le compte de l'État ou à l'aide de subventions de l'État lorsque leur coût excède une somme fixée par arrêté interministériel.

Le partage des compétences entre la commission régionale et la commission départementale résulte d'arrêtés interministériels fixant la limite minimale de consultation des deux commissions.

Sous la présidence de l'inspecteur d'académie.

La commission administrative paritaire départementale (CAPD).

0139. Elle est compétente pour les questions relatives à la gestion des instituteurs : notamment promotions, mutations, affaires disciplinaires.

Le comité technique paritaire départemental (CTPD).

Il n'était compétent, jusqu'à une date récente, que pour l'enseignement du premier degré.

Le nouveau CTPD, institué par l'arrêté du 13 juin 1983, est compétent pour les questions intéressant l'organisation des services administratifs et tous les établissements d'enseignement et de formation des premier et second degrés existants dans le département.

Le CTPD est donc appelé à donner son avis sur des questions qui sont également soumises au conseil de l'Éducation nationale, en particulier pour ce qui concerne la préparation de la rentrée scolaire et la répartition des emplois dans les écoles.

Certains CTP sont assistés d'un CHS (Comité Hygiène et Sécurité) spécial (arrêté du 14 octobre 1996 ; n° 0100).

La commission départementale des bourses.

0140. La commission comprend, sous la présidence de l'inspecteur d'académie, des membres nommés par le recteur : neuf membres du personnel de l'enseignement public, six représentants des organisations de parents d'élèves, un chef d'établissement du second degré, un IEN, un conseiller général, un maire, le président de l'office départemental des anciens combattants et, à titre consultatif, le directeur départemental des contributions directes et le directeur des services agricoles.

Attributions.

La commission examine les demandes de bourses du second degré et propose l'acceptation ou le rejet des demandes. Elle peut donner un avis sur le montant et la durée de la bourse à accorder. Le recteur, après avis de la commission et rapport de l'inspecteur d'académie, prend la décision d'acceptation ou de refus de la demande. Il suit généralement la proposition qui lui est faite.

En cas de rejet, les demandeurs peuvent faire appel auprès de la commission régionale des bourses qui siège au niveau de l'académie.

La commission départementale de l'éducation spéciale (CDES).

0141. Elle a été créée par la loi d'orientation 75-534 (article 6 modifié) du 30 juin 1975 en faveur des personnes handicapées. Elle est compétente pour l'orientation des enfants et des adolescents atteints de handicaps physiques, sensoriels ou mentaux et pour l'attribution de l'allocation d'éducation spéciale et éventuellement de son complément.

La commission se compose essentiellement de personnels relevant du ministère de la Santé publique et des Affaires sociales et du ministère de l'Éducation nationale, spécialisés dans différents domaines : médical, psychopédagogique, social, ainsi que de personnes qualifiées nommées sur proposition des associations de parents d'élèves et des associations des familles d'enfants et d'adolescents handicapés. Les douze membres de la CDES sont nommés par le préfet.

Attributions.

Les décisions de la CDES s'imposent aux établissements scolaires ordinaires et aux établissements d'éducation spéciale dans la limite de la spécialité au titre de laquelle ils ont été autorisés ou agréés. Les organismes financiers de prise en charge sont liés par les décisions. À l'égard des parents, le rôle de la commission est d'information et de proposition. Elle propose au choix des parents une liste d'établissements du même type, correspondant aux besoins et aux possibilités de l'enfant. Les parents disposent d'un recours devant la juridiction du contentieux technique de la Sécurité sociale.

Les décisions de la commission sont révisables périodiquement et sont motivées. Certaines des compétences de la CDES peuvent être déléguées à des commissions de circonscription préscolaire et élémentaire (CCPE) et des commissions de circonscription du second degré (CCSD).

Le comité départemental des œuvres sociales.

0142. Composé de membres de l'administration : le chef des services administratifs de l'inspection académique, le directeur départemental du ministère de la Jeunesse et des Sports, d'un chef d'établissement du second degré et d'un IEN, ainsi que de cinq représentants des fédérations de fonctionnaires et de cinq représentants de la Mutuelle générale de l'Éducation nationale (MGEN), le comité exerce au niveau départemental des attributions analogues à celles du comité institué auprès du recteur pour l'académie.

Le comité départemental examine les mesures propres à développer l'action sociale en faveur des personnels et à les informer sur toutes les dispositions d'ordre social. (*Cf.* arrêté du 4 octobre 1991 *BO* du 10 octobre 1991).

Autres commissions départementales.

0143. Ce sont :

- la commission de recours contre les rejets de dérogation pour l'entrée à l'école élémentaire et la commission de recours contre les décisions de redoublement ;
- la commission préparatoire à l'affectation des élèves (arrêté du 14 juin 1990) ;
- la commission d'appel pour l'orientation ou le redoublement des élèves du collège (arrêté du 1er juin 1990) ;
- la commission départementale compétente pour l'attribution d'exonération des frais de pension aux élèves des écoles nationales de perfectionnement ;
- la commission chargée des problèmes relatifs à l'enseignement des enfants immigrés.

Les conseils d'école.

0144. Les conseils, constitués dans chaque école maternelle et élémentaire, comprennent, outre les maîtres de l'école et les représentants élus des parents d'élèves, le maire de la commune et le conseiller municipal chargé des affaires scolaires. Les conseils sont consultés sur l'ensemble des conditions de fonctionnement matériel et financier de l'école, l'utilisation des locaux scolaires, le règlement intérieur de l'école, certains aménagements du temps scolaire, l'organisation des activités complémentaires éducatives, sportives et culturelles (*cf.* le décret n° 76-1301 du 28 décembre 1976 modifié par le décret n° 85-502 du 13 mai 1985 et l'arrêté du 13 mai 1985).

Textes de référence.

- Conseils de l'Éducation nationale : *RLR* 142.1 ;
- Comité départemental de la formation professionnelle, de la promotion sociale et de l'emploi : *RLR* 111.0 et 111.1 ;
- Commission départementale des opérations immobilières et de l'architecture : *RLR* 171.1 b ;
- Commission administrative paritaire : *RLR* 720.1 et 720.5 ;
- Comité technique paritaire : *RLR* 142.5 et 145.5 ;
- Commission départementale des bourses : *RLR* 573.0 ;
- Commission départementale de l'éducation spéciale : *RLR* 516.1 ;
- Comité départemental des œuvres sociales : *RLR* 142.4 ;
- Conseil d'école : *RLR* 511.7.

NOTES

1. Voir, « IA-DSDEN », Y. Bottin, J. Marchal *AJDA*, n° 11, 1996.

2. Au 1er janvier 1997 sur quatre vingt-dix neuf, trois sont des administrateurs civils IA-DSDEN.

Deuxième partie

L'EXERCICE DES RESPONSABILITÉS DANS LE SYSTÈME ÉDUCATIF

Chapitre 1
Décentralisation et déconcentration dans l'enseignement public

1. Principes et modalités de la décentralisation de l'enseignement[1].

Rappel de la situation antérieure.

Avant l'application des lois du 7 janvier 1983 et du 22 juillet 1983 modifiées, qui ont établi une nouvelle répartition des compétences entre les communes, les départements, les régions et l'État, le système éducatif était déjà décentralisé, au moins partiellement, par le procédé de l'établissement public doté de la personnalité civile et de l'autonomie financière. De plus, les communes assumaient depuis la fin du XIXe siècle la charge de l'enseignement et du fonctionnement matériel des écoles.

Une décentralisation technique : l'établissement autonome.

0145. Jusqu'à l'intervention des lois de décentralisation, les lycées et les collèges, établissements publics nationaux, créés par décision ministérielle, bénéficiaient d'une autonomie administrative, pédagogique et financière.

Les décrets du 28 décembre 1976 pris en application de la loi du 11 juillet 1975, dite loi Haby, ont défini le champ et les limites de l'autonomie des établissements scolaires.

Ainsi le décret n° 76-1304 relatif aux lycées (article 7) précise que l'autonomie

> dont le champ d'application est déterminé par les limites arrêtées par le ministre de l'Éducation porte sur :
> a) l'organisation du lycée en classes et groupes ainsi que sur les modalités de répartition des élèves ; *elles sont décidées par le chef d'établissement...*
> b) l'emploi des contingents annuels d'heures d'enseignement ; *il est fixé par le chef d'établissement...*
> c) le choix de sujets d'études spécifiques à l'établissement ; *il est arrêté par le chef d'établissement...*
> d) des activités facultatives concourant à l'action éducative ; *elles sont organisées par le chef d'établissement...*

Les mêmes dispositions sont reprises par le décret relatif aux collèges. Quant au décret relatif à l'organisation administrative et financière, il marque bien les limites des pouvoirs de l'établissement. L'article 6 dispose :

> Le conseil d'établissement, sur proposition du chef d'établissement :
> 1) vote le budget,
> 2) vote le règlement intérieur de l'établissement,
> 3) délibère sur toute question dont il a à connaître en vertu des lois et règlements en vigueur,
> 4) adopte le compte financier.

Pour le reste, le conseil n'a qu'un pouvoir consultatif :

> il donne tous avis et présente toutes suggestions au chef d'établissement sur le fonctionnement pédagogique de l'établissement et sur toutes les questions intéressant la vie de l'établissement et de la communauté scolaire...

Si l'on ajoute que le conseil est présidé – de droit – par le chef d'établissement et que la tutelle administrative et financière du recteur sur l'établissement est efficacement organisée, notamment pour contrôler l'exécution du budget, on voit que les décrets du 28 décembre 1976 n'ont pas créé les conditions d'une véritable autonomie...

En revanche, le rôle imparti au chef d'établissement – qui était un fonctionnaire nommé à un emploi et étroitement soumis au contrôle hiérarchique – force à conclure que l'autonomie de l'établissement public d'enseignement instituée par les textes n'est pas autre chose, pour l'essentiel, qu'une déconcentration au niveau de l'établissement.

De leur côté, les établissements d'enseignement supérieur avaient obtenu, par la loi du 12 novembre 1968 d'orientation de l'enseignement supérieur, la reconnaissance de leur autonomie administrative, financière et pédagogique et la loi Savary du 26 janvier 1984 a repris les mêmes principes.

L'article 20 de cette loi s'exprime ainsi :

> Les établissements publics à caractère scientifique, culturel et professionnel sont des établissements nationaux d'enseignement supérieur et de recherche jouissant de la personnalité morale et de l'autonomie pédagogique et scientifique, administrative et financière.

Après avoir indiqué que

> ces établissements sont gérés de façon démocratique avec le concours de l'ensemble des personnels, des étudiants et de personnalités extérieures,

la loi précise que les établissements

> définissent leur politique de formation, de recherche et de documentation dans le cadre de la réglementation nationale et dans le respect de leurs engagements contractuels.

En droit, sinon en fait, les établissements d'enseignement supérieur disposent des attributs de l'autonomie (*cf. infra* aux n°s 0271 et 0272).

<u>Le rôle des collectivités locales.</u>

0146. Les lois de 1879 et 1889 ont mis à la charge des communes d'importantes responsabilités s'agissant de l'ouverture et du fonctionnement des écoles.

En ce qui concerne les communes, les délibérations des conseils municipaux ont toujours été requises pour l'ouverture et la fermeture des classes et des écoles, ainsi que pour les constructions nouvelles.

De même avaient-elles déjà la charge de subvenir au fonctionnement et à l'entretien des écoles et de financer les travaux de construction et d'extension, avec l'aide de l'État.

Par ailleurs, le maire avait le pouvoir de fixer les limites du secteur de recrutement de chaque école.

De plus, les collectivités locales participaient financièrement aux opérations d'équipement à la charge de l'État s'agissant des lycées et des collèges. Ainsi, les communes participaient au financement des travaux de construction, d'extension, d'aménagement... Elles étaient et demeurent propriétaires des locaux et des biens immeubles de la plus grande partie des collèges existants au 31 décembre 1985 (87 %) et d'un grand nombre de lycées (57 %).

En outre, les conseils généraux disposaient de certaines compétences en particulier :

- pour décider de l'attribution du fonds scolaire départemental (crédits Barangé) aux écoles primaires et aux collèges. L'affectation des crédits, par les conseils généraux, pouvait être différente suivant la politique scolaire ou les besoins spécifiques des établissements du département : travaux de construction ou d'entretien des locaux, achats de matériels et de moyens d'enseignement, transports des élèves ;
- pour arrêter, en vertu du décret n° 76-18, du 8 janvier 1976, la liste des opérations (de construction, d'extension, d'aménagement) subventionnées sur les autorisations de programme accordées par l'État pour l'équipement scolaire du 1er degré. Le conseil général a été habilité à arrêter également les modalités d'attribution des subventions aux communes pour ces opérations.

Par ailleurs, au niveau régional, un début de décentralisation a été réalisée, l'établissement public régional étant, en application du décret précité, chargé de répartir entre les départements les autorisations de programme relatives à l'équipement scolaire du premier degré.

Enfin, avant l'application des lois de 1983, dans plusieurs régions, à titre expérimental, une décentralisation de fait avait été instituée pour les constructions scolaires du second degré ; en effet, le pouvoir d'établir la liste des opérations avait été donné au conseil régional, celui-ci prenant sa décision sur proposition du préfet de région et du recteur d'académie.

Toutefois, les compétences des collectivités locales en matière d'enseignement public restaient limitées, à la veille de la décentralisation. Les collectivités étaient surtout invitées à participer aux charges du service public, même si leurs représentants avaient la possibilité d'exprimer leurs avis dans les divers conseils où ils siégeaient, notamment le conseil départemental de l'enseignement primaire et la commission académique de la carte scolaire.

Principes et dispositions générales de la décentralisation de l'enseignement.

0147. Les lois n° 83-8 du 7 janvier 1983 et n° 83-663 du 22 juillet 1983, modifiées à plusieurs reprises, notamment par les lois n° 85-97 du 25 janvier 1985, n° 86-29 du 9 janvier 1986 et 86-972 du 19 août 1986, constituent, avec les textes réglementaires qui ont suivi, les bases juridiques de la décentralisation de l'enseignement public.

Cette décentralisation s'inscrit dans le cadre de la réforme institutionnelle très importante réalisée à partir de la loi n° 82-213 du 2 mars 1982, réforme qui est marquée par l'émergence d'une nouvelle collectivité territoriale : la région et le transfert à l'ensemble des collectivités (régions, départements et communes) de plus grandes responsabilités.

Ces responsabilités, les collectivités les exercent librement, toutes les procédures de contrôle *a priori* étant supprimées et les décisions prises par les autorités communales, départementales et régionales étant immédiatement exécutoires. (Le président du conseil général devient l'organe exécutif du département aux lieu et place du préfet.)

Toutefois, si la loi accroît l'autonomie des collectivités territoriales et leur champ de compétences, elle institue également un contrôle de légalité qui fait intervenir à la fois le représentant de l'État et la juridiction administrative et un contrôle des actes budgétaires qui revient au représentant de l'État, assisté par une nouvelle juridiction : la chambre régionale des comptes.

Pour ce qui concerne l'enseignement public, les transferts de compétences au profit des collectivités reposent sur les principes suivants :

- ■ toutes les collectivités sont concernées, mais chacune a des responsabilités déterminées pour un type d'établissement (l'enseignement supérieur étant exclu) :
- □ aux communes, les écoles : enseignement préélémentaire et élémentaire,
- □ aux départements, les collèges : enseignement du premier cycle du second degré,
- □ aux régions, les lycées et établissements de même niveau: enseignement du second cycle du second degré ;
- ■ les attributions nouvelles confiées aux collectivités pour l'enseignement s'articulent avec les autres transferts de compétences. Ainsi, la région qui est responsable du schéma prévisionnel des formations peut en décider en tenant compte de ses responsabilités plus générales en matière de planification. Ses attributions dans la construction et le fonctionnement des lycées s'exercent en concordance avec celles qu'elle détient pour la formation professionnelle et l'apprentissage ;
- ■ chaque niveau de collectivité reçoit un même bloc de compétences : il s'agit de la construction, de la reconstruction, de l'extension, des grosses réparations et du fonctionnement des établissements scolaires. C'est une novation pour les régions et les départements qui ont

désormais la charge du fonctionnement matériel des lycées et des collèges. Les communes, à qui ces responsabilités étaient déjà reconnues pour les écoles, reçoivent en outre le pouvoir de création des écoles;

- les transferts de compétences en matière d'enseignement doivent faire l'objet de compensations financières de l'État à la fois pour les dépenses d'investissement et pour les dépenses de fonctionnement. Des dotations sont prévues à cet effet;
- dans les domaines de compétences transférées des limitations sont apportées : certaines dépenses pédagogiques et douze établissements restent à la charge de l'État. Cependant, d'autres compétences restent exclusivement exercées par l'État. Elles portent essentiellement sur la gestion du personnel et sur la réglementation de l'enseignement;
- la règle la plus générale est celle des compétences partagées, parce que l'État conserve la responsabilité du service public de l'enseignement. Tout en confiant aux élus locaux des responsabilités accrues dans de nombreux domaines de l'éducation et de la formation, l'État ne veut pas en effet abandonner ses propres responsabilités qui résultent notamment du préambule de la Constitution, suivant lequel

> l'organisation de l'enseignement public gratuit et laïc à tous les degrés est un devoir de l'État.

Mais une plus grande participation des collectivités territoriales aux décisions concernant le service public de l'éducation est organisée au sein des établissements scolaires et dans les conseils institués au niveau départemental et au niveau académique. Les lois de décentralisation créent de nouveaux rapports entre les élus locaux et le système éducatif.

0148. La loi du 22 juillet 1983 modifiée a donné un nouveau statut aux établissements d'enseignement du second degré. Jusqu'alors établissements publics nationaux créés par décision ministérielle, les lycées et les collèges sont devenus des établissements publics locaux d'enseignement (EPLE). Ils sont créés par arrêté du représentant de l'État (le préfet) sur proposition de la collectivité compétente.

L'organisation administrative et financière des EPLE est déterminée par le décret n° 85-924 du 30 août 1985 (modifié). Ils bénéficient de la personnalité civile et de l'autonomie financière mais leur autonomie administrative et pédagogique est plus large que celle qui était reconnue précédemment aux lycées et aux collèges. Leur tutelle est assurée dans les conditions décrites aux n°• 0208 et suivants.

Dispositions diverses pour la mise en œuvre de la décentralisation.

Afin de permettre aux collectivités locales d'assumer leurs nouvelles compétences, diverses mesures ont été prises.

La mise à disposition des biens.

0149. Aux termes de la loi du 7 janvier 1983,

> le transfert d'une compétence entraîne de plein droit la mise à disposition de la collectivité bénéficiaire des biens meubles et immeubles utilisés à la date de ce transfert, pour l'exercice de cette compétence (article 19).

Cette règle, reprise et précisée par la loi du 22 juillet 1983 modifiée, est applicable aux collèges, aux lycées et aux établissements assimilés qui relèvent désormais du département ou de la région. Une circulaire du 22 mars 1985 définit le champ d'application de la loi et la procédure à suivre : rédaction d'un procès-verbal, qui établit à la fois la consistance, la situation juridique et l'état des biens et le recours éventuel à l'expertise.

Ne sont pas visés par la loi les établissements qui, au 1er janvier 1986, étaient municipaux ou départementaux quant à leur régime de fonctionnement.

Dans tous les cas, l'État est la collectivité antérieurement compétente, qu'il soit propriétaire ou non des biens utilisés pour l'exercice des compétences relatives à l'enseignement. Le département et la région sont les seules collectivités nouvellement compétentes et à ce titre les seules bénéficiaires de la mise à disposition des biens.

La mise à la disposition des biens existants à la date du transfert de compétences n'est pas un transfert de propriété; en cas de désaffection la collectivité propriétaire recouvre tous ses droits.

La question du transfert des services des rectorats et inspections académiques.

0150. La loi du 7 janvier 1983 modifiée a posé le principe que

> tout transfert de compétences de l'État au profit des départements et des régions s'accompagne du transfert des services correspondants.

En fait, jusqu'à la réorganisation des services prévue par la loi, le régime général est la mise à disposition des services extérieurs de l'État au profit de la région et du département. Ainsi, pour l'enseignement, les collectivités territoriales doivent pouvoir assurer les compétences qui leur ont été données et qui étaient exercées précédemment soit par les services préfectoraux, soit par les services académiques et, pour les constructions scolaires, par les directions départementales de l'équipement.

Si les préfectures étaient surtout concernées par la programmation des investissements, la répartition des charges entre les communes (voir nos 0179 et 0180), les rectorats et les inspections académiques avaient à instruire et à régler de nombreuses affaires dont les compétences sont transférées : la planification scolaire, la prise en charge financière des lycées et des collèges et le contrôle de leur fonctionnement matériel, la construction, l'extension, les grosses réparations et l'équipement des établissements.

Deux décrets du 13 avril 1983 (modifiés en 1984) précisent les conditions de mise à disposition des services au profit de la région et du département. Une circulaire du 28 mars 1985 (*JO* du 13 avril 1985) donne de nouvelles indications sur les modalités d'application.

Plusieurs points méritent d'être soulignés :

- les services extérieurs de l'État ou parties de service sont mis globalement à la disposition de la région ou du département, lorsqu'ils étaient chargés à titre principal de l'exercice d'une compétence transférée à la région ou au département. La structure de ces services n'est pas modifiée ;
- les mises à disposition doivent faire l'objet d'une convention passée entre le préfet et la collectivité intéressée.

Dans tous les cas, les mises à disposition ne peuvent concerner les missions qui restent de la compétence exclusive de l'État et, pour l'enseignement, le contenu et l'organisation de l'action éducatrice ainsi que la gestion des personnels et des établissements qui y concourent :

- le statut des personnels des services mis à disposition des collectivités locales est inchangé et les personnels restent placés sous l'autorité de l'État ;
- les services communaux qui avaient la charge, avant le transfert des compétences, de l'entretien et des grosses réparations des lycées et des collèges peuvent être mis à disposition de la région ou du département.

Ajoutons que les mises à disposition effectivement réalisées, en ce qui concerne les rectorats et les inspections académiques, sont marginales. Le transfert de personnes, au demeurant contesté par les élus parce que peu important, n'a finalement pas eu lieu. Une collaboration s'est généralement instaurée entre l'exécutif des collectivités territoriales et les services de l'Éducation nationale. Par ailleurs, toutes les régions et de nombreux départements ont progressivement mis en place et développé leurs propres services chargés de mettre en œuvre les compétences transférées en matière d'enseignement public.

Les dispositions financières.

0151. La loi a prévu que les charges financières résultant de la nouvelle répartition des compétences devaient être compensées. La compensation est intégrale et concomitante.

Enfin, ainsi qu'en a décidé le conseil d'État statuant au contentieux, l'État dispose toujours de la faculté de verser aux collectivités territoriales responsables des subventions spécifiques non intégrées dans les dotations décentralisées (CE, 16 octobre 1995, rejetant le recours en annulation introduit par M. Jean-Pierre Fourcade contre le décret n° 91-90 du 23 janvier 1991 créant un fonds de rénovation des lycées).

Pour les écoles.

Les communes n'assument pas de charges nouvelles de fonctionnement sauf lorsqu'elles décident de participer au financement des transports scolaires dans les périmètres urbains. Dans ce cas, l'augmentation des charges peut être compensée par une attribution de la dotation générale de décentralisation (DGD). En outre, les dépenses relatives au logement des instituteurs ont été intégrées à la dotation globale de fonctionnement des communes (DGF) instituée par la loi du 3 janvier 1979 et modifiée à plusieurs reprises.

L'aide de l'État pour les opérations de construction, extension, grosses réparations, équipement des écoles (qui ne représentent pas une charge nouvelle pour les communes) ne fait plus l'objet de subventions particulières attribuées par le conseil général à partir des autorisations de programme du ministère de l'Éducation nationale. Les communes sont bénéficiaires de la dotation globale d'équipement (DGE) qui regroupe toutes les subventions d'équipement versées par l'État aux communes.

Pour les collèges, les lycées et les établissements assimilés.

Les dépenses de fonctionnement représentent une charge nouvelle et importante que le département ou la région doivent supporter.

La compensation financière est effectuée sous le contrôle d'une commission consultative sur l'évaluation des charges, présidée par un magistrat de la Cour des comptes.

Chaque département pour les collèges et chaque région pour les lycées reçoivent une attribution de la dotation générale de décentralisation (DGD) correspondant aux dépenses effectuées précédemment par l'État pour le fonctionnement des établissements scolaires.

Les modalités d'application de cette mesure sont précisées par la circulaire du 29 juillet 1985 du ministère de l'Intérieur.

Par ailleurs, les dépenses d'investissement donnent lieu à compensation par l'attribution de deux dotations spécifiques, une pour les lycées et établissements assimilés, l'autre pour les collèges :

- la dotation régionale d'équipement scolaire (DRES) ;
- la dotation départementale d'équipement des collèges (DDEC).

C'est la loi de finances qui fixe le montant global des dotations et la répartition des crédits entre la DRES et la DDEC au niveau national (*cf. infra* au n° 0193 et suivants).

De nouvelles instances de concertation.

0152. En raison des compétences qui leur sont transférées, alors que l'État conserve la responsabilité du service public, il est nécessaire que les collectivités locales soient plus étroitement associées à l'ensemble des décisions intéressant le système éducatif.

D'une part, les représentants des collectivités ont une place plus grande au sein des conseils d'administration des lycées et des collèges. D'autre part, ces représentants constituent le tiers des membres des nouveaux conseils de l'Éducation nationale institués au niveau de chaque département et de chaque académie et qui sont obligatoirement consultés pour de nombreuses décisions, qu'elles relèvent de l'État ou des collectivités locales.

Les décrets du 25 novembre 1991 ont même prévu une nouvelle composition et des attributions s'agissant des opérations d'équipement de l'enseignement supérieur.

Sur un plan général, cette architecture complexe est le résultat d'un équilibre entre décentralisation territoriale (les collectivités) et décentralisation par service (l'établissement). (Voir tableau en annexe n° 7.)

Il serait sans doute nécessaire de simplifier, voire de clarifier certaines répartitions d'orientation, comme le prévoit l'article 65 de la loi n° 95-115 du 4 février 1995 pour l'aménagement et le développement du territoire.

Textes de référence.

- *RLR* :
  - □ décentralisation et déconcentration : 101-140,
  - □ établissements scolaires : 360-363 ;
- « Enseignement – Transfert de compétences » : brochure n° 1580 (avec suppléments), *Journal officiel*, 1985 ;
- « Décentralisation » : tome I, Institutions, tome II, Compétences (avec mises à jour), *Journal officiel*, 1984-1985.
- *BO* spéciaux : « Décentralisation des transports scolaires », 20 septembre 1984 ; « Décentralisation », n° 1 du 5 septembre 1985 ; n° 2 du 6 février 1986 ; n° 3 du 20 mars 1986.

Tableau de synthèse des compétences transférées et calendrier d'entrée en vigueur

Domaines de compétences	Collectivités locales concernées	À partir du
Formation professionnelle continue et apprentissage	Région	1er juin 1983
Transports scolaires	Département	1er septembre 1984
Prise en charge des écoles, construction, reconstruction, extension, grosses réparations, équipement, fonctionnement	Commune	21 mars 1985 (décret n° 85-348)
Élaboration du schéma prévisionnel des formations des collèges et des lycées	Région	21 mars 1985 (décret n° 85-348)
Programme prévisionnel des investissements des collèges	Département	21 mars 1985 (décret n° 85-348)
Programme prévisionnel des investissements des lycées et établissements d'éducation spéciale	Région	21 mars 1985 (décret n° 85-348)
Utilisation des locaux scolaires en dehors des heures de cours	Commune	21 mars 1985 (décret n° 85-348)
Nouveau statut des collèges et des lycées (EPLE)	Département, région	1er septembre 1985
Mise en place du conseil de l'Éducation nationale au niveau départemental et au niveau académique	Département, région	1er septembre 1985
Organisation des activités éducatives, sportives et culturelles complémentaires dans les écoles, les collèges, les lycées	Commune, département, région	1er septembre 1985
Modification des heures d'entrée et de sortie des établissements	Commune	1er septembre 1985
Prise en charge des collèges : construction, reconstruction, extension, grosses réparations, équipement, fonctionnement	Département	1er janvier 1986
Prise en charge des lycées : construction, reconstruction, extension, grosses réparations, équipement, fonctionnement	Région	1er janvier 1986
Dispositions relatives à la création et à l'implantation des écoles et des classes maternelles et élémentaires publiques et répartition intercommunale des charges	Commune	1er janvier 1986
Transferts des moyens correspondant aux transferts de charges. Compensation par les diverses dotations	Commune, département, région	1er janvier 1986

2. Les compétences de l'État et la déconcentration administrative.

Les compétences conservées par l'État.

0153. Pour la plupart des compétences transférées aux collectivités locales, c'est le système des compétences partagées qui a été institué. Par exemple, pour la planification scolaire et les constructions des établissements, l'État a gardé des moyens d'intervention. Dans le fonctionnement des lycées et collèges, devenus établissements publics locaux, l'État est également présent : le recteur et le préfet ont chacun des responsabilités de contrôle et c'est un fonctionnaire nommé par le ministre, le chef d'établissement, qui préside les conseils d'administration.

Par ailleurs, l'État a conservé des compétences importantes qu'il assume sans partage et qui lui permettent d'avoir toujours la maîtrise du système éducatif.

On peut les résumer ainsi :

L'enseignement du premier et du second degré n'est pas décentralisé ni auprès des collectivités locales, ni au niveau des établissements. Le contenu et l'organisation de l'enseignement font l'objet d'une réglementation qui émane de l'autorité ministérielle : horaires, programmes d'études, examens, conditions de délivrance des diplômes sont fixés par des décrets ou des arrêtés, auxquels s'ajoutent de nombreuses instructions, circulaires et notes de service sur les procédures et les méthodes, sur la vie scolaire, l'orientation des élèves, le fonctionnement pédagogique et administratif des établissements.

La structure générale des lycées et collèges, les types d'enseignement, les options et les langues sont déterminés par les autorités académiques, sans préjudice de la marge d'autonomie reconnue aux établissements.

L'attribution de certains moyens indispensables à la création et au fonctionnement des écoles, des collèges et des lycées est de la compétence exclusive du ministre ou de ses représentants, en particulier l'affectation des emplois de personnel.

Or, sans l'attribution des emplois correspondants, les décisions prises par les collectivités locales restent inopérantes.

Le recrutement, la formation et la gestion de toutes les catégories de personnel sont de la compétence des services de l'Éducation nationale. Dans une entreprise dont le fonctionnement repose entièrement sur le personnel, les responsables de la politique du personnel exercent la réalité du pouvoir.

Les dépenses dites pédagogiques, qui ont une incidence directe sur l'évolution de l'enseignement, sont restées à la charge de l'État. Il s'agit des matériels informatiques et des logiciels d'accompagnement, des matériels de bureautique et de productique, des équipements spécialisés en électronique, des équipements de communication télématique ou audiovisuelle, des équipements pour l'enseignement de la technologie. Il s'agit aussi de la fourniture des manuels scolaires et des crédits de recherche et d'expérimentation pédagogiques.

L'enseignement supérieur reste de la compétence de l'État (*cf.* loi du 22 juillet 1983 modifié, article 12 V et VI et la loi du 26 janvier 1984, article 19) même si on assiste à un développement du partenariat tant sur le plan des principes que sur le plan financier (voir Université 2000).

Le ministre de l'Éducation nationale a le pouvoir d'établir et de réviser la carte universitaire; il a la responsabilité d'implanter les formations et les activités de recherche et il arrête la localisation des établissements d'enseignement supérieur.

Certes, les décisions dans ce domaine sont prises après consultation des conseils régionaux, puisque le service public de l'enseignement supérieur doit contribuer à la croissance régionale et concourir à la politique d'aménagement du territoire. Mais si le conseil régional peut définir des plans régionaux de développement des formations supérieures, cette définition n'entraîne pas obligatoirement leur prise en compte par l'État.

0154. Le recteur d'académie et les inspecteurs d'académie – ceux-ci souvent par délégation de signature – exercent un certain nombre de compétences de l'État; le ministre de l'Éducation nationale ayant procédé à une large déconcentration administrative.

De leur côté, les préfets de région ou de département détiennent différents pouvoirs dans l'enseignement public et l'enseignement privé.

La déconcentration administrative dans l'Éducation nationale.

Jusqu'en 1986.

0155. Les recteurs de l'Université impériale font exécuter les ordres du pouvoir central; leur rôle est de les transmettre et d'en surveiller l'application; ils n'ont pas réellement de pouvoirs propres. Au cours du XIXe siècle, on relève que la loi du 14 juin 1854 confère aux recteurs pour l'enseignement primaire « des pouvoirs de direction et de surveillance générale des méthodes... ». Cependant, la première mesure véritable de déconcentration intervient avec la loi organique du 30 octobre 1886 qui confie au préfet le pouvoir de nomination des instituteurs.

La compétence, donnée au préfet et non au recteur, fut justifiée par le ministre de l'Instruction publique Fallières par le fait que le préfet est le tuteur des communes et que celles-ci ont la charge de l'enseignement primaire. Mais cette dépendance des instituteurs à l'égard du représentant du gouvernement, dont le rôle politique est aussi important que le rôle administratif, fut de plus en plus contestée par le monde enseignant. C'est pourquoi une des premières décisions du gouvernement provisoire après la Libération a été de transférer au recteur le pouvoir de nomination des instituteurs (ordonnance du 20 novembre 1944).

0156. Quinze ans plus tard, les décrets d'application de la loi Debré du 31 décembre 1959 sur les rapports entre l'État et les établissements d'enseignement privé, représentent une nouvelle étape dans la déconcentration intéressant le système éducatif. En effet, les décrets du 22 avril 1960 attribuent des compétences soit au préfet (pour les contrats d'établissement) soit au recteur (pour l'agrément, les contrats d'enseignement et la gestion des personnels).

Le mouvement de déconcentration allait s'accélérer au cours des années suivantes. Le volume des affaires traitées au niveau ministériel dans tous les domaines (gestion des personnels, gestion financière, tutelle des établissements, constructions scolaires, bourses, scolarité, examens, etc.) provoquait un engorgement des services centraux et trop de décisions parfois mineures devaient être prises par le ministère. D'ailleurs la nécessité de la déconcentration avait été mise en lumière par un rapport du comité central d'enquête sur le coût et le rendement des services publics établi en mai 1962 et qui faisait état, en ce qui concerne l'Éducation nationale, de « retards dans l'instruction des dossiers, de décisions prises sans connaissance des faits, de transmissions inutiles de projets simplement entérinés, d'une mauvaise information de l'administration centrale sur les conditions réelles de gestion des services locaux ».

C'est la même année que la mesure de déconcentration la plus marquante a été décidée par le décret n° 62-35 du 16 janvier 1962 dont l'article 1 dispose :

> Les recteurs d'académie peuvent être habilités à prendre certaines décisions concernant l'organisation et le fonctionnement des établissements d'enseignement de l'Éducation nationale de leur ressort. Les arrêtés du ministre de l'Éducation nationale fixeront les modalités et les dates d'effet des mesures de déconcentration qui interviendront à ce titre.

Le même jour, un arrêté du ministre habilitait les recteurs à prononcer, en cas de faute grave, le retrait d'une bourse, le 2 juillet 1962, un arrêté leur attribuait des pouvoirs disciplinaires à l'égard des élèves de l'enseignement technique et, le 18 septembre 1962, un autre arrêté leur conférait de nombreux pouvoirs de gestion et de tutelle. Ces pouvoirs concernaient la structure interne des établissements du second degré et l'organisation des services d'enseignement, le fonctionnement des examens et concours ; l'admission, l'exclusion, le transfert et la discipline des élèves ; les bourses, allocations d'études et prêts d'honneur, la tutelle administrative et financière des lycées et collèges, l'organisation des stages ainsi que la liquidation et l'ordonnancement des dépenses (à l'exception des dépenses pour lesquelles les préfets sont ordonnateurs secondaires) ; le contrôle administratif et pédagogique des établissements d'enseignement privé sous contrat.

0157. Une autre étape importante a été franchie avec le décret n° 64-130 du 11 février 1964 (modifié par le décret n° 69-495 du 30 mai 1969) qui disposait que le ministre de l'Éducation nationale pouvait déléguer aux recteurs d'académie tout ou partie de ses pouvoirs en matière de gestion des personnels des services extérieurs autres que le personnel enseignant titulaire de l'enseignement supérieur et les professeurs agrégés (ce décret a été abrogé et remplacé par le décret du 21 août 1985 cité plus loin).

Après le décret du 11 février 1964, une succession de textes (arrêtés ministériels ou simples circulaires) a transféré aux recteurs un certain nombre de pouvoirs de gestion des personnels.

Le 14 mars 1964, deux décrets (n° 64-250 et n° 64-251 relatifs aux pouvoirs des préfets de région, aux pouvoirs des préfets de département et à l'organisation des services de l'État) constituent le fondement juridique d'une déconcentration qui devait être réalisée au profit des préfets, pour la mise en œuvre de la politique d'aménagement du territoire et la réalisation des investissements publics – y compris les constructions scolaires – alors qu'échappaient à la compétence des préfets l'action éducative et les mesures concernant la scolarité, l'administration du personnel, l'organisation, la gestion intérieure et la tutelle des établissements.

Depuis 1968.

La loi d'orientation de l'enseignement supérieur du 12 novembre 1968 et ses textes d'application ont donné aux recteurs-chanceliers des pouvoirs de tutelle sur les établissements, pouvoirs qu'ils exercent au nom du ministre.

Le décret n° 70-1047 du 13 novembre 1970 (complété par le décret du 10 mars 1972) devait accentuer le rôle des préfets en matière d'investissements publics : ils recevaient de nouvelles compétences jusqu'alors exercées par les administrations centrales. Des responsabilités leur sont données dans la programmation, le financement et la réalisation des constructions scolaires.

Les autorités académiques reçurent de leur côté compétence pour approuver les fiches descriptives d'opération (les programmes pédagogiques de construction).

0158. En 1971, les lois du 16 juillet relatives à l'apprentissage et à l'enseignement technologique ont conféré des compétences à la fois aux préfets et aux recteurs d'académie.

Quelques années plus tard, les décrets du 28 décembre 1976, pris après l'intervention de la loi du 11 juillet 1975, dite loi Haby, confirmèrent les attributions des autorités académiques concernant la tutelle des établissements publics du second degré et précisaient les pouvoirs des chefs d'établissement dans le cadre de l'autonomie reconnue aux lycées et aux collèges.

0159. En 1979, une nouveauté est à relever dans l'histoire de la déconcentration administrative : les inspecteurs d'académie reçoivent une délégation directe de pouvoirs du ministre de l'Éducation nationale. Un décret du 11 juillet 1979 confère aux inspecteurs d'académie le pouvoir de prendre les mesures relatives à l'ouverture et à la fermeture des écoles et des classes des enseignements préélémentaire, élémentaire et spécial; à l'implantation des emplois d'instituteurs mis à la disposition de chaque département. Jusqu'à cette date, ce sont les recteurs qui disposaient du pouvoir de décision (il est vrai qu'ils déléguaient presque toujours leur signature et entérinaient les décisions des inspecteurs d'académie, sauf en cas de difficulté majeure).

Un décret du 3 janvier 1980 a marqué un nouveau progrès dans la déconcentration; en effet, ce texte confiait au recteur d'académie le pouvoir d'élaborer, de réviser et d'adapter la carte scolaire des établissements du second degré, jusque-là de la compétence du ministre.

Les décrets n°s 82-389 et 82-390 du 10 mai 1982, pris dans le cadre de la politique de décentralisation, définissent les pouvoirs actuels des préfets de région et de département, tout en excluant de leurs compétences

> le contenu et l'organisation de l'action éducatrice ainsi que la gestion des personnels et des établissements qui y concourent (*cf. infra* n° 0163).

Ces textes innovent assez peu par rapport aux précédents (1964) dans la mesure où ils rappellent que le préfet représente l'État, le gouvernement et chacun des membres dans la région ou le département.

En revanche, il est l'unique ordonnateur secondaire des dépenses de l'État même dans les domaines échappant à son pouvoir (action éducatrice-enseignement supérieur...). La loi n° 92-125 du 6 février 1992 sur l'organisation territoriale de la République a rappelé ces principes. Même si les recteurs et les IA-DSDEN bénéficient de délégations de signature, certains recteurs ont vu dans ce dispositif un indice supplémentaire de l'amoindrissement de leur rôle[2].

0160. De nombreux textes vont intervenir à la suite de la mise en place du processus de décentralisation (territoriale et par service) destinés à conforter le rôle du recteur et de l'IA-DSDEN dans leurs fonctions de managers du système éducatif et interlocuteurs des collectivités territoriales.

Ainsi, en 1984 et 1985, le ministre de l'Éducation nationale a attribué des compétences supplémentaires aux recteurs d'académie :

- par un décret du 16 juillet 1984 sont déconcentrées les procédures relatives au recours contentieux concernant les personnels à gestion académique et départementale;
- par arrêté du 23 octobre 1984, les recteurs sont chargés de la tutelle des écoles nationales du premier degré;
- par arrêté du 27 juin 1985, ils sont chargés de la tutelle des écoles nationales d'apprentissage;
- par le décret du 21 août 1985 est prévue la délégation aux recteurs et aux inspecteurs d'académie de tout ou partie des pouvoirs du ministre

> en matière de gestion des personnels titulaires et stagiaires de l'État, qui relèvent de son autorité.

Cet important décret qui permet de larges évolutions, encore incomplètes, qui remplace celui du 11 février 1964, a permis une ample déconcentration. Il a été complété par un arrêté du 7 novembre 1985 relatif à la gestion des personnels des services extérieurs et un arrêté du 9 décembre 1985 relatif à la gestion des personnels enseignants des lycées et collèges. Il a été également modifié et complété par le décret n° 89-679 du 18 septembre 1989.

Mesures de déconcentration prises depuis 1985 (situation au 15 avril 1996).

0161. Mesures au bénéfice, respectivement, du recteur, de l'IA-DSDEN, du chef d'établissement, du président d'université et concernant les domaines suivants :

A. – Les services déconcentrés.
B. – Les moyens et fonctionnement des services.
C. – Les élèves et étudiants.
D. – Les personnels.
E. – Les procédures contentieuses.

Le recteur

A. Les services déconcentrés

Répartition des crédits de fonctionnement des services académiques :
– circulaire DPAOS du 7 mars 1989.

Renouvellement et acquisition des véhicules de service et utilitaires des services académiques :
– circulaire DPAOS aux préfets et aux recteurs du 17 décembre 1990.

Nomination des régisseurs pour les régies d'avances instituées auprès des rectorats d'académie et des services de l'académie de Paris :
– arrêté du 5 juillet 1993 modifié par arrêté du 2 octobre 1995 et complété par arrêté du 27 décembre 1995.

Création d'un comité d'hygiène et de sécurité auprès du comité technique paritaire académique :
– arrêté du 18 octobre 1995.

B. Les établissements : moyens et fonctionnement

Texte de base : décret n° 62-35 du 16 janvier 1962 modifié

1. Les moyens

Répartition des emplois d'instituteurs entre les départements :
– note de service DE n° 87-068 du 25 février 1987.

Détermination au sein de la circonscription académique des zones concernées par des opérations de remplacement :

– décret n° 85-1059 du 30 septembre 1985.

Création des sections de techniciens supérieurs :
– arrêté du 29 mai 1987.

Mise en place d'une dotation globale d'heures d'enseignement (lycées et collèges) :
– note de service DLC du 17 novembre 1986.

Désignation des écoles d'application :
– arrêté du 16 avril 1991.

Tutelle budgétaire sur certains établissements d'enseignement supérieur :
– arrêté du 20 juillet 1989.

Établissement du programme technique de construction (PTC) dans le cadre de la déconcentration des procédures techniques relatives aux constructions universitaires :
– circulaire interministérielle du 16 janvier 1995 et circulaire DGES n° 16 du 11 mai 1995.

Arrêt de la carte des zones d'éducation prioritaires (ZEP) :
– circulaire n° 90-028 du 1er février 1990.

Délégation aux IA-DSDEN[3] des moyens spécifiques ZEP pour les écoles et collèges :
– circulaire n° 90-028 du 1er février 1990.

Mise en place et contrôle des moyens spécifiques ZEP pour les lycées :
– circulaire n° 90-208 du 1er février 1990.

Désignation des responsables de ZEP (sur proposition de l'IA-DSDEN) :
– circulaire n° 92-360 du 7 décembre 1992.

2. Le fonctionnement

Nomination des agents comptables des établissements publics nationaux d'enseignement et de formation et des établissements publics locaux d'enseignement :
– arrêté du 29 juin 1987.

Nomination des assistants étrangers de langues vivantes dans les établissements d'enseignement du second degré :
– arrêté du 5 janvier 1989.

C. Les élèves et les étudiants

Texte de base : décret n° 62-35 du 16 janvier 1962 modifié

1. Les examens

Organisation des examens des brevets de technicien supérieur (BTS) :
– arrêté du 16 juillet 1987 ;
– note de service n° 87-249 du 12 août 1987.

Habilitation des centres de formation d'apprentis à mettre en œuvre le contrôle en cours de formation :
• en vue de la délivrance du baccalauréat professionnel :
– arrêté du 28 avril 1993.

• en vue de la délivrance du brevet des métiers d'art :
– arrêté du 5 avril 1995.

2. Vie scolaire

Adaptation du calendrier scolaire national pour tenir compte de situations locales :
– décret n° 90-236 du 14 mars 1990.

Procédure d'homologation des appariements d'établissements scolaires français et étrangers :
– circulaire DAGIC n° 91-221 du 1er août 1991.

Élaboration et choix des sujets des épreuves écrites des baccalauréats général et professionnel :
– décrets n° 93-1092 et n° 93-1093 du 15 septembre 1993 ;
– note de service DLC n° 96-084 du 19 mars 1996.

Agrément des associations éducatives dont les activités s'exercent au niveau local, départemental ou académique :
– décret n° 92-1200 du 6 novembre 1992.

Autorisations données aux associations éducatives non agréées d'intervenir dans les établissements :
– décret n° 92-1200 du 6 novembre 1992.

Exonérations de frais de pension au bénéfice des élèves des écoles régionales du premier degré, attribuées par une commission académique présidée par le recteur :
– arrêté du 12 novembre 1993.

3. Diplômes relatifs à l'enseignement supérieur

Visa ou signature des diplômes sanctionnant des formations d'enseignement supérieur ou des diplômes d'État :
– décret n° 91-803 du 20 août 1991 modifiant le décret n° 62-35 du 16 janvier 1962 modifié portant délégation d'attribution aux recteurs d'académie.

Signature des actes de délivrance du DPECF, du DECF et du DESCF :
– arrêté du 20 septembre 1991.

Visa des diplômes délivrés par les écoles reconnues par l'État en application de l'arrêté du 15 février 1921 :
– arrêté du 3 octobre 1991.

Visa ou signature des diplômes d'ingénieur délivrés par les universités ou par des écoles publiques d'ingénieurs relevant du ministère de l'Éducation nationale, à l'exception de celles soumises aux dispositions de l'article 37 de la loi du 26 janvier 1984 :
– arrêté du 3 octobre 1991.

Signature des diplômes d'État de conseiller d'orientation-psychologue délivrés par les établissements agréés par le ministre à organiser la formation :
– arrêté du 24 décembre 1991.

Signature des diplômes d'État de psychologie scolaire délivrés par les IUFM agréés par le ministre à organiser la formation :
– arrêté du 24 décembre 1991.

Signature des titres et diplômes nationaux de l'enseignement supérieur délivrés par les universités, les instituts polytechniques ainsi que par les établissements publics relevant de l'article 34 de la loi du 26 janvier 1984 modifiée :
– arrêté du 19 octobre 1994.

D. Les personnels

Texte de base : décret n° 85-899 du 21 août 1985 modifié

1. Le recrutement

Déconcentration de l'organisation d'examens de qualification professionnelle :
– CAPLP : circulaire DPE n° 87-066 du 24 février 1987 et arrêté du 18 juillet 1991.
– CAPES-CAPET : arrêtés du 23 juillet 1987 et du 18 juillet 1991.
– CE-CPE : arrêtés du 20 janvier 1988, du 18 juillet 1991 et du 3 décembre 1992 (certificat d'aptitude aux fonctions de conseiller principal d'éducation).
– CAPEPS : arrêté du 18 juillet 1991.
– Professeurs des écoles stagiaires, validation de la formation donnée dans les IUFM : arrêté du 2 octobre 1991 relatif aux conditions de délivrance du diplôme professionnel de professeur des écoles modifié par l'arrêté du 17 février 1993 ; circulaire n° 92-203 du 22 octobre 1992.
– Maîtres contractuels des établissements d'enseignement privés sous contrat : décret n° 93-376 du 18 mars 1993.

Recevabilité des candidatures à certains concours nationaux de recrutement :
– décret n° 88-11 du 4 janvier 1988 modifiant le décret n° 85-899 du 21 août 1985 ;
– arrêté du 28 janvier 1988 ;
– note de service DPE n° 86-250 du 3 septembre 1986.

Indemnisation des frais de déplacement des jurys de certains concours nationaux de recrutement des professeurs :
– note de service DPE n° 86-298 du 13 octobre 1986.

Recrutement des instituteurs et professeurs d'écoles à l'exception du premier concours interne :
– décret n° 86-487 du 14 mars 1986 modifié (instituteurs) ;
– décret n° 90-680 du 1er août 1990 portant statut particulier des professeurs des écoles, modifié par les décrets n° 91-984 du 25 septembre 1991 et n° 91-1086 du 18 octobre 1991 ;
– arrêté du 23 septembre 1992 (professeurs des écoles).

Recrutement de professeurs contractuels :
– décret n° 89-520 du 27 juillet 1989, modifiant le décret n° 81-535 du 12 mai 1981.

Recrutement des agents contractuels des services extérieurs :
– arrêté du 24 mars 1988.

Nomination des conseillers de l'enseignement technologique :
– décret n° 91-235 du 26 février 1991 modifiant le décret du 15 juin 1972 ;
– note de service DLC n° 91-208 du 11 juillet 1991.

Organisation au niveau local des concours ou examens professionnels concernant les corps d'adjoints techniques, d'agents techniques, d'agents des services

techniques, d'adjoints administratifs et d'agents d'administration régis par le décret n° 85-1534 du 31 décembre 1985 :
– décret n° 93-321 du 8 mars 1993.

Recrutement de personnels contractuels du niveau de la catégorie A chargés d'exercer les fonctions de conseiller en formation continue :
– décret n° 93-412 du 19 mars 1993.

Recrutement des SASU en Polynésie française et en Nouvelle-Calédonie, vice-recteurs :
– arrêté du 11 avril 1994.

Recrutement de professeurs associés des EPLE :
– décret n° 94-594 du 15 juillet 1994.

2. La gestion des personnels

Décisions relatives à l'octroi des congés bonifiés à l'exception de ceux des personnels en fonction dans les départements de la Guadeloupe, de la Guyane et de la Martinique :
– arrêté du 12 mars 1990 (instituteurs) ;
– arrêté du 3 septembre 1990 (professeurs des écoles) ;
– notes de service DPAOS n° 90-075 et n° 90-346 des 27 mars 1990 (principe et expérimentation) et 21 décembre 1990 (généralisation).

Gestion des élèves instituteurs :
– décret n° 86-487 du 14 mars 1986 modifié ;
– décret n° 88-11 du 4 janvier 1988 ;
– arrêté du 12 avril 1988 ;
– note de service DE n° 88-097 du 12 avril 1988.

Gestion des élèves-professeurs des écoles et des professeurs des écoles stagiaires :
– décret n° 90-680 du 1er août 1990, modifié par les décrets n° 91-984 et n° 91-1080 du 25 septembre et du 18 octobre 1991.
– arrêté du 23 septembre 1992 (nomination, affectation, congés, invalidité, majoration tierce personne, absences, service national, détermination traitement des détachés, remboursement des frais de déplacement, renouvellement du cycle préparatoire, délivrance d'un diplôme professionnel, prolongation de stage).

Actes de gestion courante :
– arrêté du 7 novembre 1985 modifié, en dernier lieu par l'arrêté du 21 avril 1994 (classement AASU), et circulaire DPAOS n° 86-154 du 18 avril 1986 : personnels administratifs, ouvriers et de service ;
– arrêté du 15 octobre 1986 et circulaire DPE n° 86-367 du 25 novembre 1986 : personnels enseignants, d'éducation, d'information et d'orientation ;
– décret n° 89-679 du 18 septembre 1989 ;
– arrêté du 13 novembre 1989 et décret n° 92-912 du 2 septembre 1992 modifiant le décret n° 85-899 du 21 août 1985 (cessation progressive d'activité) ;
– arrêté du 13 octobre 1986 modifiant l'arrêté du 7 novembre 1985.

Accès aux échelles de rémunération des adjoints d'enseignement et des professeurs de lycée professionnel du 1er grade des maîtres contractuels du privé :
– décret n° 91-203 du 25 février 1991 ;
– arrêté du 31 juillet 1990 modifiant l'arrêté du 7 novembre 1985 modifié (reconnaissance de l'état d'invalidité et versement de l'allocation d'invalidité temporaire et le cas échéant de la majoration pour tierce personne).

Autorisation d'absence accordée aux personnels pour se rendre à l'étranger à titre personnel :
– note de service DPID n° 87-062 du 17 février 1987 ;
– notes de service DPE n° 86-109 du 11 mars et n° 86-302 du 14 octobre 1986 ;
– note de service DPAOS n° 87-003 du 7 janvier 1987 ;
– note de service DGF n° 89-101 du 27 avril 1989 : maîtres des établissements d'enseignement privés du second degré.

Nomination d'enseignants titulaires sur des emplois correspondant à des fonctions de remplacement dans les établissements d'enseignement du second degré :
– décret n° 85-1059 du 30 septembre 1985.

Affectation de certains personnels enseignants et d'éducation sur des emplois de réadaptation :
– décret n° 86-185 du 4 février 1986.

Réaffectation des personnels à la suite de mesures de carte scolaire :
– décret n° 87-748 du 28 août 1987 ;
– décret n° 89-679 du 18 septembre 1989 (réadaptation ou carte scolaire : conseillers d'orientation et directeurs de centres d'information et d'orientation).
– note de service DPE n° 93-302 du 25 octobre 1993 ;

Organisation des élections aux commissions administratives paritaires académiques :
– décret n° 87-495 du 3 juillet 1987 : professeurs de lycée professionnel et professeurs techniques chefs de travaux de CET.
– décret n° 87-496 du 3 juillet 1987 : conseillers principaux et conseillers d'éducation ;
– décret n° 87-497 du 3 juillet 1987 modifiant le décret n° 84-914 du 10 octobre 1984 : concerne certains personnels enseignants relevant du ministre de l'Éducation nationale ;
– arrêté du 2 mars 1993 : adjoints administratifs ;
– arrêté du 18 janvier 1994 : infirmiers et infirmières du ministère de l'Éducation nationale ;
– arrêté du 5 septembre 1994 modifié et complété par l'arrêté du 18 janvier 1995 : conseillers d'administration scolaire et universitaire et intendants universitaires ;
– arrêtés du 16 janvier 1995 :
• agents des services techniques des services extérieurs,
• agents de service des établissements d'enseignement administrés par l'État,
• agents techniques, aides, aides techniques et techniciens de laboratoire des établissements d'enseignement,
• ouvriers d'entretien et d'accueil, ouvriers professionnels et conducteurs d'automobile, maîtres ouvriers et chefs de garage, techniciens de l'Éducation nationale,
• assistants de service social,
• attachés d'administration scolaire et universitaire.

Gestion des agents contractuels des services extérieurs :
– arrêté du 24 mars 1988.

Mise en disponibilité et détachement interne à l'Éducation nationale :
– arrêté du 28 janvier 1988.

Mise en position de non-activité pour raison d'études des professeurs agrégés, certifiés, PLP, professeurs et chargés d'enseignement d'EPS :
– décrets n° 89-669 à 672 du 18 septembre 1989 et décret n° 89-731 du 11 octobre 1989 ;
– note de service DPE n° 90-248 du 30 août 1990.

Mise en position de non-activité pour raison d'études des chargés d'enseignement et adjoints d'enseignement :
– décret n° 92-811 du 18 août 1992 ;
– note de service DPE n° 92-295 du 14 octobre 1992.

Validation des services antérieurs à la titularisation :
– note de service DGF n° 87-091 du 20 mars 1987.

Gestion des secrétaires d'administration scolaire et universitaire :
– arrêté du 28 janvier 1988 modifiant l'arrêté du 7 novembre 1985 ;
– circulaire DPAOS n° 88-029 du 28 janvier 1988.

Classement, notation, avancement et accès à la hors-classe des conseillers et conseillers principaux d'éducation :
– décret n° 88-376 du 18 avril 1988 ;
– décret n° 92-811 du 18 août 1992 modifiant le décret statutaire n° 70-738 du 12 août 1970.

Classement, notation, avancement des personnels d'information et d'orientation :
– décret n° 88-475 du 29 avril 1988.

Classement, notation, avancement et accès à la hors-classe des professeurs d'EPS, y compris pour ceux affectés dans l'enseignement supérieur :
– décret n° 89-671 du 18 septembre 1989 ;
– décret n° 89-731 du 11 octobre 1989 ;
– décret n° 92-811 du 18 août 1992 modifiant le décret statutaire n° 80-627 du 4 août 1980 ;
– note de service DPE du 4 décembre 1989 ;
– note de service DPE n° 92-146 du 30 avril 1992 ;
– décret n° 93-76 du 18 janvier 1993.

Classement, notation, avancement et accès à la hors-classe des chargés d'EPS, à l'exception de ceux affectés dans l'enseignement supérieur (notation seulement) :
– arrêté du 31 juillet 1987 (avancement d'échelon) ;
– décret n° 89-731 du 11 octobre 1989 ;
– décret n° 92-811 du 18 août 1992 modifiant le décret statutaire n° 60-403 du 22 avril 1960 ;
– note de service DPE n° 92-146 du 30 avril 1992.

Classement, notation, avancement et accès à la hors-classe des professeurs de lycée professionnel, y compris pour ceux affectés dans l'enseignement supérieur :
– décret n° 92-1189 du 6 novembre 1992 relatif au statut particulier des professeurs de lycée professionnel.

Classement, notation, avancement et accès à la hors-classe des professeurs certifiés, y compris pour ceux affectés dans l'enseignement supérieur :
– décret n° 89-670 du 18 septembre 1989 ;
– décret n° 2-811 du 18 août 1992 ;

– notes de service DPE n° 91-033 et n° 91-131 des 13 février et 10 juin 1991 ;
– note de service DPE n° 92-146 du 30 avril 1992 ;
– décret n° 93-76 du 18 janvier 1993.

Accès au corps des AASU par liste d'aptitude et avancement au grade d'APASU et à la 1re classe :
– décret n° 92-912 du 2 septembre 1992 modifiant le décret n° 85-899 du 21 août 1985 ;
– arrêté du 18 septembre 1992 modifiant l'arrêté du 7 novembre 1985.

Sanctions disciplinaires des premier et deuxième groupes relatives aux professeurs de lycée professionnel, affectés dans l'enseignement secondaire :
– décret n° 92-1189 du 6 novembre 1992 relatif au statut particulier des professeurs de lycée professionnel.

Sanctions disciplinaires des premier et deuxième groupes relatives aux professeurs agrégés, certifiés, chargés d'enseignement, chargés d'enseignement de l'éducation physique et sportive, adjoints d'enseignement et professeurs d'éducation physique et sportive, affectés dans l'enseignement secondaire :
– décret n° 92-811 du 18 août 1992 ;
– note de service DPE n° 92-267 du 10 septembre 1992.

Sanctions disciplinaires des premier et deuxième groupes, relatives aux conseillers principaux et conseillers d'éducation, personnels d'information et d'orientation, directeurs de centre d'information et conseillers d'orientation-psychologues, affectés dans l'enseignement secondaire :
– décret n° 92-811 du 18 août 1992.
– note de service DPE n° 92-267 du 10 septembre 1992.

Sanctions disciplinaires relatives aux maîtres d'internat et aux surveillants d'externat (avertissement sur proposition du chef d'établissement, autres sanctions sur proposition d'un conseil de discipline) :
– décret n° 94-664 du 27 juillet 1994 modifiant les décrets statutaires des 11 mai 1937 (MI) et 27 octobre 1938 (SE).

Cumuls de rémunérations publiques, d'emploi public et d'activité privée lucrative :
– note de service DPAOS n° 89-130 du 5 juin 1989 ;
– arrêté du 31 juillet 1992 modifiant l'arrêté du 15 octobre 1986 et note de service DPE n° 92-238 du 20 août 1992.

Mouvement académique des secrétaires d'administration scolaire et universitaire et des assistants et assistantes de service social du ministère de l'Éducation nationale :
– arrêté du 28 janvier 1988 modifiant l'arrêté du 7 novembre 1985 modifié ;
– circulaire n° 88-29 du 28 janvier 1988.

Prise en charge des frais de changement de résidence des personnels ATOS, y compris pour se rendre dans les DOM :
– arrêté du 18 juin 1991 modifiant l'arrêté du 7 novembre 1985 ;
– arrêté du 19 mai 1993 modifiant l'arrêté du 7 novembre 1985 ;
– note de service DPAOS n° 93-218 du 9 juin 1993.

Prise en charge des frais de changement de résidence des personnels d'inspection, de direction, nommés sur emplois de SGA, SGU, SGASU, et ACU, CASU, y compris pour se rendre dans les DOM :
– arrêté du 24 juillet 1991 modifié par l'arrêté du 22 octobre 1992 et l'arrêté du 1er octobre 1993 ;

– note de service DPAOS n° 93-218 du 9 juin 1993 et note de service n° 94-123 du 21 mars 1994.

Bi-admissibilité à l'agrégation des certifiés, des professeurs d'EPS :
– arrêté et note de service DPE n° 91-234 du 19 août 1991.

Actes de gestion courante (congé formation professionnelle, temps partiel, mi-temps thérapeutique, cessation progressive d'activité) des personnels enseignants, d'éducation, d'information et d'orientation relevant de la DPE, en fonction dans des établissements d'enseignement supérieur :
– arrêté et note de service DPE n° 91-041 du 21 février 1991.

Actes de gestion courante des personnels de direction :
– arrêté du 24 juillet 1991 modifié par les arrêtés du 18 juin et du 22 octobre 1992, les arrêtés du 17 mars et du 1er octobre 1993, et en dernier lieu par l'arrêté du 24 novembre 1994 (classement après nomination sur liste d'aptitude ou tableau d'avancement).

Actes de gestion courante des personnels d'inspection :
– arrêté du 24 juillet 1991 modifié, en dernier lieu par l'arrêté du 24 novembre 1994 (avancement d'échelon, classement, mise en disponibilité).

Actes de gestion courante des CASU :
– arrêté du 24 juillet 1991.

Actes de gestion courante des intendants universitaires :
– arrêté du 24 juillet 1991 modifié par l'arrêté du 18 juin 1992.

Actes de gestion courante (congé, temps partiel, notation) des médecins contractuels de santé scolaire :
– arrêté du 16 avril 1991 modifiant l'arrêté du 24 mars 1988.

Réductions d'ancienneté des CASU :
– arrêté du 24 juillet 1991.

Avancement d'échelon des SGASU, SGU, ACU :
– arrêté du 24 juillet 1991.

Reclassement des personnels de direction stagiaires :
– arrêté du 24 juillet 1991.

Classement des professeurs associés des EPLE dans une des quatre catégories de rémunération et fixation de leur indice :
– décret n° 94-594 du 15 juillet 1994.

3. Personnels relevant de l'enseignement supérieur

1) Personnels enseignants

Nomination d'enseignants non titulaires

Enseignants invités :
– décret n° 90-820 du 12 septembre 1990 modifiant le décret n° 85-733 du 17 juillet 1985 ;
– circulaire DPES n° 90-284 du 19 octobre 1990.

Agents nommés dans le cadre de l'initiation à l'enseignement supérieur. Nomination des enseignants recrutés en application des textes suivants :
– décret n° 88-653 du 7 mai 1988 : allocataires d'enseignement et de recherche ;

– décret n° 88-654 du 7 mai 1988 : attachés temporaires d'enseignement et de recherche ;
– décret n° 89-794 du 30 octobre 1989 : allocataires moniteurs normaliens.

Mesures diverses concernant les personnels titulaires

Enseignants relevant du décret du 6 juin 1984 modifié :
– circulaire DPES n° 229 du 25 janvier 1990, donnant au recteur le pouvoir d'attribuer aux établissements relevant de son académie les contingents d'indemnités pour enseignements complémentaires prélevés sur les emplois vacants de professeurs des universités et de maîtres de conférences.

Professeurs des universités et maîtres de conférences relevant du décret du 6 juin 1984 modifié :
– décret n° 92-296 du 27 mars 1992, complété par décret n° 92-512 du 11 juin 1992, et arrêté du 27 mars 1992, donnant au recteur le pouvoir d'établir la liste des candidats autorisés à :
• demander leur inscription sur la liste de qualification aux fonctions de maîtres de conférences mentionnée à l'article 22 du décret n° 84-431 du 6 juin 1984 et sur la liste de qualification aux fonctions de professeurs des universités mentionnée à l'article 43 du décret précité ;
• prendre part aux épreuves des concours d'agrégation de l'enseignement supérieur ;
• prendre part aux épreuves des concours de recrutement de maîtres de conférences et de professeurs des universités ouverts pour pourvoir un ou plusieurs emplois attribués à un établissement, dans le ressort de l'académie.

2) Personnels ingénieurs, techniques, administratifs et des bibliothèques

Renouvellement des autorisations de travail à temps partiel.

Autorisation de cumul de rémunérations publiques sous forme de vacations :
– circulaire DPES n° 284 du 23 novembre 1988.

Extension des mesures de déconcentration, prises par la circulaire DPES n° 284 du 23 novembre 1988, aux personnels des bibliothèques et des musées :
– circulaire sous-direction des personnels ITA et des personnels des bibliothèques n° 89-009 du 30 juin 1989.

Déconcentration des octrois et renouvellements des congés prévus par l'article 34 de la loi n° 84-16 du 11 janvier 1984 modifiée, portant dispositions statutaires relatives à la fonction publique de l'État ; mise en position, accomplissement du service national, congé parental, mi-temps thérapeutique :
– circulaire sous-direction des personnels ITA et des personnels des bibliothèques n° 89-009 du 30 juin 1989.

E. Les procédures contentieuses

Texte de base : décret n° 87-782 du 23 septembre 1987

Contentieux de la gestion des personnels et de l'action éducatrice :
– décret n° 87-787 du 23 septembre 1987 ;
– instruction DAGIC n° 88-025 du 27 janvier 1988.

Règlement amiable des dossiers d'accidents causés ou subis par les véhicules administratifs des établissements et services extérieurs :
– instruction DAGIC n° 87-046 du 5 février 1987.

Recours contre des tiers à la suite d'accidents survenus à des personnels de l'Éducation nationale :
– notes de service DAGIC n° 90-027 et n° 90-111 des 31 janvier et 22 mai 1990.

Règlement amiable des requêtes en indemnité mettant en cause la responsabilité de l'État pour des propositions d'indemnisation inférieures à 50000 F :
– instruction DAGIC n° 92-154 du 14 mai 1992.

Règlements amiables et contentieux des accidents scolaires régis par la loi du 5 avril 1937 ; déconcentration au niveau des rectorats de l'assistance juridique des préfets de département :
– circulaire DAGIC n° 94-239 du 29 septembre 1994.

L'inspecteur d'académie, Directeur des services départementaux de l'éducation

A. Les services déconcentrés

Création d'un comité d'hygiène et de sécurité auprès du comité technique paritaire départemental :
– arrêté du 18 octobre 1995.

B. Les établissements : moyens et fonctionnement

Textes de base : décret n° 62-35 du 16 janvier 1962 modifié. Arrêté du 30 juillet 1987

1. Les moyens

Pour mémoire : implantation des emplois d'instituteur et de professeur des écoles :
– décret du 11 juillet 1979 modifié par le décret du 19 novembre 1990.

Détermination des circonscriptions d'inspection départementale et de la résidence administrative des inspecteurs de l'Éducation nationale :
– arrêté du 29 mai 1987.

Instruction de la liste annuelle des opérations de construction ou d'extension des collèges (IA-DSDEN par délégation de signature du recteur) :
– circulaire interministérielle du 18 juin 1985 ;
– note de service DLC n° 87-006 du 8 janvier 1987.

Mise en place et contrôle des moyens spécifiques ZEP pour les écoles et collèges :
– circulaire n° 90-028 du 1er février 1990.

Désignation des coordonnateurs de ZEP :
– circulaire n° 92-360 du 7 décembre 1992.

2. Le fonctionnement

Contrôle administratif et financier des collèges, arrêt de la structure pédagogique des collèges :
– décret n° 87-313 du 5 mai 1987 modifiant le décret n° 62-35 du 16 janvier 1962 ;
– arrêté du 30 juillet 1987.

C. Les élèves et les familles : examens et ouverture de l'école et vie scolaire

1. Les examens

Diplôme national du brevet :
– décret n° 87-32 du 23 janvier 1987 ;
– arrêté du 23 janvier 1987.

2. L'ouverture de l'école et la vie scolaire

Pour mémoire, ouverture et fermeture des écoles et classes des enseignements préélémentaire, élémentaire et spécial :
– décret du 11 juillet 1979 modifié.

Habilitation d'associations de parents d'élèves :
– note de service DE et DLC n° 86-256 du 9 septembre 1986.

Autorisations données aux associations éducatives non agréées d'intervenir dans les écoles :
– décret n° 92-1200 du 6 novembre 1992.

Aides aux projets d'action éducative :
– note de service DLC n° 86-260 du 12 septembre 1986 (collèges et lycées) ;
– note de service DE n° 86-261 du 12 septembre 1986 (écoles).

Autorisation de sorties et voyages collectifs d'élèves :
– circulaire DE et DLC n° 86-317 du 22 octobre 1986.

D. Les personnels

Texte de base : décret n° 85-899 du 21 août 1985 modifié

Recrutement de professeurs des écoles, au titre du premier concours interne :
– décret n° 91-1086 du 18 octobre 1991 modifiant le décret n° 90-680 du 19 août 1990 relatif au statut des professeurs des écoles ;
– arrêté du 27 novembre 1990 modifiant l'arrêté du 28 août 1990 ;
– arrêté du 24 décembre 1992.

Gestion des élèves instituteurs :
– décret n° 86-487 du 14 mars 1986 modifié ;
– décret n° 88-11 du 4 janvier 1988 ;
– arrêté du 12 avril 1988 ;
– note de service DE n° 88-097 du 12 avril 1988.

Attribution des congés maladie, pour maternité ou pour adoption, des personnels administratifs, techniques, ouvriers des services extérieurs affectés dans des établissements relevant de la circonscription de l'IA-DSDEN :
– arrêté du 7 novembre 1985.

Gestion des instituteurs :
– décret n° 87-546 du 17 juillet 1987 ;
– décret n° 87-547 du 17 juillet 1987 ;
– décret n° 88-11 du 4 janvier 1988 ;
– arrêté du 12 avril 1988 ;
– note de service DE n° 88-096 du 12 avril 1988.

Gestion des professeurs des écoles :
– arrêté du 28 août 1990, modifié par l'arrêté du 27 novembre 1990 et en dernier lieu par l'arrêté du 22 juin 1994 (avancement d'échelon, avancement de

grade et détachement dans emploi conduisant à pension civile relevant du MEN) ;
– note de service DE n° 90-306 du 27 novembre 1990.

Décisions relatives à l'octroi des congés bonifiés pour les personnels en fonction dans les départements de la Guadeloupe, de la Guyane et de la Martinique :
– arrêté du 14 octobre 1986 ;
– arrêté du 12 mars 1990 ;
– note de service DPAOS n° 90-075 du 27 mars 1990.

Accès des maîtres contractuels du privé sous contrat à l'échelle de rémunération des professeurs des écoles :
– décret n° 91-202 du 25 février 1991.

Autorisation d'absence accordée aux personnels pour se rendre à l'étranger à titre personnel :
– note de service DPID n° 87-062 du 17 février 1987 ;
– notes de service DPE n° 86-109 du 11 mars et n° 86-302 du 14 octobre 1986 ;
– note de service DE n° 86-342 du 6 novembre 1986 ;
– note de service DPAOS n° 87-003 du 7 janvier 1987 ,
– note de service DGF n° 89-101 du 27 avril 1989 : maîtres des établissements d'enseignement privé du premier degré.

Attribution des autorisations spéciales d'absence pour motif syndical :
– note de service DAGIC n° 87-076 du 3 mars 1987.

E. Les procédures contentieuses

Recours contre des tiers à la suite d'accidents survenus à des personnels de l'Éducation nationale :
– notes de service DAGIC n° 90-027 et n° 90-111 des 31 janvier et 22 mai 1990.

Les directeurs d'école, chefs d'établissement, directeurs d'établissements publics d'enseignement supérieur et présidents d'université

A. Les établissements

Le fonctionnement

Organisation du service de vacances dans les établissements du second degré et les écoles normales : chefs d'établissement :
– note de service DPID n° 87-075 du 3 mars 1987.

Création de régies de recettes et d'avances au bénéfice du chef d'établissement dans les établissements dont la responsabilité et la charge incombent entièrement à l'État :
– décret n° 92-681 du 20 juillet 1992, modifié par le décret n° 92-1368 du 23 décembre 1992 ;
– arrêté interministériel du 11 octobre 1993 ;
– note de service DGF n° 93-293 du 11 octobre 1993.

B. Les élèves et les familles

L'ouverture de l'école et la vie scolaire

Autorisation de sorties et voyages collectifs d'élèves (sur le territoire français pour les élèves du premier degré) : chefs d'établissement, directeurs d'école :
– circulaire DE et DLC n° 86-317 du 22 octobre 1986.

Agréments d'intervenants extérieurs dans les écoles : directeurs d'école.
– circulaire DE n° 86-312 du 20 octobre 1986 ;
– note de service DE n° 87-373 du 23 novembre 1987.

Autorisations données aux associations éducatives agréées d'intervenir pendant le temps scolaire en appui aux activités d'enseignement : chefs d'établissement, directeurs d'école.
– décret n° 92-1200 du 6 novembre 1992.

C. Les personnels

Recrutement d'agents vacataires temporaires : chefs d'établissement :
– décret n° 89-497 du 12 juillet 1989 ;
– circulaire n° 89-320 du 18 octobre 1989.

Recrutement et gestion des maîtres de demi-pension : chefs d'établissement :
– lettre DPE aux recteurs du 24 septembre 1986 (texte non publié) ;
– note de service DLC et DPE n° 87-084 du 10 mars 1987.

Recrutement d'agents contractuels du niveau de la catégorie A exerçant en formation continue des adultes : chefs d'établissement support du GRETA (avec accord du recteur) :
– décret n° 93-412 du 19 mars 1993.

Autorisation de cumuls d'activités d'enseignement : chefs d'établissement :
– note de service DPE n° 86-285 du 6 octobre 1986.

Autorisation d'absence : chefs d'établissement :
– note de service DPE n° 86-302 du 14 octobre 1986.

Autorisation d'absence accordée aux personnels pour se rendre à l'étranger à titre personnel : chefs d'établissement :
– note de service DPAOS n° 87-003 du 7 janvier 1987.

Actes de gestion courante (congés de maladie, pour maternité ou pour adoption) des personnels placés sous l'autorité du chef d'établissement : chefs d'établissement (par délégation de signature du recteur ou de l'inspecteur d'académie, directeur des services départementaux de l'Éducation nationale) :
– décret n° 88-11 du 4 janvier 1988 modifiant le décret n° 85-899 du 21 août 1985.

D. Enseignement supérieur

Mesures de déconcentration prises au profit des présidents d'université et directeurs d'établissements publics d'enseignement supérieur.

Nomination de personnels enseignants non titulaires

Chargés d'enseignement dans les disciplines médicales et odontologiques :
– décret n° 86-555 du 14 mars 1986.

Moniteurs recrutés parmi les allocataires de recherche :
– décret n° 89-794 du 30 octobre 1989.

Mesures diverses concernant les enseignants titulaires

Recevabilité des candidatures aux concours de recrutement de maîtres de conférences et de professeurs des universités (par délégation de signature du recteur) :
– décret n° 92-512 du 11 juin 1992 complétant le décret n° 92-296 du 27 mars 1992.

Délivrance des autorisations spéciales d'absence sollicitées par les enseignants relevant du décret du 6 juin 1984 modifié, en application de l'article 2 du décret n° 69-497 du 30 mai 1969 :
– circulaire DPES n° 953 du 16 mai 1990.

Traitement des dossiers d'accidents de service et d'accidents de travail des enseignants en fonctions dans les grands établissements relevant des corps spécifiques ou des corps du second degré :
– circulaire DPES/DAGIC n° 456 du 27 juillet 1990.

Actes de gestion courante relatifs aux personnels titulaires et stagiaires de recherche et de formation régis par le décret n° 85-1534 du 31 décembre 1985 (avancements d'échelon, autorisations de cumul de rémunérations, congés sauf cas où l'avis du comité médical supérieur est requis) : présidents de certaines universités et présidents et directeurs de l'ENS de Cachan et de l'École des hautes études en sciences sociales :
– décret n° 93-1334 du 20 décembre 1993 ;
– arrêté du 20 décembre 1993.

Actes de gestion courante relatifs aux professeurs des universités et maîtres de conférences (nomination en qualité de directeur d'études d'un IUFM, avancements d'échelon à l'ancienneté, autorisations de cumul de rémunérations, congés sauf cas où l'avis du comité médical supérieur est requis, autorisations d'absence, congés pour recherches ou conversions thématiques) : présidents de certaines universités et présidents et directeurs de l'ENS de Cachan et de l'École des hautes études en sciences sociales :
– décret n° 93-1335 du 20 décembre 1993 ;
– arrêté du 20 décembre 1993.

Recrutement et inscription sur liste de qualification aux fonctions de maîtres de conférences et de professeurs du Muséum national d'histoire naturelle (arrêt de la liste des candidats remplissant les conditions) : directeur du Muséum :
– décret n° 94-251 du 23 mars 1994 ;
– arrêté du 14 septembre 1994.

Autres mesures

Gestion des accidents professionnels des personnels :
– directeurs des grands établissements : lettre DAGIC n° 0456 du 27 juillet 1990 ;
– directeurs des établissements publics administratifs nationaux : lettre DAGIC n° 0486 du 12 septembre 1990 ;
– directeurs du Collège de France, du Musée d'histoire naturelle, de l'École des hautes études en sciences sociales : arrêté du 5 avril 1990.

Observations générales.

La déconcentration administrative opérée au sein de l'Éducation nationale.

0162. Elle se caractérise par des délégations de pouvoir du ministre aux autorités académiques ; ces délégations sont destinées à alléger les tâches de l'administration centrale et à faciliter l'organisation de l'enseignement (notamment la préparation de la rentrée).

Par ailleurs, les inspecteurs d'académie et les chefs d'établissement peuvent bénéficier de délégations de signature explicitement accordées ou de délégations d'attribution, qui ne résultent pas d'un acte formel de l'autorité supérieure. Ces deux types de délégation ne constituent pas, en droit, une déconcentration administrative.

Dans ce cas, la décision prise par un fonctionnaire n'ayant pas reçu la compétence voulue reste de la responsabilité de l'autorité qui a délégation de pouvoir.

Depuis les premières mesures de déconcentration qui sont intervenues à partir de 1962, et surtout depuis 1985-1986, où une politique beaucoup plus audacieuse a été entreprise pour prendre en compte la nouvelle répartition des compétences entre l'État et les collectivités territoriales, on constate d'une part une accélération et un élargissement des délégations de pouvoir accordées par le ministre, d'autre part une évolution très nette de la déconcentration, qui ne se limite plus au domaine de l'organisation scolaire et s'applique désormais à la gestion de nombreuses catégories de personnels enseignants et non enseignants.

Il faut rappeler qu'aux termes du décret n° 64-130 du 11 février 1964 (modifié), le ministre pouvait déléguer ses pouvoirs aux recteurs pour la gestion des personnels des services extérieurs, autres que le personnel enseignant titulaire de l'enseignement supérieur et les professeurs agrégés ; mais ce décret n'a pu être appliqué à la plupart des personnels concernés.

En effet, il s'est heurté à différents obstacles de caractère juridique (après un avis restrictif du Conseil d'État) et de caractère politico-syndical et administratif. Ainsi, la déconcentration de la gestion du personnel n'a été que timidement et progressivement établie pour des actes mineurs et pour les catégories C et D pendant de nombreuses années.

Actuellement, les délégations de pouvoir aux recteurs d'académie en matière de gestion des personnels sont de plus en plus étendues ; elles concernent d'abord les fonctionnaires de catégories B, C et D et, fait notable, elles touchent aussi la catégorie A, puisque les recteurs sont en particulier compétents pour la notation et l'avancement des personnels enseignants et d'orientation et qu'ils ont reçu de nombreuses délégations concernant les inspecteurs pédagogiques régionaux-inspecteurs d'académie, les inspecteurs de l'Éducation nationale, les conseillers et les attachés d'administration scolaire et universitaire, les intendants universitaires, les conseillers d'orientation, les chefs d'établissement du second degré, etc.

Ce qui n'était pas admis, il y a quelques années, par les administrateurs et les syndicats est réalisé : le recteur a reçu le pouvoir disciplinaire de prononcer certaines sanctions. On se reportera à ce sujet à l'important décret n° 92-811 du 18 août 1992 (*JO* du 22 août 1992) qui contient les dispositions relatives à la discipline, la notation et l'avancement de ces personnels.

Le recteur est le niveau de déconcentration le plus important dans l'administration de l'Éducation nationale (voir n° 0072 et suivants).

0163. Il en est le pivot. Non seulement, il prépare la liste annuelle des opérations de construction et d'extension des lycées (arrêtée par le préfet), il détermine la structure pédagogique générale de ces établissements et il répartit entre eux les moyens horaires et les postes de personnel, ainsi que certains crédits de l'État, mais il est l'interlocuteur de la région pour le schéma prévisionnel des formations qui concerne tout l'enseignement du second degré : collèges, lycées et établissements d'éducation spéciale. En outre, il répartit entre les départements, pour les collèges, « l'enveloppe » des postes qui leur sont accordés.

Cette répartition des moyens entre les départements peut conduire les recteurs à établir des relations directes avec les conseils généraux et le rôle de l'inspecteur d'académie s'en trouve alors diminué.

Ainsi le recteur, premier responsable du fonctionnement du système éducatif dans son académie, dispose de la quasi-totalité des pouvoirs dans l'enseignement du second degré, qu'il s'agisse des structures et des moyens, de l'organisation de la scolarité et des examens, de la gestion du personnel et du contrôle des établissements.

D'ailleurs, pour la fonction de tutelle financière exercée sur les lycées et les collèges, ce sont les services rectoraux qui sont les plus aptes, dans bien des cas, à fournir aux régions, pour les lycées, et aux départements, pour les collèges, les informations nécessaires au calcul des dotations attribuées par les collectivités territoriales.

Progressivement, l'inspecteur d'académie devient l'interlocuteur privilégié du département et des communes, pour toute l'administration de écoles et des collèges.

0164. Si la planification scolaire est nécessairement établie au niveau régional et académique, au moins, l'inspecteur d'académie, en liaison avec les autorités départementales, conseil général et préfet, doit-il prendre une part active à sa préparation pour les collèges. De même, on imagine mal que le recteur puisse décider de la répartition globale des moyens entre les départements sans que cette répartition ait fait l'objet d'études et de propositions précises émanant des inspecteurs d'académie concernés.

Les mesures de déconcentration qui ont été décidées visent à donner un bloc de compétences à l'inspecteur d'académie. Il paraît, en effet, nécessaire de lui donner pour les collèges la possibilité d'agir dans tous les domaines : définition de la structure pédagogique générale annuelle des collèges, instruction de la liste annuelle des opérations de construction et d'extension des collèges, répartition des moyens (notamment en heures d'enseignement et en postes) entre les collèges, contrôle administratif et pédagogique des collèges, participation au contrôle budgétaire et financier en liaison avec la collectivité de rattachement.

Pour les écoles, les compétences confiées à l'inspecteur d'académie sont plus étendues et font de lui le seul responsable du service public auquel les communes s'adressent naturellement. Chargé d'implanter les emplois et de gérer le personnel enseignant des écoles, il organise et dirige le réseau de l'enseignement préélémentaire et élémentaire.

Cependant, les pouvoirs donnés à l'inspecteur d'académie dans l'enseignement du second degré connaissent des limites, plus ou moins étroites suivant la volonté ou la capacité d'intervention du rectorat à la fois dans les lycées et dans les collèges.

Or la logique de la déconcentration, qui veut que les compétences des autorités administratives de l'Éducation nationale correspondent aux compétences transférées aux différentes collectivités locales, exige qu'au-delà des textes soit clairement acceptée l'idée que l'inspecteur d'académie n'est pas seulement le représentant du recteur dans le département et l'exécutant de décisions prises au niveau académique, mais qu'il est un échelon de proximité qui touche aussi les lycées.

Plus qu'une redéfinition des compétences est nécessaire la modification des relations entre les échelons hiérarchiques, sans laquelle l'inspecteur d'académie ne serait pas en mesure d'exercer ses responsabilités face au préfet et au conseil général, ni ne serait totalement crédible aux yeux des syndicats et des associations de parents d'élèves.

En même temps, il faut harmoniser les pouvoirs délégués et les moyens techniques des autorités qui ont reçu ces pouvoirs, ce qui n'entraîne pas forcément un transfert, d'un niveau à un autre, de personnels, d'équipements ou de crédits, mais demande au minimum que soit effectuée une sérieuse étude d'organisation. Pour ce problème aussi, une appréciation exacte du rôle de l'inspecteur d'académie dans le département est indispensable. Par exemple, s'il n'est pas toujours en mesure d'exercer le contrôle budgétaire des collèges, à la manière des services financiers du rectorat lorsque ceux-ci contrôlaient la préparation et l'exécution du budget des établissements, l'inspecteur d'académie est en position d'aider au règlement des litiges qui peuvent se produire entre le conseil général et les établissements concernant la dotation de fonctionnement et son utilisation.

Plus généralement, il se doit de provoquer et de faciliter le dialogue entre tous les partenaires de l'Éducation nationale dans le département, comme il lui appartient d'assurer la synthèse des contrôles exercés sur les collèges par plusieurs autorités.

Au-delà de la référence aux « blocs des systèmes » peu appropriée au nnement spécifique de l'Éducation nationale (continuité pédagogique nécessaire...), l'articulation des responsabilités entre le niveau du recteur et celui de l'IA-DSDEN reste un débat permanent (voir en particulier le schéma directeur de réorganisation et de déconcentration lancé en 1994 à la suite des travaux de Centrale 2000 de 1992 et la mesure 108 du nouveau contrat pour l'école).

Rôle et compétences du préfet.

Le préfet et le service public.

0165. En qualité de représentant de l'État dans le département ou dans la région, le préfet a la charge des intérêts nationaux, du respect des lois, de l'ordre public et du contrôle administratif. Il représente chacun des ministres et dirige les services extérieurs de l'État, sous réserve de certaines exceptions, notamment pour l'Éducation nationale. Il a autorité sur tous les chefs de service (sauf sur le recteur nommé en Conseil des ministres).

Le préfet est seul habilité à s'exprimer au nom de l'État devant le conseil général ou le conseil régional : il détient le pouvoir de police générale au niveau du département et bénéficie d'un pouvoir de substitution en cas de carence des autorités locales.

Le préfet est l'unique ordonnateur secondaire des services extérieurs des administrations civiles de l'État. Pour les crédits inscrits au budget du ministère de l'Éducation nationale, il peut déléguer sa signature au recteur et à l'inspecteur d'académie, directeur des services départementaux de l'Éducation nationale.

Une part essentielle du fonctionnement du service public de l'enseignement échappe à l'autorité préfectorale.

En effet, l'article 7 du décret n° 82-389 et l'article 6 du décret n° 82-390 du 10 mai 1982 excluent de la compétence du préfet les missions relevant du ministre de l'Éducation nationale :

> le contenu et organisation de l'action éducatrice, la gestion des personnels et des établissements qui y concourent.

À noter, qu'une circulaire du Premier ministre du 12 juillet 1982 est plus explicite sur ce point ; elle ajoute à la formulation ci-dessus :

> notamment l'organisation de la scolarité, la gestion intérieure et la tutelle des établissements, l'action pédagogique des maîtres de l'enseignement ou des éducateurs dans le domaine des sports et des loisirs.

0166. De son côté, le ministre de l'Éducation nationale, dans une note de service adressée aux recteurs, le 3 novembre 1982 (*BOEN* du 11 novembre 1982), donnait les précisions suivantes :

> En matière de délégation de signature, il me paraît nécessaire d'apporter les précisions suivantes :
> – le régime actuel subsiste pour l'ensemble des secteurs de gestion non financière,
> – en matière d'ordonnancement, le préfet, seul ordonnateur secondaire à compter du 13 juillet 1982, y compris dans les domaines exclus de sa compétence, vous déléguera sa signature pour vous permettre d'exercer pleinement vos responsabilités.
> Il appartient au préfet, qui détient le pouvoir de signer toutes conventions au nom de l'État, de les établir en liaison étroite avec vous ; c'est ainsi que les conventions de nationalisation seront conclues selon cette procédure. Toutefois, dans le cadre général de la procédure de délégation de signature, il est tout à fait possible que le préfet vous délègue sa signature à ce sujet. Vous continuerez d'assurer la présidence des commissions administratives dont la compétence relève de votre mission.
> En ce qui concerne l'acheminement du courrier, vous vous référerez aux dispositions qui excluent du cadre général la mission éducatrice, sauf bien entendu pour ce qui concerne les correspondances se rapportant aux investissements qui doivent être systématiquement adressées au préfet. Cependant, il va de soi que dans le cas où je vous saisirais pour avis d'une affaire d'investissement, vous me répondrez directement tout en tenant informé le commissaire de la République de la position adoptée dans votre correspondance.
> En matière de notation, il appartient au commissaire de la République de m'adresser annuellement une proposition concernant les inspecteurs d'académie, directeurs des services départementaux de l'Éducation nationale. Je vous rappelle que conformément à leurs responsabilités, les recteurs doivent continuer à m'adresser directement leurs propositions de notation.

Il faut noter cependant qu'une circulaire du Premier ministre en date du 21 janvier 1986 (*JO* du 25 janvier 1986) a rappelé les pouvoirs des préfets à l'égard des chefs des services extérieurs de l'État dans la région ou le département.

Les dispositions des textes réglementaires et des circulaires qui tendent à circonscrire les interventions du préfet dans le fonctionnement de l'enseignement public lui laissent encore des attributions d'une grande importance. Le préfet, en effet, préside les conseils de l'Éducation nationale dans l'académie et le département, lorsque ceux-ci sont saisis d'une affaire de la compétence de l'État. En outre, les préfets ont le pouvoir de donner une suite au processus de planification scolaire confié aux collectivités territoriales puisqu'ils dressent la liste des opérations concernant des établissements que l'État s'engage à pourvoir en postes de personnel. Enfin, ils interviennent dans la tutelle des lycées et collèges pour lesquels ils assurent, suivant des règles particulières, le contrôle de légalité et le contrôle budgétaire[3].

Le préfet et les collectivités locales.

0167. En ce qui concerne le contrôle de la légalité des actes des collectivités locales, le rôle propre du préfet a été précisé par une circulaire du 22 juillet 1982 et les instructions du ministère de l'Intérieur et de la Décentralisation.

Pour les actes soumis à l'obligation de transmission, le contrôle s'exerce par l'appréciation portée par le représentant de l'État sur la légalité de l'acte, ensuite le cas échéant, par la saisine de la juridiction administrative.

Le préfet n'a pas à apprécier l'opportunité de l'acte. Il lui appartient, par contre, d'apprécier les divers éléments de sa légalité au regard de toutes les règles législatives et réglementaires opposables aux autorités locales (y compris les traités ou accords internationaux).

Par ailleurs, une personne lésée par un acte d'une commune, d'un département ou d'une région peut demander au représentant de l'État de saisir le juge administratif.

Pour les actes dispensés de l'obligation de transmission, le préfet peut exercer sa fonction de contrôle administratif, soit que l'autorité locale ait transmis l'acte sans y être obligée, soit qu'une personne lésée ait adressé une demande au préfet avec un exemplaire de l'acte en cause, soit qu'un tiers transmette l'acte pour permettre la saisine éventuelle du tribunal administratif.

Il faut souligner que les actes budgétaires des autorités locales sont également soumis au contrôle de légalité. En outre, un contrôle particulier est prévu dans les cas définis par la loi : absence de vote du budget, absence d'équilibre réel, absence d'inscription de dépense obligatoire, existence d'un déficit dans le compte administratif.

Ce contrôle budgétaire s'exerce avec le concours de la chambre régionale des comptes : elle est chargée de conseiller le représentant de l'État et d'organiser une procédure de conciliation préalable. Cependant, une fois que la chambre régionale des comptes s'est prononcée, il revient au préfet d'arrêter, si nécessaire, les mesures de redressement ou de rectifier le budget d'une collectivité.

Dans de nombreuses circonstances, le préfet prend, en cas de désaccord entre elles, les décisions qui concernent directement les domaines de compétences des collectivités locales en matière d'enseignement : détermination du taux de participation des communes pour les dépenses des collèges et des lycées; arbitrage en cas de désaccord entre les municipalités pour la répartition des charges entre les communes accueillant dans les écoles des enfants des autres communes; répartition entre les départements de l'enveloppe régionale des dotations d'équipement des collèges à défaut d'accord entre les présidents des conseils généraux; fixation du taux de participation des départements aux dépenses des collèges à fréquentation interdépartementale; désignation de la collectivité responsable et répartition des charges entre la région et le département lorsque le même établissement abrite un lycée et un collège.

Textes de référence.

- Déconcentration : *RLR* 140-2b à 2h, *RLR* 143-2, *RLR* 520-7;
- Préfets : *RLR* 101.0-101.1 ;
- Ordonnateurs secondaires : *RLR* 330.0.a.

NOTES

1. De nombreux ouvrages ont été consacrés à la décentralisation. Quelques textes concernant l'éducation. Sur la genèse de la réforme : Jacky Simon, *Revue administrative*, n° 241, janvier-février 1992. Sur le bilan : Durand Prinborgne et Jacky Simon, *Revue Savoir*, avril-juin 1992 ; O. Schrameck, « Éducation et décentralisation », *AJDA*, avril 1992 ; « La décentralisation et l'enseignement du second degré », *Rapport de la Cour des comptes*, février 1995.
Par ailleurs, l'Inspection générale de l'administration de l'Éducation nationale a rédigé de nombreux rapports sur le sujet (voir notamment rapports généraux publiés à la Documentation française).

2. Voir en particulier : M. Niveau, *Les politiques et l'école, entre le mensonge et l'ignorance*, ESF édition, 250 p., 1996.

3. Sur les relations préfet-recteur, voir notamment : B. Toulemonde, « Le couple recteur-préfet », Cahiers du CNFPT, n° 49, décembre 1996.

Chapitre 2
La répartition des compétences dans l'administration scolaire

1. La planification et l'organisation de l'enseignement public.

Planification et organisation de l'enseignement préélémentaire et élémentaire.

Les principes.

0168. Le réseau scolaire pour cet enseignement résulte des décisions d'ouverture et de fermeture des classes, dont la responsabilité incombe à l'inspecteur d'académie, directeur des services départementaux de l'Éducation nationale. En effet, le décret du 11 juillet 1979 lui a donné délégation de pouvoir – en ce qui concerne l'enseignement public – pour les mesures relatives à l'ouverture et à la fermeture des écoles et des classes des enseignements préélémentaire, élémentaire et spécial, et à l'implantation des emplois d'instituteurs.

Par le décret du 19 novembre 1990, il a reçu le même pouvoir pour les emplois de professeurs des écoles.

Par ailleurs, la loi n° 83-663 du 22 juillet 1983 modifiée dispose à l'article 13.I :

> le conseil municipal décide de la création et de l'implantation des écoles et des classes élémentaires et maternelles après avis du représentant de l'État.

Avant l'entrée en vigueur de cette loi, les communes avaient déjà la charge de la construction ou de l'appropriation des locaux scolaires ; elles n'avaient pourtant pas le pouvoir de décider la création d'une classe ou d'une école. La nouvelle loi donne aux communes l'initiative des investissements relatifs aux classes et aux écoles élémentaires et maternelles.

Mais l'ouverture d'une classe ou d'une école est une compétence partagée entre l'État et les collectivités locales. En effet, si les communes décident du financement des constructions et de l'équipement des classes, c'est l'État qui décide de leur ouverture effective par l'implantation des emplois et l'affectation des instituteurs.

En résumé, la décision de création appartient à la commune, mais la décision d'ouverture reste à l'État.

Enfin, quand l'État juge nécessaire, pour satisfaire les besoins d'accueil des élèves, d'ouvrir une classe ou une école, il peut le décider alors même que le conseil municipal n'envisagerait pas la création et la prise en charge des locaux scolaires.

Le décret n° 86-486 du 14 mars 1986 pris pour l'application de la loi n° 85-583 du 10 juin 1985 relative à la création d'établissements d'enseignement public dispose :

> Art. 2. – Dans le cas où l'organisation du service public l'exige, le commissaire de la République du département, sur proposition de l'inspecteur d'académie, directeur des services départementaux de l'éducation, et après avis du conseil de l'Éducation nationale institué dans le département, peut mettre en demeure le conseil municipal intéressé de fournir un local convenable affecté au fonctionnement de l'école ou de la classe.
> Faute pour la commune d'avoir fourni ce local dans le délai fixé par le commissaire de la République, celui-ci décide de la création de l'école ou de la classe.

Les procédures.

0169. La circulaire du 21 février 1986 (*JO* du 5 mars 1986) précise les modalités d'application des principes arrêtés par la loi.

Il est demandé qu'un dialogue s'instaure entre l'État et les communes. Les autorités de l'Éducation nationale ont à assurer :

- l'information des communes sur les conditions dans lesquelles les élèves ont été accueillis à la dernière rentrée. Il s'agit d'établir un bilan de la scolarisation dans l'ensemble du département, bilan qui est préparé par l'inspecteur d'académie, transmis au préfet et soumis au conseil de l'Éducation nationale institué au niveau départemental. Ainsi chaque maire doit connaître la situation scolaire de sa commune et celle des autres communes ;
- l'information des maires sur les perspectives de scolarisation dans l'enseignement préélémentaire et élémentaire, compte tenu des prévisions d'effectifs. Il est essentiel que les municipalités soient renseignées sur les besoins scolaires à moyen terme pour qu'elles prennent en temps voulu les mesures qui leur incombent.

Il convient donc que la concertation État-communes se situe dans un cadre pluriannuel. À partir des besoins immédiatement prévisibles, c'est à un effort de planification auquel sont associées les collectivités locales.

Le dialogue commence entre le maire et le directeur d'école, entre le maire et les IEN avant d'être repris dans les instances consultatives au niveau départemental et avec l'inspecteur d'académie.

0170. La préparation de chaque rentrée scolaire par l'inspecteur d'académie exige à la fois un travail administratif de ses services et une importante concertation. Il revient à l'inspecteur d'académie de saisir le comité technique paritaire départemental (CTPD), à qui est présentée la politique de l'enseignement préélémentaire, élémentaire et spécial dans le département, compte tenu des instructions données par le ministère et des moyens disponibles en emplois et en locaux. L'inspecteur d'académie consulte le CTPD sur l'organisation générale de l'enseignement pour la prochaine année scolaire, sur les ouvertures et les fermetures de classes ou d'écoles qui sont envisagées, sur les critères d'effectifs qu'il a retenus pour la répartition des emplois. Mais cette consultation n'intervient que lorsque l'inspecteur d'académie a reçu du recteur communication de l'enveloppe des postes budgétaires accordés au département.

Après avoir recueilli l'avis du CTPD, l'inspecteur d'académie transmet au préfet l'ensemble de ses propositions concernant la rentrée. Lorsque celles-ci entraînent la création de classes ou d'écoles par une commune, le préfet demande au maire de lui faire parvenir la délibération du conseil municipal s'engageant à fournir les locaux et à donner les moyens nécessaires (en cas de refus, une procédure particulière est prévue : état des besoins d'enseignement arrêté par l'inspecteur d'académie qui fait une proposition, avis du conseil de l'Éducation nationale du département et mise en demeure du conseil municipal).

Toutes les dispositions préparées par l'inspecteur d'académie en vue de la rentrée scolaire sont présentées ensuite au conseil de l'Éducation nationale dont les attributions ont été décrites au n° 0136, ce conseil est consulté sur les mêmes questions que le CTPD.

Les décisions d'affectation et de suppression d'emplois, de la compétence de l'inspecteur d'académie, sont prises après ces diverses consultations – et après information des maires des communes concernées, notamment pour les retraits d'emploi qui entraînent automatiquement une suppression de classes.

En dernier lieu, il reste à l'inspecteur d'académie à procéder aux affectations de personnels par la mutation des instituteurs qui souhaitent changer d'école et par la nomination des nouveaux maîtres. La commission administrative paritaire est alors convoquée.

Tableau de synthèse et calendrier des opérations de préparation de la rentrée.

0171. L'inspecteur d'académie est tributaire, pour établir son calendrier, de la date de diffusion de la circulaire de rentrée envoyée par l'administration centrale, cette circulaire lui indiquant les objectifs ou les priorités fixés par le ministère pour l'enseignement préélémentaire et élémentaire. Il est dépendant aussi de la date de notification – en principe par le recteur – des postes budgétaires.

En outre, les dates des réunions des organes consultatifs peuvent varier suivant le nombre et l'importance des mesures d'ouverture et de fermeture des classes et les difficultés du dialogue avec les élus locaux et les représentants du personnel. Il peut arriver que le CTPD et le conseil de l'Éducation nationale soient réunis à différentes reprises.

Le déroulement normal des opérations administratives et de concertation au cours d'une année scolaire est le suivant :

- novembre-décembre : bilan de la rentrée précédente, étude des effectifs réels accueillis dans les classes et prévisions des effectifs de la prochaine rentrée (enquête préparatoire), étude de la situation des locaux scolaires et dialogue avec les maires, premières demandes de délibérations des conseils municipaux pour les créations de classes ou d'écoles;
- janvier : exploitation de la circulaire ministérielle relative à la rentrée, étude par les services de l'inspection académique des projets d'ouverture et de fermeture, contacts avec les municipalités concernées, rapport au préfet;
- février : les recteurs répartissent les créations et les retraits d'emploi entre les départements de leur académie (*cf.* note de service n° 87-068 du 25 février 1987, *BO* du 19 mars 1987). Mise au point par l'inspection académique de l'ensemble des projets d'ouverture et de fermeture – rapport au préfet – consultation du CTPD. Éventuellement, poursuite du dialogue avec les maires;
- mars-avril : consultation du conseil de l'Éducation nationale institué au niveau départemental;
- avril-mai : publication des postes créés et fermés;
- juin : CAP des instituteurs, mutations;
- juillet : nomination des nouveaux instituteurs.

N.B. : la circulaire n° 88-339 du 15 décembre 1988 (*BO* du 5 janvier 1989) prévoit un calendrier différent, les recteurs devant notifier les dotations d'emplois aux inspecteurs d'académie dès le mois de décembre.

Planification et organisation de l'enseignement du second degré.

Les principes.

0172. Pour les collèges, les lycées et établissements assimilés, la loi du 22 juillet 1983, déjà citée, a donné à la région compétence pour établir le schéma prévisionnel des formations; ce schéma est complété pour les collèges par un programme prévisionnel des investissements, décidé par le département et pour les lycées par un programme prévisionnel des investissements, décidé par la région.

Le schéma prévisionnel des formations et le programme prévisionnel des investissements remplacent d'une certaine manière l'ancienne carte scolaire primitivement élaborée par l'administration centrale du ministère et dont la responsabilité avait été déléguée en 1980 aux recteurs d'académie. Rappelons que la carte scolaire était un document de planification qui, tout en prenant en compte la situation existante et notamment les capacités d'accueil des établissements, s'efforçait de prévoir, dans le cadre d'une certaine politique éducative, quels étaient les besoins d'enseignement à satisfaire pendant plusieurs années. De plus, elle évaluait le nombre, la nature et la capacité des établissements à construire pendant la même période.

Une circulaire du 18 juin 1985 précise le contenu et la méthode d'élaboration du schéma prévisionnel des formations :

> Le schéma prévisionnel des formations définit, à un horizon donné et au niveau de la région, les besoins qualitatifs et quantitatifs de formation... Le schéma prévisionnel prend en compte l'ensemble des besoins, que ceux-ci soient couverts par des établissements publics ou par des établissements d'enseignement privés.

C'est à partir du schéma prévisionnel, arrêté par le conseil régional avec l'accord des départements (et après consultation du conseil de l'Éducation nationale) que sont établis les programmes prévisionnels des investissements par la région, pour les lycées, et par le département, pour les collèges. Ces programmes, aux termes de la circulaire précitée,

> définissent à l'horizon choisi par la région ou le département la localisation des établissements, leur capacité d'accueil et le mode d'hébergement des élèves.

Les programmes sont arrêtés par le conseil général du département après accord de la commune ou du groupement de communes concernés et après consultation du conseil de l'Éducation nationale au niveau départemental. Ils sont arrêtés par le conseil régional après accord du département et de la commune concernés et après consultation du conseil de l'Éducation nationale institué au niveau académique.

0173. Les divers documents de prévision, élaborés et arrêtés par les collectivités territoriales, servent de base à deux types de décision qui appartiennent toujours à l'État :

- l'établissement de la liste annuelle des opérations de construction ou d'extension des lycées et des collèges, qui est de la compétence du préfet de région. Cette liste, dans laquelle ne peuvent figurer que des opérations prévues dans les programmes prévisionnels des investissements établis par la région et les départements et ayant reçu l'accord de la commune d'implantation et de la collectivité compétente, est arrêtée par le préfet, en fonction des décisions de l'État (en l'occurrence, du ministère de l'Éducation nationale) de pourvoir les établissements en postes jugés indispensables à leur fonctionnement administratif et pédagogique ;
- la définition de la structure pédagogique des établissements, qui est de la compétence de l'autorité académique.

Les procédures.

0174. En ce qui concerne la planification, le maître d'œuvre est la région qui peut élaborer le schéma prévisionnel suivant diverses méthodes, soit que ses services effectuent eux-mêmes toutes les études nécessaires, soit qu'ils travaillent en coopération avec le rectorat et lui demandent d'assumer partie ou totalité du travail préparatoire aux décisions du conseil régional.

Il a été recommandé, pour la réalisation des documents de prévision, de se référer d'une part à l'évolution prévisible de la population scolarisable et scolarisée, d'autre part

> à des choix d'orientation et d'inflexion de ces tendances lourdes, en cohérence avec la politique de développement de la région

(circulaire précitée). Par ailleurs, les recteurs doivent poursuivre une réflexion sur la carte des districts et des secteurs scolaires et la modifier en accord avec les collectivités territoriales (circulaire n° 87-115 du 16 avril 1987).

Comme le schéma prévisionnel doit prendre en compte aussi des grandes orientations fixées au niveau national, le dialogue est indispensable tout au long de la procédure entre l'État et les collectivités territoriales. Ce qui nécessite d'abord échanges d'informations et concertation entre les autorités académiques – inspecteurs d'académie et recteur –, entre les inspecteurs d'académie et leur préfet, entre les recteurs et les préfets de région. Ensuite, la concertation doit s'établir entre les autorités de l'État : préfets et recteurs et les conseils régionaux et généraux, également avec les maires des communes d'implantation.

Après cette phase d'étude et de concertation, le conseil de l'Éducation nationale institué au niveau académique et dont les attributions ont été décrites *supra* n° 0096 est consulté. Dans ce domaine, le conseil de l'Éducation nationale joue un rôle similaire à celui de la commission académique de la carte scolaire, supprimée depuis la mise en œuvre de la décentralisation.

Pour ce qui concerne les formations post-baccalauréat, l'élaboration du schéma prévisionnel fait l'objet d'une procédure particulière.

Par la note du 26 septembre 1988 du ministère (Direction des enseignements supérieurs) et la note n° 88-317 du 2 décembre 1988 (Direction des lycées et collèges), des instructions ont été données aux recteurs à ce sujet.

Ainsi, il a été demandé d'intégrer au schéma prévisionnel le plan du développement des classes préparatoires aux grandes écoles (CPGE) défini par le ministère. Les recteurs devront également étudier et promouvoir le développement cohérent des formations professionnelles courtes dans les sections de techniciens supérieurs (STS) ouvertes dans les lycées et dans les départements des instituts universitaires de technologie (IUT) relevant des universités.

C'est dans le cadre d'une conception d'ensemble de l'implantation des formations postbaccalauréat – afin d'accueillir et de mieux orienter un nombre croissant de bacheliers dans l'enseignement supérieur – que les autorités académiques sont invitées à travailler, ce qui exige, indépendamment des discussions avec les différents services ministériels intéressés, une étroite collaboration avec les présidents des universités et une concertation poussée avec

Planification scolaire
(Répartition des compétences)

Organismes	Schéma prévisionnel des formations		Programme prévisionnel des investissements		Liste annuelle des opérations	Structure pédagogique générale
	Collèges	Lycées	Collèges	Lycées		
Conseil régional	Décision	Décision		Décision	Accord confirmé (lycées)	
Conseil général	Accord		Décision	Accord	Accord confirmé (collèges)	
Commune d'implantation			Accord	Accord	Accord confirmé	
Commune propriétaire						
Conseil régional de la FP de promotion sociale et de l'emploi	Consultation (facultative)	Consultation (facultative)				
Conseil académique de l'Éducation nationale	Consultation (obligatoire)	Consultation (obligatoire)		Consultation (obligatoire)	Consultation (obligatoire)	Consultation obligatoire pour les lycées
Conseil départemental de l'Éducation nationale	Consultation (facultative)	Consultation (facultative)	Consultation (obligatoire)			Consultation obligatoire pour les collèges
Comités techniques paritaires académiques et départementaux					Consultation	Consultation (Arrêté du 13 juin 1983, *JO* du 18 juin)
Préfet de région					Décision (sur proposition) d'opérations inscrites au programme prévisionnel	
Préfet de département						
Autorités académiques (Recteur et Inspecteurs d'Académie)	avis	avis	avis	avis	Proposition	Décision (compte tenu du schéma prévisionnel des formations)

les collectivités territoriales, au premier rang desquelles la Région peut faire valoir sa propre politique de la formation.

Il convient donc de prendre en compte à la fois les réalités locales et les objectifs fixés par le ministère et, si possible, d'harmoniser les aspirations et les besoins exprimés par les partenaires du service public, notamment les élus locaux et les représentants du monde économique, avec les orientations de la politique nationale de l'éducation.

La création des établissements scolaires.

0175. La création des lycées et collèges est de la compétence du préfet, qui prend sa décision sur proposition, suivant le cas, du département ou de la région, mais la décision peut être prise, exceptionnellement, comme pour les écoles, sans l'avis conforme des collectivités concernées.

Le décret n° 86-486 du 14 mars 1986, précédemment cité, dispose que :

> Art. 3. – Dans le cas où l'organisation convenable du service public de l'enseignement du second degré l'exige, le commissaire de la République peut, sur proposition de l'autorité académique, et après avis du conseil de l'Éducation nationale institué dans le département ou l'académie, mettre en demeure la collectivité compétente de procéder à l'inscription de l'opération d'investissement nécessaire au programme prévisionnel des investissements et d'accepter son inscription sur la liste annuelle des opérations de construction ou d'extension prévues respectivement aux III et IV de l'article 13 de la loi du 22 juillet 1983.
> Faute pour la collectivité territoriale d'avoir pris dans le délai fixé par le commissaire de la République, les décisions faisant l'objet de la mise en demeure, le commissaire de la République saisit le ministre de l'Éducation nationale qui décide de la création ou de l'extension de l'établissement.
>
> Art. 4. – Au cas, où la collectivité territoriale ayant pris les décisions faisant l'objet de la mise en demeure prévue à l'article 3 ci-dessus ne réalise pas l'opération d'investissement dans un délai fixé par le commissaire de la République, l'opération est réalisée par l'État.

Les dispositions particulières à la Corse.

0176. Reprenant pour l'essentiel les dispositions de la loi n° 82-659 du 30 juillet 1982, la loi n° 91-428 du 13 mai 1991 portant statut de la collectivité territoriale de Corse a confirmé le régime particulier applicable à l'organisation de l'enseignement en Corse.

Ainsi l'assemblée de Corse arrête-t-elle la carte scolaire des établissements scolaires sur proposition du représentant de l'État (article 50 de la loi précitée) ainsi que la carte des formations supérieures qui ne devient définitive qu'après convention avec l'État et l'université de Corse.

La collectivité de Corse assure en outre l'équipement et le fonctionnement matériels de l'ensemble des établissements scolaires du second degré ainsi que des établissements d'enseignement artistique, des établissements d'éducation spéciale, des écoles de formation maritime et agricole, des établissements d'enseignement agricole mentionnés à l'article L. 815-1 du Code rural, des centres d'information et d'orientation. L'État assure à ces mêmes établissements les moyens financiers nécessaires à leur activité pédagogique (article 51).

En outre, le président du conseil exécutif de la collectivité répartit sur proposition de l'autorité compétente les emplois attribués aux établissements dont la collectivité a la charge, dans la limite du nombre d'emplois fixés annuellement par l'État en concertation avec la collectivité.

Enfin, l'assemblée de Corse détermine les activités éducatives complémentaires que la collectivité organise, sur proposition du conseil exécutif. Elle adopte également un plan de développement de l'enseignement de la langue et de la culture corses, qui prévoit les modalités d'insertion de cet enseignement dans le temps scolaire, ces dernières faisant l'objet d'une convention conclue avec l'État.

La procédure de préparation de rentrée.

0177. Elle se caractérise par :

- un calendrier dépendant du calendrier du mouvement national des enseignants et présentant de ce fait deux phases fortement distinctes et articulées autour de la date de remontée des « postes offerts au mouvement » (les POM) ;
- des temps de dialogue entre l'administration centrale (surtout la DLC, mais aussi la DEP et la DPELC) et les recteurs d'une part et entre les autorités académiques (recteur et inspecteurs d'académie) et les établissements d'autre part ;
- une concertation avec les représentants des personnels, dans le cadre des CTP et avec ceux des parents d'élèves, en particulier dans le cadre des CAEN et des CDEN. Cette concertation scande toute la procédure de préparation de la rentrée ;
- un exercice de responsabilité partagée qui se traduit dans la plupart des cas par un véritable partenariat entre le recteur et les collectivités locales et plus particulièrement la région ;
- une utilisation intensive de l'informatique de gestion qui n'a pas été sans conséquences sur les modes de gestion mais qui a surtout permis à tous les acteurs d'avoir accès aux mêmes sources d'information, d'utiliser un langage commun et de disposer d'outils de gestion fiables et de bases de pilotage susceptibles d'éclairer les décideurs.

Les responsabilités essentielles sont assumées par le recteur d'académie et les inspecteurs d'académie. Ils ne sont pas cependant en état de prendre toutes les décisions – certaines sont en effet de la compétence du ministère – et toutes exigent de nombreux travaux préparatoires et une large concertation avec les préfets, les élus locaux, les diverses instances consultatives, les administrations de l'État, les organes publics et privés, économiques et professionnels concernés par la formation.

Instruction a été donnée aux services académiques de procéder d'abord à une analyse globale des moyens existant dans les établissements. Il s'agit en effet d'apprécier le « potentiel » de chaque collège et de chaque lycée et, dans la concertation, d'opérer éventuellement des transferts de moyens pour obtenir « une plus grande harmonie et une plus grande équité » dans les dotations.

Le déroulement de la procédure.

La première phase des opérations administratives consiste à établir un constat.

0178. À partir d'une synthèse de toutes les informations relatives à l'utilisation des moyens par les établissements, les données recueillies permettent d'établir la situation de chaque collège et de chaque lycée et de la replacer dans son contexte.

La seconde phase est celle de la prévision quant aux élèves à accueillir.

La méthode employée n'est pas exactement la même dans toutes les académies, mais, dans la majorité des cas, les rectorats effectuent un croisement entre les projections d'effectifs, obtenues par la méthode des flux, avec les prévisions élaborées par les chefs d'établissement.

En ce qui concerne la méthode des flux, il faut noter que les projections de tendances traduites par les analyses des flux d'élèves pendant plusieurs années peuvent être diversement exploitées : on peut soit prolonger les tendances de manière mécanique, soit accentuer certaines tendances pour tenir compte d'éléments spécifiques à des situations constatées (nouveaux logements, migrations internes importantes, etc.).

Tout le travail de prévision consiste, à partir des projections de tendances et des estimations des chefs d'établissement ainsi que des informations recueillies auprès de divers organismes régionaux et départementaux, à harmoniser les différentes hypothèses. En fait, la date à laquelle sont établies les premières prévisions ne permet pas d'obtenir des résultats entièrement fiables. Il faudra donc, alors que les dotations de moyens ont déjà été accordées pour une grande partie d'entre eux, continuer à ajuster les prévisions d'effectifs pendant plusieurs mois, d'où la nécessité d'un échange permanent d'informations et de nombreuses réunions de concertation entre les chefs d'établissement, les inspections académiques et les rectorats jusqu'au jour de la rentrée.

Dans le partage des compétences, les lois de décentralisation ont confié aux autorités académiques la responsabilité d'arrêter les structures pédagogiques des établissements ; il s'agit par là de définir les divers types de formation dispensés dans les lycées et les collèges, les sections, les options et les spécialités professionnelles ; cette structure générale sera ensuite reprise au sein de chaque lycée et collège par le chef d'établissement qui, avec l'avis de son conseil d'administration, pourra décider de l'organisation pédagogique à mettre en œuvre pour assurer la scolarité des élèves.

La répartition de la dotation en moyens d'enseignement dont dispose chaque académie intervient après la définition des structures pédagogiques ; elle est décidée par le recteur pour les lycées et par l'inspecteur d'académie pour les collèges.

L'attribution des moyens.

La méthode dite globale qui est généralement utilisée a pour objet de doter chaque établissement d'un contingent global d'heures hebdomadaires calculé à partir d'un indicateur type H/E (coût moyen en heures d'un élève) ou type H/D (coût moyen d'une division). Sur proposition du chef d'établissement faisant suite à une concertation interne, le contingent global est traduit en postes budgétaires dans chaque établissement.

On ajoutera qu'une « circulaire de rentrée », généralement diffusée dans les premières semaines suivant le nouvel an, précise chaque année les orientations de la politique ministérielle pour l'enseignement du second degré en mettant l'accent sur les réformes éventuelles concernant les horaires et les programmes.

En résumé, les services académiques envisagent l'ensemble des mesures de rentrée avec la triple préoccupation d'appliquer les instructions du ministère, de satisfaire les besoins d'accueil dans les différentes formations et de respecter le contingent d'heures d'enseignement et d'emplois attribué à l'académie.

L'affectation des professeurs agrégés et certifiés

Elle reste de la compétence du ministère ; il en est de même pour tous les personnels d'encadrement. Les mutations et premières affectations des personnels enseignants, d'éducation et d'orientation par l'administration centrale exigent un important travail préparatoire de la part des rectorats, l'objectif étant de déterminer la nature des supports budgétaires utilisables de manière aussi fine que possible. Mais ils doivent aussi veiller à une bonne utilisation des moyens pour que soient satisfaits les besoins d'enseignement.

Une circulaire du ministère (n° 88-349 du 20 décembre 1988, *BO* du 22 décembre 1988) a donné des instructions précises à cet égard. Ainsi est demandée l'implantation sur fiche d'organisation de service (FOS) de l'intégralité des moyens budgétaires délégués aux académies afin de réduire les affectations de personnels prononcées à titre précaire et de mettre au « mouvement » un plus grand nombre de postes.

Pour la répartition de la dotation horaire par discipline, on relève notamment :

C'est dans la phase de dialogue avec les établissements, au moment où est préparée la répartition par discipline des moyens délégués, avant que les mesures

Tableau de synthèse et calendrier indicatif des travaux préparatoires à la rentrée scolaire pour les lycées et les collèges

Date ou période	Niveau administratif	Nature des travaux	Objet
Septembre Octobre	Ministère, services statistiques (DEP)	Enquête statistique rapide de rentrée (renseignements provenant des services académiques sur les effectifs scolaires)	Premières études de prévision
Octobre Novembre	Rectorat	Sondages et prévisions menés aux divers niveaux (établissement, département, académie). Envoi au ministère de fiches-diagnostic sur la situation de l'académie	Affiner les prévisions relatives à la rentrée
Novembre	Ministère (DLC/DEP) et rectorat	Réunion de concertation entre l'administration centrale et les rectorats	Analyse des situations
Début décembre	Ministère (DLC, DAP)	Date limite de notification aux académies de leur dotation budgétaire pour les divers types de personnels (enseignants et administratifs) Diffusion des circulaires ministérielles de rentrée	
Décembre	Ministère	Diffusion des circulaires ministérielles de rentrée	
Décembre	Inspections académiques, rectorat	Proposition d'organisation des structures pédagogiques Implantation des postes de personnel non enseignant	
	Établissements	Consultation éventuelle des conseils d'administration sur la modification des structures internes	Étude des structures internes des lycées et des collèges Détermination de la structure pédagogique générale
	Rectorat ou inspections académiques	Consultation des CTPA et des CTPD. Consultation (par les préfets de région) du comité régional de la formation professionnelle, de la promotion sociale, de l'emploi. Consultation des conseils de l'Éducation nationale	Notification des moyens attribués aux établissements (dotations globales)

Tableau de synthèse et calendrier indicatif des travaux préparatoires à la rentrée scolaire pour les lycées et les collèges
(suite)

Date ou période	Niveau administratif	Nature des travaux	Objet
Février	Rectorat, ministère	Envoi à l'administration centrale (DPE) des fiches d'organisation du service des établissements (FOS)	Prise en compte des FOS par le service informatique en vue du mouvement national des professeurs agrégés et certifiés
Mars à fin juin	Ministère (DPE)	Réunion pour chaque discipline des CAPN	Mouvement national des professeurs agrégés et certifiés
Fin juin	Inspections académiques, rectorat	Opérations relatives à l'orientation des élèves Réunions des CAPA (PEGC)	Affectation des élèves Mouvement des PEGC
Début juillet	Ministère (DPE)	Notification aux rectorats de la liste des postes laissés à leur disposition (non pourvus au mouvement national)	Mouvement rectoral des personnels titulaires et stagiaires laissés à la disposition des recteurs et des maîtres auxiliaires
	Établissements IA, rectorat	Derniers ajustements des prévisions d'effectifs consécutives aux mesures d'orientation	Ajustement des dotations aux besoins réels (rééquilibrage notamment au moyen d'heures d'enseignement)
Après 15 août	Rectorat	Bilan des opérations d'affectation des personnels (refus de postes, congés, départs inopinés, etc.)	Deuxième mouvement d'affectation de maîtres auxiliaires

de carte scolaire ne soient arrêtées par vos soins, qu'une régulation peut être mise en place.
Dans le cadre des objectifs fixés au plan national, vous donnerez aux inspecteurs d'académie pour ce qui concerne les collèges, et aux proviseurs de lycées et lycées professionnels, des instructions visant à limiter, autant que possible, les créations dans les disciplines pour lesquelles les personnels titulaires sont en nombre insuffisant par rapport aux postes implantés et à les favoriser dans les disciplines pour lesquelles les postes implantés sont en nombre insuffisant pour accueillir les personnels titulaires.

Les transports des élèves.

0179. Ils sont décentralisés depuis le 1er septembre 1984. Jusqu'à cette date, les transports des élèves étaient assurés soit par des régies départementales ou des entreprises titulaires d'un contrat, soit par des entreprises privées sous un régime d'autorisation administrative, le préfet ayant pouvoir d'accorder et de retirer les autorisations. Par ailleurs existaient des services spéciaux de transports scolaires généralement organisés par le département ou, à défaut, par des communes, des établissements d'enseignement ou des associations de parents d'élèves, lorsqu'il n'existait pas de service régulier. Les services spéciaux étaient exploités par des régies ou des entreprises titulaires d'un contrat.

Avant 1984, c'est le préfet, au nom de l'État, qui détenait le pouvoir d'organiser les transports scolaires, dont le financement était assuré par des procédures complexes faisant intervenir l'État et les collectivités locales ainsi que les familles. La fixation des tarifs et la répartition de l'enveloppe des subventions de l'État étaient de la compétence du préfet.

0180. La loi du 22 juillet 1983 a transféré aux départements (hors région Île-de-France) les compétences relatives aux transports scolaires et, à l'intérieur des périmètres de transports urbains, à l'autorité compétente pour l'organisation de ces transports. De nombreux textes ont précisé les conditions d'application de la loi.

Les compétences transférées sont celles qui sont dévolues par la loi d'orientation des transports intérieurs aux autorités responsables du transport public des personnes. Elles comprennent la création et la définition des services, le choix du mode d'exploitation, la politique de financement, dont la fixation des tarifs, sous réserve des pouvoirs généraux des autorités de l'État en matière de prix.

Les changements les plus notables apportés par les nouvelles dispositions concernent d'abord la suppression de la distinction entre transports réguliers et services spéciaux réservés aux élèves, ensuite la décentralisation du financement, les autorités bénéficiaires du transfert étant entièrement responsables des conditions dans lesquelles les transports des élèves seront financés : catégories d'élèves pris en charge, taux de participation des familles, etc.

La loi ayant posé le principe de la compensation financière des charges transférées, les crédits inscrits au budget des ministères pour subventionner les transports scolaires ont été répartis entre les préfets des départements, puis, par chacun d'entre eux, entre le conseil général et les autorités organisatrices de transports urbains. Mais ces crédits ont été attribués sans que les organismes bénéficiaires soient astreints à appliquer les règles fixées antérieurement, en particulier, celles qui concernaient la nature de l'établissement et la distance entre le domicile de l'élève et l'école.

Ajoutons que les décisions prises par les élus locaux en matière de transports scolaires doivent s'harmoniser avec celles qu'ils ont à prendre dans le cadre des pouvoirs nouveaux qu'ils exercent pour établir le schéma prévisionnel des formations et le programme prévisionnel des investissements. Par ailleurs, chaque année, un accord entre le département chargé des collèges et la région chargée des lycées est indispensable pour toute organisation des transports scolaires qui réponde aux besoins d'accueil des élèves dans les structures mises en place à la rentrée. En outre, la consultation du conseil de l'Éducation nationale institué au niveau du département est obligatoire.

Autres compétences transférées pour l'organisation de l'enseignement.

Les collectivités locales ont reçu des pouvoirs nouveaux leur permettant d'utiliser les locaux scolaires, d'organiser des activités éducatives complémentaires et de modifier les heures d'entrée et de sortie des établissements d'enseignement.

0181. Les conditions dans lesquelles les locaux scolaires peuvent être utilisés par le maire de la commune où ils sont implantés sont fixées par la loi du 22 juillet 1983 (article 25) et précisées par une circulaire du 22 mars 1985 (*JO* du 4 avril 1985).

C'est le maire seul qui a le pouvoir d'autoriser l'utilisation des locaux scolaires, mais deux formalités doivent préalablement être accomplies : la consultation du conseil d'établissement ou d'école (dont l'avis ne lie pas le maire) et l'accord du département pour un collège ou celui de la région pour un lycée. En outre, l'utilisation des locaux n'est possible, aux termes de la loi, que

> pour l'organisation d'activités de caractère culturel, sportif, social ou socio-éducatif, pendant les heures ou les périodes au cours desquelles ils ne sont pas utilisés pour les besoins de la formation initiale et continue.

À noter que le chef d'établissement ou le directeur d'école est dessaisi de sa responsabilité en matière de sécurité pour la période correspondante et pour les locaux utilisés avec l'autorisation du maire. À défaut de convention avec l'organisateur des activités, c'est la commune qui est entièrement responsable des dommages éventuels qui auraient été causés dans l'établissement.

À relever aussi que les activités organisées dans les locaux scolaires doivent être

> compatibles avec les principes fondamentaux de l'école publique, notamment de laïcité et d'apolitisme

suivant l'expression de la circulaire précitée.

Malgré les conditions parfois restrictives que les textes comportent pour l'utilisation des locaux scolaires, on observe qu'un droit nouveau est accordé au maire, ce qui peut permettre non seulement de rentabiliser des équipements trop souvent sous-employés, mais également de faciliter l'ouverture de l'école à son environnement culturel et social. Une évaluation précise reste à faire dans ce domaine même si une première approche a été faite en 1994 (rapport de M. François, IGAEN, « Les activités complémentaires à la scolarité mises en place par les collectivités locales »).

0182. L'organisation dans les établissements scolaires d'activités éducatives, sportives et culturelles complémentaires est prévue par la loi du 22 juillet 1983 (article 26) ; une circulaire du 8 août 1985 (*JO* du 23 août 1985) en précise les conditions d'application.

Toutes les collectivités : communes, départements, régions[1] peuvent organiser ces activités pour les établissements implantés sur leur territoire « quel que soit le statut ou le rattachement de ces établissements », mais d'une part ces activités doivent « correspondre aux besoins ou demandes exprimés des élèves, des parents et des maîtres », d'autre part il faut l'accord préalable dans l'enseignement élémentaire du conseil d'école et de l'inspecteur d'académie et dans l'enseignement du second degré du conseil d'administration et du chef d'établissement.

De surcroît, les activités éducatives doivent être réellement complémentaires de l'enseignement et ne peuvent

> ni se substituer ni porter atteinte aux activités d'enseignement et de formation fixées par l'État, que celles-ci soient pratiquées dans le cadre traditionnel ou en milieu scolaire associatif.

Enfin, leur mise en œuvre doit faire l'objet d'une convention passée entre le représentant de la collectivité locale (sur délibération de l'assemblée) et, selon le cas, l'inspecteur d'académie pour les écoles ou le chef d'établissement pour les lycées et les collèges.

0183. Les heures d'entrée et de sortie dans les écoles et les établissements d'enseignement du second degré sont fixées par l'inspecteur d'académie « en accord » avec le maire pour les écoles et par les chefs d'établissement « après consultation » du maire pour les lycées et les collèges. La loi accorde désormais au maire la possibilité de modifier ces heures (article 27), mais une circulaire du 13 novembre 1985 précise la procédure à suivre et limite le pouvoir d'intervention de l'autorité communale.

Les horaires des écoles et des établissements, après fixation par les responsables du service public, inspecteurs d'académie et chefs d'établissement, ne peuvent être éventuellement modifiés que si l'organisation pédagogique, les rythmes scolaires et le maintien de l'ensemble des enseignements ne sont pas remis en cause[2].

Textes de référence.

- Organisation de l'enseignement du premier degré : *RLR* 510.1 ;
- Organisation de l'enseignement du second degré : *RLR* 520-7 ;
- Transports scolaires : *RLR* 571-0.

2. Le financement des dépenses d'éducation.

Les dépenses des écoles.

Les dépenses de fonctionnement.

0184. La loi n° 83-663 du 22 juillet 1983, en mettant le fonctionnement des écoles à la charge de la commune, n'apporte pas de réel changement à la situation antérieure.

Rappelons que la loi du 28 juin 1833 (article 9) – dite loi Guizot – dispose que

> toute commune est tenue soit par elle-même, soit en se réunissant à une ou plusieurs communes voisines, d'entretenir au moins une école primaire élémentaire.

Par la loi du 28 mars 1882 qui institue l'obligation de l'instruction primaire pour tous les enfants, presque toutes les communes ont été conduites à ouvrir une école et à lui donner les moyens de fonctionner.

Il convient de préciser aussi que la loi organique du 30 octobre 1886 comprend les écoles maternelles – et les classes enfantines – au nombre des écoles dans lesquelles « l'instruction primaire est donnée ». Mais seul est obligatoire pour les communes l'entretien d'une école assurant la scolarité à partir de six ans. Les communes sont libres de créer ou non une école maternelle ; toutefois, lorsque cette école est créée, son fonctionnement est à leur charge.

Les communes bénéficient de la dotation globale de fonctionnement (DGF) instituée par la loi du 3 janvier 1979 et modifiée par la loi n° 85-1268 du 29 novembre 1985 (*JO* du 3 décembre 1985). Cette dernière loi a fixé le montant de la dotation spéciale instituteurs pour 1986. On observe à cet égard que si la loi du 2 mars 1982 a posé le principe d'une compensation progressive des charges supportées par les communes pour le logement des instituteurs, cette compensation est devenue totale par la loi de finances de 1983.

La DGF des communes.

Elle comprend, une fois prélevées les sommes nécessaires à la garantie d'évolution minimale et aux concours particuliers :

- une dotation de base (40 % du total) ;
- une dotation de péréquation (37,5 % du total) ;
- une dotation de compensation (22,5 % du total).

La dotation de base.

Elle tient compte des charges liées à la population et repose sur l'idée que ces charges sont d'autant plus importantes que la population est nombreuse. Mais la progressivité ne pouvait être parfaitement régulière.

La dotation de péréquation.

Elle comprend deux fractions :

- la fraction principale, qui représente 30 % du total de la DGF, tend à compenser l'inégalité des ressources fiscales, mesurée à partir du potentiel fiscal et de l'effort fiscal de chaque commune ;
- la seconde fraction de la dotation de péréquation, égale à 7,5 % du total, est destinée à tenir compte de l'insuffisance du revenu des habitants afin de prendre en compte leurs capacités contributives.

La dotation de compensation.

Les charges particulières des communes que cette dotation permet de prendre en compte sont appréciées à travers trois critères :

- le nombre d'élèves domiciliés dans la commune (20 %) ;
- la longueur de la voirie, celle-ci étant doublée en zone de montagne (20 %) ;
- le nombre de logements sociaux, y compris ceux qui font l'objet d'une accession à la propriété (60 %).

La dotation spéciale instituteurs (DSI) est séparée de la DGF.

La DSI regroupe les crédits destinés à compenser les charges que supportent les communes pour le logement des instituteurs. Cette dotation avait été créée en 1983 et intégrée dans la DGF. Comme celle-ci, elle a pu bénéficier d'une garantie de progression annuelle. Depuis la loi du 29 novembre 1985, elle est séparée de la DGF mais continue d'évoluer comme celle-ci et d'être répartie par le comité des finances locales. À terme, le logement des instituteurs devra être intégralement pris en charge par l'État, la DSI sera alors supprimée.

Par ailleurs, la loi du 29 novembre 1985 précitée a prévu des dispositions particulières pour les groupements de communes, pour les départements d'outre-mer et pour Paris et l'Île-de-France.

En ce qui concerne la dotation générale de décentralisation (DGD), elle ne peut être attribuée aux communes que dans la mesure où elles assument de nouvelles charges résultant du transfert de compétences. Ce n'est pas le cas des dépenses de fonctionnement des écoles. À signaler, cependant, que les communes (ou leurs groupements) sont compétentes pour l'organisation et le financement des transports scolaires dans les périmètres urbains et que l'augmentation des charges qui peut en résulter pour elles doit donner lieu à une compensation opérée sous forme d'une attribution de la DGD.

Les dépenses d'investissement.

Le financement.

0185. Depuis les lois de 1883 et 1886, les opérations de construction et d'équipement des écoles incombent aux communes qui, en qualité de maîtres de l'ouvrage, assurent la direction et la responsabilité des travaux.

La loi du 22 juillet 1983, en mettant à la charge des communes

> la construction, la reconstruction, l'extension, les grosses réparations et l'équipement

des écoles, n'a pas créé de charges nouvelles; toutefois elle a été accompagnée de mesures qui ont modifié les conditions de l'aide de l'État.

Une dotation globale d'équipement (DGE) a été instituée par la loi n° 83-8 du 7 janvier 1983. Ses modalités d'attribution sont fixées par la loi n° 85-1352 du 20 décembre 1985 et précisées par plusieurs textes dont le décret n° 85-1510 du 31 décembre 1985 et le décret n° 89-557 du 8 août 1989.

Pour les constructions et l'équipement des écoles, la DGE remplace les dotations spécifiques attribuées par le ministère de l'Éducation nationale. Jusqu'en 1984, le ministère procédait à des délégations d'autorisation de programme qui étaient réparties entre les départements par les établissements publics régionaux. Dans chaque département, le conseil général arrêtait la liste des opérations faisant l'objet d'une subvention.

Désormais, les investissements relatifs aux écoles sont financés suivant la procédure et les modalités arrêtées par l'article 33 de la loi de Finances pour 1996, n° 95-1346 du 30 décembre 1995.

Une distinction est faite par ailleurs entre les communes de moins de 2000 habitants et les communes dont la population se situe entre 2000 et 20000 habitants par la fixation de l'enveloppe financière (loi n° 96-241 du 26 mars 1996).

Avant la promulgation de cette loi, la DGE des communes était répartie en deux parts :

- Première part (communes et groupements de communes de plus de 2 000 habitants, ainsi que les communes touristiques de moins de 2 000 habitants ayant exercé un droit d'option en faveur de cette part) : attribution par application d'un taux de concours (2,04 % pour 1995) aux dépenses directes d'investissement des collectivités ;

- Deuxième part (communes et groupements de communes de 2 000 habitants au plus, ainsi que les communes de 2 001 à 10 000 habitants ayant exercé un droit d'option en faveur de cette part) : une enveloppe de crédits, calculée selon les critères physico-financiers (longueur de la voirie, population, potentiel fiscal et nombre de communes) fixés par les textes, est allouée à chaque préfet qui l'attribue sous la forme de subventions par opération, après avis d'une commission départementale d'élus chargée de déterminer les catégories d'opérations prioritaires ainsi que les fourchettes de taux de subvention correspondantes, dans la limite de 20 % à 60 % du montant de l'investissement hors taxe.

À la suite de l'adoption du pacte de stabilité dans la loi de finances pour 1996, il a été nécessaire, afin de limiter l'évolution des dotations actives de l'État à l'inflation prévisionnelle, de supprimer la première part de la DGE des communes (2,1 milliards de francs en 1995).

À l'initiative du Parlement, la deuxième part de la DGE a été étendue, sous condition de ressources, aux communes et groupements de 2 001 à 20 000 habitants. Les crédits nécessaires pour assurer à ces communes et groupements un soutien financier similaire à celui qu'ils avaient perçu au titre de l'ancienne première part de la DGE en 1995 ont été ouverts en 1996. De ce fait, les communes et groupements ont perçu en 1996, dans le cadre du nouveau dispositif, 2 198,8 MF et recevront 2 403,8 MF à ce titre en 1997.

Depuis l'adoption de la loi du 26 mars 1996, sont désormais éligibles à la DGE :

- toutes les communes de 2 000 habitants au plus (7 500 dans les DOM) ;
- les communes de 2 001 à 20 000 habitants (7 501 à 35 000 dans les DOM) dont le potentiel fiscal par habitant est inférieur à 1,3 fois le potentiel fiscal moyen par habitant des communes de métropole de 2 001 à 20 000 habitants ;
- tous les groupements de 20 000 habitants au plus (35 000 dans les DOM).

Parallèlement, la loi a modifié la composition de la commission départementale d'élus, chargée, jusqu'au 1er janvier 1996, d'assister le préfet en matière de deuxième part de DGE, afin de tenir compte de l'extension de cette deuxième part aux communes et groupements de 2 001 à 20 000 habitants, et a élargi les pouvoirs de cette dernière. Celle-ci est désormais consultée par le préfet au sujet de la répartition de l'enveloppe départementale entre les collectivités de plus de 2 000 habitants et les collectivités de moins de 2 000 habitants.

Auparavant, la commission était composée de trois collèges : un pour les représentants des communes de moins de 2 000 habitants, un pour les représentants des communes de plus de 2 000 habitants ayant opté pour la seconde part, et un pour les représentants des groupements.

Désormais la commission est composée de deux collèges :

- le premier collège, composé de maires des communes dont la population n'excède pas 20 000 habitants (35 000 dans les DOM) ;
- le second collège, composé des présidents de groupements dont la population n'excède pas 20 000 habitants (35 000 dans les DOM).

Par ailleurs, les centres de gestion de la fonction publique territoriale ne sont plus éligibles à la DGE des communes, mais perçoivent les attributions de la première part de la DGE des départements.

La commission départementale.

Elle est exclusivement composée d'élus locaux, représentant les collectivités bénéficiant des subventions opération par opération.

Le rôle de l'Éducation nationale.

0186. Si les décisions relatives aux investissements ne sont pas de la compétence de l'inspecteur d'académie, il a néanmoins un rôle essentiel à tous les stades de la procédure. Responsable, dans le département, du fonctionnement du service public de l'enseignement, il lui appartient notamment, avec le concours des inspecteurs :

- d'informer les maires des différentes communes des besoins prévisibles de scolarisation à court et à moyen terme pour leur permettre de préparer toutes les opérations de construction et d'équipement;
- de fournir la même information au préfet et au conseil de l'Éducation nationale dont l'avis doit être demandé pour toute question concernant l'organisation de l'enseignement dans le département;
- de veiller à la conformité des constructions et des équipements avec les nécessités de l'accueil et de la pédagogie appliquée aux enfants des classes préélémentaires et élémentaires, par conséquent d'organiser toutes les réunions de concertation pouvant favoriser la meilleure adaptation des projets à l'étude;
- de communiquer chaque année au préfet la liste des opérations qu'il lui paraît nécessaire de financer en priorité et de participer, éventuellement, à la commission prévue par la loi du 7 janvier 1983 pour la répartition de la DGE. (L'inspecteur d'académie n'est pas membre de cette commission, mais elle peut entendre toute personne dont l'audition lui paraît utile.)

La répartition intercommunale des charges.

0187. La loi du 22 juillet 1983 (article 23) avait posé le principe de la répartition entre les communes des dépenses de fonctionnement et des charges d'annuités d'emprunts contractés pour la construction, la reconstruction, l'extension, les grosses réparations et l'équipement des écoles recevant des enfants de plusieurs communes.

La loi, qui répondait au double souci de donner plus de facilités aux parents pour scolariser leurs enfants et de répartir équitablement l'ensemble des charges entre les communes, s'est heurtée à de sérieuses difficultés d'application. C'est pourquoi l'article 37 de la loi du 9 janvier 1986 comporte de nouvelles dispositions.

Ainsi les parents peuvent-ils faire inscrire leurs enfants dans une autre ville que celle de leur résidence pour des motifs tirés des contraintes liées aux obligations professionnelles, de l'inscription d'un autre de leurs enfants dans un établissement de la commune d'accueil ou pour des raisons médicales, ce qui tend à réaliser une « désectorisation » de l'enseignement primaire.

Cependant, les charges d'annuités d'emprunt ne font plus l'objet d'une répartition entre les communes. De nombreux maires s'étaient d'ailleurs élevés contre cette disposition. De même sont exclues du mécanisme de répartition obligatoire les dépenses d'investissement (ce qui n'interdit pas un accord amiable des communes).

Désormais, dans tous les cas, la participation de la commune de résidence ne couvrira que les dépenses de fonctionnement.

La circulaire interministérielle du 25 août 1989 (*BOEN* n° 37 du 19 octobre 1989) précise la nature des dépenses de fonctionnement faisant l'objet d'une répartition intercommunale. Elle redéfinit aussi le champ d'application de participation.

À défaut d'accord entre les communes sur les modalités de leur participation, le préfet peut intervenir (des dispositions contraignantes ont d'ailleurs été prévues par la loi). De même, en cas de difficulté pour l'inscription des élèves, le préfet peut rendre son arbitrage, après avis de l'inspecteur d'académie.

Les dépenses des collèges et des lycées.

Les dépenses de fonctionnement.

Le financement.

0188. La loi n° 83-663 du 22 juillet 1983 modifiée a mis les collèges à la charge des départements, les lycées et les établissements d'éducation spéciale à la charge des régions. À ce titre, les dépenses de fonctionnement matériel sont désormais assumées par les collectivités territoriales, à l'exclusion des dépenses pédagogiques dont la liste a été arrêtée par décret (*cf. infra* n° 0198).

En application du principe de la compensation des charges résultant d'un transfert de compétences, chaque région et chaque département ont reçu une attribution de la dotation générale de décentralisation (DGD) correspondant aux dépenses effectuées par l'État en 1985 pour assurer le fonctionnement des établissements du second degré : collèges ou lycées, suivant le cas.

Une circulaire du ministère de l'Intérieur n° 85-183 du 25 juillet 1985 a précisé les modalités d'attribution de la DGD.

À noter que les dispositions ne sont pas applicables aux établissements municipaux et départementaux ni aux établissements dont la responsabilité incombe toujours à l'État.

Si pour l'exercice 1986, la plupart des collectivités territoriales n'ont prélevé en faveur des collèges ou des lycées que la part de la DGD correspondant aux transferts des crédits du ministère de l'Éducation nationale, les régions ou les départements ont utilisé largement par la suite leurs ressources propres et l'emprunt pour assumer certaines dépenses de fonctionnement et d'équipement des établissements.

La participation des communes.

0189. La loi n° 83-663 du 22 juillet 1983 modifiée a prévu la participation des communes aux dépenses de fonctionnement et d'investissement des collèges. Cette loi a été modifiée et complétée par la loi n° 90-586 du 4 juillet 1990 (*JO* du 11 juillet 1990) qui dispose à l'article 1er :

> À compter de l'exercice 1990, la participation obligatoire des communes aux dépenses de fonctionnement des collèges peut être perçue par les départements dans les conditions ci-après jusqu'à une date qui ne peut être postérieure au 31 décembre 1994.
> Le conseil général fixe avant le 1er octobre 1990 :
> 1) la date à laquelle le département cesse de percevoir une participation communale aux dépenses de fonctionnement des collèges ;
> 2) et, dans le cas où la suppression de la participation communale est prévue en plusieurs étapes, le rythme de décroissance de cette participation jusqu'à la date de suppression de celle-ci, en prenant pour référence le taux de la contribution des communes fixé pour l'année 1989.
> Il peut décider de supprimer, dès l'exercice 1990, la participation des communes aux dépenses de fonctionnement des collèges.

Un mécanisme d'extinction progressive des participations obligatoires des communes au financement des collèges est donc établi dans un délai de cinq ans pour les dépenses de fonctionnement (dix ans pour les dépenses d'investissement). On doit aboutir ainsi à une clarification de la répartition des compétences entre les communes et les départements. Sur les modalités d'application de la loi (*cf.* circulaire ministérielle du 2 août 1990, *BOEN* n° 36 du 4 octobre 1990).

La répartition des dépenses de fonctionnemententre les collectivités territoriales.

0190. Lorsque les collèges ou les lycées accueillent des élèves dont la résidence est hors du ressort géographique de l'établissement représentant au moins 10 % de l'effectif de l'établissement, la participation des autres départements pour les collèges ou des autres régions pour les lycées peut être demandée par la collectivité de rattachement de l'établissement d'accueil (*cf.* la circulaire du 4 juillet 1985 relative à la répartition des charges de fonctionnement des collèges à recrutement interdépartemental et la circulaire du 4 juillet 1985 relative à la répartition des charges de fonctionnement des lycées à recrutement interrégional).

Toutes les dispositions indiquées ci-dessus sont applicables indépendamment de la procédure fixée en cas d'appel de responsabilité (*cf. infra* n° 0197).

La dotation attribuée par la collectivités locale de rattachement aux lycées et aux collèges devenus établissements publics locaux d'enseignement(EPLE).

0191. Cette dotation pour les dépenses de fonctionnement matériel se substitue à la subvention qui était versée annuellement par les rectorats sur le budget de l'Éducation nationale.

L'avis du conseil de l'Éducation nationale du département pour les collèges, de la région pour les lycées, doit être demandé sur les modalités générales d'attribution des subventions allouées aux établissements.

Ensuite, il appartient à la collectivité concernée, la région pour les lycées et établissements assimilés, le département pour les collèges, de fixer avant le 1er novembre de l'année précédant l'exercice le montant prévisionnel de sa participation aux dépenses de fonctionnement et d'équipement de chaque établissement. Ce montant ainsi que

les orientations relatives à l'équipement et au fonctionnement matériel de l'établissement arrêtés par l'assemblée délibérante sont notifiés au chef d'établissement (loi du 22 juillet 1983 modifiée, article 15-9).

C'est après cette notification que le chef d'établissement prépare le budget qu'il soumet à son conseil d'administration.

Mais avant de fixer le montant de sa participation, la collectivité doit définir ses critères de répartition des crédits entre les EPLE dont elle a la charge. La loi cite parmi ces critères : le nombre des élèves, l'importance de l'établissement, le type d'enseignement dispensé, les populations scolaires concernées, les indicateurs qualitatifs de scolarisation. Cela nécessite de la part des collectivités une recherche d'informations qu'elles ne possèdent généralement pas, mais que détiennent les services académiques.

Observation importante : la dotation allouée par la collectivité territoriale doit être globale, pour permettre à l'établissement de préparer le budget dans le cadre de son autonomie.

Le rôle de l'Éducation nationale.

0192. Une étroite collaboration entre les collectivités territoriales et les responsables de l'Éducation nationale, recteurs et inspecteurs d'académie, est indispensable. Ceux-ci ont à fournir à l'exécutif de la région ou du département tous éléments d'information et d'appréciation permettant de fixer le montant des crédits qu'il faut attribuer aux EPLE en fonction de leurs besoins et de leur situation propre.

D'ailleurs, une note de service du ministre de l'Éducation nationale (n° 84-160 du 2 mai 1984) a invité les recteurs à adresser aux présidents des conseils régionaux et aux présidents des conseils généraux une note exposant les modalités et les clés ou critères de répartition de la dotation académique attribuée précédemment au titre des lycées et des collèges.

De leur côté, les chefs d'établissement peuvent être conduits à fournir à la collectivité concernée des informations sur l'état des moyens dont dispose l'établissement sur ses activités et sur ses projets. La loi n° 85-97 du 25 janvier 1985 donne au président du conseil régional et au président du conseil général la possibilité de s'adresser directement au chef d'établissement pour l'exercice des compétences qui incombent à la collectivité en matière d'investissement et de fonctionnement matériel des EPLE. Une circulaire du ministre de l'Éducation nationale du 30 janvier 1986 précise les conditions dans lesquelles devraient s'établir les relations entre les conseils régionaux et généraux et les chefs d'établissement.

Les dépenses d'investissement.

Le financement.

0193. Pour les collèges, les lycées et les établissements d'éducation spéciale, suivant la loi du 22 juillet 1983 modifiée :

> Article 14, paragraphes II, III et VII.
> II. – Le département a la charge des collèges. À ce titre, il en assure (loi n° 85-97 du 25 janvier 1985, art. 7-II) la construction, la reconstruction, l'extension, les grosses réparations, l'équipement...
> III. – La région a la charge des lycées et des établissements d'éducation spéciale. Elle en assure (loi n° 85-97 du 25 janvier 1985, art. 7-II) la construction, la reconstruction, l'extension, les grosses réparations, l'équipement...
> VII. – Lorsqu'un même (loi n° 85-97 du 25 janvier 1985, art. 7-VI) « ensemble immobilier » comporte à la fois un collège et un lycée, une convention intervient entre le département et la région pour déterminer celle des deux collectivités qui assure (loi n° 85-97 du 25 janvier 1985, art. 7-VI) « les grosses réparations, l'équipement et le fonctionnement » de l'ensemble; cette convention précise la répartition des charges entre les deux collectivités (loi n° 85-97 du 25 janvier 1985, art. 7-VII). Si cette convention n'est pas signée à la date du transfert de compétences, le représentant de l'État dans la région, dans un délai d'un mois, désigne la collectivité qui assure, jusqu'à l'intervention d'une convention, les grosses réparations, l'équipement et le fonctionnement de l'ensemble; il fixe également la répartition des charges entre ces deux collectivités en tenant compte des effectifs scolarisés et de l'utilisation des superficies des établissements en cause.

Il y a lieu de préciser diverses dispositions particulières :

- ont été exclus du transfert un nombre limité d'établissements qui restent à la charge de l'État ainsi que les établissements à gestion municipale ou départementale;
- la loi ne vise que les établissements existants. Par conséquent, les opérations d'investissement en cours au 1er janvier 1986, n'ont pas été comprises dans le transfert des charges, les travaux devant être poursuivis selon le régime juridique et financier précédemment en vigueur;

La répartition de la DRES et de la DDEC

(*Source : « Enseignement : nouvelle répartition des compétences 1985-1986 »*, document du ministère de l'Intérieur et de la Décentralisation, du ministère de l'Éducation nationale et du ministère de l'Agriculture.)

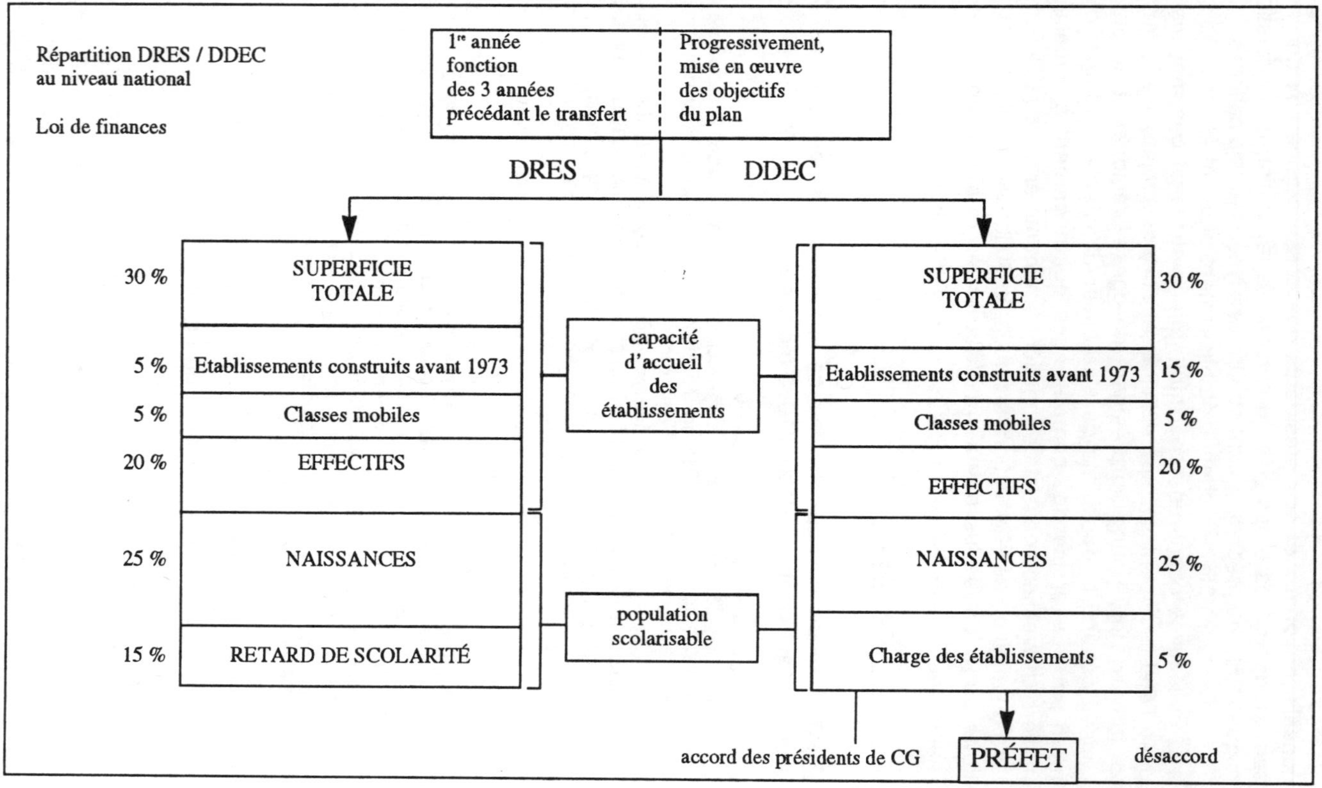

- les départements ayant la charge de propriétaires des collèges existants au moment du transfert de compétences et les régions ayant la charge de propriétaires des lycées, des responsabilités juridiques incombent désormais à ces collectivités.

Elles doivent ainsi supporter les risques résultant des dommages causés aux biens immobiliers et mobiliers et à l'ouvrage public et ceux résultant du fonctionnement même des établissements. On observe que l'État était presque toujours propriétaire du patrimoine mobilier des établissements scolaires avant leur transfert et qu'il était son propre assureur. Il en était de même pour le fonctionnement général des lycées et collèges. Dans ce domaine, les responsabilités juridiques sont maintenant partagées, l'État conservant seulement celles qui résultent du fonctionnement pédagogique.

0194. Les charges des collectivités territoriales en matière d'investissement sont compensées, pour les lycées, par la dotation régionale d'équipement scolaire (DRES) dont bénéficient les régions, et pour les collèges, par la dotation départementale d'équipement des collèges (DDEC) dont bénéficient les départements.

La répartition de la DRES entre les régions est effectuée à partir de critères physiques qui prennent en compte la capacité d'accueil des établissements et l'évolution de la population scolarisable. Les mêmes critères sont utilisés, avec une pondération légèrement différente, pour la répartition de la DDEC pour l'ensemble des départements de chaque région.

Quant à la répartition de la DDEC entre chaque département d'une région, elle est effectuée par la conférence des présidents des conseils généraux en tenant compte de la liste des opérations de construction et d'extension des établissements dressée par le préfet de région. À défaut d'accord entre les présidents, la dotation est répartie par le préfet.

Dans chaque département, le conseil général affecte la dotation aux opérations d'investissement de son choix.

Le décret n° 85-1036 du 19 septembre 1985 et la circulaire du 5 novembre 1985 ont fixé les principes et les modalités d'attribution de la DRES et de la DDEC.

Par ailleurs, la participation des communes aux dépenses d'investissement des collèges est prévue par les articles 15 à 15-3 de la loi du 22 juillet 1983 précitée (*cf. supra* n° 189).

0195. Si les collectivités territoriales ont la charge du financement des travaux de construction et d'extension des EPLE, elles ne peuvent obtenir une dotation sur la DRES ou sur la DDEC que lorsque les conditions suivantes sont remplies :

- les opérations doivent en principe être prévues par le schéma prévisionnel des formations qui est de la compétence de la région ;
- les opérations doivent être retenues par le programme prévisionnel des investissements établi par la région pour les lycées et par le département pour les collèges, après accord de la commune d'implantation ;

■ les opérations doivent être inscrites sur la liste annuelle arrêtée par le représentant de l'État, préfet de région ou de département selon le cas.

Cette liste ne peut comprendre que des opérations de construction ou d'extension des établissements que l'État s'engage à pourvoir des postes qu'il juge indispensables à leur fonctionnement administratif et pédagogique.

Cependant, pour les autres types d'opérations – reconstruction à l'identique, grosses réparations, équipement – l'utilisation de la dotation n'est pas liée à l'inscription sur la liste annuelle, puisque l'opération n'est pas susceptible d'entraîner la création de postes.

Rappelons enfin que le conseil de l'Éducation nationale, au niveau académique ou au niveau départemental, est obligatoirement consulté pour chaque décision, qu'elle soit de la compétence de l'État ou de celle des collectivités territoriales : schéma prévisionnel, programme prévisionnel, liste annuelle des opérations. Il convient également d'informer la commission d'harmonisation des investissements réunie dans les régions et les départements.

Le rôle de l'Éducation nationale.

0196. Les autorités académiques, le recteur et les inspecteurs d'académie ont toujours des responsabilités dans la préparation des opérations de construction, d'extension, grosses réparations et équipement des lycées et des collèges.

Ces responsabilités s'exercent d'abord par une transmission d'informations aux préfets et aux présidents des conseils régionaux et généraux en vue de l'élaboration du schéma prévisionnel des formations et des programmes prévisionnels des investissements.

Le recteur pour les lycées et l'inspecteur d'académie pour les collèges ont la connaissance des besoins de scolarisation à court et à moyen terme, recensés au cours des études d'élaboration et d'adaptation de la carte scolaire du second degré dont ils ont été chargés jusqu'à une date récente.

Ils établissent, après chaque rentrée scolaire, le bilan des effectifs d'élèves accueillis dans les lycées et les collèges, dans les différents types de formation.

Ils sont en mesure d'analyser, par district et par secteur, l'évolution démographique générale et celle de la population scolaire. Ils peuvent également réunir les données relatives à l'orientation des élèves et aux flux d'entrée et de sortie aux divers niveaux du système éducatif.

Enfin, ils sont compétents pour fixer les zones de desserte des établissements (districts et secteurs) et pour définir les conditions d'affectation des élèves (*cf.* circulaire n° 87-115 du 16 avril 1987).

C'est pourquoi les recteurs et les inspecteurs d'académie ont à donner un avis circonstancié sur tous les projets d'investissement préparés par les collectivités territoriales. Dans ce domaine, il est indispensable qu'une étroite collaboration s'établisse entre les collectivités et les autorités académiques. Il s'agit d'une bonne illustration de compétences partagées[3]. Ajoutons que les autorités académiques arrêtent la structure pédagogique des établissements (*cf. supra* n° 0173).

D'ailleurs, seules peuvent être financées sur la DRES ou la DDEC les opérations répondant à des besoins scolaires et pour lesquelles l'État juge nécessaire l'implantation de postes de personnels.

S'agissant de la répartition des rôles entre les recteurs et les inspecteurs d'académie, la note de service n° 87-006 du 8 janvier 1987 a précisé que cette répartition conduit :

- à laisser aux recteurs la responsabilité d'arrêter et de soumettre au préfet de région les propositions applicables aux lycées ;
- par voie de délégation de signature, à attribuer cette responsabilité à l'inspecteur d'académie pour les collèges.

Dès qu'une opération de construction scolaire est décidée, les services académiques doivent participer, par leurs conseils et leurs avis, à la mise au point du projet envisagé, depuis le choix du terrain approprié jusqu'à la conception architecturale et l'organisation matérielle du nouvel établissement.

La réalisation des projets reste de la responsabilité de la collectivité territoriale qui, ayant la maîtrise de l'ouvrage, désigne l'architecte et fait entreprendre toutes les études techniques. Mais les représentants du recteur ou de l'inspecteur d'académie doivent être associés au travail de recherche et à la concertation qui devraient être organisés par le maître de l'ouvrage avec le chef d'établissement concerné, avec les personnels enseignants et non enseignants et avec les parents d'élèves. Au préalable, il revient aux autorités académiques d'approuver le programme pédagogique de construction (sous forme de fiche descriptive d'opération).

Pour l'ensemble de ces tâches, les ingénieurs régionaux de l'équipement, conseillers techniques des recteurs, assument une fonction importante de relation, d'information et de conseil auprès des collectivités territoriales. Cette fonction, redéfinie par la circulaire ministérielle n° 86-199 du 23 juin 1986, s'exerce en étroite liaison avec les inspecteurs d'académie.

L'appel de responsabilité.

0197. Il s'agit d'une procédure particulière prévue par la loi n° 83-663 du 22 juillet 1983 modifiée (article 14 VII *bis* et VII *ter*). Par dérogation aux blocs de compétence constitués par la loi, une commune ou un groupement de communes, peut demander à prendre en charge une opération d'investissement et, conjointement ou séparément, le fonctionnement d'un collège ou d'un lycée aux lieu et place du département ou de la région.

Cet appel entraîne de droit et pour une durée de six ans renouvelable l'exercice par la commune ou le groupement des responsabilités du département ou de la région, selon le cas.

Le décret n° 85-887 du 12 août 1985 et une circulaire du 4 septembre 1985 ont fixé les modalités d'application; notamment pour les établissements existant à la date du transfert, une convention est établie entre la collectivité locale propriétaire et le département ou la région et pour les établissements réalisés après le transfert, une convention entre la collectivité locale siège et le département ou la région. Dans tous les cas, il faut une décision préalable de financement de la collectivité territoriale concernée, département ou région. La circulaire précise que l'appel de responsabilité en matière de fonctionnement est la conséquence obligatoire de certaines opérations d'investissement.

Mais l'appel de responsabilité peut être demandé en l'absence de toute opération d'investissement.

Les dépenses à la charge de l'État.

0198. En dehors des dépenses de personnels, l'État a conservé la charge d'un certain nombre de dépenses dites pédagogiques dont la liste a été fixée par le décret n° 85-269 du 25 février 1985.

Concernant les établissements de l'Éducation nationale, le décret dispose :

> Art. 1er. – Les dépenses pédagogiques, mentionnées à l'article 14-11 et 111 de la loi du 22 juillet 1983 susvisée restant à la charge de l'État sont, en investissement, les dépenses relatives au premier équipement en matériel des établissements scolaires réalisés dans le cadre d'un programme d'intérêt national et correspondant à l'introduction de nouvelles technologies ou à la fourniture de matériels spécialisés indispensables à la rénovation des enseignements. Ces dépenses concernent l'acquisition des matériels suivants :
> – Pour les collèges, les lycées et les établissements d'éducation spéciale :
> • matériels informatiques, ainsi que leurs logiciels d'accompagnement, systèmes de développement, matériels périphériques, et notamment audiovisuels;
> • matériels de bureautique et de productique;
> • équipements spécialisés en électronique du domaine de cette filière;
> • équipements technologiques de communication télématique ou audiovisuelle;
> • équipement des ateliers pour l'enseignement de la technologie dans les collèges;
> • équipements spécialisés dans les technologies de pointe.
>
> Art. 2. – Les dépenses pédagogiques mentionnées à l'article 14-11 et 111 de la loi du 22 juillet 1983 susvisée, restant à la charge de l'État sont, en fonctionnement, les dépenses afférentes :
> – Pour les collèges, les lycées, les établissements d'éducation spéciale :
> • à la fourniture des manuels scolaires dans les collèges et les établissements d'éducation spéciale et des documents pédagogiques à usage collectif dans les lycées d'enseignement professionnel ainsi que pour les formations initiales des écoles de formation maritime et aquacole, au titre de l'aide apportée aux familles;
> • aux projets d'action éducative;
> • à la recherche et à l'expérimentation pédagogiques;
> •à la maintenance des matériels acquis par l'État en application de l'article 1er...

En outre, douze établissements d'enseignement ou de formation qui ont, pour la plupart, une vocation nationale ou internationale, restent de la responsabilité de l'État et à la charge du ministère de l'Éducation nationale (*cf. infra* n° 0212).

Ajoutons que les lois de décentralisation n'ont apporté aucun changement concernant les dépenses de l'enseignement supérieur dont l'État assure pour une plus grande part la charge du fonctionnement et de l'investissement, même si dans les faits elles participent à hauteur de 6 % de la dépense intérieure (DIE) de l'enseignement supérieur.

Textes de référence.

- Dotations : *RLR* : 173.0, 520.4 ;
- Enseignement du premier degré : *RLR* : 172.0, 172.1, 172.3, 510.2 ;
- Enseignement du second degré : *RLR* : 173.0, 173.2, 173.3, 363.0, 363.1, 520.0, 520.7.

3. La gestion et la tutelle des établissements scolaires[4].

0199. Jusqu'à l'intervention de la loi du 22 juillet 1983, les collèges, les lycées et les établissements d'éducation spéciale étaient des établissements publics nationaux d'enseignement. Leur création était décidée par le ministre de l'Éducation nationale. Désormais, les collèges, les lycées et les établissements assimilés sont des établissements publics locaux d'enseignement (EPLE). Ils sont créés par arrêté du représentant de l'État, sur proposition de la collectivité compétente (article 15.15 de la loi du 22 juillet 1983 modifiée). N'ont pas été transformés en EPLE douze établissements dont l'État conserve la charge et la responsabilité (*cf. infra* n° 0212) et quelques établissements communaux et départementaux, notamment vingt-cinq collèges de la ville de Paris.

L'organisation des EPLE.

0200. En application de la loi du 22 juillet 1983, modifiée et complétée en particulier par la loi n° 85-97 du 25 janvier 1985, le décret n° 85-924 du 30 août 1985 a défini l'organisation administrative et financière des EPLE. Ayant le statut d'établissement public, ceux-ci bénéficient comme précédemment de la personnalité civile et de l'autonomie financière, mais leur autonomie administrative et pédagogique, définie par le décret, est plus large que celle qui leur était reconnue par les textes antérieurs (les décrets du 28 décembre 1976 pris en application de la loi du 11 juillet 1975, dite loi Haby).

Le décret du 30 août 1985 a été sensiblement modifié par les décrets n° 90-978 du 31 octobre 1990 (*JO* du 4 novembre 1990) et n° 93-530 du 26 mars 1993, notamment en ce qui concerne l'autonomie pédagogique et éducative dont disposent les établissements, la composition du conseil d'administration et ses compétences, les modalités d'élection des personnels, des parents et des élèves au conseil d'administration, le fonctionnement du conseil des délégués des élèves créé par la loi n° 89-486 du 10 juillet 1989, la constitution et le rôle des équipes pédagogiques.

L'autonomie pédagogique et éducative (art. 2 décret 1985 modifié).

0201. Elle porte sur :

> 1° l'organisation de l'établissement en classes et en groupes d'élèves ainsi que les modalités de répartition des élèves ;
> 2° l'emploi des dotations en heures d'enseignement mises à la disposition de l'établissement dans le respect des obligations résultant des horaires réglementaires ;
> 3° l'organisation du temps scolaire et les modalités de la vie scolaire ;
> 4° la préparation de l'orientation ainsi que l'insertion sociale et professionnelle des élèves ;
> 5° la définition, compte tenu des schémas régionaux des actions de formation complémentaire et de formation continue destinées aux jeunes et aux adultes ;
> 6° l'ouverture de l'établissement sur son environnement social, culturel, économique ;
> 7° le choix de sujets spécifiques à l'établissement, en particulier pour compléter ceux qui figurent aux programmes nationaux ;
> 8° sous réserve de l'accord des familles pour les élèves mineurs, les activités facultatives qui concourent à l'action éducative organisées à l'initiative de l'établissement à l'intention des élèves.

Le nouveau décret apporte deux compléments importants au précédent. Il est ajouté, en effet, à l'article 2, un article 2-1 :

> Art. 2-1. – Le projet d'établissement mentionné à l'article 18 de la loi n° 89-486 susvisée du 10 juillet 1989 définit sous forme d'objectifs et de programmes d'action, en prenant en compte les prévisions relatives aux dotations d'équipement, les modalités propres à chaque établissement de mise en œuvre des programmes nationaux et des orientations nationales et académiques. Le projet d'établissement assure la cohérence des différentes activités de formation initiale, d'insertion sociale et professionnelle et de formation continue des adultes dans l'établissement. Il fait l'objet d'un examen par l'autorité académique et peut prévoir le recours des procédures contractuelles ; il peut donner lieu à l'attribution de moyens spécifiques.

L'article 3 relatif au règlement intérieur de l'établissement définit les droits et les devoirs des membres de la communauté scolaire. Sont reconnues la liberté d'information et la liberté d'expression dont disposent les élèves « dans le respect du pluralisme et du principe de neutralité », ainsi que la liberté d'association et la liberté de réunion. Le règlement intérieur, voté par le conseil d'administration, doit déterminer les modalités d'application de ces droits.

Les attributions du chef d'établissement.

0202. Elles sont définies à l'article 8 du décret précité.

Le chef d'établissement joue un double rôle : il est, à la fois, le représentant de l'État, disposant à ce titre de pouvoirs propres, et il est l'organe exécutif de l'établissement, chargé de préparer et d'appliquer les décisions prises par le conseil d'administration qu'il préside.

En qualité d'organe exécutif de l'établissement, le chef d'établissement :

a) représente l'établissement en justice et dans tous les actes de la vie civile;
b) a autorité sur le personnel n'ayant pas le statut de fonctionnaire de l'État, recruté par l'établissement;
c) préside le conseil d'administration, la commission permanente et, dans les lycées, le conseil des délégués des élèves;
d) est ordonnateur des recettes et des dépenses de l'établissement;
e) prépare les travaux du conseil d'administration et notamment en fonction des orientations relatives à l'équipement et au fonctionnement matériel fixées par la collectivité de rattachement et dans la limite des ressources dont dispose l'établissement, le projet du budget;
f) exécute les délibérations du conseil d'administration et notamment le budget adopté par le conseil d'administration;
g) soumet au conseil d'administration les mesures à prendre dans les domaines définis à l'article 2 et exécute les décisions adoptées par le conseil;
h) conclut tout contrat ou convention au nom de l'établissement avec l'autorisation du conseil d'administration;
i) transmet, dans les conditions fixées aux articles 15-9 et 15-12 de la loi du 22 juillet 1983, les actes de l'établissement au représentant de l'État, à l'autorité académique et à la collectivité de rattachement.
Lorsque l'établissement est associé pour la mise en œuvre de ses missions de formation continue à un groupe d'établissements n'ayant pas le caractère de groupement d'intérêt public, le chef d'établissement vise les conventions s'inscrivant dans le programme des actions de formation continue qui ont été signées par l'ordonnateur de l'établissement dit établissement de support.

En qualité de représentant de l'État au sein de l'établissement, le chef d'établissement :

a) a autorité sur l'ensemble des personnels affectés ou mis à disposition de l'établissement. Il désigne à toutes les fonctions au sein de l'établissement pour lesquelles aucune autre autorité administrative n'a reçu de pouvoir de nomination. Il fixe le service des personnels dans le respect du statut de ces derniers;
b) veille au bon déroulement des enseignements ainsi que du contrôle continu des aptitudes et des connaissances;
c) prend toutes dispositions, en liaison avec les autorités administratives compétentes, pour assurer la sécurité des personnes et des biens, l'hygiène et la salubrité de l'établissement;
d) est responsable de l'ordre dans l'établissement. Il veille au respect des droits et des devoirs de tous les membres de la communauté scolaire et assure l'application du règlement intérieur;
e) engage les actions disciplinaires et intente les poursuites devant les juridictions compétentes. À l'égard des élèves, il prononce seul les sanctions de l'avertissement ou de l'exclusion temporaire, de huit jours maximum, de l'établissement, sans préjudice de l'application des sanctions prévues éventuellement par le règlement intérieur.

Le chef d'établissement rend compte de sa gestion au conseil d'administration et en informe l'autorité académique et la collectivité locale de rattachement.

L'article 9 du décret dispose :

En cas de difficultés graves dans le fonctionnement d'un établissement, le chef d'établissement peut prendre toutes dispositions nécessaires pour assurer le bon fonctionnement du service public.
S'il y a urgence et notamment en cas de menace ou d'action contre l'ordre dans les enceintes et locaux scolaires de l'établissement, le chef d'établissement, sans préjudice des dispositions générales réglementant l'accès aux établissements, peut interdire l'accès des locaux à toute personne relevant ou non de l'établissement; suspendre des enseignements ou autres activités...

Les attributions du conseil d'administration.

0203. Elles sont définies par les articles 9 et 10 du décret précité qui modifient l'article 16 du décret du 30 août 1985.

En qualité d'organe délibératif de l'établissement, le conseil d'administration, sur le rapport du chef d'établissement, exerce notamment les attributions suivantes :

1° Il fixe les principes de mise en œuvre de l'autonomie pédagogique et éducative dont disposent les établissements dans les domaines définis à l'article 2 et, en particulier, les règles d'organisation de l'établissement;
2° Il adopte le projet d'établissement;
3° Il établit chaque année un rapport sur le fonctionnement pédagogique de l'établissement qui rend compte notamment de la mise en œuvre du projet d'établissement, des objectifs à atteindre et des résultats obtenus;
4° Il adopte le budget et le compte financier de l'établissement;
5° Il adopte le règlement intérieur de l'établissement;
6° Il donne son accord sur :
a) les orientations relatives à la conduite du dialogue avec les parents d'élèves,
b) le programme des associations fonctionnant au sein de l'établissement,
c) la passation des conventions dont l'établissement est signataire ou l'adhésion à tout groupement d'établissements,
d) les modalités de participation au plan d'action du groupement d'établissements pour la formation des adultes auquel l'établissement adhère, le programme annuel des activités de formation continue et l'adhésion de l'établissement à un groupement d'intérêt public;
7° Il délibère sur :
a) toute question dont il a à connaître en vertu des lois et règlements en vigueur ainsi que celles ayant trait à l'information des membres de la communauté éducative et à la création de groupes de travail au sein de l'établissement,
b) les questions relatives à l'accueil et à l'information des parents d'élèves, les modalités générales de leur participation à la vie scolaire,
c) les questions relatives à l'hygiène, à la santé, à la sécurité : le conseil d'administration peut décider la création d'un organe compétent composé notamment de représentants de l'ensemble des personnels de l'établissement pour proposer les mesures à prendre en ce domaine au sein de l'établissement;
8° Il peut définir, dans le cadre du projet d'établissement et, le cas échéant, des orientations de la collectivité de rattachement en matière de fonctionnement

matériel, toutes actions particulières propres à assurer une meilleure utilisation des moyens alloués à l'établissement et une bonne adaptation à son environnement;
9° Il autorise l'acceptation des dons et legs, l'acquisition ou l'aliénation des biens ainsi que les actions à intenter ou à défendre en justice;
10° Il peut décider la création d'un organe de concertation et de proposition sur les questions ayant trait aux relations de l'établissement avec le monde social, économique et professionnel ainsi que sur le programme de formation continue des adultes. Dans le cas où cet organe comprendrait des personnalités représentant le monde économique, il sera fait appel, à parité, à des représentants des organisations représentatives au plan départemental des employeurs et des salariés;
11° Il adopte son règlement intérieur.

En qualité d'organe consultatif, le conseil d'administration, sur saisine du chef d'établissement, donne son avis :

- sur les mesures annuelles de créations et de suppressions de sections, d'options et de formations complémentaires d'initiative locale dans l'établissement;
- sur les principes de choix des manuels scolaires, des logiciels et des outils pédagogiques;
- sur la modification par le maire des heures d'entrée et de sortie de l'établissement prévue à l'article 27 de la loi du 22 juillet 1983. Il peut être consulté par le chef d'établissement sur les questions ayant trait au fonctionnement administratif général de l'établissement. Le conseil d'administration peut, à son initiative, adopter tous vœux sur les questions intéressant la vie de l'établissement.

Le conseil d'administration se réunit en séance ordinaire à l'initiative du chef d'établissement au moins trois fois par an. Dans certaines conditions, il peut être réuni en séance extraordinaire.

La composition du conseil d'administration et de la commission permanente.

0204. Le principe d'une composition tripartite, établi par le décret du 30 août 1985, a été maintenu.

Mais certaines modalités de représentation et d'élection des personnels, des parents d'élèves et des élèves sont précisées ou modifiées par le nouveau décret, les contentieux électoraux ayant été assez fréquents depuis cinq ans.

Dans les lycées et les collèges accueillant au moins 600 élèves, le conseil d'administration comprend :

- dix représentants de l'administration et des collectivités dont cinq pour l'administration, un de la collectivité de rattachement, trois de la commune siège de l'établissement et une personnalité qualifiée (qui peut être un représentant des organisations syndicales de salariés ou d'employeurs);

- dix représentants élus des personnels dont sept des personnels d'enseignement et d'éducation et trois des personnels administratifs sociaux et de santé, techniques, ouvriers et de service (PASSTOS) ;
- dix représentants des parents d'élèves et des élèves dont sept représentants élus des parents et trois des élèves pour les collèges, cinq représentants élus des parents et cinq des élèves pour les lycées.

Dans les collèges accueillant moins de 600 élèves, la composition du conseil d'administration est la suivante :

- le premier tiers comprend quatre représentants de l'administration, un de la collectivité de rattachement, deux de la commune siège et une personnalité ;
- le deuxième tiers : huit représentants élus des personnels dont six des personnels d'enseignement et d'éducation et deux des PASSTOS ;
- le troisième tiers : six représentants, élus des parents et deux représentants élus des élèves.

La composition du conseil d'administration des établissements d'éducation spéciale est un peu différente en ce qui concerne la représentation des parents et des élèves.

La commission permanente a la composition suivante :

- le chef d'établissement, président ;
- l'adjoint au chef d'établissement ;
- le gestionnaire de l'établissement ;
- le conseiller principal d'éducation ou le conseiller d'éducation le plus ancien ;
- le directeur adjoint chargé de la section d'éducation spécialisée dans les collèges, le chef de travaux dans les lycées ;
- cinq représentants élus des personnels dont quatre au titre des personnels d'enseignement, de direction, d'éducation, de surveillance ou de documentation et un, au titre des personnels administratifs ou d'intendance, sociaux et de santé, techniques, ouvriers et de service ou de laboratoire ;
- cinq représentants des parents d'élèves et des élèves dont quatre représentants élus des parents d'élèves et un représentant élu des élèves dans les collèges et trois représentants élus des parents d'élèves et deux représentants élus des élèves dans les lycées ;
- un représentant de la commune siège de l'établissement ;
- le représentant de la collectivité de rattachement.

Le rôle des différents conseils.

La commission permanente

0205. Elle instruit les questions soumises à l'examen du conseil d'administration. Elle est obligatoirement saisie des questions qui relèvent des domaines visés à l'article 2 du décret précité : l'autonomie pédagogique et éducative dont dispose l'établissement et le projet d'établissement. Elle veille à ce qu'il soit procédé à toutes consultations utiles et, notamment, à celle des équipes pédagogiques intéressées.

Le conseil de classe.

Il est présidé par le chef d'établissement ou son représentant, comprend avec les personnels enseignants d'éducation et d'orientation, des délégués élus des parents d'élèves et des élèves ; il examine les questions pédagogiques intéressant la vie de la classe, le comportement scolaire de chaque élève et les propositions d'orientation ou de redoublement.

C'est le professeur principal ou un représentant de l'équipe pédagogique qui expose au conseil de classe les résultats obtenus par les élèves et présente ses observations sur les conseils en orientation formulés par l'équipe.

Les équipes pédagogiques.

Elles sont constituées par classe ou par groupes d'élèves. Elles doivent favoriser la concertation entre les professeurs et la coordination des enseignements et des méthodes, assurer le suivi et l'évaluation des élèves, organiser l'aide à leur travail personnel. Les équipes pédagogiques constituées par discipline ou par spécialité ont la charge de coordonner les actions éducatives des enseignants. Les équipes pédagogiques sont réunies sous la présidence du chef d'établissement.

Le conseil de discipline.

Il est constitué par la commission permanente, à laquelle est adjoint un deuxième représentant élu des élèves. Ce conseil, qui est saisi par le chef d'établissement, applique une procédure définie par le décret n° 85-1348 du 18 décembre 1985 (modifié). La décision prise par le conseil peut être déférée au recteur d'académie soit par la famille, soit par l'élève s'il est majeur, soit par le chef d'établissement.

Le conseil des délégués des élèves.

Il a été créé par la loi n° 89-486 d'orientation sur l'éducation du 10 juillet 1989. Présidé par le chef d'établissement, le conseil donne un avis et formule des propositions sur les questions relatives à la vie et au travail scolaires.

Le décret du 31 octobre 1990 précité définit les questions qui peuvent faire l'objet des avis ou des propositions du conseil des délégués des élèves. Le conseil se réunit au moins trois fois par an.

Le conseil de perfectionnement et de la formation professionnelle, créé par le décret du 30 août 1985, a été supprimé.

Autres dispositions relatives à la gestion des EPLE.

0206. Le fonctionnement du service annexe d'hébergement des EPLE fait l'objet du décret n° 85-934 du 4 septembre 1985 (*JO* du 5 septembre 1985) qui dispose que les dépenses de fonctionnement de ce service sont entièrement supportées par les familles et par l'État et que le tarif des frais d'hébergement est fixé par délibération du conseil d'administration de l'EPLE.

Par ailleurs, le décret n° 85-428 du 14 mars 1985 (*JO* du 15 mars 1985) définit les règles relatives aux concessions de logement.

Enfin le titre III de la loi du 20 juillet 1992 prévoit la dévolution à l'EPLE, par la personne publique propriétaire, de la propriété des biens meubles affectés à celui-ci.

Le rôle de l'ordonnateur et du comptable.

0207. Le titre II du décret du 30 août 1985 modifié évoque les responsabilités respectives du chef d'établissement ordonnateur et de l'agent comptable, notamment, pour l'exécution du budget de l'EPLE.

L'ordonnateur et ses délégués (généralement le gestionnaire) ont seuls qualité pour procéder à l'engagement des dépenses et pour établir les ordres de recettes. De son côté, l'agent comptable, qui peut assister au conseil d'administration avec voix consultative, est chargé de la tenue de la comptabilité générale (*cf. infra* n° 0216)[5].

La fonction de gestionnaire et de délégué de l'ordonnateur peut être assurée dans les établissements par un fonctionnaire qui est aussi chargé du poste comptable.

Le contrôle des EPLE.

Il relève des autorités de l'État et des collectivités de rattachement, mais il s'exerce dans des conditions différentes suivant la nature des actes; s'agissant des autorités académiques, le pouvoir de contrôle est exercé par le recteur pour les lycées et par l'inspecteur d'académie pour les collèges.

Les actes relatifs au contenu ou à l'organisation de l'action éducatrice.

0208. Ils relèvent exclusivement du contrôle du recteur ou de l'inspecteur d'académie. Il s'agit de la plupart des décisions que prend le conseil d'administration en matière pédagogique et éducative.

Les délibérations du conseil dans ce domaine sont obligatoirement transmises à l'autorité académique et ne sont exécutoires que quinze jours après leur réception par cette autorité.

Dans le délai des quinze jours, l'autorité académique peut annuler les actes de l'établissement s'ils sont contraires aux lois et règlements ou de nature à porter atteinte au fonctionnement du service public de l'enseignement.

À noter que les actes pris par le chef d'établissement et qui n'entrent pas dans les compétences décisionnelles du conseil d'administration sont soumis à la même procédure. Toutefois, les décisions prises par un proviseur ou un principal, dans le cadre de ses responsabilités, relèvent du contrôle hiérarchique et non du contrôle de tutelle.

Certains actes ne sont pas relatifs au contenu et à l'organisation de l'action éducatrice.

0209 Que ces actes soient pris par le conseil d'administration ou pris par le chef d'établissement, il s'agit d'un contrôle conjoint.

Dans le premier cas, c'est le régime du contrôle de légalité prévu par la loi n° 82-213 du 2 mars 1982 modifiée, mais ce régime connaît pour les EPLE plusieurs dérogations. Ainsi, pour être exécutoires, les actes doivent être soumis simultanément au préfet de département (pour les collèges) ou de région (pour les lycées) ainsi qu'à la collectivité de rattachement et à l'autorité académique. Ces actes ne sont exécutoires qu'après un délai de quinze jours suivant la réception par les trois autorités. En outre, pendant ce délai, l'autorité académique ou la collectivité de rattachement peut demander une seconde délibération.

Enfin, le préfet du département ou de la région peut, dans les deux mois suivant leur transmission, déférer au tribunal administratif ceux de ces actes qu'il estime contraires à la légalité.

Dans le second cas (actes du chef d'établissement), même obligation de transmission au préfet, à la collectivité de rattachement et à l'autorité académique, pour la passation ou l'exécution de conventions, notamment de marchés. La procédure est identique à celle qui s'applique aux actes pris par le conseil d'administration.

Les actes ne sont pas exécutoires immédiatement et la collectivité territoriale ou l'autorité académique peut demander au juge de surseoir à l'exécution. De son côté, le préfet exerce toujours le contrôle de légalité, comme pour les autres actes du chef d'établissement qui ne sont pas soumis à l'obligation de transmission à une quelconque autorité.

La procédure budgétaire.

0210. Dans cette procédure, assez complexe, peuvent intervenir ensemble ou successivement la collectivité territoriale, l'autorité académique (recteur ou inspecteur d'académie), le préfet et éventuellement la chambre régionale des comptes.

Le déroulement normal de la procédure est le suivant :

- notification par la collectivité de rattachement de la dotation accordée à l'EPLE, soit le montant prévisionnel de la participation aux dépenses d'équipement et de fonctionnement de l'établissement, fixé par l'assemblée délibérante de la collectivité : conseil général pour les collèges, conseil régional pour les lycées ;
- préparation du projet de budget par le chef d'établissement et par le gestionnaire ;
- vote du budget par le conseil d'administration ;
- transmission du budget voté par le chef d'établissement au préfet, à la collectivité territoriale, à l'autorité académique, dans un délai de cinq jours ;

- le budget est exécutoire trente jours après réception, sauf désaccord de la collectivité ou de l'autorité académique.

Le règlement d'un budget qui n'obtient pas l'accord de l'une ou l'autre autorité doit être opéré conjointement par les deux. Ce qui veut dire que la collectivité territoriale et l'autorité académique doivent prendre ensemble les décisions relatives à ce budget.

Si elles y parviennent, c'est le préfet qui notifie le budget au chef d'établissement et il le rend exécutoire. Si un règlement conjoint par la collectivité et par l'autorité académique n'est pas possible, le préfet saisit la chambre régionale des comptes.

Dans un délai de trente jours, la chambre régionale rend un avis public qui sert de base au règlement du budget, rendu exécutoire par le préfet.

Une autre possibilité d'intervention du préfet, qui est loin d'être négligeable, est prévue lorsque le budget n'est pas voté dans le délai légal. Il appartient alors au représentant de l'État de saisir la collectivité territoriale et l'autorité académique pour qu'elles règlent conjointement le budget. (Dans l'hypothèse où le règlement conjoint est impossible, la procédure indiquée *supra* est appliquée.)

Il faut souligner enfin que le préfet exerce sur les EPLE un contrôle budgétaire nettement défini par les textes. Ce contrôle porte sur deux points : l'équilibre réel du budget et l'inscription et le mandatement des dépenses obligatoires. La notion d'« équilibre réel » fait l'objet d'indications précises dans la circulaire du 27 décembre 1985 déjà citée.

0211. Les dispositions législatives et réglementaires relatives aux EPLE impliquent de nouveaux rapports entre les élus et les chefs d'établissement.

Pour l'exercice des compétences qui incombent à la collectivité en matière d'investissement et de fonctionnement matériel des établissements, le président du conseil général ou régional

peut s'adresser directement au chef d'établissement (loi n° 85-97 du 25 janvier 1985).

Une circulaire du ministre de l'Éducation nationale du 30 janvier 1986 indique les conditions dans lesquelles devraient s'établir les relations entre les conseils régionaux et généraux et les chefs d'établissement.

Ce texte vise à résoudre certaines difficultés inhérentes à la situation nouvelle du chef d'établissement, qui est responsable à la fois devant un conseil d'administration ayant pouvoir délibératif, devant l'autorité académique exerçant sur lui le contrôle hiérarchique, devant l'autorité préfectorale qui dispose de certains pouvoirs de contrôle et devant les autorités décentralisées qui financent non seulement la construction, l'entretien et l'équipement mais aussi le fonctionnement des établissements.

Devant la complexité, certes résultat d'un compromis, une réflexion visant à une simplification du dispositif est en cours. L'IGAEN a fait un certain nombre de propositions de simplification depuis plusieurs années.

Les établissements à la charge de l'État.

0212. Le décret n° 85-349 du 20 mars 1985 a fixé la liste des établissements d'enseignement dont la responsabilité et la charge incombent entièrement à l'État.

En ce qui concerne l'Éducation nationale, les douze établissements désignés comprennent des collèges et des lycées possédant une section internationale, le Foyer des lycéennes, l'École nationale supérieure de la photographie et du cinéma, l'École nationale supérieure des arts et techniques du théâtre, le Centre national d'études et de formation de l'enfance inadaptée.

Le décret n° 86-164 du 31 janvier 1986 qui déterminait l'organisation administrative et financière des établissements énumérés par le décret du 20 mars 1985 a été sensiblement modifié par le décret n° 93-164 du 2 février 1993 (*JO* du 6 février 1993). Alors que les règles concernant ces établissements étaient jusqu'ici différentes de celles fixées pour les EPLE le nouveau décret reprend un certain nombre de dispositions concernant en particulier, l'autonomie pédagogique, le projet d'établissement, la situation des élèves, les pouvoirs du conseil d'administration, les règles budgétaires applicables à l'ensemble des établissements d'enseignement du second degré. Ce décret s'applique également aux établissements municipaux ou départementaux.

Texte de référence.

- *RLR* 363.0 520.0 – 521.0 – 521.1.

4. L'ordonnancement des dépenses de l'Éducation nationale.

L'ordonnancement des dépenses des services centraux et des services déconcentrés.

0213. Le décret n° 62-1587 du 29 décembre 1962 (modifié) portant règlement général sur la comptabilité publique dispose (article 63) :

> Les ministres sont ordonnateurs principaux des recettes et des dépenses du budget général... Les règlements de comptabilité des ministères désignent les catégories de fonctionnaires auxquelles les pouvoirs des ordonnateurs principaux peuvent être délégués.

L'article 64 du même règlement précise :

> Les règlements de comptabilité des ministères désignent les agents chargés ès qualités d'exercer les fonctions d'ordonnateurs secondaires.

Par ailleurs, deux décrets n°s 82-389 et 82-390 du 10 mai 1982 « relatifs aux pouvoirs des commissaires de la République » disposent :

Le commissaire de la République est l'unique ordonnateur secondaire des services extérieurs des administrations civiles de l'État dans le département ou la région.

L'exercice des compétences d'ordonnateur.

0214. La compétence du ministre est générale. Le ministre de l'Éducation nationale possède l'initiative des dépenses qu'il engage, dont il évalue le montant et pour lesquelles il délivre au créancier un titre de paiement après constatation du « service fait » et émission d'une ordonnance de paiement.

L'initiative des dépenses par le ministre s'exerce dans le cadre des autorisations données par la loi de finances, par chapitre, dont le montant est limitatif. Les paiements sont effectués par les comptables supérieurs du Trésor, payeur général à Paris et trésorier-payeur général en province.

Les ordonnances de paiement, émises par le ministre, assignées sur la caisse du comptable supérieur, sont préalablement soumises au visa du « contrôleur financier du ministère », haut fonctionnaire relevant du ministère de l'Économie et des Finances placé auprès du ministre de l'Éducation nationale.

La procédure d'ordonnancement décrite est la plus générale, mais il existe des exceptions. La plus importante concerne « le paiement sans ordonnancement préalable » qui porte sur les dépenses répétitives dont la liquidation est automatique : rentes, pensions, rémunérations.

Depuis l'intervention du décret n° 65-846 du 4 octobre 1965, cette procédure est de droit commun pour les rémunérations des fonctionnaires et agents de l'État. Dans ce système, la liquidation, qui consiste en la simple application d'un barème, et le paiement sont confiés au comptable public. L'ordonnateur limite son intervention à la communication des modifications éventuelles de la situation des bénéficiaires – promotions, situation familiale – par « fiches de liaison informatique ».

Les ordonnateurs secondaires. Des règlements de comptabilité ont été pris conjointement par le ministre de l'Éducation nationale et le ministre délégué auprès du ministre de l'Économie et des Finances, par voie d'arrêté, le 21 décembre 1982, pour la « désignation des ordonnateurs secondaires et leurs délégués ».

Compte tenu des décrets précités n°s 82-389 et 82-390, désignant les préfets comme uniques ordonnateurs secondaires des dépenses des services déconcentrés, ces règlements sont limités à la répartition des compétences entre les préfets de région et les préfets de département et précisent les catégories de fonctionnaires auxquelles des délégations de signature peuvent être accordées par les préfets.

Ces règlements de comptabilité concernent l'un des dépenses d'investissement, l'autre les « moyens des services ».

Les ordonnateurs secondaires émettent, aux termes des processus d'engagement des dépenses, des mandats imputés sur les crédits délégués par le ministre par voie « d'ordonnances de délégation » visées par le contrôleur financier.

Aux termes de l'arrêté du 21 décembre 1982 modifié relatif aux opérations en capital, le préfet de département est ordonnateur secondaire du budget de l'Éducation nationale pour les investissements immobiliers concernant les écoles et les établissements ainsi que les équipements administratifs, tels que les inspections académiques. Suivant le même arrêté, le préfet de région est ordonnateur secondaire d'opérations d'investissement concernant les établissements publics d'enseignement et de formation, les établissements d'enseignement supérieur et de recherche ainsi que les centres d'information et d'orientation, les centres régionaux des œuvres universitaires, les équipements administratifs d'intérêt régional tels que les rectorats et les centres interacadémiques de traitement de l'information (CIATI). Pour la région Île-de-France, le préfet a, en outre, des pouvoirs d'ordonnateur pour certains grands établissements scientifiques et littéraires.

Aux termes de l'arrêté du 21 décembre 1982 modifié, relatif aux opérations ordinaires, le préfet de département a compétence pour toutes les dépenses et les recettes relatives à l'activité des services départementaux de l'Éducation nationale : les inspections académiques; le préfet de région est ordonnateur pour les recettes et les dépenses qui concernent l'activité des services académiques à compétence régionale : les rectorats.

Le rôle des services académiques.

0215. Les arrêtés cités ci-dessus prévoient – en application des décrets du 10 mai 1982 relatifs aux pouvoirs des préfets – des délégations de signature en matière d'ordonnancement sur le budget de l'Éducation nationale :

- ■ pour les opérations en capital (investissements), le préfet de département peut déléguer sa signature au directeur départemental de l'équipement; le préfet de région peut déléguer sa signature au recteur d'académie pour les équipements implantés dans son académie;
- ■ pour les opérations ordinaires (moyens des services), le préfet de département peut déléguer sa signature à l'inspecteur d'académie, directeur des services départementaux de l'Éducation nationale, et celui-ci peut la subdéléguer au chef des services administratifs de l'inspection académique et aux fonctionnaires de catégorie A dans les domaines suivants :
- □ dépenses de fonctionnement des services départementaux de l'Éducation nationale,
- □ bourses et secours d'études,
- □ formation continue du premier degré,
- □ actions pédagogiques de l'enseignement primaire,
- □ frais de déplacement temporaire,
- □ dépenses de santé scolaire;
- ■ le préfet de région peut déléguer sa signature au recteur d'académie et celui-ci peut la subdéléguer au secrétaire général d'académie et aux fonctionnaires de catégorie A chargés des services financiers dans les domaines suivants :

- □ traitements, salaires et accessoires,
- □ prestations sociales obligatoires et facultatives,
- □ remboursement de frais et stage,
- □ dépenses de fonctionnement,
- □ interventions publiques.

Dans la région Île-de-France, le préfet peut, en outre, donner délégation de signature au directeur du service interacadémique des examens et concours des académies de Créteil, Paris et Versailles et aux responsables de trois grands établissements (Collège de France, Muséum national d'histoire naturelle, École des hautes études en sciences sociales). Ceux-ci peuvent subdéléguer leur signature.

La procédure à suivre pour déléguer des crédits aux ordonnateurs secondaires des administrations civiles de l'État fait l'objet de la circulaire n° CD – 47 87 – LC 253 du 9 décembre 1982 émanant du ministère du Budget.

Les dépenses des établissements.

0216. Le chef d'établissement est ordonnateur des dépenses et des recettes de l'établissement qu'il soit EPLE (art. 8 du décret n° 85-924 du 30 août 1985 modifié) ou établissement resté à la charge de l'État (art. 8 du décret n° 86-164 du 31 janvier 1986).

Ordonnateur, il prépare le projet de budget soumis au vote du conseil d'administration dans la limite des ressources dont dispose l'établissement, il est responsable de son exécution et de la mise en œuvre des moyens affectés à l'établissement. Il est notamment chargé, à ce titre, d'une part de la constatation et de la liquidation des droits et produits, ainsi que de l'émission des ordres de recettes correspondantes, d'autre part de l'engagement, de la constatation, de la liquidation et du mandatement des dépenses. Il peut créer, sous sa seule signature, après accord du comptable supérieur du Trésor territorialement compétent, des régies d'avances et de recettes.

La responsabilité du chef d'établissement lui est propre, il peut néanmoins déléguer sa signature en matière d'engagement en particulier à son adjoint, au gestionnaire et au chef des travaux.

Le chef d'établissement peut par écrit requérir le comptable de payer, lorsque celui-ci suspend le paiement d'une dépense conformément aux dispositions de l'article 15 de la loi n° 82-213 du 2 mars 1982. Le chef d'établissement est tenu d'informer la collectivité de rattachement, l'autorité académique et le conseil d'administration de tout ordre de réquisition adressé à l'agent comptable (*cf.* art. 43 du décret n° 85-924 du 30 août 1985). En cas de réquisition, le chef d'établissement engage sa responsabilité propre d'ordonnateur.

Textes de référence.

- *RLR* : 101.0 et 101.1 ; 300.0 et 330.1.

5. La scolarité, les aides financières et les examens.

L'organisation de l'enseignement en France.

0217. C'est le résultat d'une lente évolution qui a abouti aux grandes lois de la IIIe République (lois du 28 mars 1882, du 30 octobre 1886, du 19 juillet 1889 et du 26 juillet 1893). Ce dispositif législatif a donné à l'enseignement français son caractère actuel quant aux principes fondamentaux qui le régissent : liberté de l'enseignement, obligation scolaire, laïcité de l'enseignement public.

Par ailleurs, ont été posées les règles relatives au caractère public des examens et concours, à la collation des grades et des diplômes réservée à l'État.

Par la loi du 9 août 1936, l'obligation scolaire a été prolongée jusqu'à quatorze ans, puis l'ordonnance n° 59-45 du 6 janvier 1959 l'a fixée à seize ans.

L'ouverture de l'enseignement du second degré à tous les élèves issus de l'école primaire fut facilitée par le décret de 1963 créant un nouvel établissement : le collège d'enseignement secondaire (CES). La transformation du public scolaire, à ce niveau d'enseignement, et les nouvelles conditions socio-économiques ont conduit à redéfinir les objectifs et les structures du système scolaire. C'est l'objet de la loi sur l'éducation, dite loi Haby (n° 75-620 du 11 juillet 1975). Par ailleurs, la loi de programme n° 85-1371 du 23 décembre 1985 sur l'enseignement technologique et professionnel a modifié l'organisation de cet enseignement.

La loi d'orientation sur l'éducation (n° 89-486 du 10 juillet 1989, publiée au *JO* du 14 juillet 1989) a fixé un certain nombre de principes relatifs à la vie scolaire et universitaire (scolarité, droits et obligations des élèves, des parents et des étudiants), aux fonctions des personnels et à leur formation, au fonctionnement des établissements, à l'évaluation du système éducatif. En outre, cette loi a créé le nouveau Conseil supérieur de l'Éducation nationale (*cf. supra* n° 0020).

Ces principes n'ont pas été remis en cause par la loi de programmation du « nouveau contrat pour l'école » (n° 95-386 du 13 juillet 1995) votée à l'issue d'une consultation débouchant sur 158 mesures touchant l'ensemble du champ éducatif.

Actuellement, c'est dans le cadre de ces lois qu'est organisée la scolarité sous ses différents aspects : la détermination des cycles d'études, l'admission des élèves, l'orientation à l'intérieur du dispositif scolaire, la vie scolaire, qu'il s'agisse des activités éducatives, du régime de la demi-pension et de l'internat, de la discipline des élèves, des accidents scolaires, des voyages scolaires, etc.

N.B. Cf. en annexes 1 et 2 : l'organigramme général du système éducatif.

L'admission des élèves.

0218. L'admission des élèves s'effectue essentiellement sous la responsabilité des chefs d'établissement, qui doivent respecter les dispositions régle-

Admission des élèves

Niveaux d'admission	Rôle de l'établissement	Rôle des diverses autorités territoriales	Textes de référence
1) Classes maternelles (scolarité non obligatoire)	Inscription par le chef d'établissement au vu du dossier réglementaire	Le maire délivre le certificat d'inscription au vu du livret de famille (condition d'âge, 2 à 6 ans) et compte tenu de la résidence (sectorisation des écoles) et des places disponibles	Décret 76-1301 du 28/12/1976 modifié (*JO* du 4/1/1977, *BO* n° 1). Art. 2, 3 et 4
2) École élémentaire (scolarité obligatoire)	Inscription par le chef d'établissement au vu du dossier réglementaire	La maire délivre le certificat d'inscription, au vu du livret de famille (condition d'âge : 6 ans au 31.12) et compte tenu de la résidence (sectorisation des écoles d'une même ville) Dérogation à la condition d'âge accordée par l'IEN avec possibilité de recours des familles à l'IA qui statue en dernier ressort après avis d'une commission nommée par le recteur	Décret 76-1301 susvisé, art. 5 modifié par le décret 80-906 du 19/11/1980. Art. 6 à 9 (*JO* du 21/11, *BO* n° 46) Arrêté du 7/2/1978 (*JO* du 26/2, *BO* n° 10) et circulaire 78-193 du 9/6/1978 (*BO* n° 25)
3) Admission en 6^{e}	De droit pour les élèves du CM2, sauf avis contraire du maître de la classe primaire. Décision prise dans le cadre de la liaison école-collège	L'IEN organise les réunions de concertation école-collège Les familles peuvent présenter un recours contre la décision de redoublement devant une commission départementale présidée par l'IA. Dérogation aux affectations de secteur accordées par le ou les IA intéressés. Des expériences d'assouplissement des procédures d'affectation sont en cours	Décret 76-1301 susvisé art. 9 modifié par le décret 80-906 susvisé art. 9 Circulaire 77-100 du 16/3/1977 et NS 82-381 du 7/9/1982, Arrêté du 7/2/1978, Décret 80-11 du 3/1/1980 art. 6
4) Admission dans la classe supérieure (lycées et collèges)	Décision du chef d'établissement conforme à la proposition du conseil de classe. Possibilité d'appel des familles		Décret n° 90-484 du 14 juin 1990 relatif à l'orientation et à l'affectation des élèves (art. 7, 8) Arrêté du 14 juin 1990.
5) Admission dans le second cycle long (lycées)	Avis du conseil de classe sur le choix des familles et proposition d'orientation. Possibilité d'appel devant une commission d'appel	Affectation, par décision de l'IA, en fonction des possibilités d'accueil après avis de la commission d'affectation	Pour l'orientation voir les circulaires de préparation de la rentrée scolaire

Admission des élèves (suite)

Niveaux d'admission	Rôle de l'établissement	Rôle des diverses autorités territoriales	Textes de référence
6) Admission des élèves de l'enseignement privé hors contrat dans l'enseignement public	Examen organisé par le chef d'établissement	L'inspecteur d'académie fixe le contenu de l'examen et prononce l'affectation	Article 7 – Arrêté du 12 juin 1953 modifié
7) Admission des élèves de l'enseignement privé sous contrat dans l'enseignement public		Les décisions relatives au déroulement de la scolarité des élèves, prises par les établissements privés sous contrat, sont applicables dans l'enseignement public	Décret 90-487 du 14 juin 1990 Article 17
8) Admission dans les LP	Après avis du conseil de classe et accord des familles Dossier instruit (après avis des services d'orientation scolaire et professionnelle) par l'établissement désigné en premier choix	En cas de refus de l'établissement désigné en premier choix, affectation en commission d'admission, par l'inspecteur de l'enseignement technique	Décret 90-484 du 14 juin 1990
9) Admission dans les classes supérieures (CPGE)	Dossier comportant le nom de trois lycées d'accueil, adressé au chef d'établissement choisi en n° 1, puis transmis, le cas échéant, au chef de l'établissement n° 2. Décisions des chefs d'établissement	Lorsque aucun des trois lycées choisis n'a pu retenir la candidature, le dossier est soumis à une commission interacadémique. Transmission par le recteur de l'académie d'origine du candidat	Circulaire 75-147 du 9 avril 1975
10) Admission dans les sections de techniciens supérieurs	Avis du conseil des professeurs de l'établissement d'accueil		Décret 64-986 du 17 septembre 1964

mentaires en vigueur, notamment celles relatives à l'âge des élèves. Toutefois, la procédure, pour garantir l'égalité des élèves devant l'institution scolaire et pour assurer une certaine cohérence du dispositif, confie à l'autorité académique, notamment aux inspecteurs d'académie et aux inspecteurs de l'Éducation nationale (IEN), des responsabilités essentielles.

La réglementation est différente selon qu'il s'agit d'élèves soumis ou non à la scolarité obligatoire, ou relevant des enseignements spéciaux (handicapés).

S'agissant des jeunes non soumis à la scolarité obligatoire, l'affectation dans un établissement est subordonnée aux possibilités d'accueil. Quant à l'admission dans les établissements relevant des enseignements spéciaux et adaptés, elle est subordonnée à l'avis de la commission départementale de l'éducation spéciale (CDES) (art. 6 de la loi n° 75-534 du 30 juin 1975 modifiée et décret n° 75-1166 du 15 décembre 1975 et les circulaires n° 95-124 du 17 mai 1995 [*BO* n° 21, 25 mai 1995], n° 96-167 du 20 juin 1996 [*BO* n° 26, 27 juin 1996]), et de commissions de circonscription, plus particulièrement compétente pour les enseignements préscolaire et élémentaire, placées sous la présidence d'un inspecteur départemental de l'Éducation nationale.

Dispositions communes.

Elles traitent d'une part le respect des règles relatives à la vaccination et à l'établissement du fascicule scolaire du carnet de santé, qui doit suivre l'élève pendant toute sa scolarité (ordonnance n° 45-2407 du 18 octobre 1945 et décret n° 46-2698 du 26 novembre 1946), d'autre part les règles relatives à la composition du dossier d'admission qui doit être constitué par les familles (arrêté du 26 janvier 1978 et circulaire n° 78-193 du 9 juin 1978 sur les enseignements maternel et élémentaire, circulaire n° IV-68-275 du 26 juin 1968 sur les élèves des établissements de second degré).

Le tableau ci-après précise, aux principaux niveaux d'admission, et sous réserve des règles relatives à l'orientation (*cf. infra* n° 0225), l'intervention des diverses autorités territoriales, avec la référence aux textes réglementaires s'y rapportant.

L'obligation scolaire.

0219. Dans sa dernière définition, elle concerne (ordonnance n° 59-45 du 6 janvier 1959) tous les enfants de six à seize ans.

Le décret n° 66-104 du 18 février 1966, titre I, traite du contrôle de l'obligation scolaire. Outre l'intervention initiale des chefs d'établissement dans le contrôle de l'obligation scolaire, le rôle de l'inspecteur d'académie est essentiel, notamment les liaisons qu'il doit établir en cas de non-assiduité des enfants avec les maires, les caisses d'allocations familiales et les autorités judiciaires.

L'inspecteur d'académie peut accorder des dérogations au bénéfice des élèves atteignant l'âge de seize ans dans le premier trimestre de l'année scolaire (circulaire n° 69-384 du 16 septembre 1969).

Si un élève soumis à l'obligation scolaire ne peut, pour qu
que ce soit, poursuivre sa scolarité dans l'établissement qu'il fréq
pecteur d'académie doit fixer, dans les délais les meilleurs, les
dans lesquelles l'élève sera scolarisé (inscription dans un autre étal
enseignement par correspondance, etc.) (art. 5 du décret n° 77-487 . mai 1977).

À noter que le Conseil d'État a affirmé à plusieurs reprises que le respect de la liberté de conscience posé par la Constitution et l'article 9 de la Convention européenne de sauvegarde des droits de l'homme est limité entre autres par l'obligation d'assiduité (décret du 18 février 1991 relatif aux « droits et obligations des élèves dans les EPLE »). Enfin, les élèves qui ont été exclus des établissements pour port de « signes ostentatoires » sont en règle générale inscrits aux cours du CNED.

L'organisation des études.

0220. Aux termes de la loi d'orientation sur l'éducation du 10 juillet 1989, les études étaient ainsi organisées :

> Art. 4. – La scolarité est organisée en cycles pour lesquels sont définis des objectifs et des programmes nationaux de formation comportant une progression annuelle ainsi que des critères d'évaluation.
> La scolarité de l'école maternelle à la fin de l'école élémentaire comporte trois cycles.
> Les collèges dispensent un enseignement réparti sur deux cycles.
> Les cycles des lycées d'enseignement général et technologique et des lycées professionnels conduisent aux diplômes d'enseignement général, technologique et professionnel, notamment au baccalauréat.
> La durée de ces cycles est fixée par décret.
> Pour assurer l'égalité et la réussite des élèves, l'enseignement est adapté à leur diversité par une continuité éducative au cours de chaque cycle et tout au long de la scolarité.
>
> Art. 5. – Les programmes définissent, pour chaque cycle, les connaissances essentielles qui doivent être acquises au cours du cycle ainsi que les méthodes qui doivent être assimilées. Ils constituent le cadre national au sein duquel les enseignants organisent leurs enseignements en prenant en compte les rythmes d'apprentissage de chaque élève.
>
> ....
>
> Art. 7. – La scolarité peut comporter, à l'initiative des établissements scolaires et sous leur responsabilité, des périodes de formation dans des entreprises, des associations, des administrations ou des collectivités territoriales en France ou à l'étranger. Ces périodes sont conçues en fonction de l'enseignement organisé par l'établissement qui dispense la formation. Elles sont obligatoires dans les enseignements conduisant à un diplôme technologique ou professionnel.

La scolarité dans les collèges a été modifiée en 1995.

L'article 4 de la loi du 10 juillet 1989 d'orientation sur l'éducation (3e alinéa) est modifié par l'article 2 de la loi de programmation du « nouveau contrat pour l'école » (n° 95-836 du 13 juillet 1995) :

les collèges dispensent un enseignement réparti en trois cycles.

En application, le décret n° 96-465 du 29 mai 1996 relatif à l'organisation de la formation en collège abroge le décret n° 76-1303 du 28 décembre 1976 relatif à l'organisation de la formation et de l'orientation dans les collèges, selon un calendrier s'échelonnant de la rentrée 1996 pour la sixième à la rentrée 1999 pour la troisième.

La scolarité dans les lycées a fait l'objet du décret n° 92-57 du 17 janvier 1992 qui modifie le décret du 28 décembre 1976 relatif à l'organisation des formations dans les lycées (*JO* du 19 janvier 1992).

Une politique d'établissement[6].

0221. L'article 18 de la loi d'orientation sur l'éducation du 10 juillet 1989 dispose :

> Les écoles, les collèges, les lycées d'enseignement général et technologique et les lycées professionnels élaborent un projet d'établissement. Celui-ci définit les modalités particulières de mise en œuvre des objectifs et des programmes nationaux. Il fait l'objet d'une évaluation.
> Il précise les activités scolaires et périscolaires prévues à cette fin.
> Les membres de la communauté éducative sont associés à l'élaboration du projet qui est adopté par le conseil d'administration ou le conseil d'école qui statue sur proposition des équipes pédagogiques pour ce qui concerne la partie pédagogique du projet.
> Des établissements peuvent s'associer pour l'élaboration et la mise en œuvre des projets communs, notamment dans le cadre d'un bassin de formation.

Dans le rapport annexé à la loi, le projet d'établissement, qualifié « d'élément moteur », est présenté comme la réponse à « un des problèmes majeurs posés à chaque école et à chaque établissement » et qui consiste

> à respecter les objectifs nationaux tout en prenant en considération les élèves qu'ils accueillent dans leur diversité d'origine sociale, de culture, de niveau et de qualités personnelles.

Cependant, au projet pédagogique défini par les enseignants avec le chef d'établissement doivent s'ajouter plusieurs éléments (dont les relations avec l'environnement et les conditions de la vie scolaire) pour constituer le projet d'établissement.

La circulaire n° 90-108 du 17 mai 1990 (*BO* n° 21, du 24 mai 1990) explicite la démarche, les moyens, les procédures.

Le but poursuivi.

C'est imaginer une pratique éducative en fonction des contraintes de l'établissement et de la nature du public scolaire ; traduire les objectifs nationaux dans leur contexte particulier.

La démarche

Les quatre étapes du projet sont les suivantes :

- le diagnostic;
- la définition des axes du projet;
- l'élaboration et la présentation d'un programme d'actions;
- l'évaluation.

Le diagnostic.

Il recueille toutes les données et les besoins propres de l'établissement : caractéristiques de la population scolaire, réflexion sur les pratiques pédagogiques, vie scolaire, rapports avec l'environnement, etc.

Le projet.

C'est une démarche globale et cohérente qui peut toucher à l'ensemble des activités internes et externes de l'établissement. C'est un cadre large qui englobe la dimension pédagogique :

> Il comporte plusieurs aspects qui ne peuvent être conçus indépendamment les uns des autres et se traduit par un programme d'actions. Au nombre des lignes de force qui caractérisent ce programme figurent nécessairement un projet pédagogique, une politique de l'orientation et de l'insertion sociale et professionnelle des élèves et un dispositif d'ouverture de l'établissement sur son environnement.

La circulaire précise ensuite le rôle du chef d'établissement dans la préparation du projet et insiste sur la participation de toute la communauté éducative à son élaboration.

Les instruments du projet.

Ils sont ainsi définis :

- la formation qui intéresse tous les partenaires : enseignants, parents d'élèves, délégués-élèves, tous les membres de la communauté;
- le programme d'équipement de l'établissement;
- la gestion de la politique du projet.

La procédure.

Elle comprend la présentation au conseil d'administration, la transmission à l'autorité académique, la phase de dialogue avec le rectorat qui doit valider le projet, l'attribution de moyens complémentaires, etc.

Des dispositifs d'évaluation sont prévus : dispositif interne à l'établissement et dispositif externe.

Les zones d'éducation prioritaires.

0222. Les zones d'éducation prioritaires (ZEP) sont une tentative de diversification de la politique éducative prenant en compte la diversité des publics accueillis pour mieux lutter contre l'échec scolaire.

Initiées par la circulaire n° 81-238 du 1er juillet 1981 traitant des zones prioritaires, les zones d'éducation prioritaires (ZEP) deviennent opérationnelles dès la rentrée 1982 (circulaire n° 82-589 du 15 décembre 1982).

Instrument de lutte contre l'échec scolaire, la ZEP part du contexte social pour aboutir à un résultat sur le plan cognitif.

Par ailleurs, la démarche retenue participe du renouveau de l'action administrative prenant davantage appui sur le projet (*cf.* n° 221) et sur une administration plus déconcentrée et locale.

La ZEP peut être ainsi définie :

> Une zone d'éducation prioritaire est un ensemble d'écoles et d'établissements d'enseignement secondaires publics, liés par un projet d'action commun et accueillant des élèves vivant dans un environnement socio-économique et culturel défavorisé (article 2 du décret n° 92-244 du 16 mars 1992).

Après une période de relatif sommeil, de 1984 à 1988, une relance de la politique des ZEP est intervenue avec la circulaire n° 90-028 du 1er février 1990 et la circulaire du 7 décembre 1992.

Cette dernière définit la politique éducative dans les ZEP et précise les conditions de fonctionnement qui doivent être recherchées en liaison avec les instances chargées de la politique de la ville.

En 1995-1996, on comptait 563 ZEP (355 en 1982) incluant 5 300 écoles, 700 collèges, 100 LEP et 30 LEGT, soit 11,3 % des effectifs totaux.

La carte des zones a été arrêtée en 1990 pour trois ans et prorogée. Des ajustements sont intervenus et de nouvelles modifications devraient pouvoir être faites sur la base des travaux de la DEP[7] et des conclusions des inspections générales.

De nombreux travaux d'évaluation montrent que cette politique, sans résoudre tous les problèmes, a permis d'endiguer des phénomènes d'échec tant social que scolaire alors que la situation sociale environnante se dégradait.

Pivot de la politique éducative dans les zones difficiles, les responsables des ZEP ont été invités (voir notamment circulaire n° 94-082 du 26 février 1994) à inscrire leur action dans le cadre de la politique de la ville (contrats de ville). Mais si près de 70 % des ZEP urbaines actuelles coïncident avec des structures de la politique de la ville, le plan de relance de la ville arrêté en 1996, qui prévoit la création de 38 zones franches urbaines et de 700 zones urbaines sensibles (ZUS) coïncidant avec les ZEP, nécessite une réflexion au plan de la cohérence.

0223. L'augmentation du nombre d'actes de violence de nature variable, dans et hors des établissements, a incité à prendre une série de mesures applicables dans les secteurs géographiques sensibles incluant dans certains cas les ZEP.

La création en 1992 d'établissements sensibles (en ou hors ZEP), d'établissements difficiles pour les enseignants débutants, le renforcement de l'action interministérielle (Justice-Éducation-Intérieur, circulaire du 14 mai 1996 – Prévention de la violence scolaire, *BO*, n° 23 du 6 juin 1996) sont des mesures qui s'inscrivent dans le cadre du plan de prévention et de lutte contre la violence à l'école, comprenant dix-neuf mesures.

Il s'agit de :

- ■ renforcer et améliorer l'encadrement des élèves :
- □ formation initiale des enseignants et quartiers difficiles (circulaire n° 96-130 du 6 mai 1996 – *BO* n° 23, 6 juin 1996),
- □ stages de formation continue (*BO* n° 13, 28 mars 1996),
- □ tutorats pour enseignants débutants/Note de service n° 96-174 du 4 juillet 1996 (*BO*, n° 28 du 11 juillet 1996),
- □ cellule rectorale audit et soutien (*BO* n° 23, du 6 juin 1996),
- □ renforcement de l'encadrement et augmentation du nombre d'appelés du contingent,
- □ mise en œuvre de contrats d'innovation (note de service n° 96-157 du 29 mai 1996 – *BO* n° 23, du 6 juin 1996) ;
- ■ aider les élèves et les parents :
- □ éducation à la citoyenneté (circulaire n° 96-103 du 15 avril 1996 – *BO*, n° 23 du 6 juin 1996),
- □ renforcement du dialogue établissement/parents d'élèves (circulaire n° 96-117 du 25 avril 1996 – *BO* n° 23, du 6 juin 1996),
- □ dialogue avec les familles de langue et culture étrangères (circulaire n° 96-117 du 25 avril 1996, *BO* n° 23, du 6 juin 1996) ;
- ■ protéger les établissements et leur environnement :
- □ création d'une contravention pour intrusion (décret n° 96-378 du 6 mai 1996 – *BO* n° 23, du 6 juin 1996 – circulaire n° 96-156 du 29 mai 1996 – *BO* n° 23, du 6 juin 1996),
- □ coopération Éducation-Justice-Intérieur (*cf. supra*).

La scolarité dans l'enseignement primaire.

0224. Faisant suite à la promulgation de la loi n° 89-486 d'orientation sur l'éducation, plusieurs textes importants ont défini des principes et posé des règles nouvelles pour cet ordre d'enseignement.

- ■ Le décret n° 90-788 du 6 septembre 1990 relatif à l'organisation et au fonctionnement des écoles maternelles et élémentaires (*JO* du 8 septembre 1990) ;
- ■ la note de service n° 91-065 du 11 mars 1991 pour l'application du décret précité (*BO* du 21 mars 1991) ;
- ■ la note du 11 mars 1991 relative aux orientations pour la mise en œuvre de la nouvelle politique pour l'école (*BO* du 21 mars 1991).

Le décret du 6 septembre 1990 fixe les objectifs à atteindre :

L'objectif général de l'école maternelle est de développer toutes les possibilités de l'enfant afin de lui permettre de former sa personnalité et de lui donner les meilleures chances de réussir à l'école élémentaire et dans la vie en le préparant aux apprentissages ultérieurs.

L'implantation complète des trois cycles de l'école primaire doit se faire sur les trois années scolaires 1995-1996 à 1997-1998 :

- cycle des apprentissages premiers à l'école maternelle ;
- cycle des apprentissages fondamentaux (grande section de l'école maternelle et CP – CE1) ;
- cycle des approfondissements (CE2 – CM1 – CM2).

Les notes du 11 mars 1991 précisent les modalités d'application de la politique pour l'école et, notamment, l'accueil à l'école maternelle, le dialogue entre les enseignants et les parents d'élèves, le passage de l'école maternelle à l'école élémentaire, la progression des élèves à l'école élémentaire et le passage de cycle à cycle, le projet d'école, etc.

Il faut ajouter la note de service n° 90-096 du 24 avril 1990 relative à la sécurité et à la surveillance des élèves des écoles maternelles et élémentaires.

La circulaire n° 91-124 du 6 juin 1991 (*BO* du 13 juin 1991) donne des directives pour l'établissement du règlement-type départemental des écoles maternelles et élémentaires.

Par ailleurs, les conditions d'accueil et de scolarisation dans les écoles régionales du premier degré ont été fixées par le décret n° 93-723 du 29 mars 1993 (*JO* du 30 mars 1993).

Enfin, même si les expériences concernent aussi les collèges, voire les lycées, les écoles élémentaires et maternelles sont de plus en plus nombreuses à participer à des opérations d'aménagement des rythmes scolaires.

Le décret n° 91-383 du 22 avril 1991 a ouvert la voie, sous certaines conditions (concertation, équilibres des séquences, etc.).

Il faut citer, pour la période récente :

- les circulaires interministérielles n° 95-179 et 95-243 du 31 octobre 1995 concernant les contrats d'aménagement des rythmes de vie des enfants et des jeunes (*RLR* 4.3) ;
- la circulaire n° 95-188 du 23 novembre 1995 du ministre délégué à la Jeunesse et aux Sports (sites pilotes – deux départements pilotes ont été par ailleurs, choisis par le ministre de l'Éducation nationale).

L'orientation des élèves[8].

0225. Suivant la loi précitée de 1989 :

Art. 8. – Le droit au conseil en orientation et à l'information sur les enseignements et les professions fait partie du droit à l'éducation.

> L'élève élabore son projet d'orientation scolaire et professionnelle avec l'aide de l'établissement et de la communauté éducative, notamment des enseignants et des conseillers d'orientation, qui lui en facilitent la réalisation tant en cours de scolarité qu'à l'issue de celle-ci.
> Le choix de l'orientation est de la responsabilité de la famille ou de l'élève quand celui-ci est majeur. Tout désaccord avec la proposition du conseil de classe fait l'objet d'un entretien préalable à la décision du chef d'établissement. Si cette dernière n'est pas conforme à la demande de l'élève ou de sa famille, elle est motivée.
> La décision d'orientation peut faire l'objet d'une procédure d'appel.

Le principal palier d'orientation se situe à la fin de la classe de 3ᵉ.

La logique de l'organisation de la scolarité obligatoire devrait conduire tous les élèves à être admis en 6ᵉ à l'issue du CM2 et à passer par chacun des quatre niveaux de 6ᵉ, 5ᵉ, 4ᵉ et 3ᵉ avant d'être orientés, en fin de 3ᵉ, vers un second cycle long ou court. En réalité, certains élèves, avec l'accord de leurs familles, peuvent se diriger, à la fin de la classe de 5ᵉ, vers d'autres cursus : classes de 4ᵉ technologiques de lycées professionnels, classes préparatoires à l'apprentissage en centres de formation d'apprentis s'ils sont âgés de quinze ans, classes d'initiation préprofessionnelle en alternance (CLIPA) s'ils sont âgés de quatorze ans. Ces cursus permettent parfois aux élèves de rejoindre des formations conduisant, en second cycle, à la préparation d'un CAP, d'un brevet d'études professionnelles (BEP) ou d'un baccalauréat.

En fin de classe de 4ᵉ, les élèves choisissent, en collège, soit la classe de 3ᵉ avec l'option seconde langue vivante, soit la classe de 3ᵉ avec l'option technologique. Le conseil de classe entérine ou non ce choix. Les élèves et leur famille peuvent faire appel.

Les règles et les procédures d'orientation ont été définies par le décret n° 90-484 du 14 juin 1990 relatif à l'orientation et à l'affectation des élèves (*JO* du 15 juin 1990). Deux articles de cet important décret ont été modifiés par le décret n° 92-169 du 20 février 1992 (*JO* du 25 février 1992) qui détermine une procédure lorsque les propositions d'orientation ne sont pas conformes aux demandes des parents et des élèves.

Enfin, la rénovation récente du collège met l'accent sur la préparation aux voies de formations ultérieures. Le décret n° 96-465 du 29 mai 1996 organise le collège en trois cycles (cycles d'adaptation : classe de 6ᵉ; cycle central : classes de 5ᵉ et 4ᵉ; cycle d'orientation : classe de 3ᵉ).

Une éducation à l'orientation est prévue (circulaire n° 96-206 du 31 juillet 1996). Elle se fixe comme objectifs trois axes : connaissance de l'environnement économique, social et représentation des métiers; connaissance des systèmes de formation; construction d'une représentation positive de soi.

À la fin de la classe de 6ᵉ, le conseil de classe peut proposer le redoublement ou le passage en classe de 5ᵉ. Les parents peuvent faire appel de la décision de redoublement pris par le chef d'établissement. (Commission d'appel de fin de 6ᵉ – composition selon l'arrêté du 14 juin 1990.)

Le passage en 4e est de règle et le redoublement peut intervenir à la demande des parents. À la fin de la classe de 4e, les procédures sont identiques à celles de fin de 6e.

À la fin de la classe de 3e, une procédure identique à celles de fin de 6e et de 4e est prévue.

À noter que la nouvelle 6e entre en vigueur en 1996-1997.

Afin de préparer à l'enseignement supérieur dès la classe de seconde, une nouvelle démarche pour l'orientation et une meilleure information sont prévues (circulaire n° 96-230 du 1er octobre 1996).

Des mesures particulières pour aider les élèves.

0226. La circulaire n° 90-082 du 9 avril 1990 (*BO* du 19 avril 1990) précise :

> L'école, qui accueille tous les enfants, doit permettre à chacun d'entre eux de tirer le meilleur profit de sa scolarité. Adapter l'action pédagogique et le fonctionnement de l'institution scolaire aux caractéristiques des élèves, notamment de ceux qui éprouvent des difficultés particulières dans l'acquisition et la maîtrise des apprentissages fondamentaux, s'impose comme une nécessité et un devoir.

La circulaire donne aux autorités académiques des instructions pour la mise en place et l'organisation de réseaux d'aides spécialisées aux élèves en difficulté. L'inspecteur de l'Éducation nationale, chargé d'une circonscription primaire, aura un rôle important dans le fonctionnement de ces réseaux ainsi que les psychologues scolaires dont les missions ont été redéfinies par la circulaire n° 90-083 du 10 avril 1990 (*BO* du 10 avril 1990).

Par ailleurs, il a été recommandé aux personnels d'enseignement et d'éducation de s'appuyer sur les centres de formation et d'information pour la scolarisation des enfants de migrants (CEFISEM) dans l'élaboration des réponses pédagogiques adaptées à leur situation et aux problèmes qu'ils rencontrent.

À ce sujet, la circulaire n° 90-270 du 9 octobre 1990 (*BO* du 18 octobre 1990), relative aux missions et à l'organisation des CEFISEM, indique que l'action de ces centres s'exerce notamment en direction des enseignants, équipes éducatives exerçant dans les écoles, collèges ou lycées accueillant des élèves d'origines culturelles diverses ou des élèves dont les difficultés apparaissent liées à leur milieu social et culturel, notamment dans les zones d'éducation prioritaires.

La rénovation des collèges met l'accent sur la diversification des parcours et des méthodes (*cf.* article 5 du décret du 29 mai 1996).

L'arrêté du 29 mai 1996 (*BO* n° 25, du 20 juin 1996) organise les enseignements dans les classes de 6e des collèges, l'article 4 instaure un dispositif de consolidation.

Deux arrêtés du 26 décembre 1996 (*JO*, 8 janvier 1997 et *BO*, 30 janvier 1997), relatifs à l'organisation du cycle central et du cycle d'orientation prévoient la mise en place de dispositifs spécifiques. Un cadre réglementaire est institué pour les classes de 4e d'aide et de soutien et les 3e d'insertion instaurées par voie de circulaires (circulaire n° 91-018 du 28 janvier 1991, *BO* n° 5, du 30 janvier 1991 et circulaire n° 92-061 du 20 janvier 1992, *BO* n° 5, du 30 janvier 1992).

Enfin, l'article 8 du décret de 1996 définit le cadre des visites d'information, de séquences d'observation dans les entreprises et les stages.

Il faut noter la poursuite de la rénovation des enseignements adaptés visant à renforcer l'intégration de l'enseignement des sections d'enseignement général et professionnel adapté (SEGPA) au collège (circulaire n° 96-167 du 26 juin 1996).

Les activités éducatives et culturelles.

0227. Sous ce terme général se cache un foisonnement d'activités destinées à ouvrir l'école et à consolider les savoirs fondamentaux.

Les autorités académiques, par l'intermédiaire des inspections pédagogiques régionales et des inspections de l'enseignement technique dans les lycées et les collèges, par l'intervention des inspecteurs dans les écoles ainsi que par l'action des « missions » placées auprès d'elles, exercent le contrôle, le suivi et l'animation des activités éducatives. Elles disposent de moyens déconcentrés (heures d'enseignement et crédits de fonctionnement) leur permettant d'encourager des actions spécifiques.

Au niveau de l'établissement.

Depuis la circulaire n° 90-108 du 17 mai 1990 définissant le projet d'établissement, les projets d'action éducative (PAE) doivent être intégrés dans l'ensemble des actions prévues par l'établissement.

Cependant, les principes définis par la note de service n° 82-305 du 24 août 1982 demeurent valables : il s'agit d'élaborer une stratégie d'ouverture de l'établissement tenant compte des besoins des élèves et des ressources culturelles de l'environnement.

Ces actions ont aussi pour objectif de décloisonner les disciplines et de mettre en œuvre des méthodes actives; elles concernent non seulement le champ artistique, mais aussi l'environnement, la culture scientifique et technique, l'éducation du citoyen.

Par ailleurs, depuis la loi n° 88-20 du 6 janvier 1988 relative aux enseignements artistiques, dont les principes ont été réaffirmés par le protocole d'accord interministériel relatif à l'éducation artistique du 17 novembre 1993, l'accent a été mis sur le partenariat avec les organismes culturels ou scientifiques, ainsi qu'avec les associations et les collectivités locales.

Outre les actions de types PAE, des cadres bien définis existent, au niveau de l'établissement, pour mettre en œuvre cette éducation culturelle avec la collaboration de professionnels de l'art, de la culture ou de la recherche scientifique :

- les ateliers de pratique artistique, mis en place au milieu des années 80 existent actuellement dans les collèges et les lycées d'enseignement professionnel et permettent aux élèves de s'initier à douze domaines : arts plastiques, arts appliqués, architecture, cinéma et audiovisuel, danse, éducation musicale, théâtre, photographie, paysage, arts du cirque, patrimoine, écriture (note de service n° 96-128 du 6 mai 1996);
- les ateliers de culture scientifique et technique (circulaire n° 95-075 du 4 mars 1995);
- les jumelages entre établissements scolaires et organismes culturels définis par la circulaire n° 92-129 du 30 mars 1992;
- l'opération « Collège au cinéma » (circulaire n° 94-197 du 6 juillet 1994).

Mesures d'accompagnement au niveau académique et/ou départemental.

Les programmes académiques d'action culturelle (circulaire n° 95-100 du 27 avril 1995).

Établi chaque année en concertation avec les partenaires concernés – en premier lieu la direction régionale des affaires culturelles qui cofinance une partie de ces actions – le programme académique définit les orientations du recteur en ce domaine et met en place différents types d'actions :

- négociations avec les partenaires d'opérations concertées;
- propositions de formation (plan académique de formation ou plan départemental de formation);
- information, valorisation des actions (exemple : quinzaine des arts – note de service du 18 avril 1996).

Les sites ou départements pilotes pour l'éducation artistique.

En application du protocole d'accord relatif à l'éducation artistique du 17 novembre 1993, le ministère de l'Éducation nationale, de l'Enseignement supérieur et de la Recherche, le ministère de la Culture et le ministère de la Jeunesse et des Sports ont mis en œuvre un programme de « sites pilotes » pour l'éducation artistique. À la fin de l'année 1996, quinze départements sont engagés dans cette opération.

Ces sites ont été choisis en tenant compte de la diversité socio-économique du territoire français, des banlieues difficiles aux cantons ruraux isolés.

L'objectif est de garantir dans un secteur géographique limité, en prenant appui sur les ressources culturelles locales, un itinéraire cohérent d'initiation artistique à chaque enfant, grâce à un partenariat structuré entre les services déconcentrés de l'État et les collectivités territoriales qui le souhaitent. Après évaluation, les expériences réussies pourront progressivement être étendues en les adaptant aux spécificités du terrain.

Tous les jeunes devraient ainsi acquérir, avant la fin de leur scolarité, les repères nécessaires à la fréquentation autonome des équipements culturels et à la rencontre avec les œuvres d'art.

La vie scolaire dans les collèges et les lycées.

0228. Plusieurs mesures sont intervenues depuis le début de l'année 1991 qui ont sensiblement modifié les conditions de vie et la situation des élèves des établissements d'enseignement du second degré.

Les droits et obligations des élèves.

Le décret n° 91-173 du 18 février 1991 (*JO* du 19 février 1991) a complété le décret n° 85-924 du 30 août 1985 en déterminant les droits et obligations des élèves.

Sont précisés les droits reconnus aux élèves : liberté d'association, liberté d'information et d'expression, liberté de réunion. La circulaire n° 91-052 du 6 mars 1991 (*BO* du 14 mars 1991) reprend l'ensemble des dispositions du décret et définit les conditions de son application.

La circulaire examine successivement les droits de tous les élèves, les droits spécifiques aux lycéens et aux élèves des établissements régionaux d'enseignement adapté et les obligations de tous les élèves. La circulaire n° 91-051 du 6 mars 1991 (*BO* du 14 mars 1991) établit les règles à respecter pour la diffusion des publications des élèves.

Les conseils des délégués des élèves ont été créés par la loi d'orientation sur l'éducation du 10 juillet 1989. La circulaire n° 90-292 du 2 novembre 1990 a précisé les modalités de mise en place des conseils des délégués des élèves. Cette circulaire a été complétée sur certains points par la circulaire n° 91-076 du 2 avril 1991 (*BO* du 11 avril 1991).

Le décret n° 91-916 du 16 septembre 1991 a créé le conseil académique de la vie lycéenne (CAVL, voir n° 0101).

En outre, la circulaire n° 91-075 du 2 avril 1991 (*BO* du 11 avril 1991) préconise la transformation du foyer des élèves en maison des lycéens. Ainsi, elle invite à actualiser les conditions de fonctionnement de l'association socio-éducative qui anime le foyer des élèves.

La maison des lycéens qui peut remplacer le foyer est une association loi de 1901 placée sous la responsabilité des élèves ; elle doit être un lieu de rencontre et de convivialité et un outil du développement de l'action culturelle au sein de l'établissement.

La circulaire n° 96-249 du 25 octobre 1996 (*BO* n° 39, 31 octobre 1996) a précisé la place du foyer socio-éducatif et des associations au sein de l'établissement[9].

Surveillance et prévention de l'absentéisme.

La circulaire n° 96-248 du 25 octobre 1996 insiste sur la responsabilité des chefs d'établissement en ce qui concerne leur obligation de surveillance. La prévention de l'absentéisme suppose le respect d'un certain nombre de règles rappelées par la circulaire n° 96-247 du 25 octobre 1996[9].

Gratuité de l'enseignement.

De nombreux textes rappellent périodiquement le principe de gratuité de l'enseignement public dans les premier et second degrés. Ce principe s'applique pour les manuels scolaires jusqu'aux classes de troisième. Par ailleurs, les parents ne peuvent être tenus à versement de sommes que dans des cas très limités (carnet de correspondance...) rappelés par la circulaire n° 92-270 du 10 septembre 1992. Enfin, un dispositif législatif et réglementaire (loi n° 95-4 du 3 janvier 1995 et circulaire n° 95-223 du 13 octobre 1995, *BO* du 4 novembre 1995) limite strictement la photocopie.

Fonds social lycéen et fonds social collégien.

Dans le cadre du plan d'urgence pour les lycéens, trois types de crédits ont été mis en place (note de service du 9 janvier 1991) :

- le fonds social lycéen : il a pour vocation de permettre une réponse à des situations familiales difficiles dont les chefs d'établissement viendraient à avoir connaissance et qui n'ont pu être prises en compte dans le cadre du régime normal d'aide aux familles ;
- fonds de vie lycéenne : il permet selon le choix des élèves d'organiser des actions d'information, d'expression, de formation et doit concourir au fonctionnement du conseil des délégués des élèves ;
- les crédits d'animation : ils ont été créés afin de rémunérer des animateurs extérieurs, travailleurs sociaux, animateurs culturels et sportifs exerçant des activités d'animation dans les établissements.

Dans le cadre des décisions prises en application du nouveau contrat pour l'école a été mis en place un fonds social collégien (circulaire du 29 janvier 1996) avec les mêmes objectifs que le fonds social lycéen.

Enfin, la politique de santé en faveur des élèves a été redéfinie par la circulaire n° 91-148 du 24 juin 1991, *BO* du 4 juillet 1991). Le service social en faveur des élèves a été relancé par la circulaire n° 91-248 du 11 septembre 1991 (*BO* du 26 septembre 1991).

La discipline des élèves.

0229. Dans l'enseignement du second degré, le décret n° 85-924 du 30 août 1985 confie au chef d'établissement le pouvoir de prononcer seul, à l'égard des élèves, les sanctions de l'avertissement et de l'exclusion temporaire de huit jours maximum, sans préjudice des sanctions prévues par le règlement intérieur. Le même décret dispose que le conseil de discipline est constitué par la commission permanente de l'établissement (à laquelle s'adjoint un second représentant des élèves).

Par ailleurs, toute décision prise par le conseil de discipline peut être déférée au recteur d'académie soit par la famille ou l'élève s'il est majeur, soit par le chef d'établissement.

Le recteur prend sa décision après avis d'une commission académiqu (l'ensemble des procédures disciplinaires a fait l'objet du décret n° 85-1348 du 18 décembre 1985 modifié).

Dans l'enseignement élémentaire, la discipline est assurée par le directeur de l'école. L'exclusion de plus de trois jours est prononcée par l'IEN de la circonscription.

En marge des problèmes traditionnels de discipline est apparu depuis quelques années un problème nouveau lié au port de signes extérieurs pouvant avoir une signification religieuse par des élèves.

Le Conseil d'État a régulièrement confirmé au contentieux le sens de son avis rendu le 27 novembre 1989 : il ne peut y avoir d'interdiction absolue conduisant au renvoi des élèves. L'interdiction ne peut être appréciée qu'au cas par cas et doit constater le caractère ostentatoire mettant en cause la tranquillité de l'établissement (ordre, fonctionnement normal...) (voir circulaires du 12 décembre 1989, 26 octobre 1993 et 29 septembre 1994).

Le foulard ne saurait être regardé comme un signe présentant par nature un caractère ostentatoire ou revendicatif (CE, 9 octobre 1996 – MEN c/Mlle Unal).

Les accidents scolaires et les assurances scolaires (*RLR* 561, 562, 563).

0230. Les accidents scolaires posent, hors le cas de la responsabilité des enseignants eux-mêmes, réglée par la loi du 5 avril 1937 modifiant l'article 1384 du Code civil, les problèmes relatifs aux dommages subis par les élèves ou aux dommages causés par les élèves.

On rappellera que conformément aux dispositions de cette loi, une action peut être exercée par l'État soit contre l'enseignant, soit contre les élèves responsables conformément au droit commun. À noter que les intéressés peuvent être poursuivis sur le plan pénal, sans préjudice d'éventuelles responsabilités administratives.

La circulaire n° 94-239 du 29 septembre 1994 portant « règlements amiables et contentieux des accidents scolaires » précise le cadre juridique, la procédure à suivre, l'indemnisation des litiges.

Sur le plan de la procédure, le rôle initial appartient, en cas d'accident subi par un élève, au chef d'établissement qui doit établir la déclaration d'accident réglementaire, accompagnée des pièces justificatives requises, notamment certificat médical, témoignages...

Depuis le 1er janvier 1988, la déconcentration du contentieux est intervenue au profit du recteur.

Les régimes de réparation des accidents scolaires sont complexes et diversifiés[11].

Les modalités de réparation des accidents scolaires dépendent de la nature des suivis et de la qualité de l'auteur du dommage.

- Les élèves de l'enseignement technique dans leur établissement ou en stage obligatoire et les élèves de l'enseignement général et cours de laboratoire et ateliers sont couverts par la législation sur le droit au tra-

… élèves de l'enseignement général pour les autres cours sont … par l'assurance maladie ;

… on du préjudice dépend de la qualité de l'auteur (publique, … Elle peut être négociée à l'amiable ou fixée par le juge.

… ailleurs, la convention des risques peut être complétée, dans certains cas, par des contrats d'assurance passés volontairement par les familles.

Les activités facultatives.

La circulaire n° 88-208 du 29 août 1988 rappelant aux familles des élèves la nécessité d'une assurance n'a pas un caractère contraignant, dans la mesure où l'obligation d'assurance ne peut être imposée que par le législateur (avis du Conseil d'État n° 355-090 du 24 juin 1994).

Toutefois l'assurance scolaire est conseillée afin que chaque élève puisse participer à toutes les activités scolaires.

Stages en entreprise.

Dans le cadre des stages obligatoires, les élèves bénéficient de la convention accidents du travail pour les accidents dans l'entreprise ainsi que lors des trajets entreprise-domicile.

Le chef d'entreprise, hormis la passation d'une convention, doit souscrire une assurance couvrant la responsabilité des élèves stagiaires (circulaire n° 93-179 du 24 mars 1993).

Les stages facultatifs (8° – article 2 du décret n° 85-924 du 30 août 1985 modifié) n'entrent pas dans le champ de ceux couverts par la législation sur les accidents du travail (article D 412-6 du Code de la Sécurité sociale). Il en est de même pour les stages facultatifs négociés et effectués notamment pendant les vacances scolaires.

Les sorties pédagogiques et les voyages scolaires.

0231. Indépendamment du problème des responsabilités, plusieurs circulaires du ministère de l'Éducation nationale indiquent dans quelles conditions les sorties et voyages scolaires peuvent être organisés (*cf.* notamment les circulaires n° 81-46 du 9 juillet 1981, n° 86-317 du 22 octobre 1986 et n° 88-254 du 6 octobre 1988).

Pour les lycées et collèges, le conseil d'administration de l'EPLE vote le principe d'organisation d'activités facultatives.

Il donne un avis sur les projets de voyage, sorties, etc. Le chef d'établissement, en sa qualité de représentant de l'État, autorise ou non les projets.

L'autorité académique contrôle *a posteriori* la légalité.

Pour le premier degré, le directeur d'école prend la décision après information de l'IEN de la circonscription.

Pour les sorties à destination de l'étranger, l'autorisation de l'autorité académique doit être demandée. L'intervention du ministère des Affaires étrangères peut être nécessaire dans certains cas (*cf.* circulaire n° 81-46 du 9 juillet 1981).

Pour faciliter les voyages scolaires des élèves ressortissants d'États liés à l'Union européenne, une décision du conseil de l'Union européenne prévoit un document de voyage collectif.

Une circulaire du ministère de l'Intérieur du 2 janvier 1996 définit la procédure (voir note de service du 16 octobre 1996, *BO* n° 38, du 24 octobre 1996).

Enfin des dispositions particulières régissent les classes de découverte (note de service n° 82-399 du 17 septembre 1982) et les échanges pédagogiques dans le cadre des appariements.

Les aides financières à la scolarité.

0232. L'aide de l'État aux familles des élèves fréquentant les établissements du second degré a une origine ancienne ; elle a été réalisée par l'attribution de « bourses nationales d'études » aux élèves « les plus méritants » ayant satisfait aux épreuves d'un examen.

Ces bourses, d'externat, de demi-pension ou d'internat, correspondaient à une exonération partielle ou totale des frais de scolarité que les familles avaient à acquitter.

La gratuité de l'externat – intervenue en 1934 – et la prolongation en 1959 de la scolarité obligatoire jusqu'à seize ans ont entraîné une transformation profonde de la réglementation.

Actuellement, les bourses qui constituent une aide réglementée à caractère social sont destinées uniquement aux élèves des lycées. Depuis la rentrée de septembre 1994, les bourses de collèges ont été supprimées et les crédits correspondants ont été transférés au ministère du Travail et des Affaires sociales.

Les bourses nationales d'études du second degré de lycées restent à la charge du ministère de l'Éducation nationale. Elles sont attribuées par les inspecteurs d'académie, directeurs des services départementaux de l'Éducation nationale, en fonction des charges et des ressources des familles. Les critères scolaires (âge de l'élève, redoublement...) présents dans les textes de base ont été progressivement abandonnés au profit d'une aide à caractère social. La loi n° 94-629 du 25 juillet 1994, relative à la famille, a supprimé officiellement la référence au mérite scolaire.

Le montant de la bourse, évalué en parts, varie en fonction du quotient familial.

À la bourse peuvent s'ajouter des parts supplémentaires, notamment pour les boursiers de l'enseignement professionnel et technologique, et des primes qui sont accordées en fonction de la scolarité suivie.

L'aide à la scolarité.

Depuis la rentrée de 1994, les bourses de collèges ont été remplacées par l'aide à la scolarité créée par la loi n° 94-629 du 25 juillet 1994 modifiée relative à la famille. L'aide à la scolarité, versée par les organismes débiteurs de prestations familiales, est octroyée conformément aux conditions fixées par le décret n° 94-742 du 31 août 1994.

Les bourses nationales d'études du second degré de lycée.

0233. Les textes fondamentaux actuellement appliqués remontent à 1959, année où est intervenue la réforme de l'enseignement. Mais ils ont subi des retouches successives et ont été complétés dans différents domaines. Ce sont :

- le décret n° 59-38 du 2 janvier 1959 ;
- le décret n° 59-1422 du 18 décembre 1959 ;
- le décret n° 71-745 du 10 septembre 1971 ;
- le décret n° 73-1054 du 21 novembre 1973.

Des circulaires d'application ont précisé les procédures et explicité les principes généraux à mettre en œuvre. Ce sont :

- la circulaire du 27 janvier 1961 ;
- la circulaire n° 64-428 du 13 novembre 1964 ;
- la circulaire n° 64-486 du 10 décembre 1964.

Chaque année, une note de service rappelle les dispositions essentielles et fixe le barème d'attribution.

Les principes généraux d'attribution des bourses nationales.

Les bourses nationales sont attribuées aux familles dont la modicité des ressources le justifie, au titre de leurs enfants fréquentant des établissements publics ou des établissements privés habilités à recevoir des boursiers (circulaire 64-428 du 13 novembre 1964).

Les conditions d'attribution ne sont pas les critères scolaires, mais les ressources et les charges de la famille, sans qu'aucune aptitude particulière soit demandée aux élèves.

Les bourses sont attribuées suivant un système de « parts unitaires » (de trois à dix parts) dont le nombre est déterminé en fonction du quotient familial qui s'obtient en divisant les ressources de la famille par le nombre de ses points de charge. Ces deux facteurs sont calculés selon les modalités prévues par le barème d'attribution. À ces parts de base peuvent s'ajouter des parts supplémentaires, notamment deux parts dites « enseignement technologique » destinées aux élèves boursiers qui suivent un enseignement professionnel ou un enseignement technologique.

Aux parts peuvent s'ajouter des primes :

- prime d'équipement destinée aux boursiers de première année de certains groupes de spécialités de formation ;
- prime à la qualification attribuée aux boursiers qui préparent un certificat d'aptitude professionnelle ou un brevet d'études professionnelles ;
- primes d'entrée en classe de seconde, première et terminale accordées aux boursiers accédant à l'une de ces classes.

Les procédures d'attribution.

Depuis le décret n° 69-496 du 30 mai 1969 qui a supprimé la commission nationale des bourses, la procédure d'attribution est exclusivement académique :

- les établissements recueillent les dossiers de demande établis suivant une procédure normalisée et les transmettent à l'inspecteur d'académie;
- l'inspecteur d'académie procède ensuite aux attributions, sur avis d'une commission départementale nommée par le recteur d'académie, composée de représentants de tous les usagers et de l'administration (décret n° 71-745 du 10 septembre 1971);
- le recteur d'académie peut être saisi de recours contre les décisions de l'inspecteur d'académie. Il les examine au sein d'une commission régionale qu'il préside.

Les notifications, quel qu'ait été le niveau de la décision, doivent être portées à la connaissance des familles avant le début de l'année scolaire au titre de laquelle la bourse est demandée.

Les autres aides financières.

0234. La création en 1991 du fonds social lycéen puis, en 1995, celle du fonds social collégien ont déjà été signalées (voir n° 0228).

Objectifs.

Indépendamment du système réglementaire des bourses, des fonds sociaux ont été créés afin de donner aux chefs d'établissement des moyens d'aide sociale de mise en œuvre rapide.

Ces fonds sociaux sont destinés à faire face à des situations difficiles ou imprévisibles que peuvent connaître les familles des élèves scolarisés dans le second degré des établissements publics et dans les collèges d'enseignement privés sous contrat pour assumer les dépenses de scolarité et de vie scolaire.

Les aides accordées peuvent se traduire par un concours financier direct sous forme de chèque ou de virement sur compte bancaire ou postal ou par le biais de prestations en nature. À ce titre, les élèves peuvent recevoir un secours exceptionnel leur permettant de payer tout ou partie des dépenses relatives aux frais d'internat, de demi-pension ou de transport et de sorties scolaires, à l'achat de vêtements de sport et de fournitures scolaires, cette liste de dépenses de scolarité et de vie scolaire n'étant pas limitative.

Fonctionnement.

Pour l'enseignement public, il appartient au chef d'établissement de décider de l'attribution de l'aide sur le fonds social collégien ou le fonds social lycéen après avoir recueilli l'avis d'une commission composée de membres représentant la communauté éducative.

Pour l'enseignement privé, le chef d'établissement a la charge de l'instruction des demandes d'aides sur le fonds social collégien, puis transmet ses propositions au recteur, qui est seul compétent pour attribuer l'aide.

Évolution.

Dans le cadre des décisions prises en application du nouveau contrat pour l'école, le champ d'application du fonds social collégien mis en place le 1er janvier 1995 est étendu aux collégiens des établissements d'enseignement privé sous contrat d'association tandis que la participation des élèves des lycées d'enseignement public à la gestion du fonds social lycéen créé au 1er janvier 1991 est renforcée par l'information du conseil d'administration en début et en fin d'année scolaire sur l'utilisation effective des crédits.

Les collectivités territoriales sont susceptibles d'apporter des aides complémentaires aux élèves sous diverses formes : bourses, fonds sociaux...

Les bourses attribuées aux jeunes Français résidant à l'étranger sont accordées dans des conditions spécifiques par l'Agence pour l'enseignement français à l'étranger (décret n° 91-833 du 30 août 1991) s'ils sont scolarisés dans des établissements d'enseignement inscrits dans le réseau de l'AEFE.

Les bourses attribuées aux enfants de Français résidant à l'étranger poursuivant leurs études en France sont instruites également hors des conditions générales (circulaire n° 20 du 8 janvier 1964 du ministère des Affaires étrangères).

Les examens.

0235. Ils constituent, dans la conception française, la sanction indispensable des études garantie par l'État. Contrairement à d'autres pays, la collation des grades et des diplômes appartient à l'État. Les examens sont des épreuves publiques ouvertes à tous sous certaines conditions d'âge.

Les examens et diplômes ont, en France, un caractère public et sont donc organisés par les autorités académiques, ou préfectorales dans certains cas, représentant la puissance publique.

Le brevet des collèges.

0236. Successeur du BEPC, créé en 1947 (décret n° 47-2052 du 20 octobre 1947), il a été institué par le décret n° 80-715 du 11 septembre 1980. Il a été transformé par le décret n° 85-945 du 6 septembre 1985 pour prendre sa forme actuelle avec le décret n° 87-32 du 23 janvier 1987 (diplôme national du brevet).

Il sanctionne la formation secondaire correspondant à la fin des études du premier cycle, soit au collège, soit au lycée professionnel.

Il comporte trois séries : collège, technologique, professionnel. Il est attribué sur la base des notes obtenues à un examen et des résultats en cours de formation.

Le brevet est attribué par un jury départemental nommé et présidé par l'inspecteur d'académie, qui délivre le diplôme. L'organisation en est fixée par l'arrêté du 23 janvier 1987.

Le baccalauréat général.

0237. Il sanctionne les études du second degré. Il est organisé, dans ses principes généraux, par le décret n° 93-1092 du 15 septembre 1993 modifié par le décret n° 95-1206 du 10 novembre 1995. Il existe trois séries : littéraire (L), scientifique (S) et économique et sociale (ES).

Mode d'attribution.

C'est un examen national organisé à l'échelon académique par les « divisions des examens et concours » des rectorats d'académies, sauf le cas particulier des académie de la région parisienne (Paris, Créteil et Versailles) qui relèvent du service interacadémique des examens et concours de l'Île-de-France.

Il se déroule dans les établissements scolaires ou tout autre lieu arrêté par le recteur.

Niveau de la collation du grade et délivrance du diplôme.

La collation du grade de bachelier est faite par les universités dont un membre préside les jurys d'examen (articles 1 et 16 du décret n° 93-1092 du 15 septembre 1993). Les membres des jurys sont désignés par le recteur.

Le diplôme de bachelier est délivré par le recteur de l'académie chargé de l'organisation de l'examen (article 18 du décret n° 93-1092 du 15 septembre 1993). Les modèles de diplômes sont fixés par arrêté du 28 novembre 1994.

La nature des épreuves et les contenus des programmes sont arrêtés par le ministre de l'Éducation nationale pour chacune des séries.

Le baccalauréat technologique.

0238. Ce baccalauréat sanctionne les études technologiques de second degré. Il confère le grade de bachelier au même titre que le baccalauréat général. Il est délivré par le recteur après délibération d'un jury présidé par un membre de l'enseignement supérieur.

Le règlement général de ce baccalauréat a été fixé par le décret n° 93-1093 du 15 septembre 1993 modifié par le décret n° 96-120 du 9 février 1996.

Il existe neuf baccalauréats technologiques : sciences et techniques industrielles (STI), sciences médico-sociales (SMS), sciences et techniques de laboratoire (STL), sciences et technologies des produits agroalimentaires (STPA), sciences et technologies de l'agronomie et de l'environnement (STAE), sciences et technologies tertiaires (STT), arts appliqués. Après une seconde scientifique, bac hôtellerie et bac technique de la musique et de la danse.

Le baccalauréat professionnel.

<u>0239.</u> Le baccalauréat professionnel sanctionne les études professionnelles suivies par les élèves titulaires du BEP. Il confère le grade de bachelier et atteste que ses titulaires sont aptes à exercer une activité professionnelle hautement qualifiée.

Il a été créé par le décret n° 85-1267 du 27 novembre 1985 et réglementé par le décret n° 86-379 du 11 mars 1986.

Le jury, qui comprend un tiers de représentants des milieux professionnels intéressés (employés et salariés), est présidé par un enseignant-chercheur de l'enseignement supérieur technologique. Sa préparation est habituellement assurée par les lycées professionnels, mais elle peut l'être par les centres de formation des apprentis (circulaire n° 86-309 du 13 octobre 1986), voire par la formation professionnelle continue.

Le brevet de technicien supérieur.

<u>0240.</u> Créé par le décret n° 59-57 du 6 janvier 1959, le brevet de technicien supérieur a vu son organisation modifiée par le décret n° 86-496 du 14 mars 1986 et par le décret n° 86-1031 du 9 septembre 1986. C'est un diplôme d'enseignement supérieur qui atteste d'une qualification professionnelle permettant d'occuper un emploi de technicien supérieur. Il est préparé par la voie scolaire, dans les lycées et les écoles d'enseignement technique privés, dans un cycle d'étude de deux ans en général par des élèves justifiant du baccalauréat, le plus souvent technologique, ou d'un niveau équivalent. Il peut être préparé dans le cadre de la formation professionnelle continue.

Le jury est nommé par le recteur. Il est présidé par un inspecteur pédagogique régional. Il est composé pour moitié d'enseignants, dont un enseignant-chercheur, et pour moitié de membres appartenant à la profession (employeurs et salariés).

La délivrance du diplôme du BTS peut, sous la responsabilité du recteur et sous certaines conditions, être organisée sous la forme d'unités de contrôle capitalisables.

Le diplôme de technicien supérieur est attribué par le recteur.

Le brevet d'études professionnelles (BEP).

<u>0241.</u> Le règlement général du brevet d'études professionnelles a été institué par le décret n° 69-102 du 18 janvier 1969, modifié. Puis le règlement général des BEP a été fixé par le décret n° 87-851 du 19 octobre 1987, modifié à plusieurs reprises, en particulier par le décret n° 92-153 du 19 février 1992 (*JO* du 22 février 1992).

Les BEP sanctionnent une formation de « professionnel qualifié ». Ils s'adressent aux élèves qui « ont suivi la scolarité complète du second cycle court » (art. 2 du décret n° 69-102 susvisé).

Ils sont organisés dans un cadre académique ou, pour certaines spécialités, dans un cadre interacadémique. Les jurys sont constitués par le recteur qui délivre également les diplômes.

Le certificat d'aptitude professionnelle (CAP).

0242. Il s'agit d'un diplôme de qualification professionnelle tel qu'il a été défini par le Code de l'enseignement technique, titre VIII du décret n° 56-931 du 14 septembre 1956, préparé dans les lycées professionnels et les centres de formation d'apprentis.

Les règles générales relatives à l'examen et à la délivrance du diplôme découlent du Code de l'enseignement technique et notamment de l'arrêté du 6 décembre 1971 relatif aux « certificats d'aptitude industriels et commerciaux ».

L'organisation des CAP relève de l'autorité départementale. C'est le préfet, en liaison avec les instances rectorales, qui organise le déroulement des épreuves. Les jurys sont présidés par un conseiller de l'enseignement technique, personnalité du monde professionnel, désigné par le recteur. Les membres des jurys sont nommés par le préfet. Ils sont composés pour un tiers d'employeurs et de salariés. Les diplômes sont délivrés par l'autorité préfectorale qui peut déléguer sa signature à l'inspecteur d'académie.

L'ensemble des règles relatives aux CAP ainsi que la liste et les conditions de préparation des CAP « par unités capitalisables » font l'objet d'une abondante réglementation. On se reportera notamment au décret n° 87-852 du 19 octobre 1987, modifié à plusieurs reprises (décret n° 92-154 du 19 février 1992, *JO* du 22 février 1992 – décret n° 93-433 du 24 mars 1993, *JO* du 25 mars 1993).

Textes de référence.

- Scolarité, admission et inscription des élèves : *RLR* 513, 514, 522, 526 ;
- L'obligation scolaire et l'assiduité scolaire : *RLR* 502.2 et 503.1 ;
- L'orientation : *RLR* 523.0 ;
- Les projets d'action éducative : *RLR* 524.0 ;
- Les séquences éducatives : *RLR* 523.3 a ;
- Les expériences pédagogiques : *RLR* 520.9 c ;
- Discipline des élèves : *RLR* 520.0 ;
- Les accidents scolaires : *RLR* 561, 562, 563 ;
- Les sorties et voyages scolaires : *RLR* 554.1 et 557.0 ;
- Les bourses : *RLR* 573.0, 573.1, 574.0, 574.3, 574.5 ;
- Aides à la scolarité : *RLR* 575.0 ;
- Le brevet des collèges : *RLR* 541 ;
- Les baccalauréats et les BTS : *RLR* 543 et 544 ;
- Le BEP : *RLR* 543.0 a ;
- Le CAP : *RLR* 545 ;
- Gratuité : *RLR* 503.0.

6. La formation continue et l'apprentissage.

La formation continue.

0243. La loi n° 71-575 du 16 juillet 1971 portant « organisation de la formation professionnelle continue dans le cadre de l'éducation permanente » a eu pour objectif de

> permettre l'adaptation des travailleurs aux changements des techniques et des conditions de travail, de favoriser ainsi leur promotion sociale par l'accès aux différents niveaux de la culture et de la qualification professionnelle.

Cette loi s'inscrit dans la continuité de l'accord interprofessionnel national du 9 juillet 1970 et des avenants du 30 avril 1971 et du 21 septembre 1982 conclus avec les différents partenaires sociaux et économiques, notamment syndicats et associations professionnelles.

Elle a été complétée notamment par la loi n° 84-130 du 24 février 1984.

Les principes généraux.

Le droit à la formation.

0244. La loi crée le droit à la formation en offrant à tout travailleur la possibilité de développer, modifier ou renouveler ce qu'il a appris au cours de sa vie scolaire ou professionnelle. Pour faciliter cet accès à la formation, les dispositions législatives et réglementaires prévoient les modalités de rémunération minimale à laquelle a droit tout travailleur bénéficiant d'un stage de formation permanente.

Ainsi est-il prévu que le travailleur pourra recevoir tout ou partie de son salaire de la part de son employeur, des organismes habilités à collecter les fonds de formation en provenance des entreprises ou, dans certains cas précis, de l'État lui-même.

Des ressources nouvelles.

Elles sont dégagées pour permettre le financement du dispositif de formation mis en place. Les entreprises employant plus de dix salariés doivent affecter un pourcentage du montant de la masse salariale – 0,8 % à l'origine, 1,5 % actuellement – à la formation (art. 13). Ces sommes peuvent soit contribuer au financement des organismes paritaires collecteurs agréés (OPCA), soit financer des formations se déroulant dans le cadre de l'entreprise.

Au 1er janvier 1996 a été institué un nouveau système de financement de la formation professionnelle continue visant à différencier collecteurs de fonds et organismes de formation et à renforcer le rôle de la branche professionnelle, dans un cadre paritaire.

Pour les entreprises de moins de dix salariés, un taux de contribution spécifique a été prévu.

Un régime contractuel.

Dans tous les cas, la loi prévoit que les actions de formation sont organisées dans un cadre contractuel.

Pour les demandes solvables financées par les entreprises, des conventions sont conclues entre l'organe demandeur de formation et les institutions dispensatrices de formation, suivant un système très souple prévoyant l'objet de la formation, sa durée, la nature des stages et les coûts (art. 4, 5 et 6).

Pour les demandes non solvables financées par l'État, le système contractuel, sous le régime de la loi de 1971, lie les pouvoirs publics représentés par le préfet de région aux organes dispensateurs de formation. Ces conventions ne peuvent toutefois intervenir que pour des actions reconnues comme prioritaires par le « comité interministériel de la formation professionnelle, de la promotion sociale et de l'emploi » et après examen, au niveau régional, par le « comité régional de la formation professionnelle, de la promotion sociale et de l'emploi ».

Les engagements de développement de la formation créés en 1984 ont pour but de permettre aux entreprises ou groupes d'entreprises de substituer à une obligation financière de la formation professionnelle continue une obligation contractuelle déterminant des objectifs de formation définis en fonction de l'évolution économique et sociale du secteur d'activité des entreprises concernées.

Depuis l'intervention de la loi n° 83-8 du 7 janvier 1983 – dont les dispositions en ce qui concerne la formation continue ont été explicitées par une circulaire du 22 avril 1983 (*JO* du 8 mai 1983) – la région a reçu d'importantes compétences.

En effet, elle arrête chaque année, après avis du comité régional et des comités départementaux, un programme régional de formation continue et d'apprentissage (les programmes des régions étant coordonnés au niveau national par un comité tripartite).

La loi quinquennale du 20 décembre 1993 sur le travail, l'emploi et la formation professionnelle a affirmé le rôle et les compétences de la région sur la formation professionnelle des jeunes.

Les conséquences de cette décentralisation de la formation professionnelle pour le ministère chargé de l'éducation nationale sont à analyser sous un double point de vue : celui de l'élaboration des plans régionaux de développement des formations professionnelles des jeunes et celui du financement des actions de formation des jeunes de 16 à 25 ans sortis du système scolaire.

La nécessaire articulation entre la région, le préfet et les services rectoraux a été précisée par la circulaire du 29 juillet 1983. Le programme académique de formation continue est soumis pour avis au conseil académique consultatif de la formation continue.

Un système de formation très ouvert.

Le cadre législatif et réglementaire permet à des organismes de formation, privés ou publics, d'organiser des actions de formation très diverses.

Ce système, ouvert quant à la nature des actions organisées – de recyclage professionnel, de reconversion professionnelle, d'acquisition de connaissances nouvelles, professionnelles ou purement culturelles, d'adaptation à de nouvelles techniques, par exemple – est également très ouvert quant aux organes de formation (art. 10).

Rôle et missions de l'Éducation nationale.

Les universités et les établissements scolaires ont une mission essentielle à assumer. Les circulaires ministérielles prises dès 1972 (n° 72-187 du 26 avril 1972) sont sans ambiguïté. Ainsi, la fonction de l'institution scolaire et universitaire s'est affirmée comme un ensemble portant sur la formation directe, la formation de formateurs et la recherche en matière de méthodologie et de pédagogie destinée à l'enseignement des adultes.

Par ailleurs, la mission générale de l'Éducation nationale dans ce domaine, déjà affirmée par la loi d'orientation du 10 juillet 1989, a été précisée, ainsi que certaines modalités de sa réalisation, par le décret n° 93-432 du 24 mars 1993 (*JO* du 25 mars 1993). On relève dans ce décret :

> Art. 1er. – Le service public de l'éducation a, conformément à l'article 1er de la loi d'orientation du 10 juillet 1989 susvisée, une mission de formation continue des adultes.
> Dans ce cadre, il contribue au développement économique, social et culturel, aux niveaux local, régional et national. Il répond aux besoins collectifs du pays, notamment des entreprises, en favorisant l'élévation du niveau de qualification de la population et sa capacité d'adaptation aux mutations économiques et sociales. Il concourt à la satisfaction des besoins individuels en permettant à chacun de développer ses aptitudes et en facilitant la promotion professionnelle et sociale [...].
>
> ....
>
> Art. 3. – Le service public de l'éducation [...] développe, en particulier avec les établissements publics d'enseignement supérieur et d'autres services publics de formation, des actions en partenariat susceptibles d'aider à la réalisation de projets communs dans le respect de ses objectifs et de ses contraintes [...].
>
> ....
>
> Art. 6. – La mission de formation continue des adultes est prise en compte dans la définition des objectifs de formation et de qualification, la conception des diplômes et des modes de validation et l'organisation de la coopération entre le système éducatif et le monde professionnel, ainsi que dans l'élaboration et la mise en œuvre des politiques académiques en ce qui concerne l'Éducation nationale, des politiques à l'échelon régional en ce qui concerne l'enseignement agricole et des projets d'établissement.

La circulaire du 31 juillet 1996 relative aux priorités de la formation continue des adultes rappelle que la formation continue des adultes est une des missions de l'Éducation nationale au même titre que sa mission de formation initiale et d'éducation tout en se situant sur un marché concurrentiel qui lui confère une situation particulière.

Dans sa mission de formation d'adultes, l'Éducation nationale doit s'efforcer de mieux prendre en compte les évolutions introduites par la loi quinquennale du 20 décembre 1993 sur le travail, l'emploi et la formation professionnelle, tel les que le transfert de compétences de l'État aux conseils régionaux en matière de formation professionnelle des jeunes et l'intervention croissante dans les politiques publiques de formation des fonds structurels européens.

L'organisation administrative de la formation continue dans l'Éducation nationale.

0245. L'instruction n° 73-061 du 2 février 1973 a posé les principes de cette organisation. Ils sont repris et développés par les circulaires n°s 86-115, 116 et 117 du 13 mars 1986.

Au niveau ministériel, la formation continue est administrée par un bureau au sein de la sous-direction des formations professionnelles initiales et continues, rattachée à la direction des lycées et collèges pour ce qui concerne les actions menées dans les établissements scolaires. De son côté, la direction générale des enseignements supérieurs suit les actions conduites par les universités.

Au niveau académique.

Un délégué académique à la formation continue (DAFCO) est chargé auprès du recteur :

- de la définition de la politique académique, de l'animation des actions des établissements, du contrôle et de l'évaluation de la régularité et de la qualité de ces actions, de l'instruction des demandes de convention à financement public présentées par les établissements;
- des relations avec les organes extérieurs : services de la préfecture de région, des diverses administrations de l'État – dont celles chargées de l'emploi et du travail – conseil régional, chambres de commerce, d'industrie et d'agriculture, organisations professionnelles, etc. Le DAFCO assiste le recteur au comité régional de la formation professionnelle et de l'emploi;
- de l'analyse des besoins de formation des différents publics;
- de la gestion des moyens administratifs mis à sa disposition par le recteur pour l'exercice de sa mission, ainsi que du suivi financier des GRETA en liaison avec le secrétaire général d'académie.

Enfin, le DAFCO assure le fonctionnement du conseil académique consultatif de la formation continue (*cf. supra*, n°s 0099 et suivants).

Par ailleurs, il est aidé par des conseillers en formation continue qui interviennent dans les établissements et il bénéficie du concours d'un directeur des études du centre académique de formation continue (CAFOC) chargé de la formation des conseillers et de la préparation des enseignants à la formation des adultes.

Au niveau des universités, des structures ont été mises en place dès 1973 et les actions de formation continue n'ont cessé de se développer depuis cette date.

Au niveau des établissements scolaires, des structures d'association de moyens, les « groupements d'établissements » (GRETA), ont été institués (circulaire n° 74-133 du 2 avril 1974).

Les établissements ont été invités à s'associer par voie conventionnelle au moyen d'un « protocole d'accord constitutif pour atteindre une plus grande efficacité ». La loi du 10 juillet 1989 a confirmé la structure GRETA et ouvert la possibilité aux établissements de se constituer en groupement d'intérêt public.

Deux décrets déterminent actuellement l'organisation des groupements : le décret n° 92-275 du 26 mars 1992 relatif aux groupements d'établissements (GRETA) (*JO* du 28 mars 1992) et le décret n° 92-276 du 26 mars 1992 relatif aux groupements d'intérêt public (*JO* du 28 mars 1992). En outre, certaines règles de leur fonctionnement ont été fixées par le décret du 24 mars 1993 précité. La circulaire n° 93-159 du 16 mars 1993 précise les conditions d'application du décret du 26 mars 1992 (*BO* du 15 avril 1993).

Le rôle du GRETA est à la fois pédagogique et administratif. Au sein des conseils délibérants – le conseil interétablissements et les conseils d'administration des EPLE – sont définis les objectifs à atteindre, les actions à développer et les moyens à mettre en œuvre. Dans un des établissements, désigné comme établissement d'appui, se situe une structure de gestion des moyens en personnel et en matériel consacrés à la formation continue.

Devant notamment un certain nombre de difficultés financières rencontrées par certains GRETA, un fonds académique de mutualisation des ressources de la formation continue des adultes a été créé dans chaque académie (arrêté du 12 novembre 1996, *JO* du 20 novembre 1996).

Alimenté par une contribution annuelle des groupements, il a notamment pour fonction de « couvrir les risques financiers, afférents à l'utilisation des emplois gagés par des ressources de formation continue » (article 2, arrêté du 12 novembre 1996).

À noter que le décret n° 91-1126 du 25 octobre 1991 (*JO* du 26 octobre 1991), a fixé les modalités de service des personnels enseignants des premier et second degrés participant aux activités de formation continue. L'emploi des personnels contractuels a fait l'objet du décret n° 93-412 du 19 mars 1993 (*JO* du 23 mars 1993).

L'apprentissage.

Les principes généraux.

0246. La loi n° 71-576 du 16 juillet 1971 portant sur l'apprentissage a été prise en concordance avec le dispositif législatif relatif à l'enseignement technologique et à la formation professionnelle continue.

Elle a affirmé le principe selon lequel l'apprentissage est une forme d'éducation ayant pour but de donner à de jeunes travailleurs ayant satisfait à l'obligation scolaire une formation générale, théorique et pratique, en vue de l'obtention d'une qualification professionnelle menant à un diplôme de l'enseignement technologique.

Cette loi a posé un ensemble de règles générales :

- la formation est assurée suivant le principe de l'alternance, pour partie en entreprise et pour partie dans un centre de formation d'apprentis ;
- la durée de la formation est de deux ans, mais peut dans certains cas être portée à trois ans ou ramenée à un an ;
- un lien contractuel est établi entre l'apprenti et l'employeur, réalisé par un contrat d'apprentissage.

La loi n° 92-675 du 17 juillet 1992 (*BO* du 19 juillet 1992) a fixé de nouvelles dispositions concernant l'organisation de l'apprentissage et son financement. La loi, qui modifie plusieurs articles du Code du travail, après avoir précisé que « l'apprentissage concourt aux objectifs éducatifs de la nation », comporte un certain nombre de mesures nouvelles.

Celles-ci concernent en particulier la modulation de la durée du contrat d'apprentissage en fonction du niveau initial de compétence de l'apprenti, la sécurité accrue de l'apprenti et l'accroissement du rôle des partenaires sociaux avec notamment la création d'un conseil de perfectionnement dans les centres de formation d'apprentis.

Est prévue également par la loi une expérimentation de l'apprentissage dans le secteur public non industriel et commercial.

La loi quinquennale du 20 décembre 1993 complète ce dispositif dans le cadre d'un programme de développement sur cinq ans.

L'apprentissage est rénové dans ses structures d'accueil et dans ses formalités :

- l'article 57 de la loi prévoit deux nouvelles possibilités pour les établissements d'enseignement publics ou privés sous contrat ou pour les établissements de formation et de recherche de dispenser des formations par la voie de l'apprentissage qui toutes deux résultent de conventions passées en application du plan régional de développement des formations professionnelles des jeunes ;
- la délivrance de l'agrément nécessaire aux entreprises pour accueillir des apprentis est supprimée au profit d'une simple procédure déclarative (article 58).

À compter du 1er janvier 1996, le titre de maître d'apprentissage est instauré (article 65).

Le dispositif de formation.

0247. Le ministère de l'Éducation nationale a participé à l'élaboration de la législation (loi de 1971, loi n° 87-572 du 23 août 1987, loi du 17 juillet 1992, loi du 20 décembre 1993), a développé une réflexion sur l'ingénierie de formation (recherche, formation des acteurs, suivi et développement).

Mais comme le prévoit la loi du 23 juillet 1983, il est désormais possible d'accéder à tous les niveaux de qualification professionnelle du second degré ou de l'enseignement supérieur. L'Éducation nationale concourt au développement de l'apprentissage selon cinq modalités :

- les CFA publics gérés par des EPLE (article L. 116.2 du Code du travail) (7,5 % de l'ensemble des apprentis).

La création des centres de formation d'apprentis (CFA) fait l'objet de conventions conclues avec la région, les collectivités locales, les chambres de commerce, de métiers ou d'agriculture, les établissements d'enseignement publics ou privés conventionnés, les entreprises, les organismes de formation gérés par les organisations professionnelles.

La mise en œuvre de ces conventions est contrôlée par le comité régional de la formation professionnelle, de la promotion sociale et de l'emploi.

Des « conventions cadres » peuvent être conclues pour des centres à recrutement national ou avec des organismes représentatifs d'une même branche d'activité ou de mêmes types de métiers.

Les conventions comportent un certain nombre de clauses obligatoires de caractère pédagogique et de caractère administratif. Elles peuvent prévoir l'implantation dans les CFA de « classes préparatoires à l'apprentissage » qui relèvent du domaine de l'obligation scolaire et qui restent soumises au contrôle exclusif du ministère de l'Éducation nationale.

Sur le plan pédagogique.

Des annexes à la convention définissent notamment, outre les formations assurées, les règles applicables en matière de programmes et de rythme des enseignements.

Sur le plan administratif.

La convention précise notamment l'organisme gestionnaire, les modalités de gestion du centre qui doit constituer, en tout état de cause, une entité administrative et pédagogique indépendante, dirigée par un chef d'établissement à plein temps et astreinte à établir une comptabilité en recettes et en dépenses de type budgétaire comportant deux sections, l'une de fonctionnement et l'autre d'équipement.

À noter qu'un plan de rénovation des CFA publics a été lancé et porte sur l'amélioration des moyens de fonctionnement, le renforcement des compétences et le développement de pratiques innovantes :

- la conclusion par des CFA d'une convention avec un établissement d'enseignement pour assurer tout ou partie d'enseignements (article L. 116-1.1 du Code du travail) (ex. : unités de formation en alternance de la région Rhône-Alpes) ;
- la création de sections d'apprentissage par convention entre le président du conseil régional et le chef d'établissement (article 57 et décret n° 95-403 du 14 avril 1995) ;
- la création d'une unité de formation pour apprentissage (UFA) par convention entre l'établissement et un centre de formation d'apprentis créé par convention entre une région et une association (organisation professionnelle) (article 57 et décret n° 95-403 du 14 avril 1995) ;

- la conclusion de conventions entre l'État et toute personne physique ou morale (voir art. L. 116.2, Code du travail) portant création de CFA à recrutement national (batellerie, facteurs d'orgues...).

Le rôle des services académiques.

0248. Bien que la réglementation en la matière soit, pour l'essentiel, mise en œuvre par les services de la région qui assurent la tutelle de l'apprentissage, les services de l'Éducation nationale ont un rôle à jouer dans le fonctionnement du dispositif.

Ce rôle a été consacré par l'arrêté du 27 avril 1973 qui a créé le service académique de l'inspection de l'apprentissage, placé sous l'autorité du DAET (délégué académique aux enseignements technologiques).

Le rôle prééminent reconnu dans l'ensemble du dispositif au service académique de l'inspection de l'apprentissage a été confirmé par les dispositions relatives au « transfert de compétences en matière de formation professionnelle continue et d'apprentissage ». La circulaire interministérielle du 29 juillet 1983, prise en application de la loi n° 83-8 du 7 janvier 1983 sur la « décentralisation », rappelle la part importante que doit continuer à jouer ce service auprès des préfets, pour la mise en œuvre de la politique de l'apprentissage. Elle précise également le rôle que joue ce service auprès de la région, désormais responsable de l'apprentissage.

Le SAIA a pour mission principale l'inspection pédagogique (voir décret du 18 juillet 1990) administrative et financière des CFA ainsi que le contrôle de la formation donnée aux apprentis dans les entreprises.

Textes de référence.

- Formation continue : *RLR* 111.0 et 112.0 ;
- Apprentissage : *RLR* 501.3 et 527.8 b.

7. L'enseignement privé.

L'existence d'un enseignement privé a été reconnue en France sous différents régimes. La liberté de l'enseignement primaire a été organisée par la loi du 30 octobre 1886, celle de l'enseignement secondaire mise en vigueur par la loi du 15 mars 1850 (loi Falloux). Cette liberté fut étendue à l'enseignement supérieur par la loi du 12 juillet 1875. Enfin l'enseignement technique en a bénéficié par la loi du 25 juillet 1919.

Ouverture et contrôle des établissements d'enseignement privés.

Enseignement du premier degré.

0249. Déclaration d'ouverture au maire, au préfet, à l'inspecteur d'académie (âge minimum requis pour enseigner : dix-huit ans, pour diriger l'école : vingt et un ans, aucun diplôme exigé). Le maire ou l'inspecteur d'académie peuvent s'opposer à l'ouverture pour des raisons relatives à l'hygiène ou à la salubrité des locaux, à l'intérêt des bonnes mœurs, à l'inconduite du demandeur. Ces établissements sont soumis à l'inspection des recteurs, inspecteurs d'académie, IEN et à celle des maires ou des délégués départementaux. L'infraction à certaines règles ou des fautes graves dans l'exercice de la fonction entraînent soit des poursuites judiciaires, soit la saisine du conseil de l'Éducation nationale qui siège au niveau académique, et l'application éventuelle de sanctions telles que l'interdiction d'enseigner.

Enseignement du second degré.

Déclaration d'ouverture au recteur, au préfet, au procureur de la République. Opposition possible dans l'intérêt des bonnes mœurs ou pour des raisons relatives à l'hygiène. En outre, la personne qui demande l'ouverture de l'établissement doit avoir au moins vingt-cinq ans, justifier de cinq ans d'exercice dans la fonction d'enseignant ou de surveillant et avoir certains diplômes.

Inspection de ces établissements par les inspecteurs généraux, les recteurs, les inspecteurs d'académie. Le recteur peut prendre des sanctions et engager une action disciplinaire pour des fautes graves, notamment de conduite devant le conseil académique de l'Éducation nationale qui siège en formation contentieuse et disciplinaire (*cf. supra* n°s 0096 et suivants).

Enseignement technique.

Déclaration d'ouverture au maire, au préfet, au procureur de la République, au recteur. Opposition possible pour les mêmes motifs que pour l'enseignement du second degré : hygiène et bonnes mœurs. Le directeur doit avoir vingt-cinq ans et posséder certains diplômes. L'inspection des établissements par les inspecteurs de l'enseignement technique porte sur la moralité, l'hygiène, la salubrité et l'observation des obligations légales imposées aux établissements. Les fautes professionnelles, de conduite et de moralité peuvent être sanctionnées après citation devant le conseil académique de l'Éducation nationale.

Enseignement supérieur.

Déclaration d'ouverture au recteur ou à l'inspecteur d'académie signée par trois personnes au moins, chargées de l'administration de l'établissement. Opposition à l'ouverture peut être faite si les personnes ne jouissent en partie ou en totalité de leurs droits civils, civiques, de famille, ont été condamnées pour crime ou délit contraire à la probité et aux mœurs.

Des conditions de titres sont exigées des enseignants pour les établissements qui prennent le nom de « faculté libre ». Par ailleurs, ces établissements doivent disposer d'un certain nombre de salles de cours, de conférences, de travail, de laboratoires, d'une bibliothèque, etc.

Les « délégués » du ministre de l'Éducation nationale ont toujours accès aux établissements d'enseignement supérieur privés. Des pénalités à l'égard des professeurs peuvent être édictées, notamment pour inconduite ou enseignement contraire à la morale et aux lois, sur plainte du préfet ou du recteur.

Rappelons enfin que le recteur détient diverses compétences concernant la scolarité dans les établissements d'enseignement supérieur privés : conditions d'inscription des étudiants, déroulement des études conduisant à un diplôme national, modalités de contrôle des connaissances (lorsque les établissements n'ont pas conclu de convention avec les universités).

L'enseignement privé lié à l'État.

0250. Après l'abrogation, en 1945, des lois scolaires du gouvernement de Vichy, les rapports entre l'État, les collectivités territoriales et l'enseignement privé ont été réglés par toute une série de textes législatifs et réglementaires qui s'échelonnent de 1951 à 1994. Il existe actuellement deux secteurs dans l'enseignement privé : un secteur libre bénéficiant du régime antérieur et un secteur lié à l'État.

Les principales mesures prises depuis la Libération.

0251. En 1951, la loi n° 51-1115 du 21 septembre 1951 (loi Marie) autorise l'attribution des bourses d'État aux élèves des écoles privées. La même année, la loi Barangé (n° 51-1140 du 28 septembre 1951) institue une allocation scolaire dont bénéficient aussi bien les élèves des établissements publics que ceux des établissements privés recevant l'enseignement du premier degré. Pour ces derniers, l'allocation était versée directement aux associations de parents d'élèves. Elle a été supprimée par la loi de finances pour 1991.

En 1959, la loi Debré du 31 décembre institue le régime des contrats. Le système est destiné à proposer une aide financière, sous certaines conditions, aux établissements privés dont la plupart ne peuvent plus supporter le poids des charges de fonctionnement. Les établissements privés qui se situent, pour plus de 90 % en France, dans la mouvance catholique, peuvent ainsi, à leur choix, soit ne rien changer à leurs relations avec l'État, soit demander leur intégration au service public, soit conclure avec l'État un contrat simple ou un contrat d'association. La souscription des contrats postule le respect des programmes nationaux d'enseignement et les contrôles pédagogiques de l'Éducation nationale.

La loi Debré amorçait donc dans son état initial une certaine convergence dans l'évolution des secteurs privé et public de l'enseignement.

La loi du 1er janvier 1971 accorde la pérennité aux contrats simples dans le premier degré (alors qu'ils étaient destinés à disparaître dans le texte initial de la loi Debré). Le contrat d'association devient la règle dans le seul domaine de l'enseignement secondaire à l'échéance de la fin 1979. De plus, une mutation législative importante se produit : le principe est affirmé d'un besoin scolaire reconnu en fonction d'un seul choix des familles en faveur d'un genre d'éducation particulier, en général confessionnel (défini dans la loi de 1959 par le « caractère propre » de l'établissement). Cette dernière considération devient indépendante des nécessités d'une carte scolaire des formations applicable au seul secteur public. Un certain parallélisme se substitue dans l'esprit des textes au souci initial de convergence.

En 1977, la loi Guermeur du 25 novembre conforte la situation des maîtres des établissements privés sous contrat. Elle institue, par rapport aux enseignants du secteur public, l'égalité des conditions de service, des avantages sociaux (notamment en matière de conditions de cessation d'activité) et des modalités de formation. Mais le système élaboré reste parallèle à celui du secteur public (par exemple : les organismes de formation de l'enseignement privé subventionnés par l'État sont spécifiques à tous les niveaux sous réserve de la participation des IUFM à la formation initiale des maîtres de l'enseignement secondaire sous contrat).

Une novation apparaît : le droit de proposition en matière de nomination de maîtres passe du représentant de l'État au chef de l'établissement privé intéressé. Enfin, la loi amorce une participation de l'État à l'investissement des établissements privés dans le domaine assez restreint des « ateliers complémentaires » pour l'enseignement manuel et technique dans les collèges.

En 1984, la loi de finances n° 84-1208 du 29 décembre 1984 budgétise les crédits affectés à la rémunération des personnels enseignants sous contrat.

Jusqu'alors, les dépenses de ces personnels étaient inscrites à un chapitre budgétaire à caractère évaluatif, sans référence à un nombre de postes autorisés.

En 1985, les dispositions prises pour l'application des lois de décentralisation abrogent une partie des textes pris de 1971 à 1977 et remettent en vigueur des dispositions originelles de la loi Debré. Ainsi la loi n° 85-97 du 25 janvier 1985 remet le « besoin scolaire » en cohérence avec les règles de fonctionnement du service public. Elle établit le principe de l'initiative de l'autorité académique dans le recrutement des maîtres.

En 1986, la loi n° 86-972 du 19 août 1986 étend la réalisation du plan informatique à l'enseignement privé; des établissements sous contrat reçoivent soit des matériels informatiques, soit des subventions leur permettant de les acquérir.

En 1992, la loi n° 92-678 du 20 juillet 1992 consacre la prise en charge par l'État des documentalistes des établissements privés sous contrat et l'attribution de décharges de service aux maîtres sous contrat exerçant la fonction de directeur d'école primaire.

En 1994, la loi n° 94-51 du 21 janvier 1994, initialement conçue pour lever les obstacles juridiques au financement des investissements des établissements sous contrat par les collectivités territoriales, et partiellement censurée par le Conseil constitutionnel, a eu pour effet paradoxal de renforcer le contrôle sur les conditions d'attribution des subventions correspondantes qui restent régies quant à leur montant par la législation antérieure.

Le régime contractuel institué par la loi Debré.

0252. Outre une possibilité d'intégration, la loi Debré du 31 décembre 1959 modifiée a créé deux types de contrat : le contrat simple et le contrat d'association. Les dossiers sont étudiés au niveau départemental par les préfets en liaison avec les autorités académiques.

Le contrat simple.

La formule est uniquement applicable aux établissements du premier degré depuis la rentrée 1980. L'école est reconnue par l'État qui lui propose une formule souple de coopération. L'enseignement doit disposer de locaux salubres et poursuivre les mêmes objectifs que les écoles publiques. Les taux d'encadrement (rapports du nombre d'élèves au nombre de maîtres) doivent être les mêmes. Les enseignants doivent posséder des titres adéquats. Ces conditions, que les pouvoirs publics se contentent de vérifier, sont nécessaires et suffisantes pour l'attribution du contrat.

Les maîtres agréés reçoivent leur rémunération de l'État. Ils restent cependant des salariés de droit privé placés sous l'autorité du chef de l'établissement où ils exercent.

Toutes les charges de fonctionnement matériel autres que celles correspondant strictement aux salaires et aux cotisations sociales connexes sont couvertes par des versements des familles. Les collectivités locales peuvent participer aux dépenses de fonctionnement à condition que ces aides ne dépassent pas celles accordées aux écoles publiques du même ressort.

L'État exerce un contrôle pédagogique et financier.

Le contrat d'association.

Les établissements du niveau du second degré, comme les écoles, peuvent bénéficier de la formule d'association au secteur public pour une partie ou la totalité de leurs classes.

Les conditions d'attribution du contrat d'association sont plus contraignantes que celles exigées pour le contrat simple. Les établissements demandeurs doivent :

- répondre à un besoin scolaire reconnu ;
- présenter une demande émanant de personnes pourvues des droits et pouvoirs nécessaires ;
- avoir fonctionné pendant une durée déterminée avant la date de réalisation de l'association ;
- disposer de locaux et d'installations appropriés ;
- justifier, pour leurs directeurs et maîtres, de titres et qualifications analogues à ceux requis dans l'enseignement public.

Ces éléments, que les pouvoirs publics vérifient, sont nécessaires mais ne sont pas suffisants. L'autorité publique dispose en outre d'un pouvoir d'appréciation mettant en jeu de multiples critères d'opportunité et la mise sous contrat est subordonnée à l'existence de postes d'enseignants inscrits au budget.

Les décisions négatives éventuellement prises doivent être rigoureusement motivées, sans qu'aucune erreur d'appréciation puisse être relevée par la juridiction administrative compétente dans ce domaine.

Lorsque le contrat d'association est accordé, l'État assure la rémunération de tous les personnels enseignants : les maîtres qui possèdent les titres requis et dispensent plus de la moitié de leur enseignement dans les disciplines correspondant à leur qualification deviennent contractuels de l'État. Ce sont des salariés de droit public nommés par le recteur ou l'inspecteur d'académie, avec l'accord du chef d'établissement[11].

L'autorité académique assure la publication des postes vacants. Les candidatures sont reçues par le chef d'établissement concerné qui les transmet avec ses propositions à une commission consultative mixte (académique ou départementale). L'autorité académique réalise ensuite l'affectation qui ne doit pas être prononcée en désaccord avec le chef d'établissement (*cf.* circulaire n° 87-036 du 30 janvier 1987).

Un fonctionnaire titulaire peut être nommé dans un établissement sous contrat d'association.

Pour le fonctionnement matériel des établissements, ce sont les collectivités publiques qui prennent en charge les dépenses correspondantes : le département ou la région pour les établissements du second degré et la commune d'implantation pour les écoles, la commune participant aux dépenses par référence aux dépenses correspondantes des écoles publiques.

Par ailleurs, l'État prend la charge des dépenses relatives au personnel non enseignant – calculée pour les lycées et collèges privés par référence à des EPLE de caractéristiques comparables – et celle des dépenses pédagogiques dont le montant est déterminé par la loi de finances.

Seules les dépenses d'externat concernant les activités culturelles et des dotations aux amortissements des immobilisations, ainsi que les dépenses de caractère immobilier, sont à la charge des établissements privés ; elles peuvent faire l'objet d'une redevance réclamée aux familles.

L'intégration d'établissements privés dans l'enseignement public.

0253. Elle peut être demandée par la personne physique ou morale qui est

> partie au contrat d'enseignement passé avec les parents [...] et employeur des maîtres et du personnel d'administration, et qui a jouissance des biens meubles et immeubles affectés à l'établissement.

La demande d'intégration est instruite par le préfet « en liaison avec les autorités académiques ».

Les deux conditions fondamentales pour obtenir l'intégration sont les suivantes :

- répondre à un besoin scolaire apprécié par le ministre de l'Éducation nationale, compte tenu des données de la carte scolaire ;
- présenter une situation de postes d'enseignement telle que ceux-ci soient tenus en majorité par des maîtres aptes à être titularisés dans l'enseignement public.

Les maîtres en fonction à la date de la demande d'intégration sont titularisés et reclassés dans l'enseignement public, s'ils remplissent les conditions fixées par les textes. Sinon, ils sont maintenus en qualité de contractuels. Par ailleurs, les locaux doivent être appropriés et l'établissement privé cède à l'État les droits de propriété ou de jouissance de ces locaux ainsi que les droits détenus sur le matériel et l'équipement.

À noter que l'intégration n'a été demandée que dans un nombre limité de cas et par des établissements privés non confessionnels.

Les autorités compétentes.

0254. La loi a donné au recteur et au préfet la plupart des compétences nécessaires pour prendre les décisions réglant les rapports entre les établissements privés et l'État. Le partage entre les deux autorités s'établit de la manière suivante : le préfet, représentant de l'État, conclut les contrats passés avec les établissements privés (et il instruit les demandes d'intégration) ; le recteur de son côté, avec le concours des inspecteurs d'académie, est chargé des problèmes relatifs à l'enseignement et au personnel.

Les attributions du préfet.

Il reçoit les demandes introduites par les établissements d'enseignement privé tendant à obtenir soit l'intégration dans l'enseignement public, soit l'application du régime du contrat simple ou du contrat d'association. Le préfet instruit les demandes en liaison avec les autorités académiques. Il signe les contrats au nom de l'État.

Le préfet est ordonnateur secondaire des dépenses relatives à l'enseignement privé. Cependant, il peut déléguer sa signature, pour le paiement de ces dépenses, au recteur, à l'inspecteur d'académie ou à l'inspecteur principal de l'enseignement technique.

Le préfet de région préside la commission académique de concertation.

Les attributions du recteur et des inspecteurs d'académie.

Le contrat d'association n'est établi que si l'établissement privé répond à un « besoin scolaire reconnu ». L'appréciation de ce besoin incombe à l'autorité académique.

C'est également le recteur, avec le concours des inspecteurs d'académie, qui est chargé du contrôle des établissements d'enseignement privés et de la gestion du personnel contractuel ou agréé.

En ce qui concerne le contrôle administratif, il est confié à la fois aux autorités académiques et à l'inspection générale de l'administration de l'Éducation nationale (le contrôle financier des établissements sous contrat revient au trésorier-payeur général du département et à l'inspection générale des Finances).

Le contrôle de l'enseignement peut s'exercer de différentes manières : l'organisation des services d'enseignement dans les classes sous contrat (simple ou d'association) donne lieu à un tableau de service soumis aux autorités académiques ; les maîtres de l'enseignement privé peuvent être inspectés. D'ailleurs ces maîtres font l'objet d'une notation pédagogique de l'autorité académique et aussi d'une appréciation de leur chef d'établissement.

L'autorité académique établit le contrat liant les enseignants à l'État. Pour les maîtres rémunérés directement par l'État, le recteur ou l'inspecteur d'académie déterminent le classement indiciaire de chaque maître après avis d'une commission consultative mixte, au niveau du département pour l'enseignement primaire privé, ou au niveau académique pour l'enseignement secondaire et technique privé.

Le recteur ou l'inspecteur d'académie apprécient les obligations de service des enseignants et autorisent éventuellement le paiement des heures supplémentaires.

Les applications informatiques de gestion du ministère de l'Éducation nationale sont progressivement adaptées et généralisées dans l'enseignement privé sous contrat, afin d'assurer à ce secteur une gestion modernisée.

Pour les affaires contentieuses et disciplinaires, le recteur préside le conseil académique de l'Éducation nationale, siégeant en formation spécialisée (il est le plus souvent saisi d'affaires relatives à des établissements privés hors contrat).

Concernant la scolarité dans le premier degré et le second degré, les autorités académiques veillent à l'application de la loi n° 75-620 du 11 juillet 1975 relative à l'éducation et de la loi n° 89-486 du 10 juillet 1989 d'orientation sur l'éducation, dans les conditions prévues pour les établissements privés, notamment pour l'homologation des décisions d'orientation. L'admission dans les classes des collèges et des lycées des élèves issus des établissements privés se fait dans les mêmes conditions que pour les élèves des établissements publics (*cf.* décret n° 91-372 du 16 avril 1991).

La commission de concertation.

0255. La loi du 22 juillet 1983, modifiée par la loi n° 87-77 du 25 janvier 1987, dispose qu'il est institué dans chaque académie, à titre provisoire, au moins une commission de concertation comportant en nombre égal des représentants des collectivités territoriales, des représentants des établissements privés et des personnes désignées par l'État. En outre, le préfet de région peut constituer une commission de concertation dans les départements les plus importants.

La commission est consultée sur toute question concernant l'instruction, la passation et l'exécution des contrats, ainsi que sur l'utilisation des fonds publics dans le cadre de ces contrats. Elle est aussi consultée sur l'élaboration et la révision du schéma prévisionnel des formations, établi par la région, et qui doit prendre en compte l'ensemble des besoins de formation pouvant être satisfaits par les établissements publics et privés.

Textes de référence.

- Ouverture des établissements : *RLR* 500.1, 500.3 ;
- Enseignement supérieur : *RLR*, 460.0 ;
- Rapports entre l'État et l'enseignement privé : *RLR* 531.0 à 531.7.

8. La gestion des personnels des écoles et des établissements du second degré.

Les dispositions statutaires.

0256. Les personnels enseignants, d'éducation et de direction – comme les personnels non enseignants – sont soumis au statut général des fonctionnaires pour les règles de carrière relatives à la nomination, l'installation dans le poste, la position (activité, disponibilité, détachement, hors cadre, sous les drapeaux, congé parental), les congés (de maladie, de longue maladie, de longue durée, de maternité, d'adoption...), le régime de travail à temps partiel, les devoirs et les droits attachés à la qualité de fonctionnaire, notamment l'exercice du droit syndical.

Les lois n° 83-634 du 13 juillet 1983 et n° 84-16 du 11 janvier 1984 leur sont applicables.

Néanmoins, chaque corps bénéficie d'un statut particulier qui réglemente le déroulement de la carrière (recrutement, notation, avancement, sanctions, mutation) et les modalités d'exercice des fonctions. Ainsi le service des enseignants est défini en termes de présence horaire devant les élèves, par exemple : quinze heures pour les agrégés, dix-huit heures pour les certifiés, dix-huit heures (enseignements techniques théoriques) ou vingt-trois heures (enseignements techniques pratiques) pour les professeurs de lycée professionnel.

Le service des PEGC, primitivement fixé à vingt et une heures, a été progressivement diminué dans le cadre de la rénovation des collèges. Le service est de dix-huit heures pour ceux enseignant les disciplines littéraires, scientifiques et technologiques, de vingt heures pour ceux enseignant les disciplines artistiques et l'éducation physique et de dix-neuf heures pour ceux effectivement bivalents qui assurent au moins neuf heures dans une discipline artistique ou en éducation physique.

Les statuts particuliers des professeurs agrégés et des professeurs certifiés, fixés par des décrets du 4 juillet 1972, ont été modifiés à plusieurs reprises concernant leur service, les conditions d'avancement et les positions de ces fonctionnaires.

Il en est de même des statuts particuliers du 4 août 1980 relatif aux professeurs d'éducation physique et sportive, du 22 avril 1960 relatif aux chargés d'enseignement d'éducation physique et sportive, du 12 août 1970 relatif aux conseillers principaux et conseillers d'éducation.

Les directeurs de centre d'information et d'orientation et les conseillers d'orientation-psychologues sont régis par le décret n° 91-290 du 20 mars 1991 modifié, et les professeurs de lycée professionnel (PLP) par le décret n° 92-1189 du 6 novembre 1992.

Dans l'enseignement du premier degré, les instituteurs bénéficient du statut établi par le décret n° 61-1012 du 7 septembre 1961 modifié par le décret n° 89-668 du 18 septembre 1989. Leur recrutement est organisé en application des décrets n° 78-873 du 22 août 1978 et 86-487 du 14 mars 1986 modifiés.

Le corps nouveau des professeurs des écoles a été créé par le décret n° 90-680 du 1er août 1990 modifié par le décret n° 91-1086 du 18 octobre 1991 (*JO* du 20 octobre 1991).

Les missions de ces professeurs sont ainsi définies par l'article 2 du décret :

> Ils participent aux actions d'éducation, principalement en assurant un service d'enseignement dans les écoles maternelles et élémentaires [...]. Ils peuvent également être appelés à exercer leurs fonctions dans les établissements d'enseignement spécialisé, dans les établissements régionaux d'enseignement adapté, dans les écoles régionales du premier degré, dans les sections d'éducation spécialisée des collèges ainsi que dans les établissements de formation des maîtres.

Le recrutement s'effectue au plan académique par la voie d'un concours externe (70 % des admis viennent des IUFM, allocataires ou non) et par la voie (minoritaire) de deux concours internes organisés au plan départemental. Le premier est réservé aux anciens instituteurs et directeurs d'école, le second réservé notamment à des agents publics titulaires de la licence ou équivalent.

Il existe enfin une liste d'aptitude.

Le service hebdomadaire des enseignants du premier degré (instituteurs et professeurs des écoles) a été fixé par le décret n° 91-41 du 14 janvier 1991 d'une part à vingt-six heures d'enseignement, d'autre part à une heure hebdomadaire en moyenne annuelle hors du temps de présence devant les élèves (des dispositions transitoires sont prévues). La circulaire n° 91-012 du 15 janvier 1991 précise les conditions d'application du décret.

L'arrêté du 15 janvier 1991 détermine l'organisation de l'horaire de service hors enseignement (pour les trois textes : *BO* du 31 janvier 1991).

Les actes de gestion des carrières des personnels enseignants à gestion nationale

Nature des actes	Corps de professeurs	Principaux textes de référence	Niveau de gestion
Recrutement Concours d'agrégation (et liste d'aptitude) CAPES (et liste d'aptitude) CAPLP2 (et liste d'aptitude)	Agrégés Certifiés Professeurs de LP	Décret 72.580 du 4/7/72 modifié Décret 72.581 du 4/7/72 modifié Décret 92.1189 du 6/1/92	Ministériel Ministériel Ministériel
Formation initiale	Agrégés Certifiés Professeurs de LP	Arrêté du 2/7/91 et circulaire 91.202 du 2/7/91	Rectorat Rectorat Rectorat
Formation continue	Tous corps	Arrêté du 25/7/85	Rectorat (MAFPEN)
Nomination	Agrégés Certifiés Professeurs de LP	Décrets cités *supra*.	Ministériel Ministériel Ministériel
Mutation	Agrégés Certifiés Adjoints d'ensei-gnement Professeurs de LP	Décret n° 84.914 du 10/10/84 Décret 87.495 du 3/7/87	Ministériel (formation paritaire mixte) Ministériel (CAPN)
Notation	Agrégés Certifiés et professeurs de LP Adjoints d'enseignement	Décrets statutaires	Rectorat : note administrative (CAPA) Ministériel : péréquation de la note administrative Rectorat : note administrative (CAPA) Corps inspection : note pédagogique Ministériel : grilles des notations Rectorat : note sur 100 (CAPA)
Avancement	Agrégés certifiés Professeurs de LP Adjoints d'enseignement	Décret 72.580 du 4/7/72 Décret n° 72.581 du 4/7/72 modifié Décret 92.4489 du 6/11/92 Décret n° 72.583 du 4/7/72 modifié	Ministériel (CAPN) Rectorat (CAPA) Rectorat (CAPA)

La création du corps des professeurs des écoles a entraîné la modification de l'organisation des commissions paritaires. Le décret n° 90-770 du 31 août 1990 (*BO* du 27 septembre 1990) a fixé les règles de fonctionnement des commissions administratives paritaires communes aux corps des instituteurs et des professeurs des écoles, siégeant au niveau national et au niveau départemental.

Les enseignants à gestion nationale.

0257. Tous les enseignants fonctionnaires de l'État ne relèvent pas du même niveau de gestion. Les professeurs agrégés et les professeurs certifiés, les professeurs de lycée professionnel et les adjoints d'enseignement sont à gestion nationale ; ils sont gérés par la direction des personnels enseignants des lycées et collèges du ministère de l'Éducation nationale ; mais des actes de gestion ont été déconcentrés au niveau principalement du recteur ou parfois des chefs d'établissements. La notation et l'avancement des principaux corps enseignants ont été déconcentrés, à la seule exception de ceux des agrégés.

Les PEGC sont à gestion académique, mais le ministère a gardé ses compétences pour toutes les questions d'ordre statutaire.

Pour les sanctions disciplinaires, le recteur a été habilité à prononcer les sanctions des premier et deuxième groupes, définies par la loi du 11 janvier 1984, à l'encontre des professeurs agrégés et certifiés, des professeurs de lycée professionnel, des professeurs et chargés d'enseignement d'éducation physique et sportive, des adjoints d'enseignement et des chargés d'enseignement, des conseillers principaux et conseillers d'éducation, des directeurs de centre d'information et d'orientation et des conseillers d'orientation-psychologues. Se reporter au décret n° 92-811 du 18 août 1992 et à la note de service n° 92-267 du 10 septembre 1992 (*BO* n° 37, du 1er octobre 1992).

Les autres actes de gestion concernant l'ensemble des corps enseignants, d'éducation, d'information et de documentation relèvent soit du ministère, soit, pour la plupart, de l'autorité académique :

- détachement : décision ministérielle (statut général de la fonction publique) ;
- disponibilité : décision rectorale (arrêté du 15 octobre 1986) ;
- temps partiel : décision rectorale (arrêté du 15 octobre 1986) ;
- autorisations d'absence : décision rectorale, pour voyages professionnels à l'étranger et participation à des congrès syndicaux, de l'inspecteur d'académie par délégation de signature ou du chef d'établissement selon les cas ;
- congés de maladie : décision rectorale – inspecteur d'académie par délégation de signature ;
- congés longue maladie : décision rectorale, communication au ministre (instruction départementale des dossiers) ;

- congés longue durée : arrêté ministériel si consultation du comité médical supérieur ou décision académique avec communication au ministre (instruction départementale des dossiers) ;
- congés maternité : décision rectorale ou inspecteur d'académie par délégation de signature.

Les personnels à recrutement académique.

0258. Deux catégories d'enseignants sont complètement gérées au niveau de l'académie : les professeurs d'enseignement général de collège (PEGC) et les non-titulaires ou maîtres auxiliaires.

Les PEGC.

Le statut des PEGC a été fixé par le décret n° 86-492 du 14 mars 1986 qui a sensiblement modifié les dispositions antérieures régissant ce corps académique.

La notation des PEGC par les corps d'inspection et par les chefs d'établissement s'effectue selon les règles fixées par un arrêté du 24 décembre 1970.

Le recrutement de ces professeurs a été suspendu à partir de la rentrée 1987 (*cf.* loi de finances 1987).

Les non-titulaires.

0259. Ils constituent encore une catégorie d'enseignants indispensable au fonctionnement du service public, à la fois pour l'enseignement de disciplines dites déficitaires (nombre de titulaires insuffisants) et pour le remplacement des maîtres absents.

Mais en application de la loi n° 83-481 du 11 juin 1983, la catégorie des maîtres auxiliaires a été progressivement résorbée par voie de titularisation entre 1983 et 1988.

Depuis cette date, cependant, le recrutement de nouveaux maîtres auxiliaires a dû être autorisé.

Toutefois, ces dernières années, leur nombre tend à décroître, sous l'effet conjugué d'un taux de rendement plus élevé des concours de recrutement de professeurs titulaires et des facilités données aux maîtres auxiliaires pour se présenter à ces concours avec de meilleures chances de succès. Un nouveau plan de résorption de l'auxiliariat a ainsi été mis en place depuis 1993. Il se caractérise notamment par l'ouverture, de 1995 à 1998, de quatre sessions de concours spécifiques d'accès aux corps des professeurs certifiés, des professeurs d'éducation physique et sportive, des professeurs de lycée professionnel, des conseillers principaux d'éducation et des directeurs de CIO et conseillers d'orientation-psychologues. Ces concours sont ouverts en particulier aux maîtres auxiliaires justifiant de cinq années de service, voire de trois années lorsqu'ils justifient d'une admissibilité au concours de droit commun (externe ou interne) de recrutement dans le corps auquel ils souhaitent accéder.

Par ailleurs, des concours réservés aux maîtres auxiliaires devraient être mis en place à partir de 1997 dans le cadre de la mise en œuvre du protocole d'accord en vue de la résorption de l'emploi précaire dans la fonction publique signé le 14 mai 1996 entre le ministre chargé de la fonction publique et un certain nombre d'organisations professionnelles représentatives.

Leur recrutement est décidé par le recteur, mais les candidats à un poste dans une discipline pour laquelle l'enseignement ne peut être assuré par un titulaire sont généralement sélectionnés à la suite d'un entretien avec l'inspecteur pédagogique régional (IPR) chargé de la discipline concernée. En outre, dans certaines académies, un stage préparatoire d'une semaine est organisé.

Tous les actes de gestion relatifs à cette catégorie de personnel sont de la compétence du recteur.

Les professeurs contractuels.

Ils appartiennent à une catégorie particulière des enseignants non-titulaires. Les conditions de recrutement ont été fixées par le décret n° 81-535 du 12 mai 1981 modifié par le décret n° 89-520 du 27 juillet 1989.

Les personnels pouvant bénéficier d'un contrat sont principalement ceux des disciplines scientifiques, technologiques et professionnelles (*cf.* note de service n° 89-089 du 7 avril 1989, *BO* n° 15, du 13 avril 1989 et la circulaire n° 89-320 du 18 octobre 1989, *BO* n° 38, du 20 octobre 1989).

Le remplacement des professeurs absents.

0260. Il a fait l'objet de plusieurs mesures de l'administration centrale. Il faut rappeler que la loi n° 84-16 du 11 janvier 1984 dispose que

> les remplacements de fonctionnaires doivent, dans la mesure où ils correspondent à un besoin prévisible et constant, être assurés par d'autres fonctionnaires.

Ainsi, la loi permet le recrutement d'agents contractuels pour faire face à des besoins occasionnels.

Les enseignants titulaires ne pouvant être astreints à accomplir plus de deux heures supplémentaires par semaine s'ils ne le désirent pas, des professeurs ont été affectés par le ministère à une zone géographique – et non à un poste – soit pour occuper un poste provisoirement vacant (titulaires académiques), soit pour assurer la suppléance d'agents momentanément absents (titulaires remplaçants).

Les conditions d'exercice des personnels enseignants chargés des remplacements sont fixées par décret n° 85-1059 du 30 décembre 1985.

Toutefois, les absences de moins de quinze jours étant difficilement couvertes par des personnels gérés au niveau académique, des dispositions ont été prises pour permettre de faire appel soit à des enseignants affectés dans les établissements et exerçant leurs fonctions à temps partiel, soit à des personnels extérieurs directement sollicités par le chef d'établissement. Ces personnels sont recrutés en qualité d'agents vacataires temporaires (*cf.* la note de service n° 89-089 du 7 avril 1989 et le décret n° 89-497 du 12 juillet 1989 qui fixe les conditions de recrutement des vacataires et la circulaire n° 89-320 du 18 octobre 1989 – *BO* n° 38, du 20 octobre 1989).

Les enseignants des écoles.

0261. L'article 27 de la loi organique du 30 octobre 1886 sur « l'enseignement primaire » a été modifié par l'ordonnance du 20 novembre 1944. Depuis cette modification, la nomination des instituteurs était prononcée par le recteur d'académie, sur proposition de l'inspecteur d'académie.

Cependant, le recrutement des instituteurs et l'exercice de leurs fonctions étant assurés dans le cadre départemental, l'ensemble des procédures de gestion était de la responsabilité de l'inspecteur d'académie, celui-ci agissant alors par délégation du recteur d'académie (*cf.* décret n° 79-620 du 13 juillet 1979 modifié).

Les décrets n°ˢ 87-546 et 87-547 du 17 juillet 1987 ont attribué aux inspecteurs d'académie des compétences précédemment exercées par les recteurs.

En outre, le décret n° 88-11 du 4 janvier 1988 a rendu possible la délégation directe de pouvoir du ministre aux inspecteurs d'académie pour la gestion de différentes catégories de personnels.

Ainsi, l'arrêté du 12 avril 1988 a donné délégation permanente de pouvoir aux inspecteurs d'académie pour prononcer les décisions relatives à la gestion des instituteurs. Une note de service n° 88-096 du même jour (publiée au *BO* du 9 juin 1988) a précisé les modalités d'application des décrets et de l'arrêté précités.

Conformément aux décrets du 17 juillet 1987, les inspecteurs d'académie sont actuellement compétents pour prendre les décisions concernant la nomination, la titularisation, la mutation, les sanctions disciplinaires, la suspension en cas de faute grave, l'admission à la retraite, l'acceptation de démission, le licenciement (suivant les dispositions de la loi n° 84-16 du 11 janvier 1984), la mise en cessation progressive d'activité et la radiation des cadres.

Par ailleurs, en application de l'arrêté du 12 avril 1988, de nombreuses autres décisions de gestion des instituteurs sont confiées à l'inspecteur d'académie et notamment la notation, l'avancement, les congés (sauf lorsque l'avis du comité médical supérieur est requis), la prolongation d'activité, les autorisations spéciales d'absence et les décharges (sauf celles concernant l'exercice du droit syndical), l'attribution des récompenses honorifiques, etc.

La note de service du 12 avril 1988 donne la liste exhaustive des décisions qui appartiennent à l'inspecteur d'académie et précise celles qui ne sont pas de sa compétence.

Enfin, deux arrêtés du 17 septembre 1992 et du 21 juin 1996 (*BO* des 24 septembre 1992 et 21 juillet 1996) ont étendu la délégation donnée aux inspecteurs d'académie pour la gestion des instituteurs.

La gestion des professeurs des écoles a été déléguée aux inspecteurs d'académie par l'arrêté du 28 août 1990 (*BO* du 13 septembre 1990), modifié par les arrêtés du 27 novembre 1990 (*BO* du 13 décembre 1990) et du 22 juin 1994 (*BO* du 21 juillet 1994). L'application de ces arrêtés est précisée par la note de service n° 90-306 du 27 novembre 1990 (*BO* du 13 décembre 1990).

Le recrutement et la gestion des personnels des écoles et des établissements du second degré.

Ils sont au centre des préoccupations majeures du ministère (enseignants-ATOS-encadrement).

L'amélioration du rendement des concours de recrutement des enseignants conduit à prendre des mesures pour faciliter la résorption de l'auxiliariat (protocole du 21 juillet 1993, protocole sur la résorption de l'emploi précaire du 14 mai 1996).

Par ailleurs, le mouvement des personnels du second degré, bien que national, voit se développer de multiples dispositifs destinés à aboutir à une meilleure adéquation entre le profil des postes et la qualification des agents à retenir. Il en est ainsi de vingt et un mouvements spécifiques dont les principaux concernent les affectations en établissements sensibles, ceux relatifs aux classes préparatoires, les sections internationales et européennes...

Dans le premier degré, une personnalisation des affectations est développée pour les débutants et certains postes particuliers (coordonnateurs de ZEP...).

Il reste que, comme l'a mis en évidence un récent rapport de l'IGAEN[13], le mouvement académique des personnels (incluant titulaires académiques et titulaires remplaçants) est très largement supérieur au flux résultant des affectations décidées au niveau national.

Cette situation, favorable sur le plan technique, devrait faciliter une approche plus qualitative, moins « barémée ». Il semble cependant que ce ne soit pas automatiquement le cas tant pour le second degré que pour les professeurs des écoles, sauf exception.

Par ailleurs, le rôle éducatif des ATOS est réaffirmé et un dispositif de gestion fondé sur la notion de métier est mis en place depuis 1991 (OMEGA).

Enfin, la nomination dans chaque académie, depuis la rentrée 1995, d'un directeur des ressources humaines[14], dont la mission est de faciliter le travail en commun des nombreux services concernés par la gestion des ressources humaines, devrait être de nature à induire une prise de conscience de la nécessité d'avancer un peu plus dans le domaine de la déconcentration (*cf.* n° 0082).

Les personnels de direction.

0262. En leur qualité de fonctionnaires, les personnels de direction – proviseurs de lycée et proviseurs adjoints, principaux et principaux adjoints de collège, directeurs adjoints chargés de sections d'éducation spécialisée, directeurs d'école primaire et maternelle – sont soumis aux dispositions du statut général des fonctionnaires dans les mêmes conditions que les personnels enseignants.

Mais comme ces personnels, ils bénéficient de statuts particuliers.

Les personnels de direction d'établissement d'enseignement ou de formation.

Ils relèvent du décret n° 88-343 du 11 avril 1988 modifié qui a créé deux corps. Le premier comprend les proviseurs de lycée, directeurs d'école normale d'instituteurs, directeurs d'école normale nationale d'apprentissage, directeurs de centre de formation des professeurs de l'enseignement technique et les directeurs de trois centres nationaux. Ils constituent la première catégorie.

Le deuxième corps comprend : les proviseurs de lycée professionnel, les principaux de collège, les proviseurs adjoints, les principaux adjoints, les directeurs adjoints des écoles normales d'instituteurs et écoles normales nationales d'apprentissage. Ils constituent la deuxième catégorie.

Le recrutement dans les deux groupes s'opère soit par la voie d'un concours, soit après inscription sur la liste d'aptitude établie sur proposition des recteurs et après consultation de la CAP correspondante.

À compter de 1996, des « faisant fonction » peuvent, dans certaines conditions, être recrutés par liste d'aptitude.

Les modalités d'organisation et les épreuves des concours de recrutement ont été aménagées par l'article 2 du décret n° 95-1189 du 6 novembre 1995 qui dispose que

> chacun des concours [...] comprend une première sélection consistant en l'examen par le jury du dossier présenté par chaque candidat. Les candidats admis à poursuivre le concours subissent une épreuve constituée d'un entretien avec le jury.

Ces nouvelles modalités ont été précisées par l'arrêté du 4 mars 1996 (*JO* du 13 mars 1996) et ont concerné les 2200 candidats de la session organisée en 1996 pour recruter 680 lauréats.

La gestion des 13000 personnels de direction (dont 2500 proviseurs, 5000 principaux) reste une gestion nationale en ce qui concerne, outre le recrutement, le mouvement des personnels (voir circulaire du 4 octobre 1996, *BO* du 17 octobre 1996). Toutefois, la déconcentration d'un certain nombre d'actes de gestion a été opérée au bénéfice des recteurs (arrêtés du 24 juillet 1991 et 22 octobre 1992).

Il reste qu'une attention particulière est portée à la recherche d'une adéquation plus grande entre le profil de l'intéressé et celui de l'établissement.

En 1996, 3500 demandes ont abouti à 1 500 mutations. La confrontation des informations disponibles à différents niveaux permet un début d'approche « managériale »[15].

Toutefois, la reconnaissance du rôle décisif de ces manageurs éducatifs ne s'est pas accompagnée d'une mise en place d'une évaluation individuelle, malgré une tentative en 1991 et 1992[16].

Paradoxalement, les personnels de direction sont les seuls fonctionnaires à n'être ni évalués, ni notés.

Les directeurs d'école maternelle et élémentaire.

0263. Ils ne constituent pas un corps de fonctionnaires. En effet, les directeurs appartiennent au corps des instituteurs et sont nommés à un emploi.

Le décret n° 89-122 du 24 février 1989 a défini les fonctions de directeur d'école et les conditions de nomination et d'avancement dans cet emploi (modifié par le décret n° 91-37 du 14 janvier 1991).

Il précise notamment les responsabilités du directeur dans l'organisation et le fonctionnement de l'école et son rôle vis-à-vis des autorités locales, des parents d'élèves, du monde économique et des associations culturelles et sportives.

Le recrutement se fait par inscription sur une liste d'aptitude arrêtée par l'inspecteur d'académie, les candidatures ayant été examinées par une commission départementale présidée par l'inspecteur d'académie. Celui-ci assure la gestion des directeurs d'école dont la carrière se poursuit dans le corps des instituteurs et professeurs des écoles.

Les personnels non enseignants[17].

0264. Dans les établissements scolaires sont affectés des personnels relevant des statuts de l'administration scolaire et universitaire ou d'autres statuts de personnels des services déconcentrés.

Pour la gestion financière, économique et matérielle des établissements et des agences comptables, les fonctions sont exercées par des conseillers d'administration scolaire et universitaire (CASU), des attachés principaux et des attachés de l'administration scolaire et universitaire (APASU et AASU), des secrétaires d'administration scolaire et universitaire (SASU) (*cf. supra* n° 0083 et suivants).

Des personnels administratifs d'exécution sont également en fonction dans les lycées et les collèges. Leur statut est fixé par les décrets n° 90-712 et 90-713 du 1er août 1990 (*cf.* n° 0086).

Les personnels ouvriers des établissements ont bénéficié des nouveaux statuts d'ouvriers d'entretien, ouvriers professionnels, maîtres ouvriers et techniciens de l'Éducation nationale, fixés par le décret n° 91-462 du 14 mai 1991 (*JO* du 17 mai 1991).

La gestion des personnels non enseignants a été largement déconcentrée, y compris pour la catégorie A. Se reporter au décret n° 85-899 du

21 août 1985 et à l'arrêté du 7 novembre 1985 modifiés à plusieurs reprises et notamment par le décret n° 92-912 du 2 septembre 1992 (*JO* du 8 septembre 1992 – *BO* du 24 septembre 1992) et à l'arrêté du 7 novembre 1985 modifié par l'arrêté du 18 septembre 1992 (*JO* du 26 septembre 1992 – *BO* du 15 octobre 1992).

Par ailleurs, des personnels non titulaires peuvent être recrutés dans les services administratifs pour faire face à des besoins occasionnels (circulaire n° 89-278 du 7 septembre 1989, *BO* du 14 décembre 1989).

Les pensions.

0265. Le service des pensions, élément de la DGF, est délocalisé à La Baule depuis 1972. Comprenant plus de 180 personnes, ce service a vocation à traiter, en relation avec les services déconcentrés et le ministère du Budget, l'ensemble des problèmes liés à la pension de retraite des fonctionnaires du ministère de l'Éducation nationale, de l'Enseignement supérieur et de la Recherche ainsi que de ceux de la Jeunesse et des Sports.

Il gère de nombreuses procédures : validation des services auxiliaires (10000 dossiers/an), authentification de services (3500 dossiers/an), étude et liquidation de pensions civiles d'ancienneté (25000 dossiers/an) et étude et approbation des documents d'examen des droits à pension (18 000 DEDP/an).

Ce document (DEDP) doit être communiqué à chaque agent deux ans avant l'âge normal de la retraite (décret n° 80-792 du 20 octobre 1980) par le service compétent pour la gestion de l'agent : IA-DSDEN pour les instituteurs et professeurs des écoles, rectorat pour les autres corps à gestion déconcentrée, administration centrale après avis des universités pour les personnels de l'enseignement supérieur.

Le nombre de dossiers traités par le service des pensions va croissant pour des raisons démographiques : 17500 en 1987, 25000 en 1995, plus de 30000 en l'an 2000 (prévisions).

La réglementation est particulièrement complexe.

Les textes législatifs et réglementaires ainsi que les circulaires interprétatives sont nombreuses : circulaire n° 94-004 du 10 janvier 1994 (*BO* du 20 janvier 1994), arrêté du 28 juillet 1995 (*BO* du 8 août 1995), circulaire du 2 octobre 1995 (*BO* du 2 octobre 1995)...

Textes de référence.

- Dispositions communes : *RLR* 140, 610 ;
- Personnels enseignants du second degré et personnels de direction : *RLR* 804, 810, 820, 822, 824, 825, 830, 847 ;
- Instituteurs : *RLR* 720, 722, 723, 725 ;
- Personnels non enseignants

- □ personnels de l'administration scolaire et universitaire : *RLR* 622-4, 622-5 ;
- □ personnels administratifs d'exécution : *RLR* 623.0,
- □ personnels de service : *RLR* 623.1 ;
- ■ pensions : *RLR* 200.1 ; 220.1, 222.0, chap. 224 ; 227.1 ; 610.0.

NOTES

1. La loi n° 84-747 du 2 août 1984, réserve cette compétence au seul conseil régional dans les régions d'outre-mer.

2. Voir jugement du tribunal administratif d'Amiens du 14 mai 1996.

3. Voir n° 79 de la *Revue française d'administration publique :* « Qui administre l'éducation ? », juillet-septembre 1996.

4. Voir, É. Lefebvre, D. Mallet, P. Vandevoorde, *Le nouveau chef d'établissement*, 2e éd, Berger-Levrault, 1996.

5. Voir *Le guide de la réglementation financière et comptable des EPLE*, CNDP, 1996.

6. Parmi les nombreux ouvrages sur le sujet, voir notamment : J.-P. Obin, E. Cros, Hachette, Éducation, 1991.

7. *Éducation et formations*, n° 41, 1995.

8. Voir *L'orientation des élèves* – Problèmes généraux – Rôle des structures et des acteurs de l'orientation, A. Caroff, IGEN, J. Simon – IGAEN, Documentation française, juin 1988.

9. Voir rapport de l'IGAEN traitant des foyers socio-éducatifs, juin 1996.

10. Voir rapport général de l'IGEN, 1996.

11. Voir M. Labrousse, Mansour, B. Nabé, J.-P. Rone « Les différents régimes de réparation des accidents scolaires », *Lettre d'information juridique,* n° 9, novembre 1996, DAJ.

12. Voir « Les personnels des établissements d'enseignement privé sous contrat », articles de S. Salon, B. Cieutat, B. Toulemonde, *in Cahiers de la fonction publique,* Berger-Levrault, juillet-août 1996.

13. « Mouvement académique des personnels, mouvement national des évolutions envisageables », IGAEN, juillet 1995. Voir aussi *Gérer les personnels enseignants*, P. Dasté, Hachette Éducation, 1993

14. Mesure n° 131 du nouveau contrat pour l'école.

15. Voir, B. Toulemonde, Le chef d'établissement d'enseignement du second degré, *AJDA* n° 11, novembre 1996.

16. Voir *Les cahiers de la fonction publique*, Berger-Levrault, « L'évaluation individuelle dans la fonction publique » (actes du colloque du 4 décembre 1991).

17. Voir B. Desmaison, M. Scotto d'Abusco, *Les ATOS*, Hachette Éducation, 1996.

Chapitre 3
La répartition des compétences dans l'administration de l'enseignement supérieur et de la recherche

1. Statut et organisation des établissements d'enseignement supérieur.

Le contexte juridique.

0266. Il se définit à partir de deux lois.

La loi n° 84-52 du 26 janvier 1984 (modifiée) détermine actuellement l'organisation de l'enseignement supérieur. Cette loi a été appliquée progressivement à l'ensemble des universités.

Cependant à la suite de la décision du Conseil constitutionnel rejetant l'abrogation de la loi du 12 novembre 1968, certaines dispositions de cette loi doivent être respectées :

- d'une part, des dispositions accordant aux professeurs des garanties fondamentales : c'est sur ce point que le Conseil constitutionnel a expressément motivé sa décision, par la nécessité de maintenir les

  garanties conformes aux exigences constitutionnelles qui n'ont pas été remplacées par des garanties équivalentes dans la loi de 1984 ;

  dans la loi de 1984;
- d'autre part, plus généralement, des dispositions auxquelles ne sont pas venues explicitement ou implicitement se substituer des dispositions de la loi postérieure, selon un principe constant du droit.

Rappel des dispositions essentielles.

0267. Par la loi du 12 novembre 1968 d'orientation de l'enseignement supérieur, les universités ont été érigées en établissements publics à caractère scientifique et culturel dotés de la personnalité civile et de l'autonomie financière ; ils sont administrés par un président élu par le conseil de l'université, organe collégial lui-même élu par l'ensemble des personnels et des usagers. Ce mode d'administration consacre les principes d'autonomie et de participation affirmés par la loi.

Les facultés devaient faire place à de nouvelles entités administratives et pédagogiques : les unités d'enseignement et de recherche, UER, non dotées de la personnalité civile (sauf les UER de médecine) ; la loi entendait ainsi favoriser la pluridisciplinarité.

En outre, les établissements avaient acquis une certaine autonomie pédagogique puisqu'ils pouvaient déterminer leurs activités d'enseignement, les programmes de recherche, les méthodes pédagogiques, les procédés de contrôle et de vérification des connaissances tout en observant les règles communes relatives aux études conduisant à des diplômes nationaux et les conditions d'obtention de ces diplômes qui restent fixées par le ministre de l'Éducation nationale.

Par la loi n° 84-52 du 26 janvier 1984 sont redéfinies les missions du service public de l'enseignement supérieur. Ces missions sont assurées par les divers établissements ayant des formations postbaccalauréat et par les établissements publics à caractère scientifique, culturel et professionnel.

Suivant l'article 20 de la loi :

> Les établissements publics à caractère scientifique, culturel et professionnel sont des établissements nationaux d'enseignement supérieur et de recherche jouissant de la personnalité morale et de l'autonomie pédagogique et scientifique, administrative et financière.
> Ces établissements sont gérés de façon démocratique avec le concours de l'ensemble des personnels, des étudiants et de personnalités extérieures.
> Ils sont pluridisciplinaires et rassemblent des enseignants-chercheurs, des enseignants et des chercheurs de différentes spécialités, afin d'assurer le progrès de la connaissance et une formation scientifique, culturelle et professionnelle préparant notamment à l'exercice d'une profession.
> Ils sont autonomes. Exerçant les missions qui leur sont conférées par la loi, ils définissent leur politique de formation, de recherche et de documentation dans le cadre de la réglementation nationale et dans le respect de leurs engagements contractuels.

Ces établissements comprennent :

- les universités, auxquelles sont assimilés les instituts nationaux polytechniques (quatre-vingt-quatre établissements) ;
- les écoles et instituts extérieurs aux universités (art. 34, douze établissements) ;
- les quatre écoles normales supérieures, les cinq écoles françaises à l'étranger et quatorze grands établissements.

Les universités peuvent regrouper des instituts ou des écoles créés par décret, des unités de formation et de recherche (UFR) créées par arrêté du ministre chargé de l'enseignement supérieur, des départements, laboratoires et centres de recherche créés par délibération du conseil d'administration de l'université.

Chaque composante de l'université a le pouvoir de déterminer ses statuts et ses structures.

Il existe par ailleurs des établissements publics à caractère consultatif rattachés (article 43) ou autonomes.

Les organes statutaires de l'université.

0268. Ils comprennent :

- le conseil d'administration qui détermine la politique de l'établissement, vote le budget et approuve les comptes, fixe la répartition des emplois, approuve les accords et conventions signés par le président. En outre, le conseil d'administration exerce en premier ressort le pouvoir disciplinaire à l'égard des enseignants-chercheurs et des usagers ;
- le conseil scientifique qui propose au conseil d'administration les orientations de la politique de recherche et qui est consulté notamment sur les programmes de formation initiale et continue, sur les programmes et contrats de recherche, sur les projets de création ou de modification des diplômes d'établissement ;
- le conseil des études et de la vie universitaire qui propose au conseil d'administration les orientations des enseignements de formation initiale et continue, prépare les mesures relatives à l'orientation des étudiants, aux œuvres universitaires, aux conditions de vie et de travail des étudiants, aux bibliothèques et centres de documentation et qui peut instruire les demandes d'habilitation et les projets des nouvelles filières.

Les trois conseils sont élus suivant des modalités différentes : le conseil d'administration comprenant de 40 à 50 % de représentants des enseignants et chercheurs (mais leur nombre est plus élevé dans les deux autres conseils). La place faite aux personnalités extérieures dans le conseil d'administration est plus importante que dans le conseil d'université de la précédente loi (*cf.* décret n° 85-59 du 18 janvier 1985 modifié).

À noter que le président est élu par l'ensemble des membres des trois conseils. Il est chargé de diriger l'université, dont il est ordonnateur des recettes et des dépenses ; il a autorité sur tout le personnel, nomme les différents jurys, est responsable du maintien de l'ordre et préside les conseils.

De leur côté, les instituts et écoles faisant partie de l'université sont administrés par un conseil élu et dirigé par un directeur nommé par le ministre de l'Éducation nationale (*cf.* articles 25 à 33 de la loi).

L'organisation des services de documentation des établissements d'enseignement supérieur a fait l'objet du décret n° 85-694 du 4 juillet 1985 modifié par les décrets n°s 91-230 et 91-231 du 27 mars 1991 (*JO* du 29 mars 1991).

Les groupements.

0269. Aux termes de la loi du 26 janvier 1984 (article 45) :

> Un ou plusieurs établissements publics à caractère scientifique, culturel et professionnel peuvent constituer, pour une durée déterminée, soit entre eux, soit avec d'autres personnes morales de droit public ou de droit privé, un groupement d'intérêt public, personne morale de droit public dotée de l'autonomie

> administrative et financière, afin d'exercer en commun des activités à caractère scientifique, technique, professionnel, éducatif et culturel, ou de gérer des équipements ou des services d'intérêt commun...

Le décret n° 85-605 du 13 juin 1985 (*JO* du 18 juin 1985) a défini les règles relatives à la constitution et à la gestion des groupements d'intérêt public créés en application de la loi du 26 janvier 1984.

L'institut universitaire de formation des maîtres (IUFM).

0270. La loi n° 89-486 du 10 juillet 1989 a prévu la création, dans chaque académie, d'un IUFM rattaché à une ou plusieurs universités.

L'IUFM est un nouvel établissement d'enseignement supérieur, chargé de

> [...] conduire les actions de formation professionnelle initiale des personnels enseignants [...], de participer à leur formation continue et à la recherche en éducation.

Le statut des IUFM a été fixé par le décret n° 90-887 du 28 septembre 1990, modifié par le décret n° 91-932 du 18 septembre 1991 (*JO* du 20 septembre 1991). Établissement public à caractère administratif, l'IUFM est administré par un conseil d'administration assisté d'un conseil scientifique et pédagogique. Le conseil d'administration, présidé par le recteur d'académie, comprend des représentants des établissements auxquels l'IUFM est rattaché, des représentants des personnels, des usagers, des collectivités territoriales de l'académie. Il comprend aussi des personnalités nommées par le recteur.

L'établissement est dirigé par un directeur nommé par le ministre de l'Éducation nationale.

Le conseil d'administration est compétent pour conduire la politique générale de l'établissement et il délibère notamment sur l'organisation des études, le budget, le règlement intérieur, les conventions de rattachement.

Par ailleurs, la loi n° 90-587 du 4 juillet 1990 (*JO* du 5 juillet 1990) détermine les droits et obligations de l'État et des départements concernant les IUFM. Cette loi prévoit l'affectation de plein droit à l'IUFM, dès sa création, des biens, meubles et immeubles des écoles normales primaires et de leurs écoles annexes, propriétés du département.

Néanmoins, les locaux des écoles normales peuvent être utilisés à la fois pour la formation des instituteurs et pour toutes les missions des IUFM.

L'article 2 de la loi précitée dispose que le département peut passer avec l'État une convention afin de continuer à exercer les responsabilités qu'il assumait précédemment à l'égard des biens et à l'égard des personnels. À défaut de convention, les biens et les personnels concernés sont mis à la disposition de l'État.

La circulaire n° 90-348 du 21 décembre 1990 (*BO* du 3 janvier 1991) précise les modalités de la mise à disposition de l'État, à la date de création de l'IUFM, des biens des écoles normales et des personnels départementaux affectés à leur gestion et leur entretien ainsi que les conditions de prise en charge par l'État des dépenses afférentes au 1er janvier 1992.

La note du 19 novembre 1990 (*BO* du 3 janvier 1991) définit les modalités de prise en charge par le département des dépenses qu'il assumait au titre des écoles normales primaires. La note du 7 mars 1991 (*BO* du 11 avril 1991) fournit des indications sur le contenu des conventions à passer avec le département.

L'exercice de l'autonomie et la tutelle des universités.

La loi du 26 janvier 1984 a confirmé le statut d'établissement public et redéfini le domaine de l'autonomie accordée aux établissements d'enseignement supérieur par la loi d'orientation du 12 novembre 1968.

L'autonomie pédagogique et scientifique.

0271. Elle s'exerce par les délibérations du conseil d'administration qui reçoit les propositions des deux autres conseils concernant les orientations de la politique de recherche, de documentation et de formation initiale et continue, les projets de nouvelles filières, etc. La politique générale de l'université est déterminée par le conseil d'administration, en délibérant notamment sur le contenu du contrat d'établissement.

D'une part, l'autonomie pédagogique et scientifique de l'université doit s'inscrire dans le cadre de la réglementation nationale en matière d'enseignement supérieur; d'autre part, elle doit respecter les engagements contractuels pris par l'établissement.

Des circulaires ministérielles annuelles définissent les objectifs et les procédures de la contractualisation. Des contrats « uniques » ont été institués portant à la fois sur les objectifs pédagogiques et de gestion, mais aussi sur les objectifs de recherche de l'établissement à partir de 1993. Ces contrats ont de plus été couplés avec les contrats signés entre le CNRS et l'établissement concerné, permettant ainsi d'avoir une vue globale de la politique de l'établissement.

L'autonomie administrative et financière.

0272. Elle s'exerce, comme l'autonomie pédagogique et scientifique, par les délibérations du conseil d'administration. Celui-ci, en effet, vote le budget et approuve les comptes, il fixe « dans le respect des priorités nationales » la répartition des emplois qui lui sont alloués par les ministres compétents. Il autorise le président à engager toute action en justice. Il approuve les accords et les conventions par décret, les emprunts, les primes de participation, les créations de filiales, l'acceptation des dons et legs et les acquisitions immobilières (article 28 de la loi du 26 janvier 1984).

N.B. Concernant les conditions dans lesquelles les établissements d'enseignement supérieur peuvent prendre des participations et créer des filiales, se reporter au décret n° 85-1218 du 4 décembre 1985.

Par ailleurs, l'autonomie administrative et financière s'exerce dans le cadre de la réglementation générale relative aux établissements publics nationaux et notamment de la réglementation comptable qui leur est appliquée (*cf.* décret n° 94-39 du 14 janvier 1994 relatif au budget et au régime financier des établissements publics à caractère scientifique et professionnel).

La tutelle des établissements.

0273. La tutelle relève du ministre de l'Éducation nationale, mais certains pouvoirs d'intervention et de contrôle sont confiés au recteur, chancelier des universités :

- les statuts des établissements délibérés en conseil d'administration doivent être transmis au ministre de l'Éducation nationale qui peut vérifier leur conformité à la réglementation en vigueur (article 22 de la loi) ;
- le recteur d'académie qui, en qualité de chancelier des universités, assiste ou se fait représenter aux séances du conseil d'administration, reçoit communication de toutes les délibérations des conseils et décisions des présidents et directeurs d'établissement ayant un caractère réglementaire. Il peut vérifier leur régularité.

Le recteur saisit éventuellement le tribunal administratif d'une demande tendant à l'annulation des délibérations et décisions qui lui paraissent entachées d'illégalité. Au cas où l'exécution de la mesure attaquée serait de nature à porter gravement atteinte au fonctionnement de l'établissement, le recteur-chancelier peut en suspendre l'application pour un délai de trois mois (article 46) :

- en cas de difficulté grave de fonctionnement des organes statutaires ou de défaut d'exercice de leurs responsabilités, le ministre peut prendre, à titre exceptionnel, « toutes dispositions imposées par les circonstances ». Dans les mêmes cas, le recteur peut prendre, à titre provisoire, « les mesures conservatoires nécessaires » (article 47) ;
- en matière électorale, le recteur a l'initiative de constituer une ou plusieurs commissions de contrôle des élections aux conseils des établissements (décret n° 85-59 du 18 janvier 1985) ;
- le recteur-chancelier a une mission générale de surveillance concernant l'organisation des enseignements et des examens conduisant à des diplômes nationaux. En prenant connaissance des délibérations des conseils d'administration, il doit s'assurer que les enseignements obligatoires sont conformes aux textes réglementaires ou que les formations dispensées correspondent aux habilitations accordées aux universités ;
- le contrôle administratif des établissements est exercé par l'inspection générale de l'administration de l'Éducation nationale ; le contrôle finan-

cier fait l'objet *a posteriori* des vérifications de l'inspection générale des Finances. Les comptes sont soumis au contrôle juridictionnel de la Cour des comptes (article 47 de la loi).

0274. Les conditions de préparation du budget et son contrôle, ainsi que le régime financier des établissements d'enseignement supérieur sont actuellement fixés par le décret n° 94-39 du 14 janvier 1994. La tutelle financière, qui relève essentiellement du recteur-chancelier, est définie par les articles 24 à 26 de ce décret. Les principales dispositions sont les suivantes :

> Art. 24. – Lors de la séance du conseil d'administration, le recteur d'académie, chancelier, ou le représentant du ministre peut décider que le budget est soumis à son approbation s'il constate que le budget n'est pas en équilibre, qu'il ne respecte pas l'affectation des moyens alloués par l'État ou par tout organisme ou collectivité public ou privé ou qu'il n'ouvre pas les crédits nécessaires au respect des obligations et des engagements de l'établissement, notamment en ce qui concerne les impôts et les taxes, les condamnations prononcées par des juridictions et toutes contributions, participations ou dettes exigibles.
>
> Art. 25. – Le budget est communiqué au recteur d'académie, chancelier, ou, pour les établissements qui lui sont directement rattachés, au ministre chargé de l'enseignement supérieur.
> En l'absence de cette communication et sous réserve des dispositions des articles 20 et 24 du présent décret, le budget n'a pas de caractère exécutoire.
>
> Art. 26. – Dans le cas où le budget est soumis à approbation, celle-ci est réputée acquise si elle n'est pas refusée dans les quinze jours suivant la transmission de la délibération budgétaire.
> En cas de refus d'approbation, le conseil d'administration délibère à nouveau sur le budget dans le délai d'un mois suivant la notification du refus. La nouvelle délibération est soumise à approbation.
> À défaut de nouvelle délibération dans le délai d'un mois, ou s'il n'a pas été remédié par la nouvelle délibération aux irrégularités ayant motivé le refus d'approbation, le budget est arrêté par le recteur d'académie, chancelier, après avis du receveur général des finances ou du trésorier-payeur général territorialement compétent ou, pour les établissements qui lui sont directement rattachés, le ministre chargé de l'enseignement supérieur, après avis du ministre chargé du budget.
>
> Art. 27. – Le budget est rendu public au plus tard un mois après avoir été, selon le cas, adopté, arrêté ou approuvé. Les modalités de cette publicité sont fixées par les statuts de l'établissement ou par son règlement intérieur.

Par ailleurs, les articles 42 et 43 du même décret prévoient des dispositions exceptionnelles.

> Art. 42. – Lorsqu'un établissement reçoit du ministre chargé de l'enseignement supérieur une subvention d'équilibre, ou lorsque les comptes font apparaître un déficit pendant deux années consécutives, le budget qui suit le versement de la subvention ou la constatation des déficits est établi par le recteur d'académie, chancelier, ou par le ministre chargé de l'enseignement supérieur pour les établissements qui lui sont directement rattachés, et ne peut être modifié pendant l'exercice sans accord préalable.

Lorsque la gestion de l'ordonnateur compte des irrégularités, notamment dans la comptabilité des engagements, de nature à créer un déficit de fait, le ministre chargé de l'enseignement supérieur prend toutes mesures provisoires nécessaires pour assurer l'administration financière de l'établissement.
Les mesures prévues aux deux alinéas ci-dessus peuvent être reconduites jusqu'au rétablissement complet de l'équilibre financier.

Art. 43. – Lorsque l'ordonnateur ne procède pas en temps utile à l'engagement des dépenses de l'établissement, le recteur d'académie, chancelier, ou, pour les établissements qui lui sont directement rattachés, le ministre chargé de l'enseignement supérieur peut, à la demande du créancier ou de sa propre initiative et après mise en demeure restée sans effet, se substituer à lui pour procéder d'office à l'engagement et au mandatement de ces dépenses ; il peut, à cet effet, désigner un délégué spécial.

Textes de référence.

- Enseignement supérieur : *RLR* 380.0, 420.0, 420.1, 451.0.

2. L'organisation des enseignements.

La carte des formations et des établissements.

0275. Aux termes de la loi du 26 janvier 1984 (article 19) :

> la carte des formations supérieures et de la recherche qui leur est liée est arrêtée et révisée par le ministre de l'Éducation nationale, compte tenu des orientations du plan et après consultation des établissements, des conseils régionaux, du conseil supérieur de la recherche et de la technologie et du Conseil national de l'enseignement supérieur et de la recherche.

Cette carte constitue le cadre des décisions relatives à la localisation géographique des établissements, à l'implantation des formations supérieures et des activités de recherche et de documentation, aux habilitations à délivrer des diplômes nationaux et à la répartition des moyens.

Ainsi, la plupart des décisions relatives aux structures et aux contenus des études supérieures sont prises au niveau ministériel ; néanmoins, elles sont l'aboutissement de procédures complexes faisant une large place à l'initiative des établissements.

En outre, les collectivités territoriales qui n'ont pas bénéficié, par les lois sur la décentralisation, de compétences décisionnelles en matière d'enseignement supérieur, sont de plus en plus fréquemment associées par le ministère de l'Éducation nationale, par les recteurs et par les présidents d'universités aux études nécessaires à la création des filières nouvelles et à leur localisation.

Ainsi, le ministère de l'Éducation nationale a engagé, au cours de l'année 1991, un vaste effort de prospective et de programmation aux trois niveaux (national, régional et de l'établissement), dans une logique de partenariat avec les collectivités territoriales, l'objectif étant la redéfinition de la carte universitaire (plan Universités 2000).

La décision d'élaborer des schémas régionaux de l'enseignement supérieur et de la recherche, associant l'État, les établissements d'enseignement supérieur et de recherche, les grands organismes de recherche, les collectivités locales et les représentants des activités économiques et sociales, a été arrêtée lors du comité interministériel d'aménagement du territoire (CIAT) à Troyes le 20 septembre 1994. Leur réunion constituera le schéma national d'enseignement supérieur et de recherche prévu par la loi d'orientation pour l'aménagement et le développement du territoire du 4 février 1995.

Une note de cadrage des schémas régionaux, transmise aux préfets le 25 janvier 1995, donne des indications générales.

Ces schémas couvrent l'ensemble des formations supérieures publiques et privées quel que soit leur ministère de tutelle. Pour les années à venir, ils serviront de guide des actions de l'État et de ses partenaires. Ils permettront de définir des objectifs communs en matière de formation, de recherche et d'aménagement du territoire et de proposer des choix réfléchis en ce qui concerne l'implantation des activités.

Les objectifs affichés dans ces schémas

Ce sont les suivants :

- intégrer tous les bacheliers au sein de leur académie d'origine dans des parcours leur assurant les meilleures chances de réussite.

Plusieurs actions sont envisagées et notamment :

- □ veiller à offrir à tous les bacheliers un cursus dans le prolongement de leurs études antérieures. Cet objectif concerne par exemple, les bacheliers technologiques auxquels il convient de proposer des formations valorisant leurs acquis au sein des lycées,
- □ développer les formations (notamment professionnalisées) susceptibles de leur donner les meilleures chances d'insertion professionnelle au niveau local ou national;
- structurer et consolider les dispositifs régionaux de formation.

Pour les sites existants n'ayant pas encore atteint une taille suffisante, il s'agit :

- □ de diversifier les formations offertes dans les antennes universitaires afin d'éviter des orientations contraintes,
- □ de développer les infrastructures d'accompagnement (bibliothèques, logements, installations sportives et culturelles, etc.) ;

Pour les nouveaux sites :

- □ de garantir une qualité de vie et d'études suffisante pour les étudiants. Les enquêtes préalables à leur création doivent tenir compte du contexte urbain, de l'environnement culturel, des transports, des structures d'accompagnement (bibliothèques et librairies, logements, restauration, équipements sportifs)- ;

Pour tous les sites :

□ de développer des synergies entre les formations afin d'optimiser l'utilisation de compétences locales reconnues et l'utilisation des moyens lourds existants grâce à la création de centres de ressources communs;
■ encourager les relations entre les formations supérieures et la recherche et la vie économique locale.

Les maquettes nationales des formations universitaires prévoient une marge d'adaptation des enseignements afin de tenir compte des caractéristiques propres au milieu économique local et de les valoriser.

Les études d'enseignement supérieur.

Organisation générale.

0276. Les formations supérieures sont dispensées d'une part dans les grandes écoles spécialisées, d'autre part dans les universités qui peuvent regrouper divers instituts et écoles, dont les IUT.

L'ensemble des formations qui relèvent de l'autorité ou du contrôle du ministre chargé de l'enseignement supérieur et qui sont assurées par tous les établissements publics – y compris les lycées comportant des sections de techniciens supérieurs ou des classes préparatoires – fait l'objet du titre II de la loi précitée du 26 janvier 1984. Les instituts universitaires de formation des maîtres ont été créés par la loi du 10 juillet 1989.

L'organisation générale des études supérieures comporte trois cycles successifs (*cf.* tableau de synthèse ci-après). Plusieurs réformes se sont succédé. Elles concernent :

■ une première rénovation des enseignements de premier cycle conduisant aux diplômes d'études universitaires générales (DEUG) et aux diplômes d'études universitaires scientifiques et techniques (DEUST) ;
■ la réorganisation des études doctorales et la définition des règles de l'habilitation à diriger les recherches (*cf.* l'arrêté du 23 novembre 1988 relatif aux études doctorales : préparation du diplôme d'études approfondies et préparation d'un diplôme de doctorat. Voir également la circulaire n° 89-007 du 9 janvier 1989 relative à l'application de cet arrêté) ;
■ la création des formations à finalité professionnelle, conduisant à de nouveaux diplômes : MIAGE, MST, DESS ;
■ la mise en place, à la rentrée 1991, des instituts universitaires professionnalisés (IUP) dont les filières doivent répondre à des besoins précis du monde professionnel et conduire au diplôme d'ingénieur-maître, équivalent de la maîtrise ;

- une réforme des DEUG, licence et maîtrise, qui a été prise par arrêté du 26 mai 1992 (*JO* du 30 mai 1992, *BO* du 18 juin 1992). Les mesures portent sur l'accès des étudiants en premier cycle universitaire, l'accueil, l'information et l'orientation des étudiants, les procédures d'habilitation et d'évaluation. Un certain nombre de mesures nouvelles viennent d'être annoncées pour mise en œuvre à la rentrée 1997 (semestrialisation, orientation...).

Les nouvelles dispositions relatives aux enseignements supérieurs.

Les formations spécialisées, récemment créées, sont organisées d'une part à l'université et d'autre part dans certaines grandes écoles.

Dans les IUP constitués au sein des universités sont admis depuis 1991, après une procédure d'orientation, des étudiants ayant accompli au moins une année d'études supérieures. Après trois ans en IUP, ils peuvent obtenir un diplôme d'ingénieur-maître. L'organisation des études a été fixée par le décret n° 92-85 du 23 janvier 1992 (*JO* du 26 janvier 1992), le diplôme d'ingénieur-maître a fait l'objet du décret n° 92-84 du 23 janvier 1992 (*JO* du 26 janvier 1992). Par ailleurs a été créée une commission consultative nationale commune aux IUT et aux IUP par arrêté du 19 avril 1995.

L'ensemble des formations supérieures dans les différentes disciplines, au niveau du premier, du deuxième et du troisième cycle, a été redéfini par trois séries d'arrêtés. Ceux-ci précisent notamment les domaines d'études et le nombre minimum d'heures des enseignements :

- arrêté du 26 mai 1992 relatif au DEUG, à la licence et à la maîtrise ;
- arrêtés du 20 janvier 1993 relatifs au diplôme d'études universitaires générales, à la licence et à la maîtrise de sciences et techniques, des activités physiques et sportives, au diplôme d'études universitaires générales technologie industrielle et aux licences et maîtrises du secteur technologie, au diplôme d'études générales sciences et aux licences et maîtrises du secteur sciences (*JO* du 17 février 1993) ;
- arrêtés du 9 février 1993 relatifs au diplôme d'études universitaires générales arts, aux licences et aux maîtrises du secteur artistique et culturel, au diplôme d'études universitaires générales lettres et langues et aux licences et aux maîtrises du secteur lettres et langues, au diplôme d'études universitaires générales sciences humaines et sociales, au diplôme d'études universitaires générales théologie et aux licences et aux maîtrises du secteur théologie (*JO* du 3 mars 1993) ;
- arrêtés du 11 mars 1993 relatifs au diplôme d'études universitaires générales droit et aux licences et aux maîtrises du secteur droit et sciences politiques, au diplôme d'études universitaires générales économie et gestion et aux licences et aux maîtrises du secteur économie et gestion, au diplôme d'études universitaires générales, à la licence et à la maîtrise d'administration économique et sociale (*JO* du 13 mars 1993).

Tableau de synthèse des études supérieures

1er cycle : 2 ans – Titre requis : baccalauréat (ou équivalence accordée par l'établissement) Il est sanctionné par le diplôme d'études universitaires générales (DEUG), bac + 2 par le diplôme d'études universitaires scientifiques et techniques (DEUST) bac + 2 Le DEUG est un cycle pluridisciplinaire de formation générale et d'orientation. Le DEUST sanctionne une formation professionnelle courte.
2e cycle : 2 ans – Titre requis : DEUG (ou équivalence accordée par l'établissement) DEUG plus 1 an. ——► licence Licence plus 1 an ——► maîtrise Le DEUG permet de choisir entre plusieurs formations, les formations fondamentales, professionnelles et/ou spécialisées, en vue des diplômes : – Maîtrises de sciences techniques (MST) – Maîtrises de sciences de gestion (MSG) – Maîtrises de méthodes informatiques appliquées à la gestion (MIAGE).
3e cycle : 1, 2, 3 ans et plus – Titre requis (ou équivalence accordée par l'établissement) : La maîtrise permet de choisir entre deux catégories de formations : – le diplôme d'études supérieures spécialisées (DESS) – les formations doctorales, en vue des diplômes : • Diplôme d'études approfondies (DEA) • Doctorat Maîtrise + 1 an ——► DESS ——► bac + 5 Maîtrise + 1 an ——► DEA ——► bac + 5 DEA + 2 à 4 ans ——► doctorat ——► bac + 7 et plus Les formations d'IUP et d'écoles d'ingénieurs peuvent conduire à la préparation d'un diplôme de recherche technologique (DRT). En outre, certaines MST peuvent conduire au diplôme d'ingénieur, puis au doctorat. MST + 1 ans ——► ingénieur Ing. + DEA (1 an) + 2 à 4 ans ► doctorat ——► bac + 8 et plus.

Les procédures d'habilitation.

0277. L'arrêté du 26 mai 1992 (*JO* du 30 mai 1992) a redéfini les conditions dans lesquelles les établissements d'enseignement supérieur peuvent délivrer le diplôme d'études universitaires générales, la licence et la maîtrise. Le même arrêté indique les modalités d'évaluation des enseignements dispensés.

Seuls les diplômes, licence et maîtrise, correspondant à des formations habilitées sont des diplômes nationaux. La procédure d'habilitation se déroule à deux niveaux.

Au niveau de l'établissement.

L'habilitation est demandée sur la base d'un dossier établi par l'établissement et transmis au ministre chargé de l'enseignement supérieur. Cependant, le projet de formation doit préalablement avoir été débattu quelle qu'en soit l'initiative au sein du conseil de l'unité d'enseignement et de recherche qui assurera les enseignements, au sein du conseil d'administration et du conseil des études et de la vie universitaire (CEVU).

Le dossier présente la « maquette » des formations projetées : contenu, horaires, modalités des enseignements, régime de contrôle des connaissances et toutes indications relatives à l'encadrement universitaire et à l'apport réalisé par des professionnels extérieurs.

Au niveau ministériel, après examen par les services des demandes des établissements, la procédure d'habilitation est soumise aux règles suivantes, au terme de l'arrêté précité :

> Art. 22. – Le DEUG, la licence et la maîtrise sont délivrés par les universités et, éventuellement, par d'autres établissements publics à caractère scientifique, culturel et professionnel (EPSCP) habilités à cet effet par le ministre chargé de l'enseignement supérieur.
> L'habilitation à délivrer le diplôme est accordée ou renouvelée par le ministre chargé de l'enseignement supérieur, après expertise, sous la responsabilité du chef de la mission scientifique et technique et dans les conditions prévues à l'article 17 de la loi du 26 janvier 1984.
> Elle ne peut excéder une durée de quatre ans.

Les décisions d'habilitation sont prises, après avis du CNESER, par arrêté ministériel. Le ministère publie tous les ans la liste des habilitations.

Troisième cycle.

Depuis 1985, les habilitations délivrées pour les formations conduisant au diplôme d'études approfondies (DEA) et au diplôme d'études supérieures spécialisées (DESS) ont été révisées dans le cadre de la réforme des études doctorales.

Aux termes de l'arrêté du 30 mars 1992 (*JO* du 3 avril 1992) :

> Art. 1er. – Le troisième cycle de l'enseignement supérieur comprend :
> – une voie à dominante professionnelle débouchant sur le diplôme d'études supérieures spécialisées (DESS) ;
> – une voie d'études doctorales permettant la préparation d'un doctorat après l'obtention d'un diplôme d'études approfondies (DEA).
>
> Art. 2. – L'inscription en troisième cycle est subordonnée à l'obtention d'une maîtrise, d'un diplôme de niveau au moins équivalent ou au bénéfice de la validation d'un niveau reconnu équivalent ou d'acquis liés à l'expérience professionnelle et aux travaux personnels des candidats.
> Ces dispositions sont notamment applicables aux élèves des écoles d'ingénieurs qui suivent la préparation de la dernière année d'études menant à un diplôme d'ingénieur figurant sur la liste dressée par la commission des titres d'ingénieur.
>
> Art. 3. – Les diplômes d'études supérieures spécialisées et les diplômes d'études approfondies sont délivrés par les établissements publics à caractère scientifique, culturel et professionnel habilités à cet effet par arrêté du ministre chargé de l'enseignement supérieur, seuls ou conjointement avec d'autres établissements d'enseignement supérieur public.
> L'habilitation est accordée par le ministre chargé de l'enseignement supérieur, dans le cadre d'une politique contractuelle, pour une durée qui n'excède pas quatre ans. Elle précise l'intitulé général du diplôme, sa spécialité ainsi que le nom du responsable.

Art. 4. – Le doctorat est délivré par les universités et les écoles normales supérieures ainsi que par les établissements d'enseignement supérieur public figurant sur une liste établie par le ministre chargé de l'enseignement supérieur après avis du CNESER, seuls ou conjointement avec d'autres établissements d'enseignement supérieur public.

Art. 5. – Une convention précise les modalités de collaboration entre les établissements délivrant conjointement un même diplôme.
La préparation d'un diplôme de troisième cycle peut être assurée par d'autres établissements d'enseignement supérieur, liés par convention aux établissements habilités à délivrer ces diplômes, et sous la responsabilité de ces derniers.

L'arrêté fixe également l'organisation et les conditions de préparation du DEA ainsi que celles de préparation et d'obtention du doctorat.

Le DEA est délivré par les établissements ayant reçu une habilitation à cet effet par voie d'arrêté ministériel et le doctorat est délivré par les établissements figurant sur une liste établie par le ministre.

La procédure de dépôt et d'instruction des demandes d'habilitation fait périodiquement l'objet d'instructions diffusées auprès des établissements par voie de circulaire.

Le contrôle des connaissances et la délivrance des diplômes.

0278. Aux termes de l'article 17 de la loi du 26 janvier 1984 (modifiée)

L'État a le monopole de la collation des grades et des titres universitaires. Les diplômes nationaux délivrés par les établissements sont ceux qui confèrent l'un des grades ou titres universitaires dont la liste est établie par décret pris sur avis du Conseil national de l'enseignement supérieur et de la recherche. Ils ne peuvent être délivrés qu'au vu des résultats du contrôle des connaissances et des aptitudes appréciés par les établissements habilités à cet effet par le ministre de l'Éducation nationale après avis du Conseil national de l'enseignement supérieur et de la recherche. Un diplôme national confère les mêmes droits à tous ses titulaires, quel que soit l'établissement qui l'a délivré.
Les règles communes pour la poursuite des études conduisant à des diplômes nationaux, les conditions d'obtention de ces titres et diplômes, le contrôle de ces conditions et les modalités de protection des titres qu'ils confèrent sont définis par le ministre de l'Éducation nationale, après avis ou proposition du Conseil national de l'enseignement supérieur et de la recherche.
Les aptitudes et l'acquisition des connaissances sont appréciées soit par un contrôle continu et régulier, soit par un examen terminal, soit par ces deux modes de contrôle combinés. Les modalités de ce contrôle tiennent compte des contraintes spécifiques des étudiants accueillis au titre de la formation continue. Elles doivent être arrêtées dans chaque établissement au plus tard à la fin du premier mois de l'année d'enseignement et elles ne peuvent être modifiées en cours d'année.
Seuls peuvent participer aux jurys et être présents aux délibérations des enseignants-chercheurs, des enseignants, des chercheurs, ou, dans des conditions et selon des modalités prévues par voie réglementaire, des personnalités qualifiées ayant contribué aux enseignements, ou choisies, en raison de leurs compétences, sur proposition des personnels, chargés de l'enseignement.

Les établissements peuvent aussi organiser, sous leur responsabilité, des formations conduisant à des diplômes qui leur sont propres ou préparant à des examens ou des concours.

La réglementation particulière aux différents diplômes nationaux du premier cycle, du second cycle et du troisième cycle indique les principes fixant les modalités de contrôle des connaissances.

Les diplômes nationaux de troisième cycle – dont l'habilitation à diriger des recherches – doivent porter la mention de l'établissement qui les ont délivrés.

Les grades et titres universitaires sont conférés par des diplômes nationaux dont la liste limitative est fixée par décret (*cf.* décret n° 84-573 du 5 juillet 1984, décret n° 84-932 du 17 octobre 1984, modifiés).

Quant aux diplômes propres aux universités et aux établissements publics d'enseignement supérieur, ainsi que les diplômes délivrés par les établissements privés, ils ne peuvent porter la même dénomination que les diplômes nationaux.

Il faut souligner que l'évaluation des étudiants relève de la compétence des jurys d'évaluation, organisés dans le cadre de l'établissement, dont les délibérations concluent à l'attribution ou au refus du diplôme postulé. Mais si l'évaluation est de la responsabilité des jurys, la délivrance des diplômes nationaux appartient au ministre ou, par délégation, à son représentant, le recteur.

Par ailleurs, la commission des titres d'ingénieur examine pour avis les projets des établissements publics qui souhaitent obtenir l'habilitation à délivrer le titre d'ingénieur diplômé. Elle a un pouvoir de décision en ce qui concerne les établissements privés.

L'évaluation des établissements.

0279. La loi du 26 janvier 1984 a institué un Comité national d'évaluation. Le décret n° 85-258 du 21 février 1985 (modifié par le décret n° 88-1207 du 7 décembre 1988) a fixé l'organisation et le fonctionnement du Comité national d'évaluation des établissements publics à caractère scientifique, culturel et professionnel.

Aux termes de ce décret, le comité

examine et évalue de manière régulière les activités exercées par l'ensemble des établissements et par chacun d'entre eux dans les domaines correspondant aux missions du service public de l'enseignement supérieur.

Dans l'exercice de cette mission, son analyse porte sur l'ensemble des actions et des moyens mis en œuvre par les établissements dans le cadre de leur politique scientifique et pédagogique. Le comité formule une appréciation sur les résultats des contrats pluriannuels conclus avec le ministère de l'Éducation nationale. Il dresse le bilan des formations doctorales et de l'application, au sein des établissements, de la procédure d'habilitation à diriger des recherches. Il suit la réalisation des programmes de coopération conduits avec des partenaires extérieurs; il évalue notamment le fonctionnement des groupements d'intérêt public et des filiales constitués en application de la loi du 26 janvier 1984 susvisée. L'appréciation portée par le comité tient compte des caractères spécifiques de chaque établissement, et notamment des projets pédagogiques et scientifiques de celui-ci.

Le comité adresse ses rapports au ministre et aux responsables des établissements concernés. Il adresse aussi un rapport annuel au président de la République.

Le comité est composé de dix-sept membres nommés par décret pris en Conseil des ministres dont onze « représentatifs de la communauté scientifique ».

La formation continue.

0280. La loi du 26 janvier 1984 assigne au service public de l'enseignement supérieur une mission de formation continue

> organisée pour répondre à des besoins individuels ou collectifs, elle inclut l'ouverture aux adultes des cycles d'études de formation initiale ainsi que l'organisation de formations professionnelles ou à caractère culturel particulier... (article 5).

Le décret n° 85-1118 du 18 octobre 1985 définit les conditions dans lesquelles les établissements peuvent développer leurs actions de formation continue et d'éducation permanente ; il précise les points suivants :

- la passation de conventions qui tiennent compte des orientations prioritaires de l'État et des régions ainsi que des besoins des entreprises (il faut rappeler que la région a reçu des compétences importantes en matière de formation professionnelle continue ;
- l'utilisation des moyens en personnels, équipements et crédits dont disposent les établissements, notamment les règles applicables au personnel ;
- la création d'un service commun de formation continue au sein de l'université et de services communs à plusieurs établissements, en vue d'établir une coopération entre eux.

Par une note de service du 4 mai 1983, le ministre de l'Éducation nationale a invité les présidents d'université et les directeurs d'établissement d'enseignement supérieur à s'adresser au président du conseil régional pour obtenir le financement des actions de formation continue, tout en soulignant que

> les établissements d'enseignement supérieur doivent se présenter de manière coordonnée à l'échelon régional, afin de défendre au mieux leurs propositions.

Le ministre a par ailleurs demandé aux recteurs d'engager une réflexion au niveau académique pour élaborer un programme cohérent de formation continue intégrant la totalité du potentiel de formation du service public et définissant les modalités de ses interventions, après concertation avec les régions.

Textes de référence.

- Organisation des enseignements : *RLR* 111.0, 112.0 420.0, 430.3.4.5.

3. La recherche et les principaux organismes de recherche.

0281. Après avoir été rattachée à l'enseignement supérieur en 1993, la recherche relève aujourd'hui du ministère de l'Éducation nationale, de l'Enseignement supérieur et de la Recherche dont le décret du 7 novembre 1995 a défini l'intitulé et le décret n° 95-210 du 15 novembre 1995 a précisé les attributions.

Deux textes législatifs définissent les grandes lignes de la politique nationale de recherche et de son organisation :

- d'une part, la loi n° 82-610 du 15 juillet 1982 d'orientation et de programmation pour la recherche et le développement de la France ;
- d'autre part, la loi n° 85-1376 du 23 décembre 1985 relative à la recherche et au développement technologique.

Le MENESER exerce un rôle de coordination dans la politique de la recherche et du développement technologique, en particulier dans le cadre du BCRD (budget civil de recherche et de développement : 53 milliards de francs en 1996) et par la tutelle et la coordination des organismes de recherche. À cet égard, l'originalité du dispositif de recherche français est d'associer un grand établissement de recherche, le CNRS, qui a vocation à couvrir tous les champs disciplinaires en étroite liaison avec la recherche universitaire, à un ensemble d'établissements spécialisés par domaine. Au plan national, des coopérations très diversifiées et de multiples partenariats sont développés avec les entreprises pour l'innovation et le développement technologique, ainsi qu'au plan international.

La recherche publique civile comprend trois secteurs qui, à eux seuls, réalisent 80 % de la dépense intérieure de recherche dans les administrations civiles et militaires : les organismes de recherche, l'enseignement supérieur et les laboratoires des administrations ou services publics.

0282. Les principaux organismes publics civils de recherche comprennent :

- sept EPST (établissements publics scientifiques et techniques) : CNRS, INRA, INSERM, Centre national du machinisme agricole, du génie rural, des eaux et forêts (CEMAGREF), Institut national de recherche sur les transports et leurs sécurité (INRETS), Institut national d'études démographiques (INED), Institut français de recherche scientifique pour le développement en coopération (ORSTOM) ;

- neuf EPIC (établissements publics à caractère industriel et commercial) : Commissariat à l'énergie atomique (CEA), Agence de l'environnement et de la maîtrise de l'énergie (ADEME), Institut français de recherche pour l'exploitation de la mer (IFREMER), Centre de coopération internationale en recherche agronomique pour le développement (CIRAD), Centre national d'études spatiales (CNES), Agence nationale de valorisation de la recherche (ANVAR), Bureau de recherches géologiques et minières (BRGM), Centre scientifique et technique du bâtiment (CSTB), Laboratoire national d'essai (LNE).

Près de 60000 personnes travaillent dans ces organismes dont plus de 30000 chercheurs et ingénieurs de recherche.

L'activité de recherche dans l'enseignement supérieur couvre 30 % de la recherche publique civile.

L'effectif total de chercheurs et ingénieurs de recherche est de 79440 dont 76400 dans la recherche civile.

Le CNRS. Centre national de la recherche scientifique.

0283. Créé en 1939, le CNRS est un établissement public à caractère scientifique et technologique doté de la personnalité civile et de l'autonomie financière. Ses missions sont fixées par le décret organique n° 82-993 du 24 novembre 1982 (modifié par le décret n° 84-154 du 1er mars 1984).

Missions.

Placé sous tutelle du ministre chargé de la recherche, le CNRS exerce :

- une mission de recherche : le CNRS doit évaluer, effectuer ou faire effectuer toutes recherches présentant un intérêt pour l'avancement de la science ou pour le progrès économique, social et culturel. Cette mission, assignée à l'établissement depuis son origine, couvre tous les domaines scientifiques. Placé auprès du Centre, le comité national de la recherche scientifique joue un rôle essentiel d'évaluation ;
- une mission de prospective et d'analyse de la conjoncture scientifique ;
- des missions de valorisation des résultats de la recherche et de développement de l'information scientifique et technique ;
- une mission de formation à et par la recherche auprès des jeunes chercheurs.

Organisation.

Le CNRS est administré par un conseil d'administration et dirigé par un directeur général assisté d'un secrétaire général et de sept directeurs scientifiques. Le directeur général est nommé en Conseil des ministres, sur proposition du ministre chargé de la recherche.

Le conseil d'administration, dont le président est nommé en Conseil des ministres, comprend des membres de droit, des personnalités qualifiées et des représentants élus des personnels. En dehors de ses attributions habituelles en matière budgétaire et financière, le conseil d'administration fixe les grandes orientations de la politique du CNRS.

L'organisation interne du CNRS distingue les départements scientifiques, les unités de recherche et les instituts nationaux.

Chaque département anime et coordonne l'action d'un ensemble cohérent de disciplines scientifiques relevant de plusieurs sections du comité national. Les départements sont créés par arrêté du ministre chargé de la recherche sur proposition du directeur général, après avis du conseil scientifique et approbation du conseil d'administration.

Le directeur scientifique, responsable du département, a pour rôle d'élaborer et de mettre en œuvre la politique scientifique dans son domaine, en veillant au respect des grands équilibres et à la cohérence des actions entreprises avec la politique générale de l'organisme. Il soumet pour avis au conseil de département les grandes lignes de cette politique.

Les unités de recherche propres au Centre national de la recherche scientifique sont créées par décision du directeur général, après avis des instances compétentes du comité national. Des unités de recherche relevant d'organismes extérieurs peuvent être associées au Centre national de la recherche scientifique en vertu de conventions prévoyant notamment l'affectation de personnels de recherche ainsi que l'attribution de moyens par le Centre.

Par ailleurs, les unités de recherche relevant du Centre national de la recherche scientifique sont dotées d'instances consultatives, les conseils de laboratoires où sont représentés les personnels. Des conseils de laboratoires peuvent être créés dans les unités associées.

Des instituts nationaux sont créés pour prendre en charge, lorsque la nature ou l'importance de leurs activités le requiert et notamment d'importantes opérations de recherche appliquée, une ou plusieurs unités de recherche existantes ou à créer, ainsi que des organismes de recherche qui, antérieurement à leur prise en charge, étaient indépendants du Centre national de la recherche scientifique.

Activité de recherche.

La stratégie scientifique du CNRS s'ordonne autour de cinq grands axes :

- la maîtrise scientifique de la complexité ;
- un développement des sciences et des techniques mieux adapté aux besoins de l'homme ;
- les grands défis de la société ;
- les grands programmes internationaux, notamment en physique de l'univers et des particules ;

- l'utilisation de nouveaux outils et de nouvelles technologies pour la recherche.

Les grandes orientations et priorités à moyen terme de l'établissement sont tracées dans un schéma stratégique, suivi de plan d'action dans chacun des départements scientifiques.

Moyens.

26 000 personnes (dont 11 000 chercheurs et 15 000 ingénieurs, techniciens et administratifs), 1 500 unités de recherche gérées administrativement par dix-neuf délégations régionales. Le budget global du CNRS est de 13 milliards de francs en 1996. L'importance des moyens mis en œuvre en fait le premier organisme européen de recherche.

L'INSERM. Institut national de la santé et de la recherche médicale.

Missions.

0284. Établissement public à caractère scientifique et technologique, créé en 1964, placé sous la double tutelle du ministre chargé de la recherche et du ministre de la Santé, l'INSERM a pour objectifs :

- la connaissance de la santé de l'homme et des facteurs qui le conditionnent sous leurs aspects individuels et collectifs, dans leurs composantes physiques, mentales et sociales ;
- l'acquisition ou le développement des connaissances dans les disciplines de la médecine ainsi que dans l'ensemble des disciplines qui concourent au progrès sanitaire et médical ;
- la découverte et l'évaluation de tous les moyens d'intervention tendant à prévenir et à traiter les maladies ou leurs conséquences et à améliorer l'état de santé de la population.

Moyens.

L'INSERM dispose d'un budget de 2,6 milliards de francs, d'un effectif de 5 000 personnes et de 270 laboratoires de recherche.

Activités.

L'INSERM a vocation à couvrir tout le champ de la recherche médicale et en santé, son champ d'investigation va du plus fondamental au plus appliqué.

L'INRA. Institut national de la recherche agronomique.

0285. Créé en 1946 et transformé en EPST en 1984, l'INRA est placé sous la double tutelle des ministres chargés respectivement de la recherche et de l'agriculture.

Missions.

L'INRA a pour objectifs :

- de promouvoir une agriculture et une agro-industrie performantes ;
- d'assurer au consommateur une alimentation de qualité ;
- de préserver l'environnement rural.

Moyens.

L'INRA dispose d'un effectif de 8 700 personnes et d'un budget de 3 milliards de francs.

Textes de référence.

- CNRS : Décret n° 82-993 du 24 novembre 1982 modifié (*RLR*, chapitre 411) ;
- INSERM : Décret n° 83-975 du 11 novembre 1983 (*JO*, 11 novembre 1983) ;
- INRA : Décret n° 84-1120 du 14 décembre 1984 modifié (*JO*, 16 décembre 1984 et 24 juillet 1990).

4. Les opérations d'investissement.

0286. Les immeubles dans lesquels fonctionnent les établissements d'enseignement supérieur et en particulier les universités appartiennent pour la plupart à l'État. Toutefois, certains locaux ont été mis à la disposition des établissements par des collectivités locales. Par ailleurs, le ministre de l'Éducation nationale (ou le ministre chargé de l'enseignement supérieur) a conservé le pouvoir d'établir et de réviser la carte universitaire ; il a la responsabilité d'implanter les formations et les activités de recherche et d'arrêter la localisation des établissements d'enseignement supérieur (*cf.* la loi du 22 juillet 1983 et loi du 26 janvier 1984 précédemment citées).

L'État, qui a toujours la charge des investissements dans l'enseignement supérieur, est donc en principe le décideur des opérations immobilières.

Il y a lieu cependant de distinguer les opérations individualisées dont l'État a la maîtrise de l'ouvrage des opérations déconcentrées complètement ou partiellement financées par les collectivités territoriales.

La programmation annuelle des investissements.

Au niveau des établissements.

0287. Ils peuvent prendre, dans le cadre de l'autonomie qui leur a été accordée depuis 1968, l'initiative des propositions de construction et d'équipement répondant à leurs besoins tant en ce qui concerne l'enseignement que la recherche universitaire et les bibliothèques.

Ces propositions doivent émaner de la collectivité universitaire et avoir l'aval du conseil d'administration.

La programmation des constructions universitaires est largement déconcentrée depuis l'exercice budgétaire 1994. Une part croissante des crédits est gérée en catégorie II (individualisation par le préfet de région) depuis l'exercice budgétaire 1995. Cette procédure et son calendrier ont été formalisés par une circulaire conjointe Budget-Enseignement supérieur du 16 janvier 1995.

Les autorités déconcentrées sont désormais étroitement et formellement associées. Les crédits sont gérés sous forme d'enveloppes globales délégués aux préfets de région et subdélégués aux recteurs. Les recteurs sont responsables de l'approbation des dossiers techniques et de l'affectation des crédits aux opérations de construction (circulaire n° 12 du 6 avril 1995, Budget-Enseignement supérieur, *BO* n° 17, du 27 avril 1995).

Cette procédure exige une meilleure anticipation : l'essentiel du processus de programmation au niveau central se déroule au cours de l'année N-1. Les crédits d'autorisation de programmes peuvent ainsi être délégués en tout début d'année N, sous forme d'enveloppes globales.

Le niveau central exerce un rôle important :

- seules les opérations ayant fait l'objet d'une expertise favorable peuvent être financées en catégorie II ;
- la répartition des crédits disponibles entre les régions s'opère au vu du programme prévisionnel adressé par les préfets et les recteurs, après consultation des établissements concernés et de la commission administrative régionale (CAR).

Le financement des constructions.

0288. Les constructions et les travaux d'extension, d'appropriation et d'aménagement les plus importants peuvent être entièrement financés par l'État ou faire l'objet d'un cofinancement auquel participent des collectivités : région, département ou commune.

Le financement peut être assuré par l'État sur les crédits en provenance du titre V du budget (chapitre 56-10).

Le financement peut être assuré par les établissements qui ont alors la responsabilité de la maîtrise d'ouvrage sur des crédits en provenance du titre VI du budget (chapitre 66-73).

La mise en œuvre pratique des crédits correspondant aux opérations retenues était effectuée, jusqu'à l'intervention du décret n° 82-390 du 10 mai 1982, par le recteur d'académie ordonnateur secondaire des dépenses de l'État. Depuis l'intervention de la décentralisation, le préfet de région est investi de cette responsabilité financière, mais le recteur demeure le seul délégataire possible de la signature du préfet pour les dépenses de la catégorie I.

Les crédits de l'espèce sont délégués à l'ordonnateur secondaire par voie d'une ordonnance de crédits dûment visée par le contrôleur financier du ministère de l'Éducation nationale. L'ordonnateur secondaire émet, chaque fois que nécessaire, des mandats assignés sur la caisse du trésorier-payeur général du chef-lieu d'académie, ou du payeur général pour l'académie de Paris.

L'intervention des collectivités territoriales.

0289. Les opérations cofinancées dans le cadre des contrats de plan État-régions et des conventions collectivités locales-universités sont nombreuses depuis quelques années.

L'article 20 de la loi d'orientation sur l'éducation du 10 juillet 1989 dispose que

> les établissements publics d'enseignement supérieur peuvent se voir confier par l'État la maîtrise de l'ouvrage des constructions universitaires.

Ces dispositions permettent aux collectivités territoriales de participer au financement des constructions en affectant directement des subventions au budget des universités et des autres établissements d'enseignement supérieur.

De surcroît, la loi n° 90-587 du 4 juillet 1990 (*JO* du 5 juillet 1990) dispose que « dans le respect de la carte des formations supérieurs », l'État peut confier aux collectivités territoriales ou à leurs groupements la maîtrise d'ouvrages de construction ou d'extension d'établissements d'enseignement supérieur. L'application de cette loi a fait l'objet de la circulaire n° 90-349 du 21 décembre 1990 (*BO* du 17 janvier 1991) qui précise les modalités à mettre en œuvre.

En particulier, est prévu un dispositif contractuel qui doit déterminer les engagements financiers des parties.

Les décisions relatives aux investissements dans l'enseignement supérieur peuvent donc être négociées, les préfets de région et les recteurs étant mandatés, dans le cadre d'une enveloppe budgétaire fixée pour chaque région par le ministère de l'Éducation nationale, pour établir en concertation avec les collectivités territoriales et les responsables des établissements, la liste des opérations à réaliser ainsi que le montant des participations financières de l'État et de ses partenaires.

Les équipements immobiliers.

0290. Il s'agit des investissements relatifs à des travaux d'intervention sur des locaux appartenant à l'État et ne relevant pas de l'entretien normal. Sont assimilés, sur ce point, aux locaux appartenant à l'État ceux sur lesquels l'État est titulaire d'un bail ou de tout autre titre d'occupation de longue durée. Les travaux d'équipement immobilier concernent essentiellement des transformations, pour la mise en sécurité par exemple, ou des restaurations complètes, ou de conservation des bâtiments et installations – travaux portant sur les fondations et les toitures par exemple.

Comme pour les constructions initiales, la mise en œuvre financière est effectuée sous la signature du recteur d'académie, ordonnateur secondaire des dépenses de l'État par délégation du préfet.

Les travaux d'entretien normal ne sont pas imputés sur les crédits d'investissement, mais directement sur les crédits de fonctionnement inscrits à la première section du budget des universités. Sont considérés comme travaux d'entretien normal ceux nécessaires à « la conservation des bâtiments dans un état conforme à leur destination » : dépannage, entretien préventif, travaux d'urgence...

Les équipements mobiliers.

0291. Ces crédits concernent les dépenses relatives au premier équipement, au renouvellement de matériel et aux équipements spécifiques : informatique, audiovisuel, gros équipements scientifiques.

Les crédits de premier équipement et de renouvellement des matériels sont arrêtés au niveau ministériel. La dotation correspondante est déterminée annuellement suivant des critères nationaux.

Elle est imputée sur le titre VI du budget de l'État (chapitre 66-70 et 66-71 pour la recherche). Le renouvellement des autres équipements et les nouvelles acquisitions correspondant soit à des équipements pédagogiques, soit à des équipements de gestion font l'objet de dotations particulières dans le cadre de la politique contractuelle. Enfin, les établissements sont invités à s'engager dans une politique de dotations aux amortissements leur permettant de prévoir et de réaliser sur leur budget le renouvellement des équipements.

Cependant, devant l'ampleur des besoins en locaux et équipements immobiliers qu'il faut satisfaire en raison de la croissance des effectifs d'étudiants, le ministre chargé de l'enseignement supérieur est conduit à faire de pus en plus appel au concours financier des collectivités locales.

Texte de référence.

- *RLR* 174.0; 380.0.

5. L'aide sociale aux étudiants.

L'aide aux étudiants doit permettre l'accès aux études supérieures et la poursuite de ces études dans les meilleures conditions au plus grand nombre, y compris les plus défavorisés.

Cette aide présente trois aspects :

- les bourses d'enseignement supérieur;

- la médecine préventive ;
- l'accueil en résidence universitaire et l'organisation d'un environnement culturel, confiés aux centres régionaux des œuvres universitaires et scolaires (CROUS).

Les bourses d'enseignement supérieur.

0292. Le décret du 9 janvier 1925 ayant pour objet « l'attribution de bourses aux étudiants et élèves des établissements d'enseignement supérieur » constitue le texte initial à partir duquel s'est développé tout un système d'aides financières aux étudiants.

Il convient de distinguer les bourses d'enseignement supérieur attribuées sur critères sociaux d'une série d'aides allouées à des étudiants déjà avancés dans leurs études et davantage fondées sur des critères purement universitaires.

Les bourses d'enseignement supérieur sur critères sociaux.

Outre le décret du 9 janvier 1925 précité qui définit un cadre très général, la matière a été réorganisée par la circulaire n° 82-180 du 28 avril 1982 (*BO* n° 18) modifiée (n° 83-193 du 4 mai 1983 [*BO* n° 19], n° 88-095 du 12 avril 1988 [*BO* n° 24], n° 91-079 du 3 avril 1991 [*BO* n° 16], n° 92-153 du 14 mai 1992 [*BO* n° 24], n° 93-092 du 27 janvier 1993 [*BO* n° 9], n° 94-3 du 4 mars 1994 [*BO* n° 12], n° 96-079 du 15 mars 1996 [*BO* n° 13]) qui précise toute la réglementation applicable.

La réglementation générale, de caractère national, est élaborée par la direction des enseignements supérieurs qui assure la cohérence des attributions de bourses, elles-mêmes confiées au recteur.

Les principes qui prévalent en matière de bourses de l'enseignement supérieur sont les suivants :

- tout étudiant français ou étranger sous certaines conditions préparant un diplôme national ou un diplôme d'université agréé peut demander une bourse ;
- l'intéressé doit pouvoir être inscrit dans une université en qualité d'étudiant. Il doit donc justifier des titres requis pour cette inscription ;
- les étudiants doivent être âgés de moins de 26 ans à la date de l'inscription pour une première attribution de bourse sous réserve de certains reculs de cette limite d'âge ;
- pour obtenir une bourse, l'étudiant doit répondre à des critères sociaux tenant compte des revenus et des charges familiales ; les revenus pris en considération sont ceux de l'année N-2 (revenu brut global) ;
- l'étudiant doit suivre ses études à titre d'occupation principale selon un rythme normal de progression ;

- les bourses sont attribuées sur critères sociaux aux étudiants poursuivant leurs études dans les États membres du Conseil de l'Europe (circulaire n° 89-296 du 22 septembre 1989 modifiée, *BO* du 5 octobre 1989).

Les procédures d'attribution des bourses.

- La demande d'attribution doit être formulée tous les ans car les attributions sont annuelles ;
- le dossier doit être déposé auprès de l'établissement fréquenté ou auprès du CROUS de l'académie ;
- la notification aux familles et à l'étudiant doit intervenir en fin d'année universitaire ;
- les bourses accordées sont calculées sur la base d'échelons variables d'une situation à l'autre, conformément à un barème souple tenant compte de tous les éléments sociaux requis. Elles sont ordonnancées par le recteur, ordonnateur secondaire. Le paiement mensuel des bourses s'est généralisé dans la quasi-totalité des académies.

Chaque année, une circulaire ministérielle précise diverses modalités d'attribution des bourses sur critères sociaux, en particulier concernant les données à prendre en compte pour apprécier la situation sociale du candidat, ses ressources et ses charges.

La circulaire n° 93-092 du 27 janvier 1993 apporte quelques modifications aux modalités d'attribution des bourses sur critères sociaux telles qu'elles avaient été définies par les précédentes circulaires avec la prise en compte du revenu brut global familial.

Les autres bourses.

- Les bourses sur critères universitaires en première année de 3e cycle : DEA (circulaire n° 95-185 du 21 août 1995, *BO* n° 32) et DESS (circulaire n° 17 du 11 juillet 1994, *BO*, n° 31) ;
- les bourses de CAPES et d'agrégation pouvant être accordées en dehors du régime normal des bourses (décret n° 56-595 du 15 juin 1956, *JO* du 19 juin) ;
- les bourses de service public pouvant être attribuées aux étudiants qui suivent la préparation à des concours de recrutement de la fonction publique et de la magistrature (arrêté du 5 août 1987, *JO* du 15 août) ;
- les bourses de préparation au concours de recrutement d'élèves professeurs (décret n° 86-646 du 18 mars 1986) ;
- les allocations d'enseignement attribuées aux candidats de nationalité française qui se destinent aux fonctions d'enseignement du premier ou du second degré (décret n° 89-608 du 1er septembre 1989 modifié par le décret n° 90-1151 du 19 décembre 1990, *BO* du 24 janvier 1991) ;

- les bourses et les aides attribuées aux étudiants dans le cadre du programme ERASMUS (circulaire n° 89-315 du 16 octobre 1989, *BO* du 26 octobre 1989).

La médecine préventive.

Il résulte des dispositions combinées des articles L. 191 et L. 198 du Code de la santé publique que les étudiants doivent pouvoir bénéficier d'une surveillance médicale pendant le déroulement de leur cursus. La loi n° 84-52 du 26 janvier 1984 sur l'enseignement supérieur prévoit donc en son article 51 que des services de médecine préventive et de promotion de la santé (SMPPS) sont mis à leur disposition selon des modalités fixées par décret.

Le décret n° 88-520 du 3 mai 1988 relatif aux SMPPS, modifié par le décret n° 89-714 du 27 septembre 1989, impose aux universités soit de créer chacune un service universitaire de médecine préventive et de promotion de la santé (SMPPS), soit de s'associer pour créer des services interuniversitaires de médecine préventive et de promotion de la santé (SIMPPS). Il existe actuellement trente-deux services universitaires et treize services interuniversitaires. La protection médicale des étudiants inscrits dans des établissements publics à caractère scientifique, culturel et professionnel autres que des universités est assurée par convention entre l'établissement concerné et un SMPPS.

L'aide apportée par les CROUS.

<u>**0293.**</u> La loi n° 55-425 du 16 avril 1955 modifiée a réorganisé les services des œuvres sociales en faveur des étudiants.

Une structure administrative comportant un établissement public, le Centre national des œuvres universitaires et scolaires, assure la coordination des centres régionaux des œuvres universitaires et scolaires (CROUS), établissements publics implantés dans chaque académie.

Les centres régionaux ont une double mission de gestion d'administration des résidences et restaurants universitaires et d'organisation de la vie collective de l'étudiant hors des établissements d'enseignement. Ce dernier aspect de la mission comporte une action culturelle importante et une action d'aide sociale assurée avec le concours d'assistantes sociales et de moyens spécifiques mis à la disposition des centres dans le cadre du fonds spécial universitaire.

Les CROUS se sont également vu confier une mission particulière dans l'accueil des étudiants étrangers et, comme c'est le cas à Paris pour le centre sportif Jean-Sarrailh, une mission en matière d'activités physiques et sportives.

(Sur l'organisation des CROUS, *cf. supra*, n° 0102 et suivants : les établissements publics dans l'académie.)

Le régime des aides aux étudiants est un élément important de la réflexion en cours sur le devenir de l'université.

Textes de référence.

- Bourses : *RLR* 452.0 ;
- Médecine préventive : *RLR* 451.2 a ;
- Œuvres universitaires : *RLR* 451-4.

6. La gestion des personnels de l'enseignement supérieur.

Suivant la loi n° 84-52 du 26 janvier 1984 (modifiée) (articles 52 à 61), les personnels exerçant dans les établissements d'enseignement supérieur sont répartis en deux grands groupes : d'une part, les enseignants-chercheurs, les enseignants et les chercheurs, d'autre part, les personnels administratifs, techniques, ouvriers et de service.

Les personnels enseignants titulaires.

Les enseignants (article 54).

0294. N'ayant pas la qualité d'enseignant-chercheur, mais placés sur des postes budgétaires, des professeurs titulaires du second degré, agrégés ou certifiés, sont affectés à des établissements d'enseignement supérieur.

Dans la gestion, ces catégories d'enseignants sont souvent appelées par référence à la codification informatique utilisée pour les désigner : PRAG et PRCE. Les obligations de service de ces enseignants du second degré affectés dans l'enseignement supérieur ne sont pas celles de corps dont ils sont membres, mais sont fixées par le décret n° 93-461 du 25 mars 1993. Ce texte prévoit que, quel que soit le corps, le service statutaire est de 384 heures d'enseignement en présence d'étudiants, sous forme de séances de travaux dirigés ou de travaux pratiques. Dans la mesure où beaucoup d'entre eux effectuent à titre personnel des travaux de recherche, la question de la participation directe aux équipes de recherche universitaire est régulièrement posée.

Les chercheurs.

Sur la base de la loi du 15 juillet 1982 d'orientation et de programmation de la recherche, les chercheurs (chargés de recherche et directeurs de recherche) sont organisés en corps de fonctionnaires au sein de chacun des établissements publics à caractère scientifique et technologique (EPST), dont les plus importants sont le Centre national de la recherche scientifique (CNRS), l'Institut national de la santé et de la recherche médicale (INSERM) et l'Institut national de recherche agronomique (INRA). Les chercheurs ne sont pas affectés dans les universités, mais au sein des EPST dont ils relèvent. Le décret prévu à l'article 54 de la loi qui devait organiser « le recrutement des chercheurs par des tâches d'enseignement » n'a jamais été pris. Toutefois, comme la majorité des laboratoires du CNRS ou de l'INSERM est implantée au sein des universités, beaucoup de chercheurs sont dans les faits associés à l'enseignement, notamment en 3e cycle. Certains d'entre eux accèdent par voie de détachement ou de concours aux corps universitaires.

Les enseignants-chercheurs (articles 55 et 56).

0295. Ils constituent la catégorie la plus nombreuse en exercice dans les universités et les établissements d'enseignement supérieur.

Leur mission se caractérise par la dualité des fonctions.

Ces enseignants exercent une fonction d'enseignement conçue très largement qui implique l'enseignement proprement dit – cours magistraux, travaux dirigés, travaux pratiques –, l'évaluation des connaissances et la participation à toutes les formes de contrôle pédagogique ainsi que le suivi et l'encadrement des étudiants, tant dans leurs études que dans leur orientation.

Par ailleurs, ils sont investis d'une mission de recherche scientifique qui s'exerce dans le cadre d'équipes de recherche, de centres de recherche, de laboratoires, de groupes de recherche ou d'instituts.

Ils sont organisés depuis l'intervention du décret n° 84-431 du 6 juin 1984 (modifié à de nombreuses reprises) en deux corps principaux, les maîtres de conférences et les professeurs des universités. Ayant la qualité de fonctionnaires, ils disposent de garanties particulières d'indépendance qui ont été rappelées par le Conseil constitutionnel dans sa décision n° 84-165 du 20 janvier 1984 à propos de la loi sur l'enseignement supérieur. Ces garanties sont particulièrement fortes pour les professeurs puisque le Conseil constitutionnel a estimé dans cette décision, en se fondant sur la tradition de compatibilité entre mandat parlementaire et fonction professorale (seule exception reconnue en droit français entre mandat parlementaire et fonction publique), que le principe d'indépendance des professeurs constituait un « principe fondamental reconnu par la loi de la République » de valeur constitutionnelle.

Le respect de ces garanties a notamment pour conséquence :

- que chacun des deux ensembles – professeurs d'une part, autres enseignants-chercheurs d'autre part – doit disposer au sein des différentes instances universitaires d'une « représentation propre et authentique » (ce qui suppose la constitution de collèges distincts à chaque niveau) ;
- que

  les enseignants-chercheurs [...] jouissent d'une pleine indépendance et d'une entière liberté d'expression dans l'exercice de leur fonction d'enseignement et de leur activité de recherche (article 57) ;
- que

  l'examen des questions individuelles relatives au recrutement, à l'affectation et à la carrière de ces personnels relève, dans chacun des organes compétents, des

> seuls représentants des enseignants-chercheurs et personnels assimilés d'un rang au moins égal à celui postulé par l'intéressé s'il s'agit de son recrutement et d'un rang au moins égal à celui détenu par l'intéressé s'il s'agit de son affectation ou du déroulement de sa carrière (art. 56 de la loi).

Avant l'intervention du décret n° 83-823 du 16 septembre 1983, les obligations de service des différentes catégories d'enseignants-chercheurs n'étaient pas réglementairement fixées avec précision. Depuis l'intervention de ce dernier décret, tous les universitaires, quel que soit le corps, ont les mêmes obligations de service statutaires fixées :

- à 128 heures de cours magistraux ;
- ou 192 heures de travaux dirigés ;
- ou 288 heures de travaux pratiques ;
- ou toute combinaison de ces trois catégories.

Cette règle a été reprise dans le décret du 6 juin 1984.

Les autres obligations sont précisées par le décret : non seulement la formation initiale et continue, la direction et l'orientation des étudiants, l'organisation des enseignements au sein des équipes pédagogiques, mais également

> le développement de la recherche fondamentale, appliquée, pédagogique ou technologique ainsi que la valorisation de ses résultats....

Ils participent aussi à

> la diffusion de la culture et de l'information scientifique et technique.

Le décret précise les règles qui leur sont applicables pour les mises en position et les congés. Ainsi, ces fonctionnaires peuvent obtenir un congé « pour recherches ou conversions thématiques » accordé par le ministre au vu des projets présentés par les demandeurs.

Plusieurs dispositions du décret du 6 juin 1984 ont été modifiées en 1987, 1989, 1990, 1991 et 1992. Se reporter notamment aux décrets n° 91-889 du 5 septembre 1991 (*JO* du 11 septembre 1991) et n° 92-708 du 23 juillet 1992 (*JO* du 16 juillet 1992) et surtout par le décret n° 95-470 du 27 avril 1995 (voir *infra*).

Les règles de classement applicables aux agents nommés dans les corps d'enseignants-chercheurs de l'enseignement supérieur ont été déterminées par le décret n° 85-465 du 26 avril 1985 et précisées par la circulaire n° 86-016 du 9 janvier 1986.

Par ailleurs, la procédure disciplinaire applicable aux enseignants et aux usagers a fait l'objet du décret n° 92-657 du 13 juillet 1992 (*JO* du 16 juillet 1992).

Recrutement.

Depuis l'intervention du décret n° 95-470 du 27 avril 1995, la procédure de recrutement des enseignants-chercheurs comporte trois phases. Les concours[1] organisés par emploi sont ouverts par publication des postes par discipline, complétés le cas échéant par un « profil » particulier, au *Journal officiel* et au *Bulletin officiel de l'Éducation nationale.*

Au cours de la première phase, les candidatures à chaque emploi sont examinées par les commissions de spécialistes instituées pour chaque discipline au sein des établissements. Après un examen des dossiers par deux rapporteurs et, pour les candidats admis à poursuivre le concours après cet examen, une audition, les commissions de spécialistes établissent pour chaque emploi à pourvoir une liste de candidats sélectionnés qui comprend au maximum cinq noms.

Ces listes sont transmises au ministère qui transmet à chacune des sections du Conseil national des universités (CNU) une liste alphabétique des candidats sélectionnés. Après examen des titres et travaux, et pour les concours de professeurs, une audition, chaque section du CNU établit pour la discipline concernée la liste des personnes dont elle a reconnu la qualification.

Enfin, en troisième phase, les commissions de spécialistes des établissements procèdent, pour chaque emploi, au classement des candidats qu'elles avaient sélectionnés en première phase et dont la qualification a été reconnue par le CNU. La liste de classement doit être approuvée par le conseil d'administration en formation restreinte.

La personne classée au premier rang sera nommée alors, sauf si elle renonce au bénéfice du concours (dans ce dernier cas, c'est, comme dans un concours classique, le suivant sur la liste qui est nommé).

Cette procédure de recrutement complexe repose essentiellement sur l'intervention d'instances composées d'universitaires. Des concours réservés peuvent être organisés à l'intention de catégories de candidats particuliers – enseignants du second degré, professionnels, assistants... L'accès aux corps de professeurs et de maîtres de conférences est également possible par la voie du détachement à des fonctionnaires de niveau hiérarchique équivalent. Ces concours réservés et le détachement permettent donc dans certains cas l'accès aux corps d'enseignants-chercheurs de personnes ne possédant pas les titres requis pour y accéder par la voie des concours classiques, pour lesquels le doctorat, pour les maîtres de conférences, et l'habilitation à diriger des recherches, pour les professeurs, sont exigés.

Les corps d'enseignants-chercheurs spécifiques à certains établissements.

0296. Ne sont pas concernés par le statut des enseignants-chercheurs les personnels enseignants et hospitaliers des centres hospitaliers et universitaires, ni les enseignants d'un certain nombre de grands établissements, tels que le Collège de France, le Muséum national d'histoire naturelle, les Écoles normales supérieures, l'École nationale des chartes, le Conservatoire national des arts et métiers, etc. Ces enseignants conservent leur statut propre.

En ce qui concerne les personnels en fonction dans les centres hospitaliers et universitaires, leur statut a été fixé par le décret n° 84-135 du 24 février 1984.

Les autres personnels enseignants titulaires.

0297. Les assistants qui constituaient avant 1983 une catégorie d'agents non titulaires, recrutés à titre temporaire, ont été titularisés par le décret n° 83-287 du 8 avril 1983. Ils représentent la seule catégorie de fonctionnaires de l'enseignement supérieur nommés et gérés exclusivement par le recteur d'académie. Les corps d'assistants, placés en extinction, comportent encore environ 2 000 membres, en dépit de la possibilité offerte aux assistants d'accéder par voie de concours réservés au corps des maîtres de conférences (article 61 du décret du 6 juin 1984). Le décret n° 93-94 du 19 janvier 1993 (*JO* du 21 janvier 1993) a précisé les conditions d'avancement des assistants.

Le corps des maîtres-assistants est également en extinction et ne compte plus que quelques dizaines de membres, la plupart d'entre eux ayant opté pour l'accès au corps des maîtres de conférences après 1984.

Les personnels enseignants non titulaires.

0298. Le recrutement des enseignants non titulaires de l'enseignement supérieur obéit non à la nécessité de pourvoir des besoins d'enseignement non remplis par des enseignants titulaires, mais à deux logiques spécifiques :

- l'aide à la préparation du doctorat et à la préparation aux concours d'accès à l'enseignement supérieur;

  L'accès au corps des maîtres de conférences s'effectue par concours ouvert, dans le cas général, aux titulaires du doctorat. Le dispositif des attachés temporaires d'enseignement et de recherche (ATER) mis en place par le décret n° 88-654 du 7 mai 1988 et celui des moniteurs d'enseignement supérieur mis en place par le décret n° 89-794 du 30 octobre 1989 visent principalement à permettre à des étudiants de troisième cycle de bénéficier d'un financement de la préparation de leur thèse de doctorat tout en s'initiant de manière pratique à l'enseignement supérieur. Les ATER sont recrutés – pour des périodes de un à quatre ans maximum selon le cas – sur des supports d'emplois vacants d'enseignants-chercheurs. Les moniteurs sont recrutés pour trois ans maximum parmi les étudiants bénéficiaires d'une allocation de recherche et rémunérés sur des crédits particuliers prévus au budget de l'État.

  Les étudiants de troisième cycle âgés de moins de vingt-huit ans qui n'ont pu accéder aux fonctions de moniteurs ou d'ATER peuvent également être recrutés directement par les établissements d'enseignement supérieur, pour exercer, dans cette même logique de préparation pratique à l'accès à l'enseignement supérieur, les fonctions d'« agents temporaires vacataires » et effectuer un volume très limité de séances d'enseignement (96 heures de travaux dirigés par an) ;

- l'ouverture de l'enseignement supérieur au monde professionnel : plusieurs dispositifs sont destinés à permettre à des personnes justifiant d'une expérience professionnelle d'apporter la contribution de cette expérience à l'enseignement supérieur.

  Il s'agit :

  - des maîtres de conférences et professeurs associés : professionnels recrutés soit à temps plein pour une durée très limitée – six mois à trois ans selon le cas –, soit à mi-temps pour une durée plus longue – trois ans, éventuellement renouvelable. Dans ce dernier cas, les associés à mi-temps (PAST) doivent continuer à exercer parallèlement leur activité principale,
  - les chargés d'enseignement vacataires, recrutés sur la base de l'article 54 de la loi n° 84-52 du 26 janvier 1984, sont recrutés directement par les présidents d'université pour une durée et un volume horaire limités. Cette activité d'enseignement n'est qu'une activité accessoire puisqu'en vertu de la loi, ils continuent à exercer leur activité professionnelle principale.

L'arrêté du 27 juillet 1992 (*BO* du 1er octobre 1992) permet toutefois de recruter des retraités dans certaines disciplines, en qualité d'agents temporaires vacataires en enseignement supérieur.

La gestion des enseignants-chercheurs.

0299. Les enseignants-chercheurs étant des fonctionnaires de l'État, les emplois sont attribués par le ministre chargé de l'enseignement supérieur, mais en vertu du principe d'autonomie des établissements et de l'article 28 de la loi, les créations ou transformations d'emploi résultent des demandes des établissements. Le conseil d'administration procède à la répartition des emplois entre les disciplines.

La gestion des enseignants titulaires est assurée au ministère par la Direction des personnels de l'enseignement supérieur et de la recherche ; mais certains actes de gestion sont déconcentrés auprès des recteurs (se reporter au décret n° 92-296 du 27 mars 1992 modifié). En outre, la loi n° 92-678 du 20 juillet 1992 (*JO* du 21 juillet 1992), qui a modifié certaines modalités de gestion des personnels enseignants, ouvre la possibilité d'une déconcentration au profit des présidents d'université et des directeurs des établissements publics d'enseignement supérieur.

Aux termes de cette loi :

> Art. 5. – Le ministre chargé de l'enseignement supérieur peut déléguer par arrêté aux présidents des universités et aux présidents ou directeurs des autres établissements publics d'enseignement supérieur, dans les conditions fixées par

> décret en Conseil d'État, tout ou partie de ses pouvoirs en matière de recrutement et de gestion des personnels titulaires stagiaires et non-titulaires de l'État qui relèvent de son autorité, dans la limite des emplois inscrits dans la loi de finances et attribués à l'établissement.
> [...] Les compétences ainsi déléguées s'exercent au nom de l'État et leur exercice est soumis au contrôle financier.

La déconcentration a donné lieu à des expériences de caractère très limité à ce jour. L'essentiel de la gestion, à l'exception des actes de proximité – attribution de congé maladie, d'autorisation d'absence... – demeure effectué à l'administration centrale (Direction des personnels de l'enseignement supérieur et de la recherche).

Conformément à l'article 56 de la loi citée plus haut, les décisions relatives au recrutement et à la carrière des professeurs d'université et des maîtres de conférences, avec l'ensemble des mesures individuelles les concernant, sont soumises à l'examen du Conseil national des universités, instance nationale composée exclusivement d'enseignants-chercheurs (deux tiers élus, un tiers nommé par le ministre).

Celui-ci dont l'organisation est fixée actuellement par le décret n° 92-69 du 16 janvier 1992 (*JO* du 17 janvier 1992) sensiblement modifié par le décret n° 95-489 du 27 avril 1995 (*JO* du 7 mai 1995)

> se prononce dans les conditions prévues par les dispositions des statuts particuliers et du présent décret, sur les mesures individuelles relatives à la qualification, au recrutement et à la carrière des professeurs des universités et des maîtres de conférences. Et se prononce dans les mêmes conditions sur les mesures individuelles relatives à la carrière des maîtres assistants et des chefs de travaux des disciplines scientifiques et pharmaceutiques [...].

Les modalités de fonctionnement du Conseil national des universités sont précisées par l'arrêté du 26 mars 1992 (*BO* du 30 avril 1992) modifié.

En outre, des commissions de spécialistes créées dans les établissements d'enseignement supérieur sont consultées en application du décret n° 88-146 du 15 février 1988, modifié par le décret n° 92-69 du 16 janvier 1992 puis par le décret n° 95-114 du 3 février 1995, qui a fixé le cadre actuellement en vigueur.

Ces commissions (sous réserve des compétences dévolues au Conseil national des universités) se prononcent dans les conditions prévues par les statuts particuliers et par les dispositions du décret, sur les opérations de recrutement (voir plus haut) et sur certaines mesures individuelles relatives aux professeurs des universités, aux maîtres de conférences, aux maîtres-assistants, aux chefs de travaux et aux assistants.

Le fonctionnement actuel a donné lieu à plusieurs circulaires en 1995-1996, notamment celle du 9 janvier 1996 (*BO* n° 5, 1er février 1996).

Les personnels non enseignants.

0300. Les personnels ATOS en fonction dans les établissements d'enseignement supérieur appartiennent aux différents corps de fonctionnaires des services extérieurs de l'Éducation nationale. Ils relèvent des statuts de l'administration scolaire et universitaire fixés par le décret n° 83-1033 du 3 décembre 1983 modifié ou de ceux des personnels d'exécution et de service (*cf. supra* n° 0083 et suivants). Ces personnels peuvent exercer leurs fonctions dans les divers établissements d'enseignement supérieur ainsi que dans les lycées et les collèges, les rectorats et les inspections académiques.

La gestion de ces personnels s'effectue dans les conditions indiquées dans les chapitres précédents.

0301. Les emplois de secrétaire général d'université sont occupés par des administrateurs civils, des conseillers d'administration scolaire et universitaire (CASU) ou par des attachés principaux d'administration scolaire et universitaire (APASU).

Pour l'accès aux emplois d'agents comptables d'université (qui exercent dans la plupart des cas les fonctions de chefs des services financiers), une liste d'aptitude interministérielle ouverte à certains personnels du Trésor public et de l'ASU est établie annuellement.

Secrétaires généraux et agents comptables d'université sont nommés sur proposition des présidents d'université, qui disposent de ce fait d'un pouvoir de choix de leurs deux principaux collaborateurs.

0302. Des fonctionnaires appartenant à des corps propres à l'enseignement supérieur exercent par ailleurs leurs fonctions dans les universités et autres établissements. Il s'agit des personnels relevant du décret n° 85-1534 du 31 décembre 1985 qui fixe les dispositions statutaires applicables aux ingénieurs et aux personnels techniques et administratifs de recherche et de formation du ministère de l'Éducation nationale (ITARF).

Ces corps sont répartis en deux grandes filières : la filière « technique », qui comporte huit corps (aides techniques, agents des services techniques, agents techniques, adjoints techniques, techniciens, assistants-ingénieurs, ingénieurs d'études, ingénieurs de recherche) et une filière administrative qui compte quatre corps (agents, adjoints, secrétaires et attachés d'administration). Le corps des « chargés d'administration », de niveau supérieur aux attachés, ne comporte plus d'actifs depuis le 1er janvier 1997.

Ces corps ayant vocation à exercer des fonctions spécialisées comportent quatorze « branches d'activité professionnelle » (BAP) couvrant les différents métiers spécifiques de l'enseignement supérieur.

La constitution initiale de ces corps a été assurée par la titularisation des agents contractuels régis par le décret du 14 novembre 1968 (dits « contractuels type CNRS »). Depuis 1991, ces corps recrutent par concours externes et internes.

À l'exclusion des opérations de recrutement des agents de catégorie C, les actes liés au recrutement et à la gestion de corps sont effectués exclusivement en administration centrale.

La loi n° 92-678 du 20 juillet 1992 (*JO* du 21 juillet 1992) dispose que

> Art. 3. – Il est créé, dans les établissements publics d'enseignement supérieur relevant du ministre chargé de l'enseignement supérieur, une commission paritaire d'établissement compétente à l'égard des corps d'ingénieurs et des personnels techniques et administratifs de recherche et de formation. Cette commission comprend un nombre égal de représentants des membres de ces corps affectés dans l'établissement, désignés par catégorie, et de représentants de l'administration. Une commission peut être commune à plusieurs établissements [...].
>
> La commission paritaire d'établissement est consultée sur les décisions individuelles concernant les membres des corps mentionnés au premier alinéa affectés à l'établissement et sur les affectations à l'établissement de membres de ces corps.

Toutefois, dans les faits, les commissions paritaires d'établissement n'ont à ce jour (1997) pas été mises en place.

Bien que les possibilités pour les universités de recruter des personnels contractuels soient strictement encadrées par le statut général de la fonction publique (articles 4 et 6 de la loi du 11 janvier 1984) et par la loi sur l'enseignement supérieur (article 53), ces établissements continuent à employer environ 5 000 personnels non titulaires rémunérés sur les ressources de leur budget propre (et non celles de l'État), soit près de 10 % du total des personnels non enseignants.

Enfin des personnels appartenant à des corps particuliers exercent dans les bibliothèques et services de documentation universitaire. Ces corps gérés par le ministère chargé de l'enseignement supérieur (deux corps de catégorie C, trois corps de catégorie B, trois corps de catégorie A) ont une vocation interministérielle et leurs membres peuvent indifféremment servir dans des établissements d'enseignement supérieur et dans des établissements relevant du ministère de la Culture (Bibliothèque nationale de France notamment) ou d'autres départements ministériels.

La loi sur l'enseignement supérieur assimile ces personnels aux ATOS, à l'exclusion des conservateurs et conservateurs généraux des bibliothèques qui sont des personnels scientifiques, assimilés pour la participation aux différents conseils et au fonctionnement de l'établissement aux enseignants-chercheurs (article 60).

Bien que les fonctions qu'ils exercent effectivement soient extrêmement diverses, l'ensemble des personnels non enseignants de l'enseignement supérieur sont soumis à des obligations de service uniformément fixées sur la base d'un volume annuel de 1 716 heures, par l'arrêté interministériel du 8 janvier 1986, pris sur la base de l'article 61 de la loi du 26 janvier 1984.

Textes de référence.

- Conseil national des universités*RLR* : 710.3 ;
- *RLR* : 710.4; 711.2 – 711.3 – 711.4 – 711.5 – 711.7; 712; 713.2 – 713.3 – 715 – 716.0.

NOTE

1. Les professeurs des universités sont recrutés dans toutes les disciplines par des concours ouverts par établissement ; dans les disciplines juridiques, politiques, économiques et de gestion, ainsi que les disciplines pharmaceutiques, par les concours nationaux d'agrégation de l'enseignement supérieur (art. 42 D. 1987, a/c du 1er janvier 1996).

Conclusion

1. La modernisation de la gestion du système éducatif : une dynamique...

La description des structures qui composent l'architecture d'ensemble du système éducatif français ne donne qu'un aperçu de son fonctionnement. Ce vaste ensemble, en voie de diversification, ne peut être performant que si un effort permanent de modernisation est engagé tant dans le domaine des contenus, des méthodes de formation que des modes de gestion.

La plus ou moins grande réussite d'une politique semble tenir pour partie à son mode de management. Ainsi la décentralisation a-t-elle permis des avancées dans le domaine de la mobilisation des moyens en direction de l'école; il est sans doute trop tôt pour apprécier l'efficience du nouveau système et l'impact sur le niveau des élèves mais les écarts géographiques se sont restreints[1].

Dans un système qui se diversifie sans s'atomiser, les administrateurs doivent avoir des points de repère et des outils performants. Or, si de nombreuses initiatives ont été prises pour mieux gérer le système éducatif et faire face au nombre et à la diversité (RCB, projets de service, démarche qualité, projets de la loi de 1989...), le ministère de l'Éducation nationale, comme une partie du secteur public, n'échappe pas à une certaine forme d'amnésie et reprend souvent à la base des expériences passées. Ce besoin de stabilité et d'innovation permanente peut cependant se constater dans trois domaines essentiels qui conditionnent le passage d'une gestion statique, purement réglementaire et normative, à un pilotage fait d'anticipation et de prospective.

Comme ceci est régulièrement rappelé par les responsables du système éducatif et les observateurs extérieurs[2], il faut laisser se développer les initiatives si on veut progresser. Or ceci ne peut fonctionner que si une stratégie d'ensemble accompagne un système en voie de décentralisation[3] (voir conclusion).

À des titres différents, trois domaines[4] seront brièvement explorés :

- l'informatique et la bureautique ;
- l'évaluation ;
- l'approche juridique.

Informatique et bureautique – une démarche soutenue...

0303. Les années 1970 ont été marquées par une informatisation centralisée s'appuyant notamment sur des « programmes-réseaux » pilotes. Ce relatif sous-développement était d'ailleurs concomitant de l'absence de statistiques fiables. Des progrès remarquables ont été constatés à partir des années 1980, tant au plan des matériels et de la diffusion des produits que des personnes compétentes.

L'explosion scolaire, l'aiguillon de la décentralisation, la volonté de mieux connaître pour mieux gérer sont autant de facteurs qui ont permis la mise en place d'un dispositif où les nouveaux systèmes d'information (NSI) sont au carrefour des évolutions à venir du système éducatif.

L'architecture globale centrée sur l'élève et l'étudiant, par grands domaines d'activité, tient compte de la situation actuelle (une décentralisation modérée) et devrait permettre des évolutions vers plus de souplesse.

Le schéma directeur de l'informatique de gestion a été approuvé (secteur scolaire) le 18 avril 1995 (DAP-SIG, 1995). Il fait suite aux schémas des années 1980 et a pour objectif majeur de traiter avec cohérence les applications nationales et locales des différents domaines.

La condition générale et le contrôle de développement de l'informatique de gestion sont assurés depuis 1991 par le collège des directeurs concernés par les grands chantiers d'informatisation. Il est réuni au sein du comité directeur des systèmes d'information présidé par le directeur de l'administration et du personnel dont dépend le service de l'informatique de gestion (SIG).

Le SIG assure le pilotage des différents centres informatiques académiques (CIA) ; le chef de l'IGAEN est depuis 1993 le correspondant de la commission nationale informatique et libertés.

Par ailleurs, la DEP dispose de son propre centre d'informatique statistique, et la direction de l'information scientifique, des technologies nouvelles et des bibliothèques (DISTNB) a en charge le serveur national Édutel.

Cinq grands domaines sont concernés (hors enseignement supérieur)[5] :

La gestion des ressources humaines.

Elle concerne les personnels enseignants et non enseignants. Des produits de base sont utilisés pour la gestion individuelle et collective et diffusés à tous les niveaux de la structure administrative (EPP, AGAPE, AGORA). En prolongement, la gestion PAYE a été développée.

Dans le domaine de la prévision du recrutement des enseignants des outils assurent le rapprochement de la demande d'enseignement avec l'offre disponible.

La gestion des examens et concours.

Elle est assurée par l'application nationale SAGACE.

La gestion de la scolarité et de l'établissement scolaire.

SCOLARITÉ est exploité par toutes les académies et porte sur l'aide à l'affectation des élèves, le dénombrement des élèves, les études de cohortes... Des applications diversifiées sont destinées à faciliter les tâches des chefs d'établissement.

La gestion financière de l'ordonnateur secondaire.

Le produit KHEOPS assurera prochainement la gestion financière des niveaux rectorat et inspection académique.

L'évaluation et le pilotage.

La DEP a développé des outils horizontaux destinés à l'évaluation et au pilotage.

La banque centrale de pilotage (BCP) alimentée à partir de la remontée spécifique des différents systèmes d'information permet une approche globale. Les indicateurs IPES mettent à disposition des établissements des éléments à partir d'informations existantes (SCOLARITÉ, SAGACE, EPP) ainsi que des outils permettant aux enseignants d'exploiter les tests passés par les élèves (EVAREM pour les lycées, CASIMIR pour les collèges).

L'ensemble de ces démarches s'appuie sur une infrastructure « répartie » (mini-ordinateurs, UNIX). Pour les établissements scolaires, l'introduction de micro-ordinateurs dans des réseaux locaux a été retenue. (30 000 installés en 1994. Objectif de 55 000 en 1998.) L'objectif central est de donner plus de rigueur et de souplesse au dispositif. Il n'est pas certain cependant que tous les chefs d'établissement soient convaincus... (voir « Scolarité »).

Enfin, les services télématiques ÉDUTEL créés en 1987 sont devenus des instruments d'information privilégiés pour le public. Ils sont accessibles sur le réseau Internet depuis 1995.

L'évaluation : une révolution culturelle.

0304. Les différents acteurs du système éducatif ont une opinion souvent tranchée sur les problèmes éducatifs, faite de scepticisme, de certitudes parfois, mais rarement fondée sur une analyse rigoureuse, sans doute faute de données de base suffisamment fiables. Les pédagogues « sentent » les problèmes, jaugent les élèves et leur niveau, les administrateurs tranchent souvent compte tenu des moyens dont ils disposent. L'inspection générale pédagogique « apprécie », opposant parfois encore évaluation qualitative et évaluation quantitative.

Ce tableau appartient largement au passé grâce à l'effort remarquable fait en particulier par la Direction de l'évaluation et de la prospective depuis sa création en 1987 et le développement de la première cellule d'évaluation pédagogique (deux personnes en 1974...) en un ensemble ordonné et rigoureux.

La DEP au service de la connaissance et du pilotage du système éducatif.

Pourquoi évaluer ?

0305. Le débat sur l'école concerne l'ensemble de la population (plusieurs dizaines de millions d'« experts » potentiels !) compte tenu de ses résultats et ses coûts. Il s'agit donc d'orienter le débat vers les questions essentielles et non vers des éléments de polémique.

Par ailleurs, l'évaluation est un levier pour faire évoluer l'institution de l'intérieur. Ses résultats sont essentiels pour les enseignants, les chefs d'établissement et le ministre. Il s'agit donc de répondre à une exigence de transparence démocratique et d'efficacité, voire d'efficience.

La DEP a constitué une équipe d'experts pluridisciplinaires, complètement indépendants des pressions extérieures ou intérieures, associant au processus évaluatif les destinataires de l'évaluation. Elle utilise des méthodes rigoureuses et publie ses résultats. Elle travaille avec des organisations françaises, étrangères et les inspections générales...

Les travaux pilotés par la DEP.

- l'évaluation des résultats des élèves : il s'agit de mesurer les acquis des élèves dans les disciplines de base (français-maths) aux moments charnière (CM2, 6e, seconde). Ces évaluations de masse, à des étapes critiques du parcours scolaire, selon des méthodes rigoureuses, constituent une photographie mais surtout un instrument pédagogique au service des élèves et des enseignants ;
- l'évaluation des politiques éducatives : il s'agit d'évaluer l'impact des politiques mises en œuvre, exercice particulièrement difficile. À titre d'exemple on citera l'évaluation des résultats comparés des élèves bénéficiant de la semaine de quatre jours et de ceux suivant le rythme habituel, la politique des cycles à l'école primaire...
- l'évaluation des acteurs du système : il s'agit de recueillir l'avis des acteurs sur leur rôle mais aussi d'essayer de mesurer l'impact des pratiques pédagogiques sur les acquis des élèves dans les domaines cognitif et non cognitif (classes de CE2, de 6e...) ;
- l'évaluation des situations d'enseignement, de leur efficacité voire de leur efficience (IPES – trois indicateurs de performance des lycées de l'Éducation nationale – DEP/MEN – accessible minitel 36-15 Code Edutel).

Ces indicateurs permettent de porter un jugement qualitatif et dynamique assez différent de l'image habituelle reflétée par les résultats du baccalauréat. L'Éducation nationale avait déjà déchiré le voile de l'irréelle uniformité des établissements. Cette fois, elle pénètre dans la sphère du couple efficacité/efficience.

Les indicateurs sont au nombre de trois et doivent être appréciés dans leur complémentarité. Ils doivent permettre de dépasser l'appréciation des résultats des établissements pour évaluer leur « valeur ajoutée » et rompre avec la pratique ancienne, mais ancrée, d'une institution laissant le soin à l'extérieur d'évaluer les établissements sur des critères qu'elle contestait par ailleurs :

- le taux de réussite au baccalauréat, indicateur habituel mais insuffisant;
- le taux d'accès à la classe de seconde au baccalauréat, indicateur permettant d'apprécier la « chance » pour un élève de seconde d'obtenir son bac et mesurant le degré de sélectivité de l'établissement. Cet indicateur est complété par la proportion d'élèves qui ont obtenu le baccalauréat parmi ceux qui ont quitté le lycée;
- le taux de réussite « brut » et le taux de réussite « attendu » dans les différents niveaux. Le premier taux donne le résultat constaté, le second, celui qui serait atteint si, compte tenu de l'origine sociale des élèves, l'établissement se situait dans la norme moyenne. La différence entre les deux taux constitue la « valeur ajoutée », positive ou négative.

Une telle évaluation, perfectible, est de nature à faire bouger le système et les acteurs.

Il faut ajouter, dans le droit fil de ce qui précède, l'étude récente et nouvelle de la DEP sur les conditions d'accès des étudiants du premier cycle au deuxième cycle[6].

La mise à disposition à un public le plus large possible par le biais notamment de publications (« L'état de l'école », « La géographie de l'école ») fait aussi prendre conscience des efforts qui restent à faire pour améliorer le rendement du système. Il semble que le niveau maximum de performance ait été atteint et qu'il convient de s'attaquer au « noyau dur » des 10 à 15 % de jeunes que, comme dans le monde entier, on ne sait pas traiter efficacement.

Une démarche évaluative qui touche les universités et les corps d'inspection.

0306. S'agissant des établissements d'enseignement supérieur, la loi du 26 janvier 1984 a créé le Comité national d'évaluation constitué depuis la loi du 10 juillet 1989 en autorité administrative indépendante. Ce conseil évalue chaque établissement dans sa globalité et formule des recommandations.

Les inspections générales (IGAEN, IGEN) ont expressément une mission d'évaluation et évoluent dans cette direction (voir n° 039 et suivants).

Le ministère inscrit son action dans le cadre général de l'évaluation des politiques publiques (décret du 22 janvier 1990) même si un effort mérite d'être fait au plan des évaluations interpartenariales et en direction des évaluations individuelles (personnels de direction, enseignants...).

L'approche juridique : une exigence permanente.

Des résultats nuancés mais encourageants.

0306. Le ministère de l'Éducation nationale de l'enseignement supérieur et de la recherche est un gros producteur de textes de tout niveau juridique.

Régulièrement, le Conseil d'État et les responsables du ministère appellent au développement de « réflexes et méthodes juridiques » compte tenu en particulier de la difficulté à éradiquer un contentieux certes souvent répétitif mais en progression notable comme le montre le tableau suivant :

Administration centrale et rectorats
Recours introduits et décisions rendues en 1995
(secteur scolaire) [7]

	Décisions rendues en 1995	Recours introduits en 1995
Niveau ministériel	869	1 716
Niveau rectoral	1 916	2 104
Total	2 785	3 820

Source : Lettre d'information juridique (DAJ).

Il faut noter que le nombre de recours introduits est passé de 1 474 en 1989 à 2 882 en 1994.

Depuis quelques années, un palier semble osciller autour de 2 500. On constate une augmentation sensible du plein contentieux. L'administration centrale, malgré la déconcentration, traite encore environ 40 % des affaires dont les requêtes en appel et cassation. Sur un plan général, plus de 75 % des recours introduits aux différents niveaux relèvent du contentieux des personnels. Par ailleurs, plus de 70 % des affaires ont été « gagnées » (voir tableau ci-après).

Administration centrale et rectorats
Sens des décisions rendues en 1995

	Affaires gagnées	Affaires perdues	Total
Conseil d'État	341	55	396
Cours administratives d'appel	112	18	130
Tribunaux administratifs	1 581	676	2 257
Total	2 034	749	2 783

Cette situation traduit une certaine amélioration de la défense menée par le niveau tant central que rectoral.

Un dispositif cohérent.

Les résultats honorables qui précèdent, dans un contexte de réglementation qui devient de plus en plus complexe et de consumérisme scolaire, sont liés à l'amélioration du dispositif juridique et contentieux qui s'est mis en place depuis plusieurs années.

La création d'une direction des affaires juridiques (DAJ) constituée d'une sous-direction pour l'enseignement scolaire et d'une sous-direction pour l'enseignement supérieur et la recherche rend lisibles les fonctions de conseil juridique et d'instruction des affaires de nature contentieuse.

Une note du 30 janvier 1996 du directeur de cabinet précise aux directions les attributions de la DAJ.

Par ailleurs, les directeurs de cabinet successifs ont rappelé le rôle essentiel et exclusif de la direction chargée de la fonction juridique dans les demandes d'avis au Conseil d'État.

Enfin, la direction a développé tout un dispositif de documentation juridique en particulier, depuis 1988, *La lettre d'information juridique*, instrument de très grande qualité dont la diffusion a été récemment élargie aux établissements.

L'organisation de la fonction juridique dans les rectorats.

Un mouvement important de déconcentration au bénéfice des recteurs a été amorcé à compter de 1984 et amplifié en 1987 et 1988.

Avec la déconcentration au profit des recteurs du contentieux administratif au 1er janvier 1988, celle du règlement amiable des litiges dans la limite d'un certain seuil le 1er janvier 1992 et le dispositif concernant les règlements amiables et contentieux des accidents scolaires (loi du 5 avril 1937) (circulaire n° 94-239 du 29 septembre 1994), le rectorat est devenu un pôle juridique et contentieux, interface entre les établissements scolaires et une administration centrale soucieuse d'assistance juridique et d'actions de formation.

Un grand chantier en cours : le Code d'éducation.

Début 1991, une mission de codification chargée de mener à bien les travaux préparatoires à la rédaction d'un code est mise en place. Travaillant en étroite relation avec la direction des affaires juridiques, la mission, dirigée par un inspecteur général de l'administration de l'Éducation nationale[8] a défini le plan en cent soixante-dix chapitres et neuf livres de ce qui doit être une codification d'un ensemble de textes souvent très anciens.

La partie législative de ce projet de code qui ne doit incorporer aucune modification de fond (principe du « droit constant ») a été examinée par la commission supérieure de codification. Elle vient d'être soumise pour avis au Conseil d'État.

2. Vers une situation de pouvoirs conjugués.

Si on suit les conclusions des différents analystes, sociologues, spécialistes des sciences de l'éducation, l'école est en crise et sa réforme, nécessaire et continue, est problématique, voire impossible.

Les causes avancées sont multiples et multiformes. Parmi elles figurent en bonne place la rigidité des structures[9], leur inadaptation, voire leur manque de plasticité.

On ne peut ici approfondir les réussites et les échecs de notre système éducatif[10]. Indiquons simplement que le système éducatif français fait bonne figure, en terme de performances, d'efficacité, voire, dans certains domaines, d'efficience.

Ce résultat est sans aucun doute dû à l'effort consenti par la nation, à la qualité des acteurs de l'enseignement, de l'éducation mais aussi de son administration qui, malgré des pesanteurs, a évolué, s'est professionnalisée et adaptée au contexte nouveau.

La décentralisation, certes modérée, est un succès reconnu par tous les acteurs. Elle n'a pas mis à mal le service public national, un service public qui, tout en restant national, mais non uniforme, se diversifie progressivement. Concomitamment du développement d'une plus grande autonomie des unités de base constituées par les établissements, la décentralisation territoriale a permis dans d'assez bonnes conditions de gérer cette tendance générale à un désengagement de l'État au profit d'une gestion plus périphérique, plus locale, moins conflictuelle, sans toutefois rompre un équilibre des pouvoirs qui situe la France dans une moyenne en Europe.

L'administration a dû faire preuve d'imagination et de savoir-faire pour gérer une certaine complexité et passer à presque tous les niveaux d'une situation de pouvoirs séparés à une situation de pouvoirs partagés. Avec le recul, il semble souhaitable d'aller vers une simplification du dispositif et une situation de pouvoirs conjugués.

Ce bouleversement modéré, en donnant des points de repère différents, a favorisé la modernisation de l'architecture de l'administration et de la gestion de l'Éducation nationale et conduit à un début de clarification interne.

Ainsi se dessine sous nos yeux, depuis quelques années, une esquisse de répartition à plusieurs niveaux, en continuité.

Le schéma suivant, qui nécessite encore de nombreuses mesures (déconcentration, clarification...), peut être ainsi présenté :

- un niveau central qui affiche des orientations générales fortes appuyées sur un dispositif d'évaluation renforcé ;
- un niveau académique, lieu de cohérence et de mise en œuvre de la politique éducative prenant en compte les orientations d'un service public national et sa nécessaire diversité ;
- un niveau départemental, échelon de proximité de tous les éléments du service public (écoles, collèges, lycées) ;
- des établissements (université, établissements scolaires...) qui traduisent la diversité du terrain au sein d'une autonomie maîtrisée.

Dans un tel contexte, sans aucun doute perfectible, le service public de l'école peut rester une affaire d'État tout en approfondissant les voies de la diversification tant au plan des structures administratives, des formations que des pratiques pédagogiques.

NOTES

1. Voir « État de l'école », *Revue de l'Institut international d'administration publique*, n° 79, DEP, 1996.

2. Rapport de Jacques Lesourne, « Éducation et société demain », *Le Monde*, Éd. La Documentation, 1988.

3. Voir les excellentes contributions parues dans la revue de l'*Association française des administrateurs de l'éducation* (AFAE) n°s 2 et 3, 1993.

4. Ces trois axes n'épuisent pas un sujet qui nécessiterait un ouvrage entier...

5. L'enseignement supérieur développe un certain nombre de projets dont POPPÉE-HARPÈGE, système d'information destiné à gérer les emplois, les postes et les personnels. Ce dispositif complétera les systèmes en cours tels que APOGÉE (scolarité) et NABUCO (comptabilité des universités).

6. « De l'entrée à l'université au deuxième cycle : taux d'accès réel et simulé », *Les dossiers de l'éducation*, DEP, n° 78.

7. En outre, 225 décisions concernant l'enseignement supérieur ont été rendues en 1995.

8. Henri Peretti, IGAEN.

9. Michel Crozier, *La crise de l'intelligence*, Essai sur l'impuissance des élites à se réformer, Interéditions, 1995.

10. Voir notamment L'état de l'école, DEP, 1996 ; *Examens des politiques nationales d'éducation*, France, OCDE, 1996.

Liste des annexes

Annexe 1 : Les principaux itinéraires de formation (ONISEP, septembre 1996).

Annexe 2 : Le système éducatif français simplifié (Cl. Pair, 1996).

Annexe 3 : Les effectifs scolaires et universitaires (ensemble des post-baccalauréats), année 1995-1996 (*Source* DEP).

Annexe 4 : Du collège au lycée.

Annexe 5 : Formation initiale des enseignants.

Annexe 6 : Articulation des systèmes d'information et de gestion (6.1) (*Source* DAP).
Composantes principales du système d'information et de gestion de l'Éducation nationale (6.2)

Annexe 7 : Éducation : Répartition simplifiée des systèmes État/collectivies territoriales.

Annexe 1

LES PRINCIPAUX ITINÉRAIRES DE FORMATION

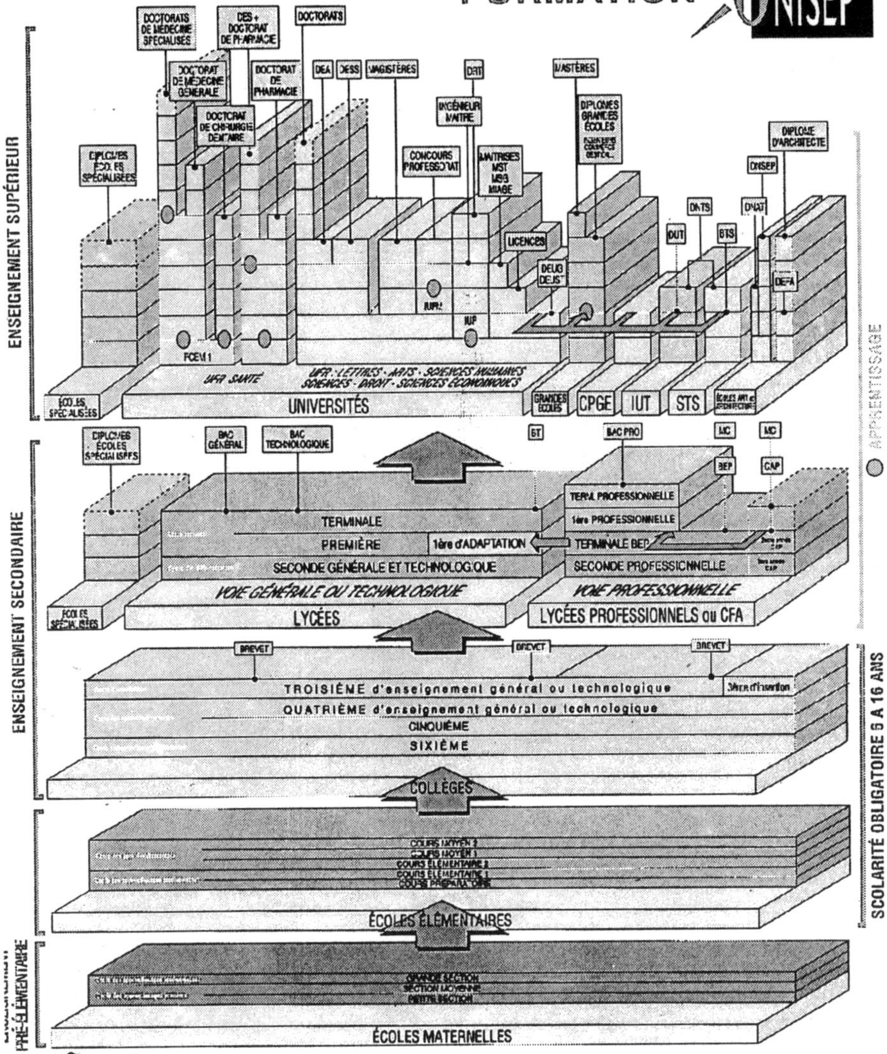

Passages
Les itinéraires de formation présentés ici donnent les grands chemins d'études. Les flèches rouges indiquent les passages d'une formation à une autre. D'autres passages sont parfois possibles à différents niveaux, entre différentes voies.

Tous les diplômes technologiques et professionnels, du CAP au diplôme d'ingénieur, se préparent aussi par la voie de l'apprentissage.

ONISEP
BP86 - Lognes
77423 Marne la Vallée Cedex 2

70005-06100.

Annexe 2
Le système éducatif français simplifié (1996)

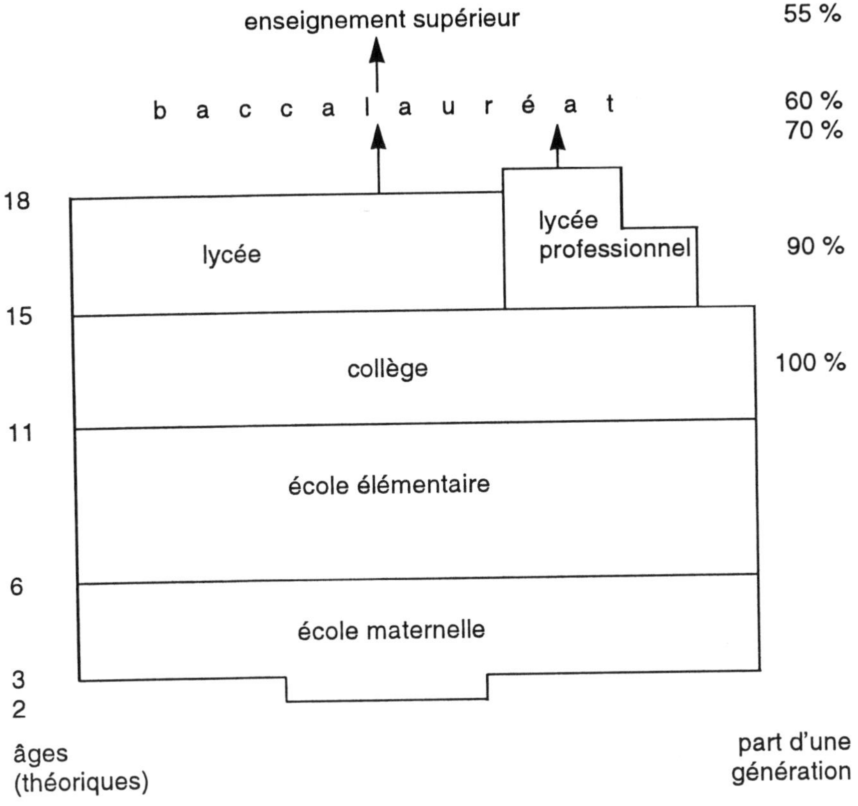

(*Source* : Cl. Pair)

Annexe 3
Les effectifs scolaires et universitaires

Année 1995-1996	Élèves du public et du privé ; étudiants du public et du privé dans toute structure postbaccalauréat				
Académies	1er et 2nd degrés	Postbac	Total	Population	%
Aix-Marseille	530 130	98 151	628 281	2 540 300	24,73
Amiens	426 717	40 604	467 321	1 852 700	25,22
Antilles-Guyane	254 499	15 810	270 309	914 400	29,56
Besançon	242 617	33 570	276 187	1 103 000	25,04
Bordeaux	532 332	100 907	633 239	2 875 100	22,02
Caen	305 179	40 338	345 517	1 407 700	24,54
Clermont	242 966	42 290	285 256	1 308 600	21,80
Corse	48 195	4 441	52 636	255 300	20,62
Créteil	842 147	106 292	948 439	3 872 400	24,49
Dijon	321 675	43 432	365 107	1 613 300	22,63
Grenoble	582 310	81 913	664 223	2 763 500	24,04
Lille	991 579	148 998	1 140 577	3 968 000	28,74
Limoges	121 626	21 711	143 337	710 800	20,17
Lyon	604 404	128 056	732 460	2 802 500	26,14
Montpellier	428 873	79 598	508 471	2 235 500	22,75
Nancy-Metz	505 149	78 206	583 355	2 284 100	25,54
Nantes	687 485	102 352	789 837	3 120 100	25,31
Nice	340 580	47 679	388 259	1 925 300	20,17
Orléans-Tours	489 719	63 896	553 615	2 437 600	22,71
Paris	338 358	322 627	660 985	2 155 200	30,67
Poitiers	310 376	46 133	356 509	1 605 500	22,21
Reims	297 859	40 508	338 367	1 343 500	25,19
Rennes	603 877	105 530	709 407	2 841 100	24,97
Réunion	209 108	12 767	221 875	640 100	34,66
Rouen	408 424	50 875	459 299	1 778 000	25,83
Strasbourg	340 961	66 547	407 508	1 659 400	24,56
Toulouse	453 899	106 951	560 850	2 503 300	22,40
Versailles	1 097 463	137 254	1 234 717	5 065 200	24,38
France Sans TOM	**12 558 507**	**2 167 436**	**14 725 943**	**59 581 800**	**24,72**

Annexe 4
Du collège au lycée

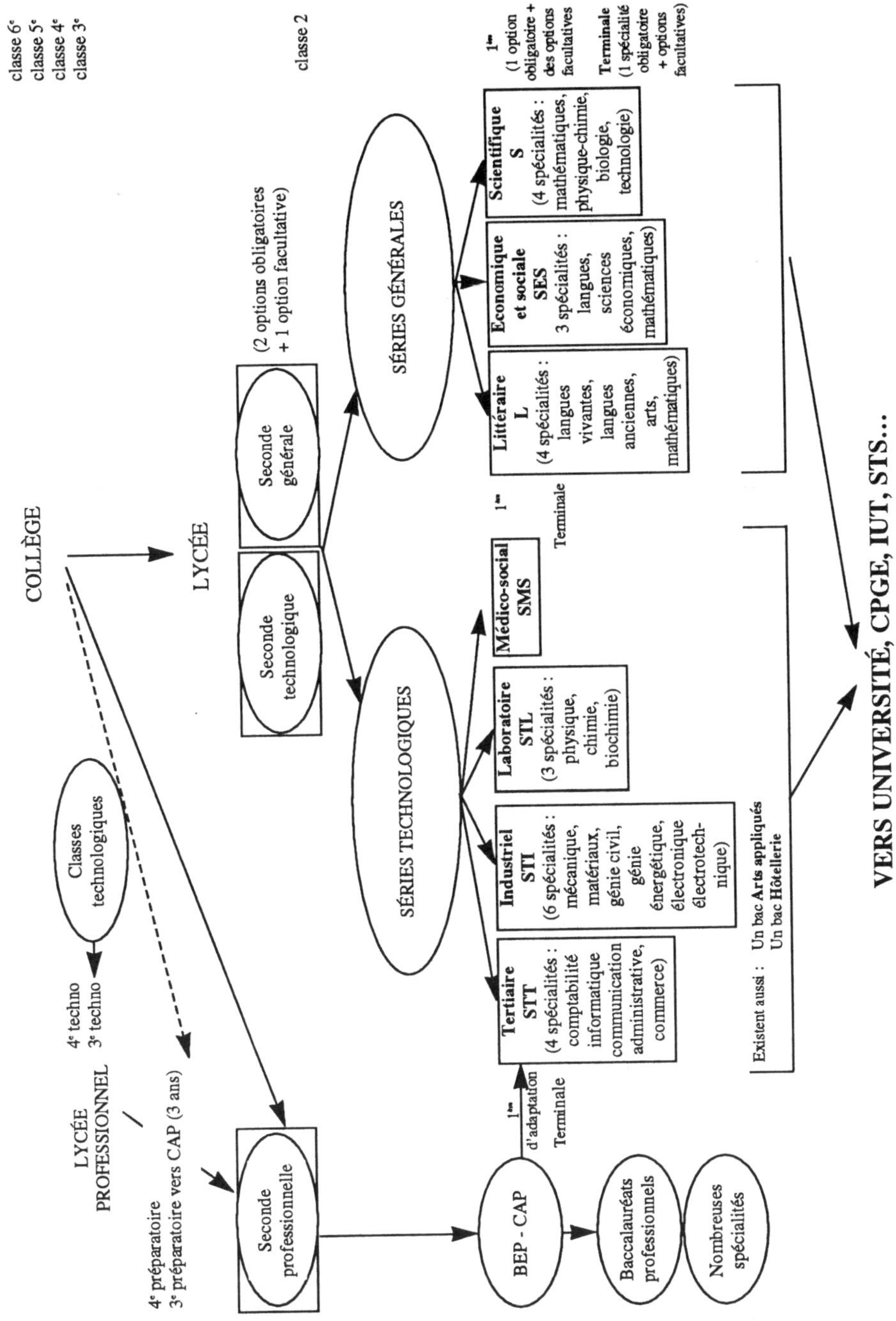

Annexe 5
Enseignant : le parcours en université et en IUFM

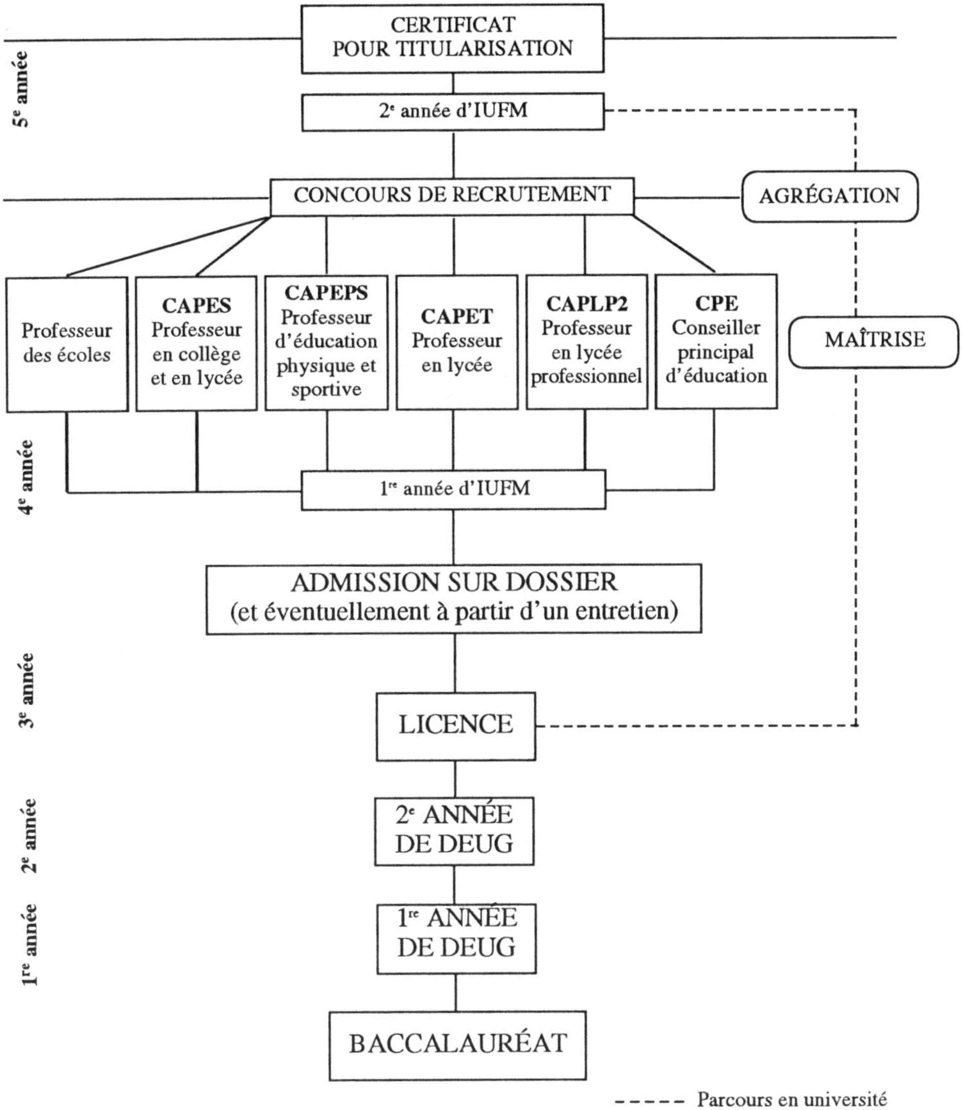

Source : MEN (Profession : professeur).

Annexe 6
Articulation des systèmes d'information et de gestion

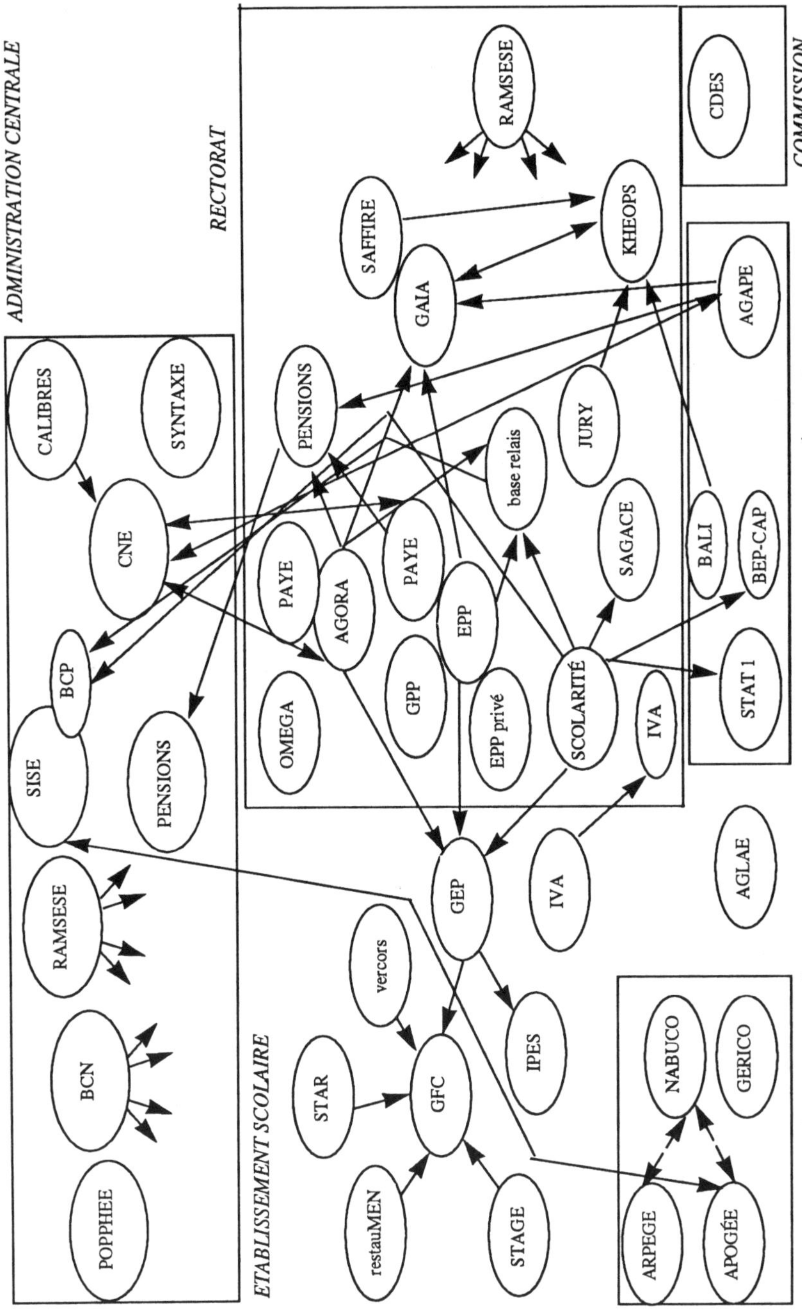

Source : DAP.

LES COMPOSANTES PRINCIPALES DU SYSTEME D'INFORMATION ET DE GESTION DE L'ÉDUCATION NATIONALE

	APPLICATIONS TRANSVERSALES
BCN	gestion centralisée des nomenclatures
RAMSESE	répertoires national et académique des établissements
	GESTION DES RESSOURCES HUMAINES
EPP	gestion des personnels enseignants, de direction, de documentation, d'orientation, d'éducation et de surveillance du second degré
AGORA	gestion des personnels administratifs, ouvriers, de service et de santé
AGAPE	gestion des enseignants du 1er degré (établissements, publics ou privés sous contrat)
EPP	privé gestion des enseignants du second degré des établissements privés sous contrat.
PAYE	paye de l'ensemble des personnels du système scolaire
PENSIONS	gestion et liquidation des pensions civiles des personnels.
GAIA	gestion des actions de formation continue des personnels de l'Éducation nationale
SAFFIRE	gestion des fiches individuelles de formation
HARPEGE	système d'harmonisation de la gestion des personnels de l'enseignement supérieur
POPPEE	emplois, postes, personnels de l'enseignement supérieur
	GESTION DES ÉLEVES ET DES ÉTUDIANTS
SCOLARITÉ	gestion administrative, financière, pédagogique et éducative des élèves du second degré
STAT1	système d'information statistique sur les élèves du 1er degré
BALI	gestion des bourses du second degré
CDES	gestion de l'éducation spéciale
AGLAE	gestion du dossier social de l'étudiant
SISE	système d'information sur la scolarité des élèves et des étudiants du supérieur
APOGÉE	application pour l'organisation et la gestion des enseignements et des étudiants
	GESTION DES EXAMENS ET CONCOURS
SAGACE	gestion des examens du second degré et des concours de recrutement des personnels de l'Éducation nationale
JURY	organisation et gestion des jurys d'examens et concours
BEP-CAP	gestion départementale des CAP et BEP
	GESTION FINANCIERE ET MATÉRIELLE
SYNTAXE	gestion financière des services centraux du MEN
CALIBRES	aide à la décision financière des services centraux du MEN
KHEOPS	gestion financière de l'ordonnateur secondaire (services académiques)
GFC	gestion financière et comptable de l'EPLE (établissement public local d'enseignement)
STAR	gestion des stocks alimentaires de l'EPLE.

RestauMEN	gestion de la restauration scolaire
VERCORS	gestion des consultations collectives (groupements d'achats)
NABUCO	nouvelle approche budgétaire et comptable de la gestion des établissements universitaires
GERICO	gestion rationnelle et informatisée des comptabilités des IUFM
	Formation continue
STAGE	gestion commerciale, administrative et financière de la formation continue organisée par les GRETA
	Pilotage
BCP	base centrale de pilotage
Base	relais, un des outils du pilotage académique
IPES	pilotage de l'établissement scolaire
GPP	gestion prévisionnelle des personnels enseignants
OMEGA	gestion prévisionnelle des personnels.
IVA	enquête sur l'insertion des élèves dans la vie active

Annexe 7
Éducation : Répartition simplifiée des systèmes État/collectivités territoriales

	Investissement (Construction, reconstruction […]	Fonctionnement matériel (fluides…)	Fonctionnement pédagogique (micro-informatique…)	Personnels enseignants Recrutement, Formation, Rémunération	Personnel non enseignant RFR	Programme enseignement	Validation Diplômes
UNIVERSITÉ	État (+ partenariat)	État (+ partenariat)	État (+ partenariat)	État	État	État	État Diplômes Universitaires
LYCÉE	Région	Région	État	État	État	État (Inspection)	État
COLLÈGE	Département	Département	État	État	État	État (Inspection)	État
ÉCOLES	Ville/Commune	Ville/Commune	Ville/Commune	État	Ville/Commune	État (Inspection)	État

Source : J. Simon, 1997.

Bibliographie

Ouvrages.

L'administration de l'Éducation nationale, Institut français des sciences administratives (IFSA), Économica, 1992.

La décision dans l'Éducation nationale, IFSA, PUF, Lille, 1992.

Le système scolaire en France, Séminaire ENA, Berger-Levrault, 1989.

C. Durand-Prinborgne, *Le droit de l'éducation,* Hachette, 1993.

É. Lefebvre, D. Mallet, P. Vandevoorde, *Le nouveau chef d'établissement*, Berger-Levrault, 2e éd. 1995.

Claude Durand-Prinborgne, Jean Hassenforder, François de Singly, *Dictionnaire encyclopédique de la formation et de l'éducation*, Nathan, 1994.

C. Thelot, *L'évaluation du système éducatif*, Nathan, 1993.

Revues.

Savoir-Éducation-Formation, Éd. ESKA.

Éducation et Management, CRDP Créteil.

Éducation et formations, Direction de l'évaluation et de la prospective (DEP).

Administration et éducation, Association française des administrateurs de l'éducation (AFAE).

Documents de référence.

Géographie de l'école, DEP, 1997.

L'état de l'école, DEP, 1996.

Repères et références statistiques, DEP, 1996.

Rapports des inspections générales.

Rapports généraux (La Documentation française).

Rapports thématiques (selon procédure prévue par la circulaire n° 79-390 du 14 novembre 1979, *RLR* 104.9).

Recueil des lois et règlements (RLR).

Bulletion officiel du ministère de l'Éducation nationale.

Serveurs du ministère de l'Éducation nationale, de l'Enseignement supérieur et de la Recherche : http://www.education.gouv.fr; http://www.recherche.gouv.fr.

Index

(les chiffres renvoient aux numéros des chapitres et des paragraphes)

A

B

C

D

E

F-H

I

L

M

T

U

V-Z

Imprimé en France par
Sofiac DESILLES - Tél. : 01 60 13 55 70 - Fax. : 01 69 20 73 38
Dépôt légal : n° 9173 - Mai 1997